리베하얀의 웹퍼블리셔를 위한 실무 UI 패턴집
메뉴 편

리베하얀의 웹퍼블리셔를 위한 실무 UI 패턴집 [메뉴 편]

초판 1쇄 발행 2021년 6월 18일

지은이 하성필
편 집 윤나라

펴낸이 한창훈

펴낸곳 루비페이퍼 / **등록** 2013년 11월 6일(제 385-2013-000053 호)
주소 경기도 부천시 원미구 길주로 284 913호
전화 032-322-6754 / **팩스** 031-8039-4526
홈페이지 www.RubyPaper.co.kr
ISBN 979-11-86710-68-5

* 이 책은 저작권법에 따라 보호받는 저작물이므로 무단 전재와 무단 복제를 금하며,
  이 책 내용의 전부 또는 일부를 이용하려면 저작권자와 루비페이퍼의 서면 동의를 받아야 합니다.
* 책값은 뒤표지에 있습니다.
* 잘못된 책은 구입처에서 교환해 드리며, 관련 법령에 따라서 환불해 드립니다.
  단 제품 훼손 시 환불이 불가능 합니다.

들어가며

지난 20여 년간 국내의 UI 디자인 패턴이 어느 정도 정형화됨에 따라 국내외를 막론하고 웹사이트를 보면 비슷한 스타일의 UI가 아주 많습니다. 이 책은 바로 웹사이트에서 많이 볼 수 있는 UI를 한곳에 모아놓은 패턴집입니다.

실무에서 HTML(HyperText Markup Language)과 CSS(Cascading Style Sheets)를 활용한 서비스를 제작하다 보면 다양한 UI(User Interface) 디자인을 접하게 되는데, 비교적 난이도가 쉬운 평범한 디자인도 있지만 보기 드문 어려운 기능이 들어간 UI를 만날 때도 있습니다. 웹퍼블리셔는 한마디로 웹에서 보여지는 이런 디자인 화면을 그대로 구현하는 사람입니다.

그런데 만약 디자이너에게 받은 디자인 산출물을 보고 그대로 구현할 수 없다면? 웹퍼블리셔로서 기본적으로 HTML과 CSS, 나아가 JavaScript와 jQuery를 다루는 기술이 부족하면 일을 하면서 느끼는 압박감은 더욱더 커질 수밖에 없습니다.

저 또한 기술적 한계에 부딪혀 당황스럽고 식은땀을 흘려본 경험이 무수히 많으며 이런 상황을 혼자서 헤쳐나가는 힘든 시간을 보내본 선임자로서 이 책을 집필하게 되었습니다. 단순히 웹퍼블리싱 기술뿐만 아니라 저의 20여 년간 경험에서 비롯한 다양한 프로젝트 비결을 담았습니다. 그리고 흔히 범할 수 있는 실수들을 녹여내 작성하였으니 이 책이 관련 직무 취업준비생이나 초보 웹퍼블리셔에게 많은 도움이 되었으면 합니다.

하성필(리베하얀)

이 책의 구성

1. 이 책은 UI 패턴집 시리즈의 '메뉴 편'입니다. 메뉴 유형별 다양한 UI를 소개하고 구현 방법을 설명합니다.

2. 하나의 예제는 HTML, CSS, jQuery를 이용해서 구현합니다. 각 소스 코드 파일은 아래와 같이 세 가지 색깔로 구분하며, 소스 코드마다 한 줄씩 풀이를 제공합니다.

HTML

[코드 4-6] 하위 메뉴가 가로형인 GNB의 헤더 영역   gnb3.html

```
01  <!DOCTYPE html>
02  <html lang="ko">
03  <head>
04    <meta charset="UTF-8">
05    <meta name="viewport" content="width=device-width, initial-scale=1.0">
06    <meta http-equiv="X-UA-Compatible" content="ie=edge">
```

Line 17

```
<h2 class="hide">메뉴</h2>
```

콘텐츠 제목인 <h2> 요소로 GNB의 시작을 알립니다. 역시 hide 클래스를 적용하여 시각적으로는 표현되지 않으며 화면 낭독기 사용자를 위한 코드입니다.

CSS

[코드 8-7] 검색창의 디자인이 바뀌는 메뉴   respon2_mobile.css

```
01  header {padding: 2.8rem 0 0;}
02  header h1 {left: .85rem; top: 0;}
03  header h1 a {width: 3.75rem; height: 2.8rem; background-size: 100% auto;}
04  header nav {padding: 0 2.85rem 0 0; border-top: 1px solid #fff;}
05  header nav ul {justify-content: space-between;}
06  header nav ul li a {padding: 0; line-height: 2.85rem; font-size: .7rem;}
07  header nav button {width: 2.85rem; height: 2.85rem; background-size: 1.15rem auto;}
```

Line 06

```
header nav ul li a {padding: 0; line-height: 2.85rem; font-size: .7rem;}
```

GNB의 링크를 표현한 코드입니다. PC 버전에 존재했던 좌우 여백을 그대로 두면 낮은 해상도의 기기에서 영역이 초과하는 현상이 발생하여 스크롤이 생기므로 여백을 0으로 초기화합니다.

jQuery

[코드 4-8] 하위 메뉴가 가로형인 GNB의 헤더 영역   gnb3.js

```
01  $(document).ready(function(){
02    $('.gnb li').on('mouseover focusin', function(){
03      $(this).children('ul').stop().fadeIn(300);
04    });
05    $('.gnb li').on('mouseleave', function(){
```

Line 01, 17

`$(document).ready(function(){ });`

HTML 파일이 로드되면 jQuery 코드를 실행합니다.

3. 화면 낭독기 사용자에게 꼭 필요한 접근성을 놓치지 않도록 한국형 웹 콘텐츠 접근성 지침 2.1을 안내합니다.

> **한국형 웹 콘텐츠 접근성 지침 2.1 – 대체 텍스트**
> 의미 있는 배경 이미지: 배경 이미지의 의미가 사용자에게 전달되어야 하는 콘텐츠는 그 의미가 보조 기술로 전달되도록 대체 텍스트를 제공해야 한다.

4. 호환성을 위해 지원하지 않는 브라우저에서 특정 기술을 대체할 수 있는 코드를 제공합니다.

5. 웹퍼블리싱 경력 22년 차, 리베하얀의 실무 코딩 TIP을 담았습니다.

 **TIP**

> * {margin: 0; padding: 0;}에서 *(asterisk: 애스터리스크)는 모든 요소를 선택하는 전체 선택자입니다. CSS 초기화 파일에서 *를 선택자로 사용하면 HTML의 모든 요소를 선택하고 정의하기 때문에 페이지의 로딩 속도가 저하될 수 있습니다. 따라서 * 선택자를 사용하는 것보다는 [코드 1-1]의 `Line 03`처럼 요소를 하나하나 선택하는 방법을 권장합니다.

▶ 예제에 필요한 이미지와 소스 코드는 다음 경로에서 내려받을 수 있습니다.

https://github.com/rebehayan/book

CONTENTS

03 들어가며

1부. 웹퍼블리싱의 기본 갖추기

11 **1장. 코드 읽는 법**
11 1-1 HTML 코드
12 1-2 CSS 코드
13 1-3 CSS 초기화 파일

18 **2장. 환경 세팅**
18 2-1 웹폰트 적용
20 2-2 디자인 툴
21 2-3 코드 에디터 아톰(Atom)
28 2-4 HTML5와 CSS3
28 2-5 JavaScript와 jQuery
28 2-6 웹 접근성과 화면 낭독기
30 2-7 브라우저 호환성

32 **3장. 메뉴란?**
32 3-1 메뉴의 종류
34 3-2 메뉴 코딩 전 준비 사항

2부.
코드로 배우는 실무 웹퍼블리싱

39 4장. 메인 메뉴
- 42   4-1 하위 메뉴가 없는 GNB
- 53   4-2 하위 메뉴가 세로형인 GNB
- 72   4-3 하위 메뉴가 가로형인 GNB
- 85   4-4 하위 메뉴가 일체형인 GNB

106 5장. 서브 메뉴
- 107 5-1 하위 메뉴가 없는 사이드 배치형 SNB
- 117 5-2 하위 메뉴가 아래로 펼쳐지는 사이드 배치형 SNB
- 128 5-3 하위 메뉴가 옆으로 펼쳐지는 사이드 배치형 SNB
- 144 5-4 브레드크럼형 SNB
- 157 5-5 탭 메뉴형 SNB

165 6장. 탭 메뉴
- 166 6-1 테두리가 있는 탭 메뉴
- 175 6-2 아래 테두리가 없는 탭 메뉴
- 187 6-3 2 뎁스로 구성된 탭 메뉴
- 200 6-4 두 줄 이상인 탭 메뉴

208 7장. 모바일 메뉴
- 213 7-1 상단 배치형 메뉴
- 220 7-2 하단 고정형 메뉴
- 231 7-3 햄버거형 메뉴
- 243 7-4 슬라이드형 메뉴

256 8장. 반응형 메뉴
- 260 8-1 GNB의 디자인이 바뀌는 메뉴
- 280 8-2 검색창의 디자인이 바뀌는 메뉴
- 300 8-3 메가 메뉴의 디자인이 바뀌는 메뉴

336 이 책을 마무리하며

1부
웹퍼블리싱의 기본 갖추기

이 책은 주로 HTML과 CSS를 다루므로 JavaScript나 jQuery의 기초 문법에 대해서는 자세히 설명하지 않습니다. JavaScript나 jQuery 부분의 이해가 어렵다면 가볍게 유튜브에서 영상 강의를 찾아보거나 기초 문법책과 함께 보기를 권장합니다.

어떤 프로그래밍 언어이든지 간에 가르치는 사람마다 코드를 풀이하는 방식이나 사용하는 용어가 다를 수 있습니다. 예를 들면 <div>를 어떤 사람은 태그(tag)라고 하고 어떤 사람은 요소 또는 엘리먼트(element)라고 표현하는 것처럼 말입니다. 세세하게 따지면 조금씩 다르지만 포괄적으로는 같은 의미로 통합니다. 그럼 이제 HTML과 CSS 코드를 읽고 사용하는 방법부터 시작하도록 하겠습니다.

1장

코드 읽는 법

1-1 HTML 코드

HTML에서는 태그(tag)라고 하는 홑화살괄호(〈, 〉) 안에 있는 단어를 요소(element)라고 부릅니다. 대부분의 HTML 요소는 **〈시작 태그〉**와 **〈/종료 태그〉**가 쌍을 이루는데, 시작 태그만 있는 요소도 있습니다. [그림 1-1]을 보면 〈a〉 요소는 시작과 종료 태그가 모두 있습니다. 앞으로 이 책에서는 태그와 요소를 구분하지 않고 모두 요소라고 칭하겠습니다.

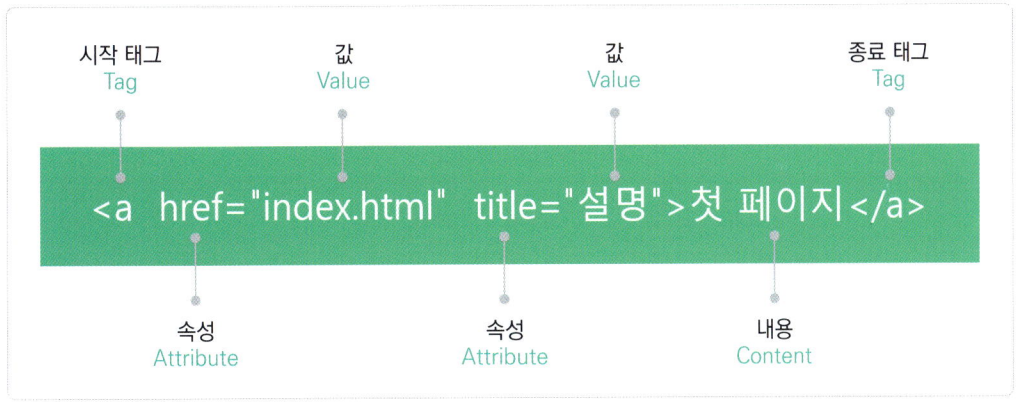

[그림 1-1] HTML 코드 읽는 법

그리고 모든 요소에는 해당 요소에 필요한 정보를 덧붙일 수 있는 옵션이 있는데, 이를 속성(attribute)이라고 합니다. [그림 1-1]의 〈a〉 요소에는 href 속성과 title 속성이 있습니다. 속성은 모든 요소에 공통으로 사용할 수 있는 속성이 있고 특정 요소에만 사용할 수 있는 속성이 있는데, 이를 굳이 외울 필요는 없습니다. 속성의 종류는 사용할 때마다 검색을 활용하면 되고 자주 쓰다 보면 자동으로 외우게 되므로 따로 설명하지 않습니다.

그리고 HTML 요소의 속성에는 특정한 값(value)을 부여해야 합니다. 속성마다 고정값이 존재하거나 임의로 값을 입력해야 하는 것이 있습니다. [그림 1-1]에서 href 속성에는 'index.html'이라는 값이 있고 title 속성에는 '설명'이라는 값이 입력되어 있습니다.

지금까지의 설명을 바탕으로 [그림 1-1]의 코드를 읽어보면

> a 요소를 이용해 '첫 페이지'라는 텍스트에 링크를 삽입하는데, href 속성에는 'index.html'이라는 값을 넣어 링크 주소를 입력하고 title 속성에는 '설명'이라는 값을 넣어 툴팁(tooltip)이 뜨게 한다.

라고 풀이합니다. 이 책에서는 앞으로 위와 같이 요소, 속성, 값이라는 단어를 사용해 HTML 문법을 설명하겠습니다.

1-2 CSS 코드

CSS의 목적은 HTML 요소를 가독성 있게 꾸미는 것입니다. CSS 디자인을 적용하기 위해 지정하는 요소를 선택자(selector)라고 합니다. 선택자를 표현하는 방법은 CSS 적용 방식에 따라 달라지며 이는 콘텐츠별 풀이에서 자세히 다루겠습니다.

꾸미려는 요소를 선택자로 정했으면 디자인에 맞게 선택자 안에 텍스트 색, 선, 배경색 등의 속성(property)을 선언합니다. 예를 들어 선을 넣는다고 하면 border 속성에 선의 굵기, 종류, 색상 등을 정하는 값(value)을 입력해서 원하는 선을 만듭니다.

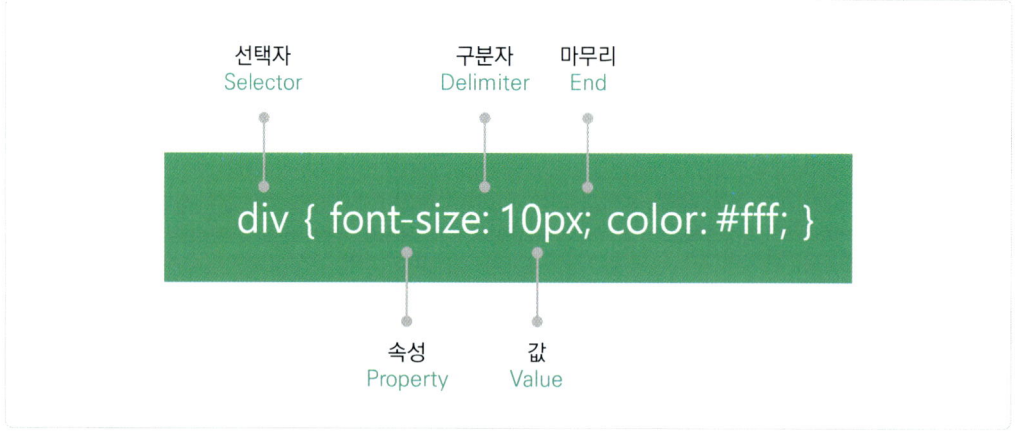

[그림 1-2] CSS 코드 읽는 법

자, 이제 [그림 1-2]의 코드를 읽어보면

> div 선택자는 텍스트 크기를 font-size 속성에 '10px'값으로 선언하고, 텍스트 색상을 color 속성에 '#fff'값으로 선언한다.

라고 풀이합니다. HTML과 마찬가지로 CSS 코드를 읽을 때도 실무자들이 각기 다른 용어를 사용하기도 하는데, 이 책에서는 앞으로 위와 같은 용어로 CSS 문법을 설명하겠습니다.

1-3 CSS 초기화 파일

HTML 요소는 각자의 기능에 맞게 고유 CSS값이 기본으로 설정되어 있습니다. 예를 들면 [그림 1-3]과 같이 ⟨p⟩ 요소는 이미 정해진 마진(margin)값이 있습니다. 이 값은 하나의 문단을 나타내는 ⟨p⟩ 요소의 기능을 표현하기 위한 값입니다. 그런데 이렇게 기본으로 설정된 CSS값 때문에 화면이 디자인대로 표현되지 않고 브라우저마다 제각각으로 보이는 문제가 발생할 수 있습니다. 따라서 CSS를 입히기 전에 가장 먼저 고유 CSS값을 제거하는 초기화 작업이 필요합니다.

```
p {                                user agent stylesheet
    display: block;
    margin-block-start: 1em;
    margin-block-end: 1em;
    margin-inline-start: 0px;
    margin-inline-end: 0px;
}
```

[그림 1-3] ⟨p⟩ 요소의 기본 스타일

우리는 지금 한 개의 요소를 예시로 봤습니다. 웹서비스를 제작하면서 무수히 많은 요소를 사용할 텐데 매번 요소 하나하나마다 고유 CSS값을 파악해서 초기화해야 한다면 정말 그보다 끔찍한 일은 없을 것입니다. 다행히도 이런 번거로운 작업을 덜어주는 CSS 초기화(reset css) 파일이 있습니다. 이 초기화 파일의 내용은 웹퍼블리셔마다 다른데, 각자 필요한 스타일로 구성하여 사용합니다.

웹퍼블리셔 사이에선 CSS 초기화 파일명을 보통 default.css 또는 common.css 또는 reset.css로 사용합니다. 이름은 다르지만 모두 같은 의미와 목적으로 사용되는 파일이며, 우리는 default.css를 사용하겠습니다. 이 책에서 실습할 때 default.css 파일이 누락되면 실습 결과가 상당히 다르게 나올 수 있으니 해당 파일을 꼭 다운로드하고 진행하길 바랍니다.

▶ 예제 파일 다운로드: https://github.com/rebehayan/book

[코드 1-1] CSS 초기화 예제 파일 `default.css`

```css
01  @charset "utf-8";
02  @import url('https://fonts.googleapis.com/css2?family=Noto+Sans+KR&display=swap');
03  html, body, h1, h2, h3, h4, h5, h6, div, p, blockquote, pre, code, address, ul, ol,
    li, menu, nav, section, article, aside, dl, dt, dd, table, thead, tbody, tfoot,
    label, caption, th, td, form, fieldset, legend, hr, input, button, textarea,
    object, figure, figcaption {margin: 0; padding: 0; font-family: 'Noto Sans KR';
    font-size: 14px; color: #727272;}
04  img, fieldset, input, select, textarea, button {border: none;}
05  ul, ol, li {list-style: none;}
06  table {width: 100%; border-spacing: 0; border-collapse: collapse;}
07  address, cite, code, em {font-style: normal; font-weight: normal;}
08  label, img, input, select, textarea, button, a {vertical-align: middle;}
09  a {color: #000; text-decoration: none;}
10
11  .clear {clear: both;}
12  .clear:after {content: ""; display: block; clear: both;}
13  .hide {overflow: hidden; display: block; position: absolute; border: 0; width:
    1px; height: 1px; clip: rect(1px, 1px, 1px, 1px);}
14  button {cursor: pointer;}
```

일반적으로 CSS 초기화 파일에 들어가는 내용은 크게 세 가지로 구분할 수 있습니다. 첫 번째는 HTML 요소마다 기본값으로 설정된 여백이나 텍스트 스타일, 텍스트 정렬 등을 초기화하는 코드입니다. 두 번째는 기본값을 제거하는 것이 아니라 유용한 값은 유지하고 모든 브라우저에서 동일하게 스타일을 맞추는 CSS 정규화(normalize CSS) 부분입니다. 이 책에서는 호환성과 정규화의 목적을 확인해보기 위해 CSS 초기화 파일에 정의하지 않고 예제별 코드에 표현하였습니다. 마지막으로 세 번째는 작업하는 사이트의 디자인 아이덴티티를 정의하는 코드입니다. 자주 쓰이는 스타일을 정의해놓고 사용하는 코드인데, 이러한 코드를 스타일 가이드(style guide)라고 합니다. 웹 프로젝트를 진행할 때는 전체적인 스타일을 맞추는 것이 상당히 중요합니다. 그럼 이제 코드를 한 줄씩 살펴보겠습니다.

default.css 풀이

Line 02

```
@import url('https://fonts.googleapis.com/css2?family=Noto+Sans+KR&display=swap');
```

모든 콘텐츠에 'Noto Sans' 폰트를 적용하는 코드입니다. 폰트를 따로 설치하지 않고 인터넷이 가능한 환경에서 사용할 수 있는 CDN(Content Delivery Network) 방식으로 가져옵니다.

Line 03

```
html, body, h1, h2, h3, h4, h5, h6, div, p, blockquote, pre, code, address, ul,
ol, li, menu, nav, section, article, aside, dl, dt, dd, table, thead, tbody,
tfoot, label, caption, th, td, form, fieldset, legend, hr, input, button,
textarea, object, figure, figcaption {margin: 0; padding: 0; font-family:
'Noto Sans KR'; font-size: 14px; color: #727272;}
```

선택자로 지정된 모든 요소의 여백을 초기화하고 텍스트의 기본 스타일을 정의합니다. 여기서는 폰트를 'Noto Sans', 크기를 14px, 색깔을 ■ #727272로 지정합니다. 디자인 산출물에 따라 해당 코드를 변경하여 텍스트 스타일을 지정하면 됩니다.

Line 04

```
img, fieldset, input, select, textarea, button {border: none;}
```

여기서 지정된 선택자는 기본적으로 border 속성이 있는 요소입니다. 디자인에 따라 요소마다 새로운 CSS가 적용되도록 기본 border 속성의 값을 제거합니다.

Line 05

```
ul, ol, li {list-style: none;}
```

목록을 나타내는 〈ul〉, 〈ol〉, 〈li〉 요소는 문장 앞에 불릿이나 숫자가 자동으로 붙습니다. 자동으로 붙는 불릿이나 숫자는 CSS로 제어하기가 힘들고, 국내형 디자인에서 잘 쓰이지 않기 때문에 제거합니다. 불릿은 보통 CSS를 이용해 새로 디자인해서 사용합니다.

Line 06

```
table {width: 100%; border-spacing: 0; border-collapse: collapse;}
```

〈table〉 요소의 특징을 초기화하고 모든 표에 공통으로 적용할 스타일을 선언합니다. 여기서 표의 가로 크기 비율을 화면의 100%로 설정함으로써 다양한 해상도에 따라 자동으로 크기가 조절되기 때문에 레이아웃의 크기가 변경되더라도 수많은 표를 일일이 수정해야 하는 번거로움을 없앨 수 있습니다.

만약 프로젝트 도중에 클라이언트가 표를 감싸는 레이아웃의 가로 크기 변경을 요구한다면? 그런데 표가 있는 페이지가 100개라면? 표가 있는 모든 페이지를 찾아 수정해야 한다면 웹퍼블리셔는 막대한 업무량과 스트레스를 받을 것입니다. 이처럼 실무에서는 다양한 변수에 적절히 대응할 수 있는 콘텐츠를 제작하는 것이 중요합니다.

Line 07

```
address, cite, code, em {font-style: normal; font-weight: normal;}
```

기울임 또는 진한 글씨 속성값을 가진 요소들의 폰트 스타일을 모두 보통으로 초기화합니다.

Line 08

```
label, img, input, select, textarea, button, a {vertical-align: middle;}
```

inline, inline-block 형태의 요소들을 같은 행에 배치했을 때 [그림 1-4]처럼 요소들의 높이가 틀어지는 현상을 바로잡기 위한 코드입니다. 그런데 vertical-align 속성은 요소에 따라 다르게 적용되므로 정확하게 정렬되지 않으면 UI를 구현하면서 픽셀(px) 단위로 세밀한 조정을 해야 합니다.

[그림 1-4] vertical-align 속성으로 정렬이 필요한 UI

Line 09

```
a {color: #000; text-decoration: none;}
```

〈a〉 요소는 파란색의 텍스트와 밑줄로 링크를 표현하는데, 디자인에 따라 텍스트 색을 지정하기 위해 기본색을 검은색으로 바꿔놓습니다. 그리고 링크를 표현할 때는 보통 밑줄을 사용하지 않으므로 밑줄을 제거합니다.

Line 11, 12

```
.clear {clear: both;}
.clear:after {content: ""; display: block; clear: both;}
```

float 속성을 사용했을 때 주변 요소의 배치가 영향을 받지 않게 하는 코드입니다. 여기서는 clear라는 이름으로 클래스를 생성했는데, float 속성을 사용한 요소의 부모 요소에 이 클래스를 적용하면 됩니다. 자세한 응용 방법은 나중에 실습에서 확인할 수 있습니다.

Line 13

```
.hide {overflow: hidden; display: block; position: absolute; border: 0; width: 1px; height: 1px; clip: rect(1px, 1px, 1px, 1px);}
```

이 코드는 IR(Image Replacement) 기법으로 화면 낭독기(screen reader) 사용자에게 필요한 코드입니다. 클래스명 'hide'를 잘 기억해 두고 뒤에 실습에서 어떻게 활용하는지 보겠습니다.

Line 14

```
button {cursor: pointer;}
```

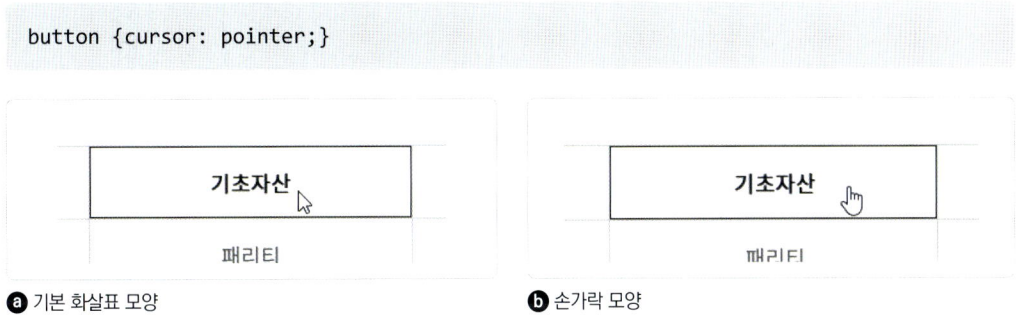

ⓐ 기본 화살표 모양　　　　　　　　　　　ⓑ 손가락 모양

[그림 1-5] ⟨button⟩ 요소에 마우스 커서를 올렸을 때 커서의 모양

⟨button⟩ 요소는 클릭이 가능하다는 것을 사용자에게 시각적으로 표현하기 위해 ⟨button⟩ 요소에 마우스 커서를 올렸을 때 [그림 1-5]의 ⓑ처럼 마우스 커서가 손가락 모양으로 바뀌게 하는 코드입니다. 이 코드가 없으면 ⟨button⟩ 요소에 마우스 커서를 올려도 ⓐ처럼 커서가 평상시와 같은 화살표 모양입니다.

>  **TIP**
>
> * {margin: 0; padding: 0;}에서 *(asterisk: 애스터리스크)는 모든 요소를 선택하는 전체 선택자입니다. CSS 초기화 파일에서 *를 선택자로 사용하면 HTML의 모든 요소를 선택하고 정의하기 때문에 페이지의 로딩 속도가 저하될 수 있습니다. 따라서 * 선택자를 사용하는 것보다는 [코드 1-1]의 `Line 03`처럼 요소를 하나하나 선택하는 방법을 권장합니다.

2장

환경 세팅

2-1 웹폰트 적용

이 책에서 소개하는 콘텐츠는 다양한 디자인 사례를 가져와서 살펴보는 것이므로 예제마다 폰트의 종류, 크기, 색깔 등이 다릅니다. 그러나 우리는 폰트를 매번 변경하는 번거로움 없이 원활하게 실습하기 위해 CSS 초기화 파일(default.css)에 'Noto Sans KR'을 기본 폰트를 적용하였습니다. 만약 폰트를 적용하는 코드를 직접 입력하는 방법이 궁금하다면 아래 TIP을 참고하기 바랍니다.

> **TIP**
>
> **'Noto Sans KR' 폰트 적용 방법**
> 폰트는 웹폰트 형태로 변환하여 로컬에서 제공하거나 CDN(Content Delivery Network) 형식으로 제공하는 2가지 방법이 있습니다. 여기서는 웹폰트를 CDN 형식으로 사용하는 방법을 설명합니다.
>
> 1. https://fonts.google.com/에 접속하여 'Noto Sans KR'을 클릭합니다.
>
>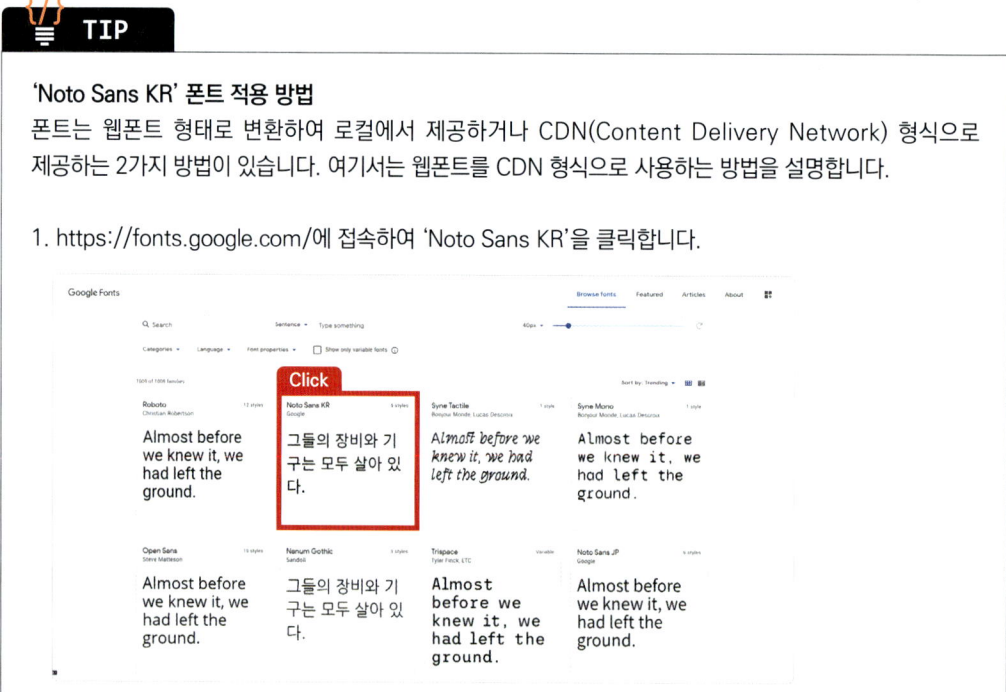

2. + Select this style 버튼을 클릭하여 원하는 굵기를 선택합니다.

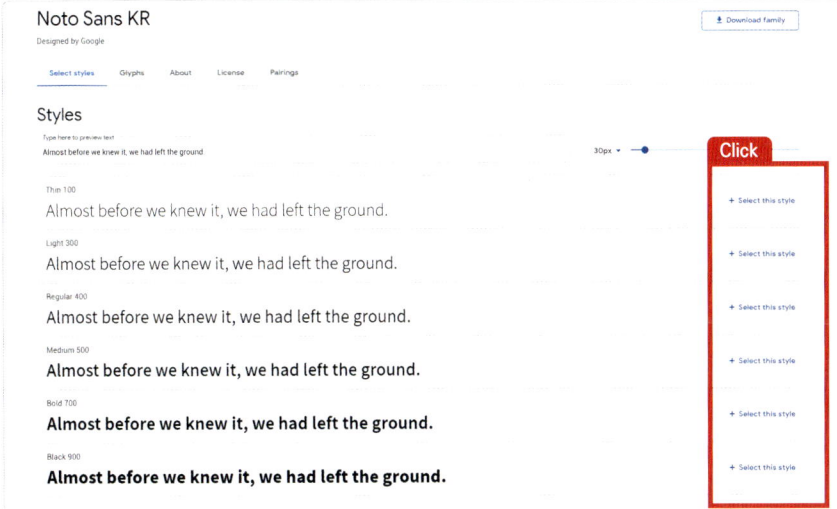

3. 웹폰트를 CSS 파일에 연결하기 위해 〈link〉 또는 @import 방식 중 @import를 클릭합니다. 그리고 〈style〉 요소 안에 있는 @import로 시작하는 코드만 복사하여 원하는 CSS 파일에 붙여넣습니다. 이때 @import 코드는 반드시 CSS 파일의 1번째 줄에 입력해야 합니다.

〈link〉가 아닌 @import 방식을 사용한 이유는 보통 CSS에 관련된 내용은 HTML 파일에 노출되지 않도록 작성하기 때문입니다. 그리고 폰트를 추가하거나 폰트 스타일을 바꿀 때도 수백 페이지에 달하는 HTML 파일을 수정하는 것이 아니라 CSS 파일만 수정하면 됩니다.

4. 이후 원하는 영역에 폰트를 적용할 때는 font-family 속성에 있는 코드를 복사해서 다음 코드처럼 @import 다음에 붙여넣어 사용합니다.

```
01  @import url('https://fonts.googleapis.com/css?family=Noto+Sans+KR&display
    =swap');
02
03  /* 여기부터 CSS 삽입 시작 */
04
05  선택자 {font-family: 'Noto Sans KR', sans-serif;}
```

2-2 디자인 툴

과거에 UI/UX 디자이너는 주로 포토샵(Photoshop)을 이용해 디자인 작업을 했다면 요즘에는 스케치(Sketch), 어도비 XD(Adobe XD), 피그마(Figma) 등 다양한 툴을 이용해 산출물을 제작하기도 합니다. 만약 코딩만 하는 웹퍼블리셔라면 디자인 툴을 전문적으로 다룰 필요는 없지만 필요하다면 각 프로그램 사이트의 도움말이나 검색을 활용해 충분히 사용 방법을 익힐 수 있을 것입니다. 이 책에서는 포토샵을 비롯한 다양한 UI 디자인 툴을 사용하는 법까지는 다루지 않지만, 가장 보편적으로 사용되고 있는 포토샵을 이용한 디자인을 코딩에 반영하는 설명이 몇 군데 나옵니다.

2-3 코드 에디터 아톰(Atom)

예전에 많이 사용했던 에디터(editor)는 대표적으로 나모 웹에디터, 드림위버(Dreamweaver), 에디트플러스(EditPlus) 등이 있습니다. 근래에는 단순히 에디터의 기능뿐만 아니라 여러 부가 기능을 사용할 수 있는 에디터가 많이 생겼는데, 비주얼 스튜디오 코드(Visual Studio Code)와 웹스톰(WebStorm) 등이 있습니다. 우리는 그중에서 아톰(Atom) 에디터의 다양한 기능을 살펴보고 활용하도록 하겠습니다. 만약 아톰이 아니라 이미 사용하고 있는 에디터가 있다면 그 에디터를 사용해서 실습을 진행해도 무관합니다.

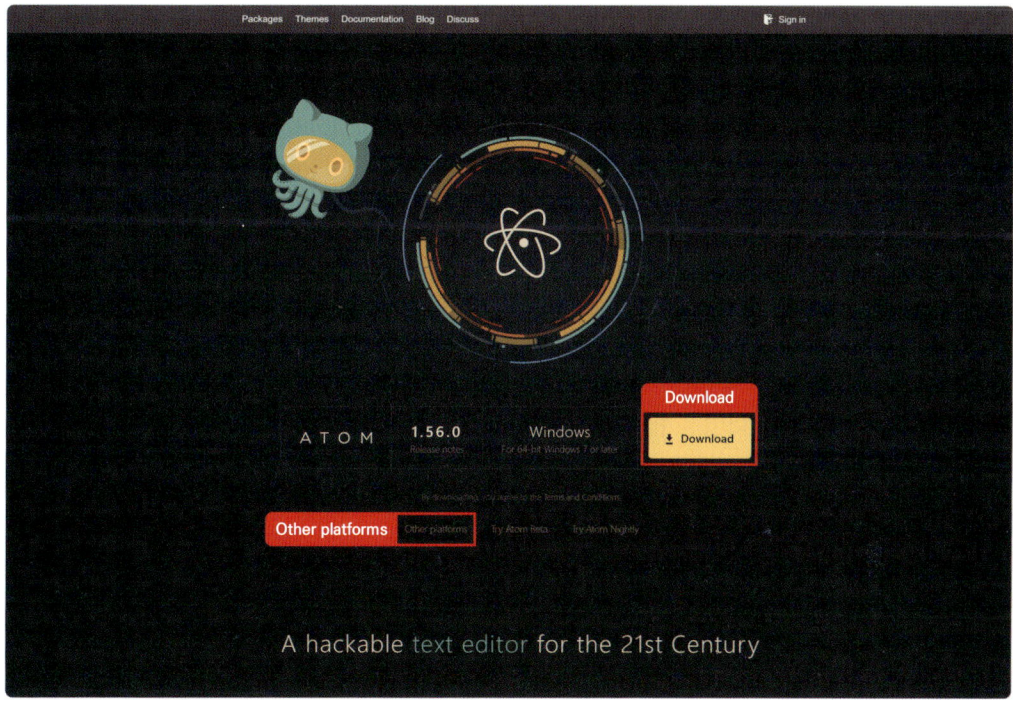

[그림 2-1] 아톰(Atom) 홈페이지의 다운로드 화면

http://atom.io/에 접속 후 Windows 사용자는 바로 보이는 [Download] 버튼을 눌러서 설치 파일을 받고, 리눅스나 MAC 사용자는 [Other platforms]에서 해당 OS 설치 파일을 받습니다. 설치 파일을 실행하면 자동으로 설치되며, 설치가 완료되면 [그림 2-2]와 같이 아톰이 실행됩니다.

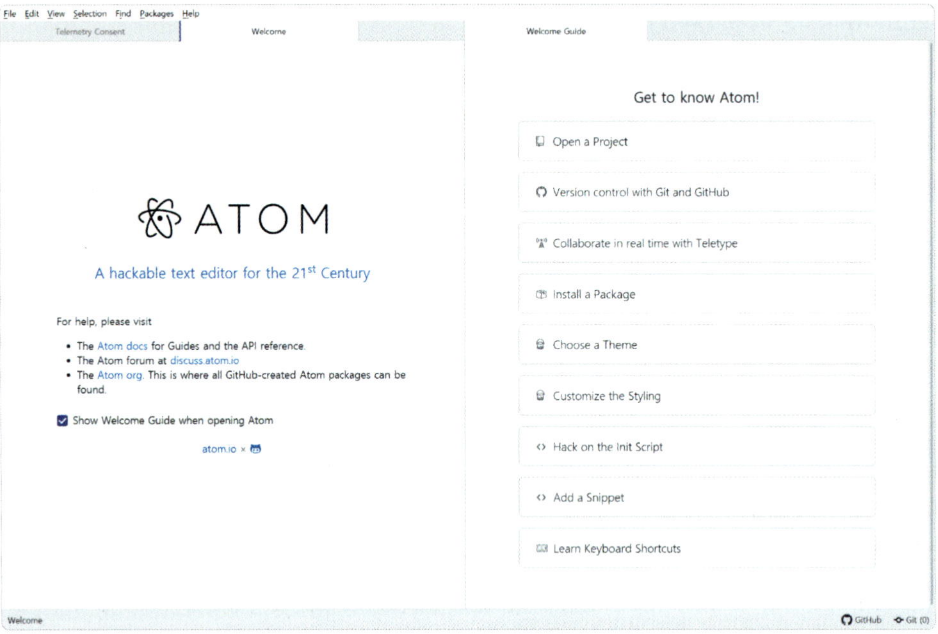

[그림 2-2] 아톰 설치 후 실행 화면

그리고 원활한 코딩 작업 환경을 만들기 위해 패키지(Package)라고 불리는 부가 기능을 추가하겠습니다. 아톰 화면에서 단축키로 [Ctrl]+[,(쉼표)]를 누르면 [그림 2-3]과 같은 설정(Settings) 화면이 나오는데, 왼쪽 메뉴에서 맨 아래에 있는 [Install]을 클릭하고 다음에 설명하는 패키지들을 검색하여 설치합니다.

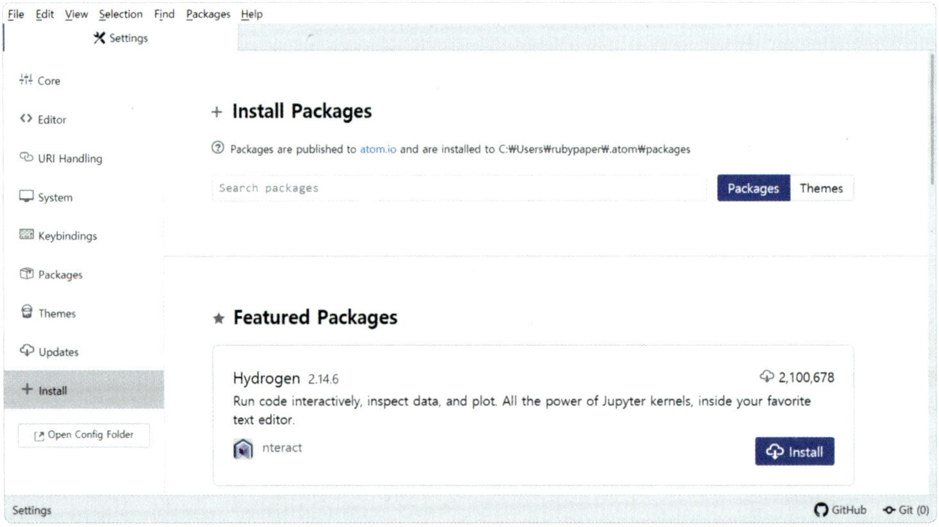

[그림 2-3] 패키지 검색 및 설치 화면

atom-beautify 패키지

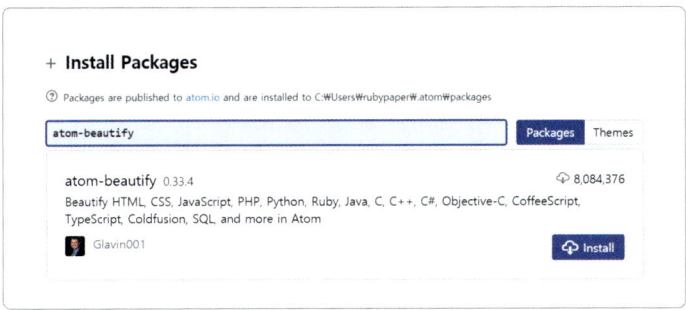

이 패키지는 들여쓰기를 신경 쓰지 않으면서 코딩했거나 정리되지 않은 코드를 넘겨받았을 때처럼 들여쓰기가 맞지 않는 코드를 한 번에 아름답게(beautify) 정리해주는 패키지입니다. 설치 방법은 검색창에 'atom-beautify'를 입력하고 위 화면에 나오는 패키지의 [Install] 버튼을 클릭합니다. 설치 후 [Ctrl]+[Alt]+[B]를 누르면 활성화된 탭의 모든 코드가 들여쓰기 됩니다. 코드 일부 영역만 들여쓰기하고 싶다면 블록을 씌우고 단축키를 누르면 됩니다.

emmet 패키지

emmet은 zencoding이라는 플러그인과 유사한 패키지로 HTML 파일의 구조를 손쉽게 자동으로 작성해줍니다. 다양한 문법 활용은 https://docs.emmet.io/abbreviations/syntax/에서 살펴볼 수 있습니다. emmet을 설치하고 새 문서를 만들어 emmet의 기능을 확인해보겠습니다.

1. 새 문서 만들기 [Ctrl]+[N]
2. 파일 저장(이때, 이름에 확장자를 꼭 붙입니다. 예: index.html) [Ctrl]+[S]
3. 빈 문서에 느낌표(!) 입력 후 키보드에서 [Tab] 키를 누릅니다.

위의 순서대로 하면, [그림 2-4]와 같이 HTML 파일의 기본 구조가 자동으로 완성됩니다.

```
1   <!DOCTYPE html>
2   <html lang="en">
3   <head>
4       <meta charset="UTF-8">
5       <meta name="viewport" content="width=device-width, initial-scale=1.0">
6       <meta http-equiv="X-UA-Compatible" content="ie=edge">
7       <title>Document</title>
8   </head>
9   <body>
10
11  </body>
12  </html>
```

[그림 2-4] emmet의 기능으로 완성된 HTML 기본 구조

open-in-browsers 패키지

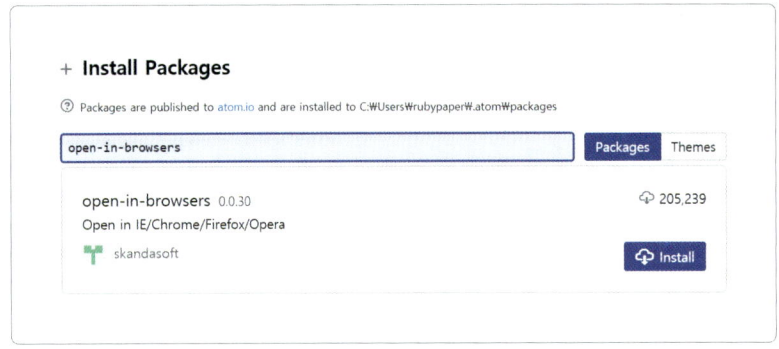

이 패키지는 작업한 HTML 파일을 실행하기 위해 브라우저를 켜서 파일을 불러들이는 번거로움을 없애주며 다양한 브라우저를 지원합니다. 설치 후에는 [그림 2-5]와 같이 아톰 에디터 왼쪽 아래에 여러 개의 브라우저 아이콘이 생성됩니다. 작업 파일을 띄운 상태에서 원하는 브라우저 아이콘을 누르면 해당 브라우저로 결과를 확인할 수 있습니다. 만약 해당 브라우저가 설치되어 있지 않으면 오류가 생길 수 있으니 미리 원하는 브라우저를 설치하고 사용하기 바랍니다. 참고로 엣지 브라우저는 지원하지 않습니다.

[그림 2-5] open-in-browsers 설치 후 나타나는 브라우저 실행 아이콘

project-manager 패키지

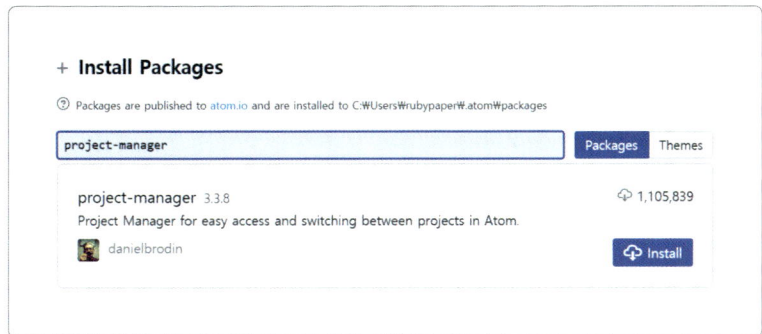

project-manager는 프로젝트 파일을 관리하는 기능으로, 예전 프로젝트의 작업 파일을 찾거나 여러 개의 파일을 열고 작업해야 할 때 사용합니다. 이 패키지를 이용하면 Windows의 파일 탐색기를 열지 않아도 아톰에서 손쉽게 파일에 접근할 수 있습니다.

project-manager의 기능을 설명하기 전에 아톰의 기본 프로젝트 기능부터 살펴보겠습니다. 프로젝트 관리는 프로젝트창에서 하는데, 이는 패키지를 설치하지 않아도 되는 기본 기능으로 단축키는 [Ctrl]+[\]입니다. 프로젝트를 추가하려면 프로젝트창에 보이는 [Add folders]를 누르거나, 프로젝트창에서 마우스 오른쪽 버튼을 눌러 [Add Project Folder]를 클릭하고 추가하고 싶은 프로젝트 폴더를 선택합니다. 우리는 앞으로 사용할 예제 파일이 있는 'navigation' 폴더를 추가하겠습니다.

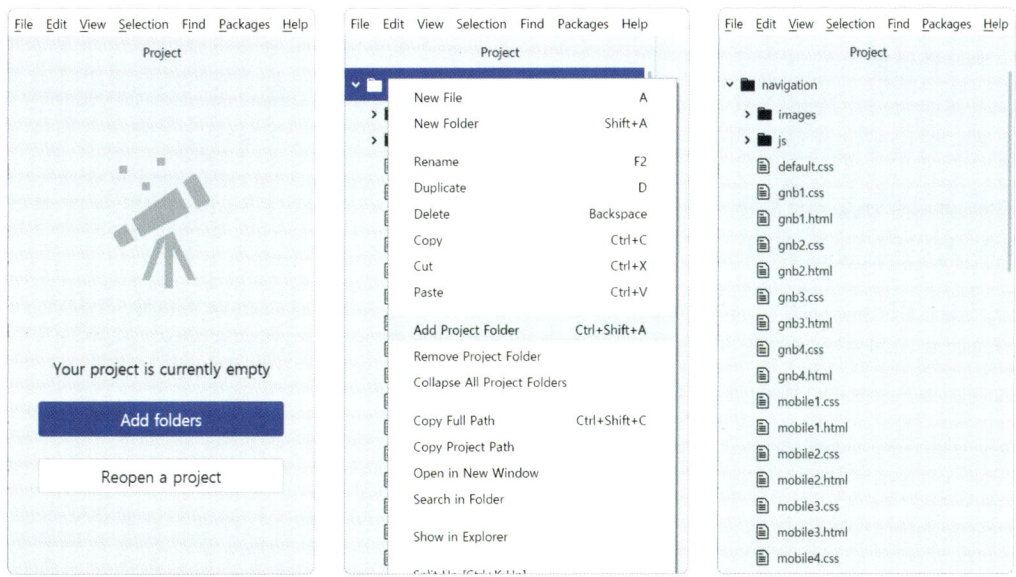

[그림 2-6] 프로젝트창에서 프로젝트 추가

프로젝트 폴더를 잘못 선택했다면 해당 프로젝트 폴더에 대고 마우스 오른쪽 클릭한 뒤 [Remove Project Folder]로 목록에서 제거합니다. 만약 [Delete]를 클릭하면 실제 파일이 삭제되므로 조심해야 합니다.

이제 project-manager 패키지를 이용해 프로젝트 폴더를 저장하겠습니다. 저장은 아톰 에디터의 상단 메뉴에서 [Packages]→[Project Manager]→[Save Project]로 저장합니다. 프로젝트 폴더를 저장할 때는 [그림 2-7]과 같이 폴더 이름을 별도로 지정할 수 있습니다. 프로젝트는 저장한 순서대로 리스트에 오르며, 순서를 변경할 수 있습니다. 폴더 이름은 프로젝트를 구분하기 쉽게 정하면 되는데, 한글도 가능합니다.

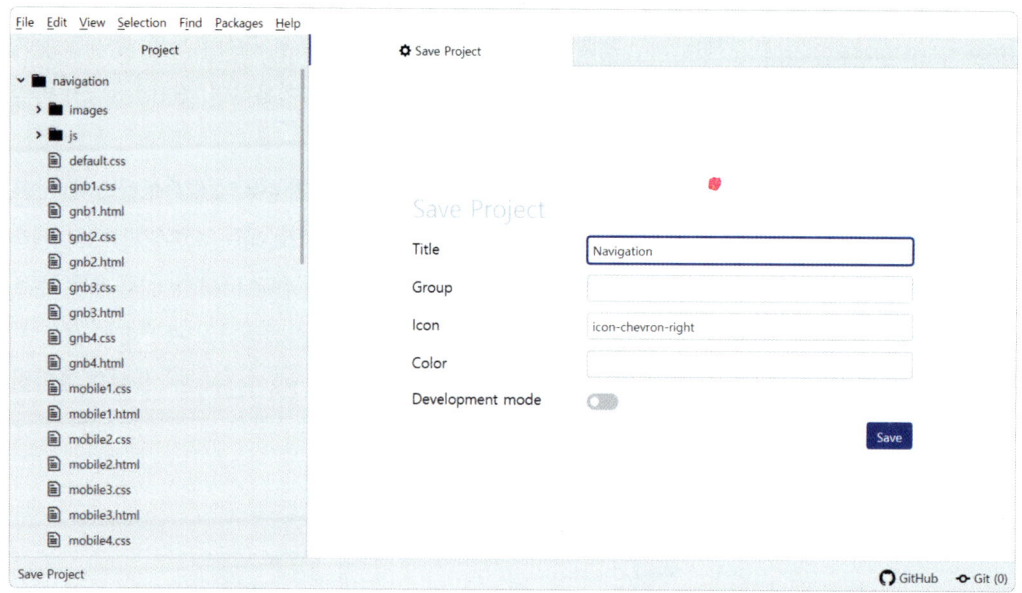

[그림 2-7] 프로젝트 폴더 저장 및 이름 지정

이제 저장한 프로젝트를 작업하기 위해 불러오겠습니다. 단축키 [Alt]+[Shift]+[P]를 눌러 프로젝트 리스트를 호출하고 프로젝트명을 클릭하면 해당 폴더가 프로젝트창에 활성화됩니다.

project-manager 패키지로 프로젝트 폴더를 관리하면 원하는 파일을 빠르게 찾을 수 있고, 포트폴리오 관리에도 큰 도움이 되니 프로젝트 폴더를 미리미리 정리해 두는 것이 좋습니다.

atom-live-server 패키지

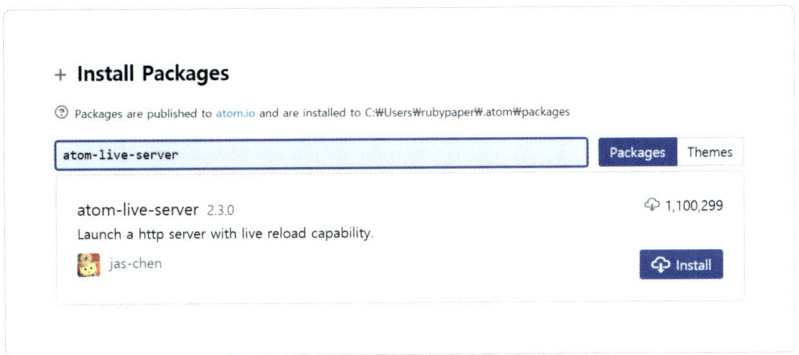

atom-live-server는 로컬 서버에서 작업 중인 페이지를 새로고침 없이 실시간으로 바로 확인할 수 있어 편리합니다. 프로젝트 폴더가 활성화된 상태에서 [Ctrl]+[Alt]+[3]을 누르면 기본 브라우저로 로컬 서버가 실행되면서 자동으로 root 디렉터리에 있는 index.html 파일이 연결됩니다. 만약 root 디렉터리에 index.html 파일이 없으면 브라우저에 [그림 2-8] 같은 화면이 뜨는데, 여기서 실행하려는 파일을 찾아 클릭하거나 주소창에 직접 경로를 입력합니다. 예를 들어 table5 폴더에 있는 test.html 파일을 실행하려면 주소창에 로컬 도메인 주소와 경로 '127.0.0.1:3000/table5/test.html'을 입력하면 됩니다.

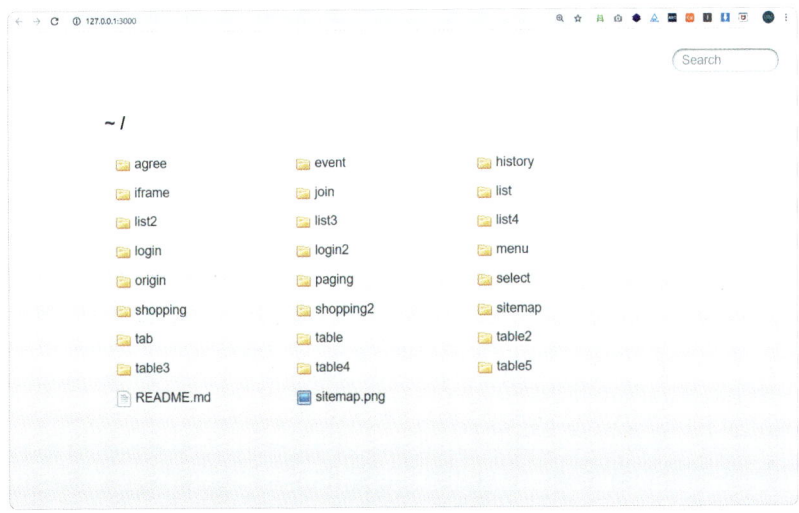

[그림 2-8] root 디렉터리에 index.html이 없을 경우 실행 화면

atom-live-server는 아톰에서 작업 중인 파일을 로컬 서버로 실행하는 것뿐만 아니라 브라우저로 확인할 때 새로고침을 하지 않더라도 자동으로 새로고침 됩니다. 따라서 불필요한 작업을 줄여 코딩에 집중하는 시간을 늘릴 수 있습니다.

2-4 HTML5와 CSS3

HTML과 CSS를 이용해 구현할 수 있는 기능은 방대합니다. 따라서 웹서비스를 제작할 때 HTML과 CSS의 모든 요소와 속성을 기억해서 사용하기는 어려우므로 자주 사용되는 요소와 속성의 특징을 잘 알아두면 됩니다.

이 책에서는 요소를 콘텐츠의 목적에 맞게 사용하여 화면 낭독기 사용자에게 접근성을 제공하며 웹 페이지의 구조를 이해할 수 있도록 HTML을 구현합니다. 또한, 브라우저가 최신 버전이 아니더라도 CSS3의 최신 기술이 호환되도록 대체 코드를 제공합니다.

2-5 JavaScript와 jQuery

이 책은 실무에서 자주 사용하는 UI 유형을 모아놓은 책으로 HTML, CSS, JavaScript, jQuery 기초는 다루지 않습니다. JavaScript의 라이브러리인 jQuery를 활용하여 기능을 구현하고, 이에 따라 기본 문법을 설명하기도 하지만 세세하게 설명하지는 않습니다.

2-6 웹 접근성과 화면 낭독기

모든 사용자는 모든 웹 콘텐츠에 접근할 수 있어야 합니다. 당연한 이야기 같지만 아직도 많은 실무자가 웹 접근성을 고려하여 개발하는 것을 등한시하고 있으며, 웹 접근성 프로젝트와 그렇지 않은 프로젝트로 나눠서 '웹 접근성 품질 인증 마크'라는 틀 안에서만 해결하려는 실정입니다. 이 책에서는 항상 웹 접근성을 고려하는 웹퍼블리셔를 양성할 수 있도록 '한국형 웹 콘텐츠 접근성 지침 2.1'을 적용하여 실습하고, HTML 코드만으로 한계가 있는 경우에는 WAI-ARIA(Web Accessibility Initiative-Accessible Rich Internet Applications)를 일부 사용하였습니다. 화면 낭독기(screen reader)는 시각장애인이 컴퓨터 또는 모바일 기기를 사용할 때 화면에 있는 정보를 음성으로 출력해주는 프로그램입니다. 또한, 웹서비스뿐만 아니라 운영체제(OS)와 소프트웨어 등을 키보드로 제어할 때도 해당 내용을 음성으로 출력해주어 화면을 볼 수 없는 시각장애인이 기기를 사용할 수 있도록 도움을 주는 보조기구입니다. 화면 낭독기는 화면의 변화를 읽어주며 사용자가 원하는 곳을 다시 읽거나 주요 부분으로 이동하여 읽어주기도 합니다.

PC 버전에서는 센스리더(Sense Reader), 죠스(JAWS), NVDA 등의 화면 낭독기가 있습니다. 모바일 기기인 안드로이드에는 토크백(TalkBack)과 보이스 어시스턴트(Voice Assistant)가 있고 iOS에는 보이스오버(VoiceOver)가 있습니다. 토크백은 구글에서 개발했으며 보이스 어시스턴트는 토크백 기반으로 개발된 화면 낭독기로 삼성 갤럭시에 기본으로 내장되어 있습니다. 이

중 우리나라에서 가장 많이 사용되고 있는 화면 낭독기는 센스리더와 NVDA, 보이스오버입니다.

이 책에서는 예제마다 화면 낭독기 결과를 제공하는데, PC 버전은 무료 프로그램인 NVDA를 사용하였고 모바일은 iOS의 보이스오버를 이용하였습니다. 화면 낭독기 사용자에게 접근성을 제공하는 웹퍼블리싱을 하려면 직접 화면 낭독기를 실행해보는 것이 가장 좋습니다.

화면 낭독기 설치와 사용 방법

NVDA

NVDA 사이트(https://www.nvaccess.org/) 접속 후 [Download] 메뉴를 클릭하고, 다운로드 페이지 중간쯤에 있는 [DOWNLOAD] 버튼을 눌러 설치합니다.

설치가 완료되면 바탕화면에서 아이콘을 클릭하거나 [Ctrl]+[Alt]+[N]을 눌러 실행합니다. 종료할 때는 작업 표시줄 오른쪽에 있는 아이콘을 마우스 오른쪽 클릭한 뒤 종료합니다.

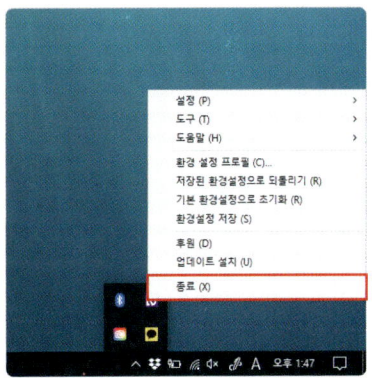

간단한 사용 방법은 다음 표와 같으며, 자세한 사용 방법은 NVDA 사이트에서 [Get Help] → [VIEW USER GUIDE] 메뉴를 참고하세요.

조작	키
다음으로 이동	[Tab]
이전으로 이동	[Shift] + [Tab]
다음 읽기	[↓]
이전 읽기	[↑]
기능 실행	[Enter]

보이스오버

보이스오버 시작과 종료는 [설정◉] → [손쉬운 사용] → [VoiceOver]로 이동한 다음 기능을 켜거나 끕니다. 간단한 사용 방법은 아래 표와 같으며, 자세한 사용 방법은 https://support.apple.com/ko-kr/guide/iphone/iph3e2e2281/ios를 참고하세요.

조작	제스처
다음으로 이동	왼쪽에서 오른쪽으로 쓸어넘기기
이전으로 이동	오른쪽에서 왼쪽으로 쓸어넘기기
VoiceOver 소리 끄기 또는 다시 켜기	세 손가락으로 이중 탭하기
한 페이지 위로 스크롤	세 손가락으로 위에서 아래로 쓸어내리기
한 페이지 아래로 스크롤	세 손가락으로 아래에서 위로 쓸어올리기
기능 실행	이중 탭하기

2-7 브라우저 호환성

flex나 grid 같은 레이아웃을 표현하는 CSS 속성은 코딩하기 편하고 빠른 결과물을 낼 수 있어 유튜브나 다른 온라인 플랫폼 강의에서 많이 찾아볼 수 있습니다. 하지만 Windows의 IE(Internet Explorer: 인터넷 익스플로러) 브라우저를 많이 사용하는 국내 환경에서 이러한 기술을 사용하기에는 적합하지 않아 다소 꺼리고 있는 것이 현실입니다.

프로젝트 규모가 클수록 해당 서비스가 지원하는 최소 환경을 결정해야 합니다. 관공서나 대기업에서 대상으로 하는 서비스는 사용자층이 매우 넓기 때문에 최신 브라우저도 지원해야 하겠지만, 주로 오래된(많이 사용하는) 브라우저를 기준으로 작업합니다. 2021년을 기준으로 보면 IE 10 이상 버전을 지원하는 웹서비스가 대부분이고, 경우에 따라서는 IE 8, 9까지 지원하기도 합니다. 참고로 IE 10은 flex 속성을 일부만 지원하고 grid 속성은 아예 지원하지 않습니다. 이처럼 아무리 편리하고 새로운 기술일지라도 사용자 환경이 아직 받아들일 준비가 되어 있지 않으면 실무에서 적용하기에는 어려움이 많습니다.

그런데 모바일에서는 이야기가 다릅니다. 모바일의 주요 브라우저는 사파리(safari)와 크롬(chrome)으로, flex와 grid 속성을 지원하기 때문에 최신 기술을 비교적 쉽게 적용할 수 있습니다. 마지막으로 이 책에서 다루는 기술의 호환성 기준은 다음과 같습니다.

* **웹사이트:** IE 10 이상 지원, 엣지, 크롬, 파이어폭스
* **모바일 웹:** 최신 Android, iOS 지원
* **반응형 웹:** IE 10 이상 지원

이 책에서는 IE 10 이상을 기준으로 하기 때문에 grid 속성은 사용하지 않았습니다. 또한 gradient와 flex 속성을 대체하는 코드를 제공하여 IE 9에서는 코드가 어떻게 적용되는지 확인하면서 실습할 수 있도록 작성하였습니다.

3장

메뉴란?

3-1 메뉴의 종류

웹사이트, 모바일 웹, 반응형 웹에서 가장 중요한 UI는 바로 메뉴입니다. 메뉴는 사용자가 자주 클릭하는 영역이므로 한눈에 들어오면서 편리해야 합니다. 웹퍼블리셔는 디자인된 화면을 코드로 재현하는 것도 중요하지만 사용성과 접근성을 고려해야 한다는 점을 잊어서는 안 됩니다.

메뉴의 종류는 메인 메뉴(GNB: Global Navigation Bar, 또는 LNB: Local Navigation Bar)와 서브 메뉴(SNB: Sub Navigation Bar) 그리고 탭 메뉴(tab menu), 메가 메뉴(mega menu) 등이 있습니다.

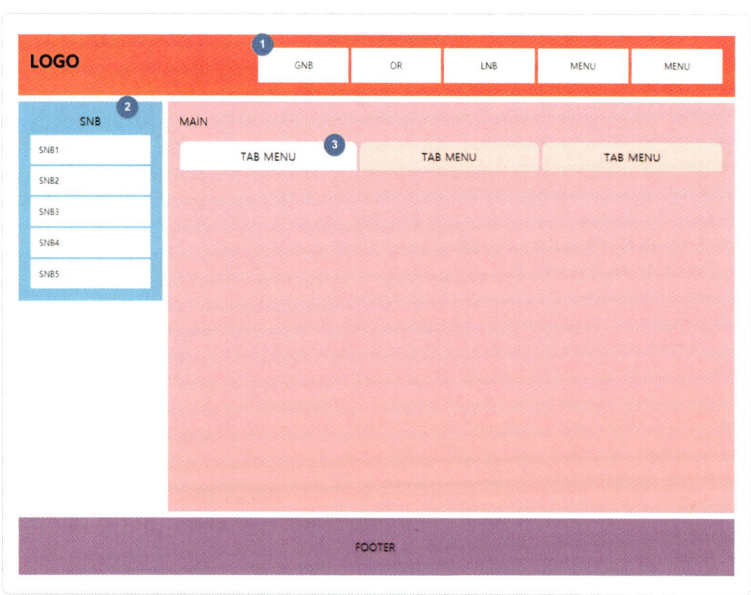

[그림 3-1] 메뉴의 종류(번호 순서대로 메인 메뉴, 서브 메뉴, 탭 메뉴)

[그림 3-1]은 가장 많이 볼 수 있는 웹사이트 구조로 이 책에서 다룰 메뉴들을 포함하고 있습니다. ①번은 GNB 또는 LNB로 불리는 메뉴이며 메인 메뉴, 주메뉴라고도 합니다. 모든 페이지로 이동할 수 있으며 웹사이트의 전체적인 구조를 파악할 수 있습니다.

②번은 SNB인 서브 메뉴로 첫 페이지를 제외한 나머지 페이지에서 볼 수 있는 UI입니다. 서브 메뉴는 주로 왼쪽에만 위치하다가 탭이나 브레드크럼 스타일로 디자인이 점점 다양해지고 있습니다. SNB는 1 뎁스 메뉴의 하위 메뉴 구조를 파악하고 이동하는 역할을 합니다.

③번인 탭 메뉴는 보통 3 뎁스 이상에서 표현되며 하나의 콘텐츠를 자세하게 분류할 때 사용합니다. 기획과 개발 의도에 따라 탭 메뉴를 클릭했을 때 페이지가 이동할 수도 있고, 페이지는 이동하지 않은 채 콘텐츠만 바뀔 수도 있습니다.

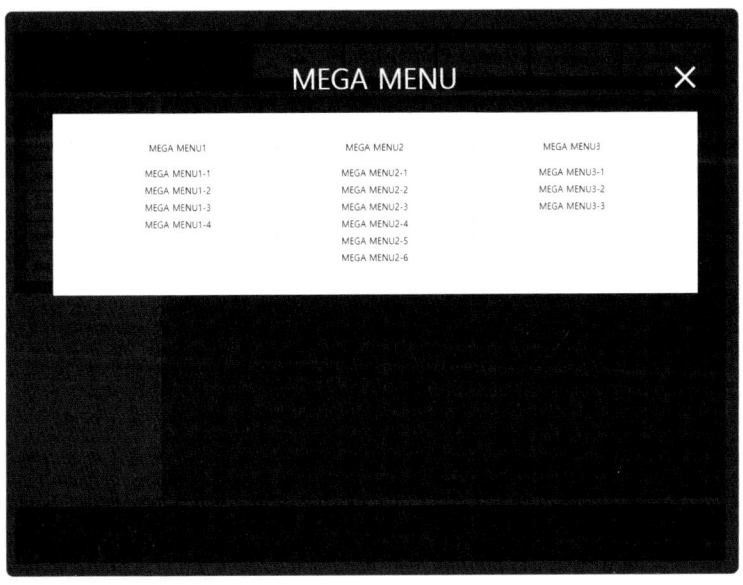

[그림 3-2] 메뉴의 종류(메가 메뉴)

[그림 3-2]에서 표현한 메가 메뉴는 GNB와 사이트맵의 역할을 동시에 하는 UI라고 볼 수 있습니다. 햄버거 버튼처럼 별도의 버튼을 클릭하면 메뉴가 나타나며 사용자가 사이트의 전체 구조를 파악하고 각각의 페이지로 이동할 수 있습니다.

더욱 자세한 내용은 다음 장에서 예제를 하나씩 살펴보며 알아가도록 하겠습니다.

3-2 메뉴 코딩 전 준비 사항

웹퍼블리셔로서 프로젝트를 맡게 되었을 때 디자이너에게 받은 디자인 산출물만 보고 메뉴를 구현하면 큰 낭패를 볼 수 있습니다. 따라서 메뉴를 작업하기 전에 디자인 산출물에서 반드시 다음 항목을 확인해야 합니다.

1. 메뉴 구조도
2. 메뉴의 뎁스(depth)
3. 메뉴 인터랙션(interaction)

디자인 산출물에는 뎁스가 표현되지 않은 경우가 허다하므로 웹퍼블리셔는 항상 메뉴 구조도에서 뎁스를 파악하고, 산출물에도 뎁스가 맞게 표현되어 있는지 확인하며 작업에 임해야 합니다. 특히 메뉴에 마우스 커서를 올리거나 클릭했을 때 하위 뎁스의 메뉴 디자인이 메뉴마다 다를 수 있습니다. 하위 뎁스의 메뉴를 표현하는 방법은 다양하기 때문에 이 또한 디자인 산출물을 확인하고 코딩을 해야 하는 이유입니다.

메뉴를 코딩하면서 또 쉽게 간과할 수 있는 부분이 바로 인터랙션인데 메뉴에 마우스나 키보드 초점이 발생했을 때 사용자가 어떻게 인식하게 할지 이벤트를 주는 것을 말합니다. 디자이너가 메뉴에 어떤 이벤트를 주는지까지 제안하지 않았다면 온전히 웹퍼블리셔의 감각으로 표현되는 부분입니다. 이는 메뉴에 한정된 것이 아니라 UI를 구현할 때 전반적으로 해당하는 부분이므로 웹퍼블리셔는 디자인을 그대로 구현하는 것뿐만 아니라 인터랙션에서도 어느 정도 감각을 발휘해야 합니다.

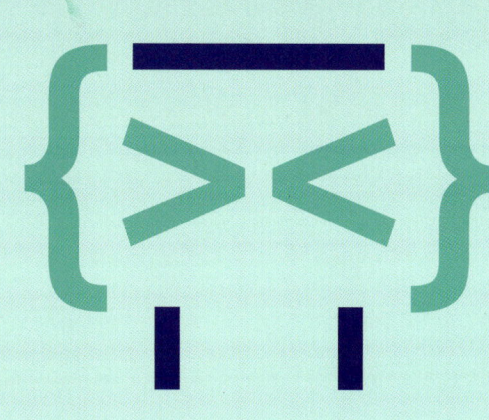

2부
코드로 배우는 실무 웹퍼블리싱

이 책은 웹사이트, 모바일, 반응형 웹에서 자주 볼 수 있는 메뉴 UI의 예제로 구성되어 있습니다. 메뉴는 각 콘텐츠 페이지로 이동하는 역할을 하므로 <a> 요소로 마크업합니다. 사용자가 메뉴를 클릭할 때는 불편함이 없도록 클릭 범위를 넓게 하고, 키보드로도 메뉴를 제어할 수 있게 합니다.

웹퍼블리셔는 단순히 디자인을 그대로 재현하는 것에 그치는 것이 아니라 사용자가 좀 더 편리하게 웹서비스를 이용할 수 있도록 고민해야 하는데, 특히 메뉴는 사용자가 가장 많이 이용하는 UI로 아주 중요합니다. 또한, 차후에 웹서비스를 리뉴얼하거나 유지보수 해야 하는 부분까지 생각하여 메뉴를 수정하더라도 주변 콘텐츠의 UI가 틀어지는 일이 없게 제작해야 합니다.

그리고 가장 기본 사항인 브라우저 호환성을 준수해야 합니다. 클라이언트의 요구에 따라 인터넷 익스플로러 구버전까지 지원해야 할 때도 있어서 최신 브라우저에만 적용되는 CSS3 기술은 남용하지 않는 것이 좋습니다. 만약 사용한다면 구버전에서도 기능이 실행되도록 대체 코드를 함께 제공해야 합니다.

그렇다면 이제 본격적으로 다양한 디자인의 메뉴를 제작해 보면서 호환성과 사용성 그리고 접근성을 높여서 코딩하는 방법을 알아보겠습니다.

4장
메인 메뉴

메인 메뉴(GNB: Global Navigation Bar)는 웹서비스에서 모든 페이지에 존재하는 중요한 UI 입니다. GNB의 종류는 다음과 같습니다.

유형 1. 하위 메뉴가 없는 GNB
유형 2. 하위 메뉴가 있고 1 뎁스 메뉴마다 2 뎁스 메뉴가 세로로 펼쳐지는 GNB
유형 3. 하위 메뉴가 있고 1 뎁스 메뉴마다 2 뎁스 메뉴가 가로로 펼쳐지는 GNB
유형 4. 하위 메뉴 전체가 한 번에 모두 펼쳐지는 GNB

이번 장에서는 이렇게 총 4가지 유형의 GNB를 만들어보고 각각 HTML, CSS, jQuery 코드를 살펴보겠습니다.

▶ 예제 파일 다운로드: https://github.com/rebehayan/book

 **TIP**

웹사이트, 모바일 웹, 반응형 웹의 모든 메뉴는 뎁스(depth)가 있습니다. 메뉴의 뎁스를 표현하기 위해 기획팀에서는 메뉴 구조도를 제작합니다. 트리로 된 메뉴 구조 ①은 비교적 작은 사이트를 구축할 때 사용하고, 웹퍼블리셔라면 보통은 테이블로 된 메뉴 구조 ②를 보고 메뉴를 파악합니다.

메뉴 구조도 ① - 트리형

메뉴 구조도 ② - 테이블형

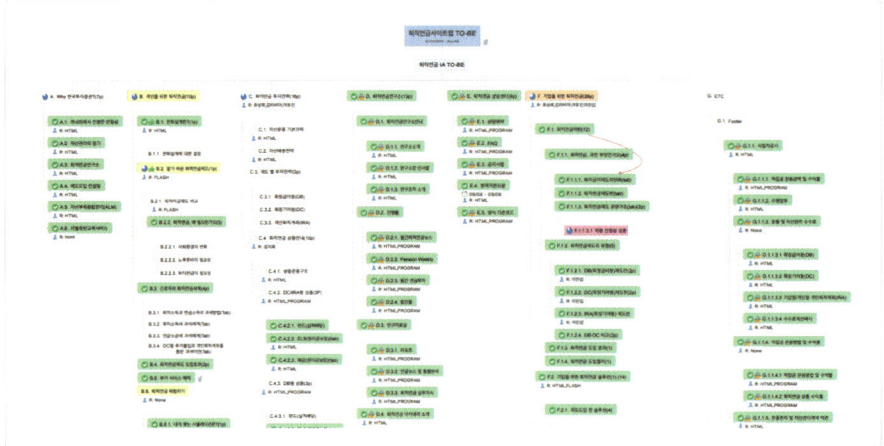

1Depth	2Depth	3Depth	4Depth				code	비고
MAIN				Code	Program	Flash		
A Descente	About Descente			Code				
	Brand History			Code				
B Product		sub main		Code		Flash		
	SPORTS INSPIRED	URBAN SPORT	MOVE SPORTS	Code	Program	Flash		
			ESSENTIAL	Code	Program	Flash		
			HERITAGE	Code	Program	Flash		
		DNA		Code	Program	Flash		
		BEACH		Code	Program	Flash		
		Discover		Code	Program	Flash		
	SPORTS PERFORMANCE	SKI		Code	Program	Flash		
		TRAINING	FIELD TRAINING	Code	Program	Flash		
			GYMNASTIC TRAINING	Code	Program	Flash		
		CYCLE		Code	Program	Flash		
		BASEBALL		Code	Program	Flash		
		VOLLEYBALL		Code	Program	Flash		
C STYLE	MEDIA			Code	Program	Flash		
	MAGAZINE			Code	Program	Flash		
	Daily News			Code	Program	Flash		
	Star			Code	Program	Flash		
D Sponsorship	BASEBALL	ANY TEAM		Code	Program			
	SKI	ANY TEAM		Code	Program			
	CYCLE	ANY TEAM		Code	Program			
	VOLLEYBALL	ANY TEAM		Code	Program			
	Other	ANY TEAM		Code	Program			
E Events	진행중이벤트			Code	Program			
	지난이벤트			Code	Program			
	당첨자게시판			Code	Program			

메뉴 구조도 ②에서 1행에 보이는 'Depth'는 메뉴의 깊이를 나타내는 단어입니다. 예를 들어 1 뎁스 메뉴 [B Product]의 구성을 살펴보겠습니다. 1 뎁스의 하위 메뉴인 2 뎁스에는 [SPORTS INSPIRED]와 [SPORTS PERFORMANCE]가 있고 2 뎁스 메뉴 [SPORTS INSPIRED]의 하위 메뉴인 3 뎁스에는 [URBAN SPORT], [DNA], [BEACH], [Discover]이 있습니다. 마지막으로 3 뎁스 메뉴 [URBAN SPORT]의 하위 메뉴인 4 뎁스에는 [MOVE SPORTS], [ESSENTIAL], [HERITAGE]가 있습니다.

이렇게 메뉴를 코딩하기 전에 메뉴 구조도와 디자인 산출물을 비교하여 전체 메뉴의 뎁스를 파악해야 합니다. 메뉴를 먼저 분석하지 않고 프로젝트를 진행하면 메뉴가 꼬이거나 누락되는 등 잘못 구현할 가능성이 커집니다.

GNB는 종종 세로 형태인 디자인도 있지만 아래 그림처럼 대부분 가로 형태의 디자인을 꾸준히 유지해 오고 있습니다. 2 뎁스 메뉴는 디자인에 따라 행(row) 또는 열(column)로 배치합니다.

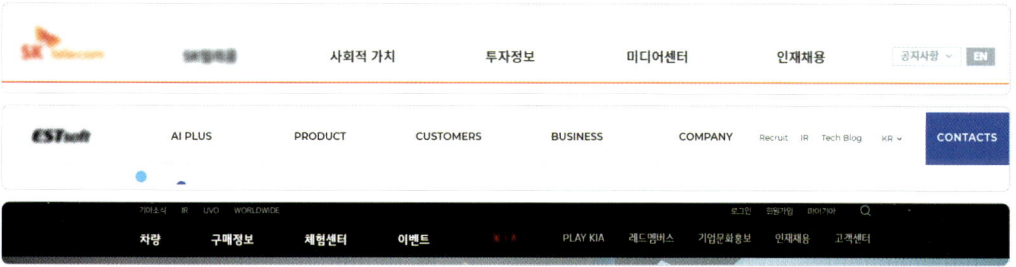

[그림 4-1] 가로 형태로 디자인된 GNB

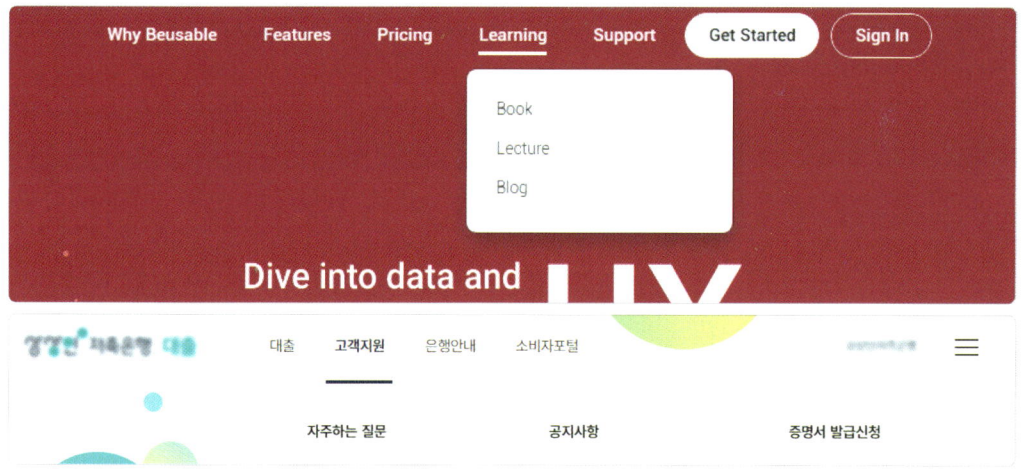

[그림 4-2] 행 또는 열로 배치된 2 뎁스 메뉴 디자인

4-1 하위 메뉴가 없는 GNB

[그림 4-3] 하위 메뉴가 없는 GNB 디자인

[그림4-3]은 GNB의 가장 기본 디자인입니다. GNB에 하위 메뉴가 없다는 것은 사이트에 콘텐츠가 많지 않다는 의미입니다. 즉, 웹퍼블리셔가 해야 할 업무의 양이 많지 않다는 뜻이므로 이러한 디자인을 맡으면 비교적 편안한 마음으로 작업을 시작하면 되겠습니다. [그림4-4]를 보고 구조를 파악한 뒤 HTML과 CSS를 활용하여 만들어봅시다. 앞으로 나오는 구조에 관한 그림에는 해당 파일에서 사용한 주요 요소를 라인 번호와 함께 표시하였습니다.

HTML 코드 풀이

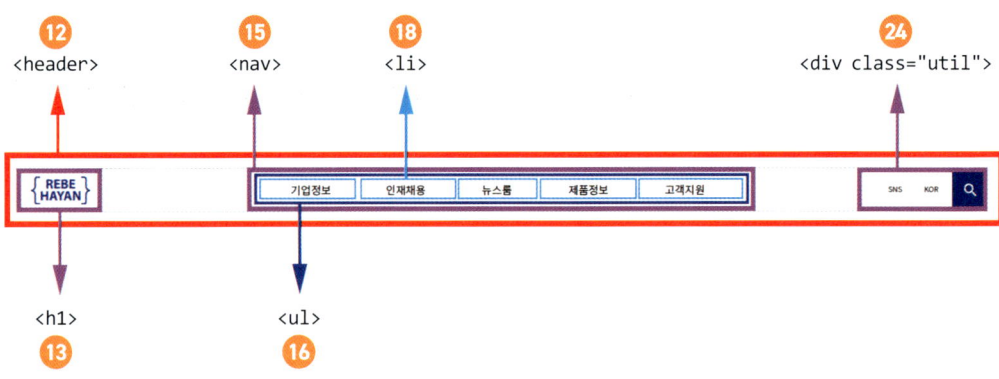

[그림 4-4] 하위 메뉴가 없는 GNB의 HTML 구조

[코드 4-1] 하위 메뉴가 없는 GNB의 헤더 영역   gnb1.html

```
01  <!DOCTYPE html>
02  <html lang="ko">
03  <head>
04    <meta charset="UTF-8">
05    <meta name="viewport" content="width=device-width, initial-scale=1.0">
06    <meta http-equiv="X-UA-Compatible" content="ie=edge">
07    <title>하위 메뉴가 없는 GNB</title>
08    <link rel="stylesheet" href="default.css">
09    <link rel="stylesheet" href="gnb1.css">
10  </head>
11  <body>
```

```
12    <header>
13      <h1><a href=""><span class="hide">리베하얀</span></a></h1>
14      <h2 class="hide">메인 메뉴</h2>
15      <nav>
16        <ul>
17          <li><a href="">기업정보</a></li>
18          <li><a href="">인재채용</a></li>
19          <li><a href="">뉴스룸</a></li>
20          <li><a href="">제품정보</a></li>
21          <li><a href="">고객지원</a></li>
22        </ul>
23      </nav>
24      <div class="util">
25        <a href="">SNS</a>
26        <a href="">KOR</a>
27        <button><span class="hide">검색</span></button>
28      </div>
29    </header>
30    <main>CONTENTS</main>
31  </body>
32  </html>
```

Line 05

```
<meta name="viewport" content="width=device-width, initial-scale=1.0">
```

아톰에서 HTML 새 문서를 만들 때 자동으로 생성하는 코드로 모바일 또는 반응형 웹을 제작할 때 필요한 코드입니다. 이번 예제를 구현하는 데는 아무 상관이 없으니 신경 쓰지 않아도 됩니다. 이 코드에 대한 자세한 설명은 **7장 모바일 메뉴**에서 하겠습니다.

Line 08, 09

```
<link rel="stylesheet" href="default.css">
<link rel="stylesheet" href="gnb1.css">
```

전체 요소의 CSS를 초기화하는 default.css 파일을 연결합니다. CSS에서는 선택자의 우선순위를 계산하여 점수가 높은 순서대로 스타일을 적용하는데, default.css 파일에 있는 CSS 선택자는 대부분 요소로만 구성되어 있으므로 선택자 점수가 낮습니다. 따라서 초기화가 먼저 이루어질 수 있도록 default.css 파일을 CSS 파일 중에서 1번째로 배치하고 UI를 표현하는 gnb1.css 같은 파일은 이후에 배치합니다.

Line 12, 29

```
<header></header>
```

거의 모든 웹사이트 구조는 ⟨header⟩ 요소로 시작합니다. ⟨header⟩는 로고 이미지와 GNB 영역이 있고 검색, 로그인 등의 기능으로 구성됩니다.

Line 13

```
<h1><a href=""><span class="hide">리베하얀</span></a></h1>
```

헤더에는 가장 먼저 어떤 사이트인지 알 수 있도록 로고를 배치하는데, 1번째 콘텐츠 블록을 의미하는 ⟨h1⟩ 요소와 로고를 클릭하면 첫 화면으로 이동하기 위해 ⟨a⟩ 요소로 표현합니다. 참고로 로고 이미지는 ⟨img⟩ 요소 대신 CSS 파일에서 확인할 수 있는 background 속성을 사용합니다. 그 이유는 HTML 파일은 사이트의 구조에 따라 담당 개발자에게 전달되므로 이미지를 수정하기 위해서 해당 페이지의 담당 개발자를 거쳐야 하는 번거로움이 있는데, CSS 파일은 웹퍼블리셔가 관리하므로 개발자를 통하지 않고 바로 수정할 수 있기 때문입니다.

⟨span⟩ 요소에는 default.css 파일의 Line 13에서 정의한 hide 클래스를 사용합니다. ⟨img⟩ 요소는 alt 속성으로 대체 텍스트를 제공할 수 있지만, background 속성은 달리 표현할 수 있는 기능이 없습니다. 따라서 로고처럼 배경으로 표현된 이미지라도 의미 전달이 되어야 하는 이미지는 따로 정의한 hide 클래스를 이용하여 대체 텍스트를 입력하되 눈에는 보이지 않게 숨깁니다.

TIP

hide 클래스를 사용하는 이유

hide 클래스는 텍스트를 화면에 표시하지 않을 때 사용합니다. 아래에 '한국형 웹 콘텐츠 접근성 지침 2.1'을 보면 텍스트 숨김이 웹 접근성과 어떠한 연관이 있는지 알 수 있습니다.

> **한국형 웹 콘텐츠 접근성 지침 2.1 – 대체 텍스트**
> 의미 있는 배경 이미지: 배경 이미지의 의미가 사용자에게 전달되어야 하는 콘텐츠는 그 의미가 보조 기술로 전달되도록 대체 텍스트를 제공해야 한다.

한국형 웹 콘텐츠 접근성 지침에는 '대체 텍스트' 항목 중에 '의미 있는 배경 이미지' 조항이 있습니다. 배경 이미지라는 것은 CSS의 background 속성으로 표현하는 것을 말하는데, 만약 해당 이미지가 텍스트 또는 정보전달의 목적이 있는 중요한 기능을 의미한다면 그 이미지를 설명할 수 있는 텍스트를 제공해야 합니다. 하지만 브라우저 화면에는 이미지를 설명하는 텍스트가 노출되지 않게 하는데, 이러한 처리 방법을 IR(Image Replacement) 기법이라고 합니다.

먼저 IR 기법을 잘못된 방법으로 적용하는 예시를 보겠습니다.

```
01  /* IR 기법을 적용하는 잘못된 방법 */
02  selector {
03    display: none;
04    visibility: hidden;
05    font-size: 0;
06    color: transparent;
07    text-indent: -1000px;
08    position: absolute; left: -1000%;
09  }
```

위와 같은 CSS 코드 중 하나를 사용한다면 해당 기능에 마우스 또는 키보드 초점을 사라지게 만들어 화면 낭독기가 텍스트 정보를 읽지 못하므로 사용자에게 제대로 정보를 전달할 수 없습니다. 그렇다면 어떻게 IR 기법을 적용해야 할까?

```
01  /* IR 기법을 적용하는 올바른 방법 */
02  .hide {overflow: hidden; display: block; position: absolute; border: 0;
        width: 1px; height: 1px; clip: rect(1px, 1px, 1px, 1px);}
```

이처럼 IR 기법을 적용하면 마우스나 키보드의 초점이 사라지지 않아 화면 낭독기가 제대로 인식을 할 수 있습니다. 만약 이 책에서 제공한 default.css 파일을 연결해 실습하고 있다면 이미 hide 클래스가 포함되어 있으니 추가로 클래스를 생성하지 않아도 됩니다.

Line 14

```
<h2 class="hide">메인 메뉴</h2>
```

⟨nav⟩ 요소 전에 ⟨h2⟩ 제목 요소를 사용하여 화면 낭독기 사용자에게 GNB의 시작을 알립니다.

> **한국형 웹 콘텐츠 접근성 지침 2.1 - 제목 제공**
> 콘텐츠 블록 제목 구성: 콘텐츠 블록에는 적절한 제목(heading)을 제공하면 제목과 본문을 구분할 수 있으며, 제목을 이용하여 콘텐츠 블록 간의 이동이 가능하다. 그러나 본문이 없는 콘텐츠 블록에는 제목을 붙이지 않는다.

이처럼 항상 콘텐츠 블록을 시작하기 전에 제목 요소인 ⟨h1⟩~⟨h6⟩를 사용하여 해당 콘텐츠에 대한 적절한 제목을 표시해야 합니다.

Line 15, 23

```
<nav></nav>
```

메뉴는 사이트에서 길을 안내하는 내비게이션 역할을 하므로 navigation을 의미하는 <nav> 요소로 표현합니다. <nav> 요소에 클래스를 추가해서 CSS로 표현하기도 하는데, 클래스명이 정해진 것은 아니지만 실무에서는 대부분 'gnb' 또는 'lnb'라고 정의합니다. 헤더 영역에서 <nav> 요소로 표현할 수 있는 것은 GNB뿐이므로 클래스를 부여하기보다는 요소로 표현하며, 헤더 영역에 메뉴가 여러 개 있다면 클래스로 표현합니다.

Line 16, 22

```
<ul></ul>
```

메뉴를 표현하는 요소는 메뉴의 순서를 매기는 것이 아니라 각 페이지를 연결하는 링크의 목록을 나타내는 것이기 때문에 순서형 목록 <ol>이 아닌 비순서형 목록 <ul>로 표현합니다.

Line 17~21

```
<li><a href="">기업정보</a></li>
<li><a href="">인재채용</a></li>
<li><a href="">뉴스룸</a></li>
<li><a href="">제품정보</a></li>
<li><a href="">고객지원</a></li>
```

list-item인 <li>의 자식 요소 <a>의 href 속성에는 아무런 값도 넣지 않았습니다. <a> 요소는 특정 페이지로 이동하는 기능을 하는데, 프로젝트 규모에 따라 다를 수 있지만 웹퍼블리싱 단계에서는 연결하는 대상의 경로가 정해지지 않기 때문에 링크 연결은 개발팀에서 처리하는 경우가 많습니다. 그런데 이때 정확한 경로가 아닌 <a href="#"> 또는 <a href="#none">과 같이 불필요한 아이디값을 입력해 놓으면 담당 개발자는 값을 지우고 바꿔야 하는 번거로움을 겪을 것입니다. 이렇게 다음 업무 프로세스에 있는 개발팀이 불필요한 일을 처리하지 않도록 최대한 깔끔하게 코딩하는 것 역시 웹퍼블리셔가 고려해야 하는 사항 중 하나입니다.

Line 24, 28

```
<div class="util"></div>
```

<div> 요소에 utility를 의미하는 'util'로 클래스명을 부여해서 유틸리티 메뉴(utility navigation) 영역을 구분합니다.

 **TIP**

유틸리티 메뉴란?
로그인, 로그아웃, 마이페이지, 다국어 사이트 이동, 검색 등과 같은 보조 기능으로 구성된 메뉴를 말합니다.

Line 27

```
<button><span class="hide">검색</span></button>
```

사용자가 검색 아이콘을 클릭했을 때 페이지 이동 없이 현재 페이지에서 검색 영역이 나타나는 기능을 설명하기 위해 〈button〉 요소를 사용합니다. 만약 기획 의도가 검색 버튼을 눌렀을 때 페이지가 이동하는 것이라면 다른 유틸리티처럼 〈a〉 요소로 표현합니다.

예제 파일 gnb1.html을 실행해보면 검색 버튼이 돋보기 모양의 아이콘으로 되어있는데, 이를 〈img〉 요소가 아닌 CSS의 background 속성을 활용하여 배경 이미지로 넣을 것입니다. 그런데 브라우저를 읽어주는 화면 낭독기는 배경 이미지로 표현한 돋보기 아이콘을 인식하지 못합니다. 따라서 화면 낭독기가 읽을 수 있도록 '검색'이라고 텍스트를 입력하고, 일반 사용자 화면에서는 해당 텍스트가 보이지 않아야 하므로 〈button〉 요소의 자식으로 〈span〉 요소에 hide 클래스를 지정합니다. 간혹 숨김 텍스트를 표현하기 위해 display:none이나 position:absolute를 사용해 아예 브라우저 밖으로 벗어나게 만드는 경우가 있는데 이는 접근성을 떨어뜨리므로 사용하지 않는 것이 좋습니다.

CSS 코드 풀이

헤더 영역은 맨 왼쪽에 로고가 있고 가운데 GNB가 있으며 로그인, 마이페이지, 검색 등의 유틸리티 메뉴는 헤더의 오른쪽 끝에 배치한 디자인으로 대부분 정형화되어 있습니다. 같은 구조도 웹퍼블리셔에 따라 표현 방법은 다를 수 있습니다. 우리는 [그림 4-5]의 ②번, ⑦번 요소를 각각 왼쪽, 오른쪽에 position:absolute로 배치하고 수평으로 가운데 정렬해야 하는 GNB는 text-align 속성으로 제어하는 방식으로 구현해 보겠습니다. gnb1.html과 gnb1.css 파일을 함께 보며 헤더 영역의 구조와 표현 방법을 잘 파악해보기 바랍니다.

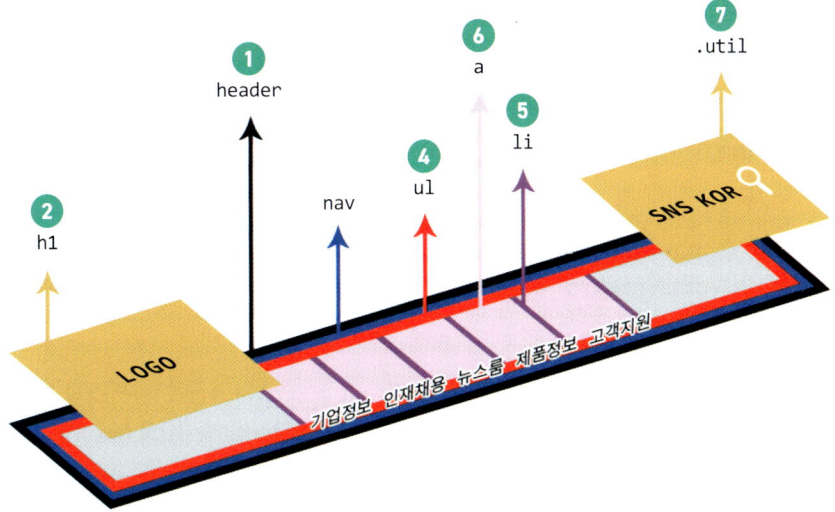

[그림 4-5] 하위 메뉴가 없는 GNB의 헤더 영역 구조 분석

[코드 4-2] 하위 메뉴가 없는 GNB의 헤더 영역　　　　　　　　　　　　　　　　`gnb1.css`

```css
01  header {position: relative; border-top: 1px solid #ccc; border-bottom: 1px solid #ccc;}
02  header h1 {position: absolute; left: 0; top: 0; padding: 0 0 0 26px;}
03  header h1 a {display: block; width: 99px; height: 69px; background: url(images/h1_
    logo0.png) no-repeat center;}
04  header nav ul {text-align: center; font-size: 0;}
05  header nav ul li {display: inline-block;}
06  header nav ul li a {display: block; padding: 0 47.5px; line-height: 69px; font-
    size: 18px; color: #000;}
07  header .util {position: absolute; right: 0; top: 0;}
08  header .util a {display: inline-block; position: relative; padding: 0 18px; line-
    height: 69px; font-size: 12px; color: #333; vertical-align: middle;}
09  header .util a ~ a:before {content: ""; position: absolute; left: 0; top: 50%;
    width: 1px; height: 9px; transform: translateY(-50%); background: #ddd;}
10  header .util button {width: 60px; height: 69px; background: url(images/btn_search.
    png) no-repeat center #043285; vertical-align: middle;}
11  main {display: block; height: calc(100vh - 71px); background: #ccc; line-height:
    calc(100vh - 71px); text-align: center; font-size: 50px; color: #000; font-weight:
    bold;}
```

Line 01, 02, 07

```css
header {position: relative; border-top: 1px solid #ccc; border-bottom: 1px solid #ccc;}
header h1 {position: absolute; left: 0; top: 0; padding: 0 0 0 26px;}
header .util {position: absolute; right: 0; top: 0;}
```

부모 요소를 position:relative로 지정하고 자식 요소를 position:absolute로 지정하면 부모 영역을 기준으로 자식 요소의 위치를 정렬할 수 있습니다. 따라서 〈header〉는 position:relative로, 〈h1〉과 util 클래스는 position:absolute로 지정합니다.

로고 영역은 왼쪽에 배치하므로 left값을 0으로 하되 브라우저와 로고가 시작하는 지점 사이에 간격을 두기 위해 왼쪽에 padding을 26픽셀 설정합니다. 유틸리티 메뉴는 오른쪽에 배치하므로 right를 0으로 설정합니다. 그리고 로고와 유틸리티의 top은 똑같이 0을 주어 높이를 맞춥니다.

Line 03

```css
header h1 a {display: block; width: 99px; height: 69px; background: url(images/
h1_logo0.png) no-repeat center;}
```

〈a〉 요소에 로고 이미지를 배경으로 삽입합니다. 배경 이미지의 크기는 요소의 크기에 맞춰지므로 〈a〉 요소의 크기를 지정해야 하는데, inline 요소인 〈a〉는 크기 조절을 할 수 없기 때문에 block 속성으로 바꾼 뒤에 크기를 지정합니다. 가로는 이미지의 가로 크기를 그대로 설정하고 세로는 GNB의 세로 크기로 설정합니다. background 속성에 center값을 주면 배경 이미지가 수평, 수직 모두 가운데 정렬됩니다.

Line 04

```
header nav ul {text-align: center; font-size: 0;}
```

block 요소인 〈nav〉와 〈ul〉은 가로 크기가 영역의 100%를 차지합니다. 여기서 〈nav〉와 〈ul〉요소는 [그림 4-5]를 보면 ②번과 ⑦번이 position의 영향으로 공중에 뜨면서 생긴 빈 영역을 포함해 부모 요소인 〈header〉 영역의 가로 크기를 100% 차지하는데, 이 영역에서 수평으로 가운데 정렬하기 위해 text-align을 사용합니다.

font-size를 0으로 지정한 이유는 〈ul〉의 자식 요소 〈li〉의 display값이 inline-block이기 때문입니다. inline 요소나 inline-block 요소는 줄 바꿈을 하면 요소와 요소 사이에 공간, 즉 가 생깁니다. 이는 [그림 4-6]처럼 원래 디자인보다 간격이 더 벌어지게 되어 디자인을 완벽하게 재현해내지 못하기 때문에 font-size를 0으로 설정하여 공백을 없애는 것입니다.

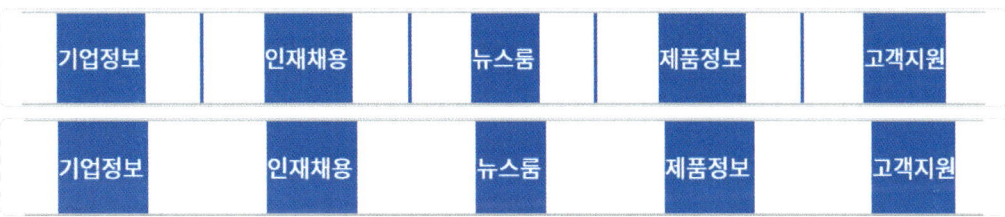

[그림 4-6] 마우스 드래그로 〈li〉 요소 사이의 공백 확인(위: 공백 있음, 아래: 공백 없음)

Line 05

```
header nav ul li {display: inline-block;}
```

text-align 속성은 inline, inline-block, text에만 적용되므로 block 요소인 〈li〉를 text-align 속성으로 가운데 정렬하기 위해 inline 속성으로 바꿉니다. 이때 width, height 속성을 사용하기 위해 inline이 아닌 inline-block으로 선언합니다.

Line 06

```
header nav ul li a {display: block; padding: 0 47.5px; line-height: 69px; font-
size: 18px; color: #000;}
```

〈a〉 요소의 클릭 범위를 넓히기 위해 〈a〉 요소를 block 속성으로 바꾸고 padding으로 메뉴 간 거리를 둡니다. 그리고 줄 간격인 line-height 속성으로 높이를 지정하여 [그림 4-7]의 오른쪽 메뉴처럼 클릭 범위를 넓혀 사용성을 높입니다.

[그림 4-7] 클릭 범위가 좁은 메뉴(왼쪽)와 넓게 조절된 메뉴(오른쪽)

메뉴는 페이지를 이동하는 역할이므로 메뉴에서 <a> 요소는 상당히 중요합니다. 만약 <a> 요소를 클릭할 수 있는 범위가 작아서 [그림 4-7]의 왼쪽처럼 메뉴명을 정확히 클릭해야만 페이지 이동이 된다면 사용자는 큰 불편함을 느낄 것입니다. 특히 사용자가 마우스 제어가 어려운 장애인이나 노인이라면 더더욱 불편할 것입니다. <li> 요소에 padding 또는 margin이 있거나 <a> 요소에 margin이 있으면 메뉴 사이에 클릭할 수 없는 여백이 생겨 사용성이 저하됩니다. 웹퍼블리셔는 이러한 사항을 고려해서 클릭할 수 있는 링크 범위를 최대한 크게 잡아야 합니다.

Line 08

```
header .util a {display: inline-block; position: relative; padding: 0 18px;
line-height: 69px; font-size: 12px; color: #333; vertical-align: middle;}
```

SNS와 KOR 버튼이 있는 util 클래스의 <a> 요소를 정의하는 코드로, <a> 요소 사이에 있는 수직 바(vertical bar)를 absolute로 배치하기 위해 position:relative를 지정합니다. 수직 바에 대한 자세한 설명은 Line 09에서 풀이하겠습니다. 여기서는 글자 크기가 비교적 작은 유틸리티 메뉴를 클릭하는 데 불편함을 줄이는 방법에 대해 알아봅시다.

1번째는 여백을 조절하는 것입니다. 여백을 주기 위해서는 padding과 margin을 이용하는데, 언뜻 보기에는 같은 기능인 것처럼 보이지만 <a> 요소에 적용할 때는 명확한 차이가 있습니다. padding은 width와 height에 영향을 주기 때문에 [그림 4-8]의 ❶처럼 양쪽으로 18픽셀만큼 링크 범위가 함께 늘어나면서 여백이 생깁니다. 그러나 margin은 링크 범위는 늘어나지 않고 여백만 생기기 때문에 클릭 범위가 넓어지지는 않습니다.

❶ 속성 없음　　❷ 좌우 여백(padding)　　❸ 여백과 줄 간격(line-height)

[그림 4-8] 속성에 따른 클릭 범위 변화

2번째로는 줄 간격을 조절합니다. 텍스트만 있는 <a> 요소의 높이는 글자 크기만큼의 높이를 가집니다. 따라서 위아래 영역을 넓혀 글자 크기가 넘어가는 부분을 클릭해도 페이지가 이동하도록 사용성을 높여야 합니다. 이때 글자 크기마다 존재하는 고유의 줄 간격에 padding을 주면 실제 디자인과 다르게 보이거나 UI가 깨질 수 있으므로 위아래 영역을 padding이 아닌 line-height로 설정합니다. 줄 간격 line-height를 <header> 요소의 높이에 맞춰 69픽셀로 설정하고 <a> 요소에 display:block 또는 inline-block 속성을 줘서 높이(height)와 줄 간격(line-height)을 모두 적용합니다. 이때, display:block에 영향을 받는 요소가 있으면 아래로 떨어지므로 행으로 배치되는 inline-block으로 지정합니다.

Line 09

```
header .util a ~ a:before {content: ""; position: absolute; left: 0; top: 50%;
width: 1px; height: 9px; transform: translateY(-50%); background: #ddd;}
```

선택자에서 물결표(~)는 형제 요소를 선택하는 표시입니다. 여기서는 <a> 요소인 'SNS'와 'KOR' 텍스트 링크가 서로 형제 요소입니다. 요소가 2개밖에 없는데 선택자를 이렇게 복잡하게 표현하는 이유는 무엇일까요? 바로 확장성 때문입니다. 실제로 사이트가 운영되면서 유틸리티 메뉴가 추가되거나 삭제될 수 있는데, 요소가 1개만 있을 때는 수직 바가 없어야 하고 2개 이상일 때는 양 끝을 제외한 요소와 요소 사이에만 수직 바가 있어야 합니다. 이러한 변수를 고려해야 할 때 형제 선택자를 사용합니다.

:before는 요소의 1번째 자식으로 생성되며 content 속성을 함께 입력해야 가상 요소로 표시됩니다. 부모인 <a> 요소를 기준으로 왼쪽에 배치하기 위해 position:absolute와 left:0을 설정합니다. top을 50%로 지정하면 [그림 4-9]의 왼쪽처럼 before의 시작점이 수직으로 가운데 정렬됩니다. 이때 수직 바를 <a> 요소의 중앙으로 배치하기 위해 translasteY를 -50%로 지정합니다. 수직 바의 형태는 이미지가 아니라 width와 height 그리고 background 속성을 이용해서 만듭니다.

[그림 4-9] top 속성만 설정한 경우(왼쪽)와 transform 속성을 함께 설정한 경우(오른쪽)

Line 10

```
header .util button {width: 60px; height: 69px; background: url(images/btn_
search.png) no-repeat center #043285; vertical-align: middle;}
```

검색 버튼을 디자인합니다. <button>은 inline-block 요소이므로 가로와 세로 크기를 바로 정의할 수 있습니다. 배경 이미지가 들어갈 크기만큼 width와 height를 지정하고 배경 이미지를 삽입하는데, 이미지를 반복하지 않으며 배경색은 indexcolor로 표현합니다.

Line 11

```
main {display: block; height: calc(100vh - 71px); background: #ccc; line-height:
calc(100vh - 71px); text-align: center; font-size: 50px; color: #000; font-
weight: bold;}
```

<main> 요소는 block 속성이지만 IE 11에서는 inline 요소로 인식해서 색이 표현되지 않으므로 block 속성을 재정의합니다. 그리고 IE 10에서는 block 요소에 line-height가 적용되지 않으므로 height의 값도 재정의합니다.

화면 낭독기 결과

화면 낭독기는 무료로 사용이 가능한 NVDA와 유료로 사용해야 하는 센스리더가 있습니다. 이 책에서는 실습을 위하여 크롬에서 실행한 NVDA 2020.3 버전의 결과를 제공하지만, 실무에서 웹 접근성을 평가할 때는 센스리더를 사용합니다. 화면 낭독기를 설치할 때는 회원가입을 해야 하는 번거로움이 있고 오디오 배속이 매우 빨라 테스트가 어려울 수 있으니 책에서 제공하는 내용을 참고만 하고 넘어가도 됩니다.

[그림 4-10] 메인 메뉴 예제 1이 실행된 브라우저를 화면 낭독기가 읽는 순서

① 헤딩 레벨 1 / 방문함 / 링크 / 리베하얀
② 내비게이션 랜드마크 / 목록 / 항목 수 5개 / 방문함 / 링크 / 기업정보
③ 방문함 / 링크 / 인재채용
④ 방문함 / 링크 / 뉴스룸
⑤ 방문함 / 링크 / 제품정보
⑥ 방문함 / 링크 / 고객지원 / 목록 끝
⑦ 방문함 / 링크 / SNS
⑧ 방문함 / 링크 / KOR
⑨ 버튼 / 검색
⑩ 주요 내용 랜드마크 / CONTENTS

(:) 리베하얀의 한마디

HTML과 CSS의 기초 문법 공부를 끝내고 처음 혼자서 사이트를 만들어보려고 하면 막상 레이아웃 배치부터 어려움을 겪습니다. 레이아웃 배치에 관련된 각각의 속성은 이해했는데 position은 어느 경우에 사용하고 inline-block과 float는 또 언제, 어떻게 활용해야 하는지 판단할 수 없어 혼란스러운 것입니다. 결론을 말하자면 해결 방법이 다른 것일 뿐, inline-block과 float의 목적은 block 속성의 요소를 행으로 배치하려는 것으로 같습니다.

float는 부모 요소의 높이를 없애서 형제 요소의 위치에 영향을 주는 특징이 있습니다. inline-block은 원하는 요소를 행으로 배치하면서 크기 조절이 필요할 때 사용하기도 하는데, 형제 요소들 사이에 공백이 생기게 만들어 font-size를 0으로 지정해 해결해야 하는 특징이 있습니다. position은 float 또는 inline-block으로 표현하기 힘든 레이아웃 배치를 표현할 때 쓰입니다. 이렇게 모든 속성마다 특징이 달라서 '이런 경우에는 무조건 이 속성을 사용한다.'라고 구분 짓기는 힘듭니다.

각 속성의 쓰임새는 많은 연습과 경험을 통해 결정하는 안목을 키워야 합니다. 앞으로 이 책에서 많은 예제를 함께 살펴보며 어떤 때에 어떻게 응용하는지 알아보고 나만의 코딩 스타일을 만들어가도록 합시다.

4-2 하위 메뉴가 세로형인 GNB

이번에는 [그림 4-11]처럼 GNB에 하위 메뉴가 있고, 하위 메뉴가 세로로 펼쳐지는 경우를 알아보겠습니다. 앞에서 살펴본 하위 메뉴가 없는 GNB와 HTML 구조는 크게 다르지 않지만 하위 메뉴를 표현하는 CSS 코드는 많이 달라집니다. 따라서 이번 메뉴는 HTML 구조보다 CSS 표현에 좀 더 집중하겠습니다.

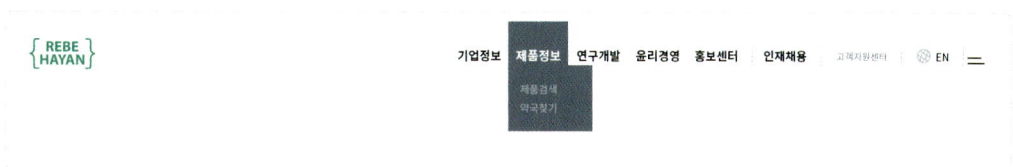

[그림 4-11] 하위 메뉴가 세로형으로 펼쳐지는 GNB 디자인

HTML 코드 풀이

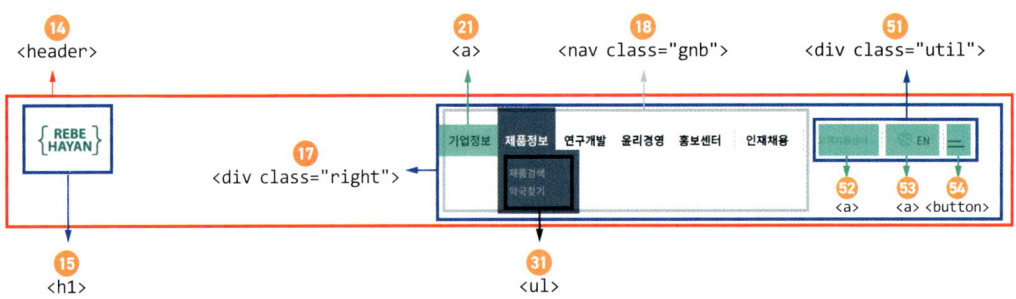

[그림 4-12] 하위 메뉴가 세로형인 GNB의 HTML 구조

[그림 4-12]를 보면 로고와 GNB가 있고 고객지원센터, 다국어 사이트, 전체 메뉴 보기 버튼으로 이루어진 유틸리티 메뉴가 있습니다. 이번 GNB에서 유심히 봐야 할 부분은 [코드 4-3]의 **Line 19~23**입니다. 뎁스가 있는 메뉴 구조를 표현할 때는 ⟨li⟩와 ⟨ul⟩ 요소의 포함 관계를 잘 이해해야 하는데, ⟨li⟩의 자식으로 ⟨ul⟩ 요소를 포함합니다. 이외의 잘못된 방법으로 표현하면 W3C Validator 검사를 할 때 오류가 나와 전면적인 수정을 해야 할 수 있으니 주의가 필요합니다.

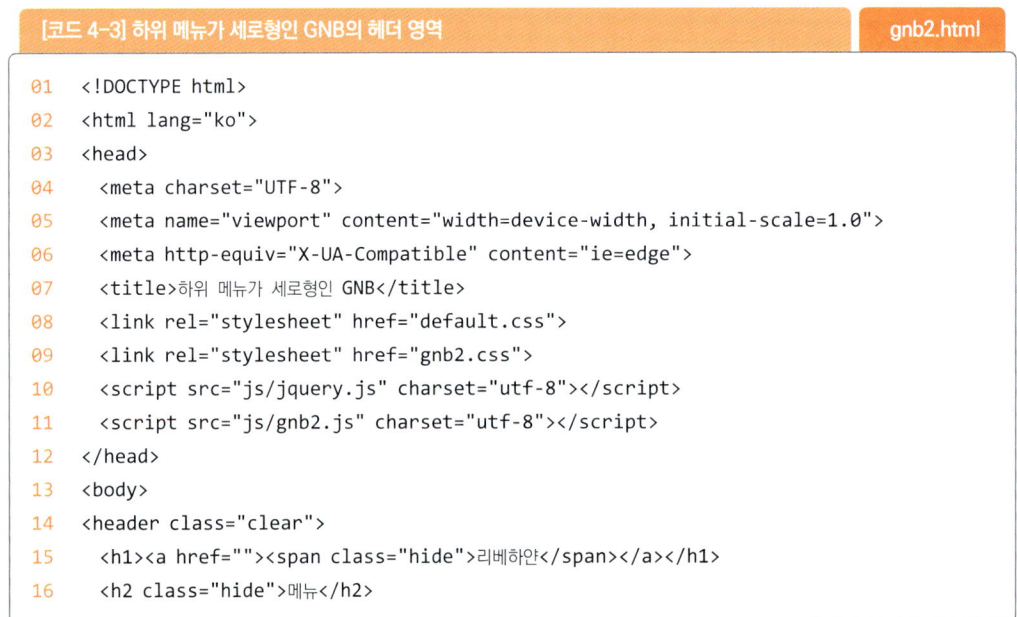

```html
17      <div class="right">
18        <nav class="gnb">
19          <ul>
20            <li>
21              <a href="">기업정보</a>
22              <ul>
23                <li><a href="">기업소개</a></li>
24                <li><a href="">회사연혁</a></li>
25                <li><a href="">위치안내</a></li>
26                <li><a href="">투자정보</a></li>
27              </ul>
28            </li>
29            <li>
30              <a href="">제품정보</a>
31              <ul>
32                <li><a href="">제품검색</a></li>
33                <li><a href="">약국찾기</a></li>
34              </ul>
35            </li>
36            <li><a href="">연구개발</a></li>
37            <li><a href="">윤리경영</a></li>
38            <li>
39              <a href="">홍보센터</a>
40              <ul>
41                <li><a href="">홍보센터</a></li>
42                <li><a href="">뉴스&amp;공지</a></li>
43                <li><a href="">홍보영상</a></li>
44                <li><a href="">리베사보</a></li>
45                <li><a href="">브랜드스토리</a></li>
46              </ul>
47            </li>
48            <li><a href="">인재채용</a></li>
49          </ul>
50        </nav>
51        <div class="util">
52          <a href="">고객지원센터</a>
53          <a href="" class="lang"><span class="hide">English Site</span>EN</a>
54          <button><span class="hide">전체 메뉴 보기</span></button>
55        </div>
56      </div>
57    </header>
58  </body>
59 </html>
```

Line 15

```
<h1><a href=""><span class="hide">리베하얀</span></a></h1>
```

웹사이트 이름을 알려주고 제목이라는 전체 콘텐츠 블록을 의미하는 로고 부분입니다. 콘텐츠 블록은 〈h1〉 요소로 표현하고, 로고를 클릭하면 첫 페이지로 이동하기 위해 〈a〉 요소로 이미지를 감쌉니다. 로고는 배경 이미지로 삽입하고 '리베하얀'이라는 대체 텍스트를 제공합니다.

Line 16

```
<h2 class="hide">메뉴</h2>
```

화면 낭독기 사용자의 웹 접근성을 위해 hide 클래스를 적용하고 '메뉴'라는 콘텐츠 제목으로 GNB의 시작을 알립니다. 해당 클래스의 CSS 정의는 default.css 파일에 있습니다.

Line 17, 56

```
<div class="right"></div>
```

GNB와 유틸리티 메뉴를 오른쪽에 배치하기 위한 〈div〉 요소입니다.

Line 18, 50

```
<nav class="gnb"></nav>
```

메뉴를 의미하는 요소인 〈nav〉로 GNB 영역을 나타내며, gnb 클래스는 jQuery로 정의한 메뉴 기능을 표현하는 클래스명입니다.

Line 19~49

```
<ul>
  <li>
    <a href="">기업정보</a>
    <ul>
      <li><a href="">기업소개</a></li>
      <li><a href="">회사연혁</a></li>
      <li><a href="">위치안내</a></li>
      <li><a href="">투자정보</a></li>
    </ul>
  </li>
            ...
  <li>
```

```
    <a href="">홍보센터</a>
    <ul>
      <li><a href="">홍보센터</a></li>
      <li><a href="">뉴스&amp;공지</a></li>
      <li><a href="">홍보영상</a></li>
      <li><a href="">리베사보</a></li>
      <li><a href="">브랜드스토리</a></li>
    </ul>
  </li>
  <li><a href="">인재채용</a></li>
</ul>
```

뎁스가 있는 메뉴를 표현하기 위해서는 메뉴의 수직 관계를 HTML 코드로 잘 표현해야 합니다. 예를 들면 1 뎁스 메뉴인 '기업정보'는 〈li〉로 나타내고, '기업정보'의 하위 메뉴인 '기업소개, 회사연혁, 위치안내, 투자정보'는 〈ul〉로 묶고 다시 〈li〉 요소로 나타내 1 뎁스 메뉴의 자식 요소가 되도록 표현합니다. HTML 코드에서 이렇게 뎁스의 관계를 표현하지 않고 뎁스에 따라 메뉴를 따로따로 분리하면 화면 낭독기 또는 키보드 사용자는 해당 메뉴의 구조를 이해할 수 없습니다.

Line 42

```
<li><a href="">뉴스&amp;공지</a></li>
```

&는 텍스트에 특수문자 &(ampersand: 앰퍼샌드)를 표시할 때 사용합니다. 특수문자는 HTML 문법에 영향을 줄 수 있어서 HTML에서 특수문자를 표현하는 방식인 엔티티(entity) 코드로 변환하여 입력합니다.

Line 51~55

```
<div class="util">
  <a href="">고객지원센터</a>
  <a href="" class="lang"><span class="hide">English Site</span>EN</a>
  <button><span class="hide">전체 메뉴 보기</span></button>
</div>
```

util 클래스의 자식 요소는 콘텐츠의 목적에 따라 페이지를 이동하는 〈a〉와 특정 기능을 하는 〈button〉으로 구분합니다. 많은 실무자가 이를 모두 〈a〉 요소로 표현하는데, 링크와 버튼을 기능에 맞게 구별하지 않으면 화면 낭독기 사용자가 혼란스러울 수 있으니 주의해야 합니다.

외국어 사이트로 이동하는 링크는 디자인상으로 english의 축약어인 'EN'으로 되어있습니다. 그런데 화면 낭독기 사용자는 'EN'이라는 단어를 생소하게 느낄 수 있으므로 숨김 텍스트를 'English Site'라고 풀어씁니다.

CSS 코드 풀이

이전에는 로고와 유틸리티 메뉴를 양 끝에 고정하기 위해 position을 사용했는데, 이번에는 position이 아니라 float를 사용하여 양 끝에 배치해 보겠습니다. 레이아웃을 구성할 때 position을 사용하면 콘텐츠 간 확장성이 매우 떨어집니다. 상황에 따라 다르겠지만 자주 바뀌는 유연한 콘텐츠에 대비하기 위해서는 되도록 float를 사용하는 것을 권장합니다.

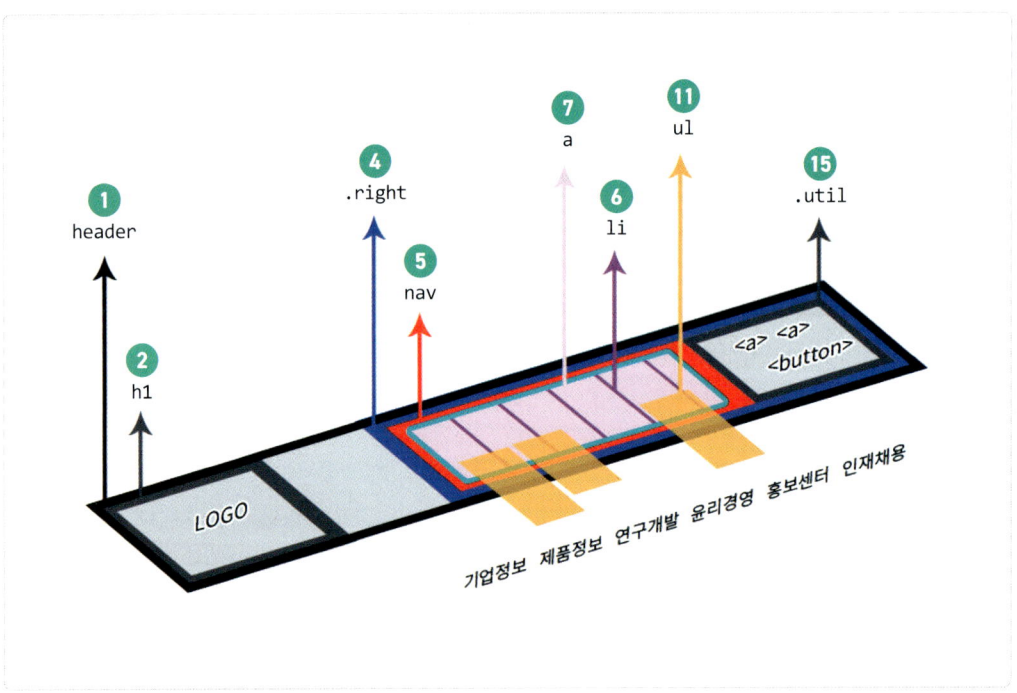

[그림 4-13] 하위 메뉴가 세로형인 GNB의 헤더 영역 구조 분석

[코드 4-4] 하위 메뉴가 세로형인 GNB의 헤더 영역　　　　　　　　　　　gnb2.css

```
01  header {width: 1474px; margin: 0 auto;}
02  header h1 {float: left; padding: 28px 0 0;}
03  header h1 a {display: block; width: 99px; height: 45px; background: url(images/h1_
    logo.png) no-repeat;}
04  header .right {float: right;}
05  header nav {float: left;}
06  header nav > ul > li {float: left;}
07  header nav > ul > li > a {display: block; position: relative; padding: 36px 12.5px
    0; font-size: 18px; color: #000; font-weight: bold; line-height: 28px; transition:
    color .3s .1s;}
08  header nav > ul > li > a:before {content: ""; position: absolute; left: 0; right:
    0; top: 0; z-index: -1; height: 0; background: #65767d; transition: height .3s;}
```

```
09    header nav > ul > li:hover > a {color: #fff;}
10    header nav > ul > li:hover > a:before {height: 100%;}
11    header nav > ul > li > ul {display: none; position: absolute; padding: 21px 0; min-
      width: 126px; background: #65767d;}
12    header nav > ul > li > ul a {display: block; padding: 0 18px; font-size: 15px;
      color: #b2bbbe; line-height: 27px; transition: color .3s;}
13    header nav > ul > li > ul a:focus,
14    header nav > ul > li > ul a:hover {color: #fff;}
15    header .util {float: left; padding: 36px 0 0; font-size: 0;}
16    header .util a,
17    header .util button {display: inline-block; position: relative; padding: 0 22px;
      height: 28px; line-height: 28px; font-size: 14px;}
18    header .util a:after,
19    header .util button:after {content: ""; position: absolute; left: 0; top: 0;
      width: 1px; height: 32px; background: #bfbfbf;}
20    header .util .lang {font-size: 16px; color: #000;}
21    header .util .lang:before {content: url(images/ico_lang.png); display: inline-
      block; margin: 0 8px 0 0; transform: translateY(3px);}
22    header .util button {width: 68px; height: 32px; background: url(images/ico_menu.
      png) no-repeat center;}
```

Line 01

```
header {width: 1474px; margin: 0 auto;}
```

〈header〉 요소를 선택하여 가로 크기를 지정하고 margin: 0 auto로 설정해 수평으로 가운데 정렬합니다. margin: 0 auto를 이용해 가운데 정렬하려면 반드시 가로 크기를 지정해야 합니다.

Line 02, 04

```
header h1 {float: left; padding: 28px 0 0;}
header .right {float: right;}
```

float 속성으로 로고와 유틸리티 메뉴를 각각 왼쪽과 오른쪽 영역에 배치합니다. 이때 float 속성으로 인해 부모 요소인 〈header〉 요소의 높이가 사라지는데, 이 높이를 원래대로 되돌리기 위해 〈header〉에는 default.css에서 정의한 clear 클래스를 추가합니다.

float 속성은 CSS 기초를 공부할 때 이해하고 응용하기 힘든 속성 중 하나로, float 자체는 이해하고 적용할지라도 float의 영향으로 주변 요소의 배치가 달라지는 문제를 해결하지 못해 곤욕을 치르는 경우가 많습니다. 아래 **TIP**에서 이번 예제에 나오는 float에 대해 자세히 알아보겠습니다.

 **TIP**

float의 영향력
CSS에서 float를 사용하면 주변 요소에 2가지 변화가 일어납니다.

1. float를 적용하지 않은 요소에 자동으로 float가 적용되는 현상

```
01  <!-- float 배치 예제 1: HTML 부분 -->
02  <div class="left">왼쪽</div>
03  <div class="right">오른쪽</div>
04  <p>float주지않음</p>
```

```
01  /* float 배치 예제 1: CSS 부분 */
02  .left {float: left; border: 1px solid red;}
03  .right {float: right; border: 1px solid blue;}
```

실행 화면

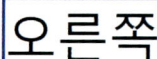

위처럼 HTML과 CSS 코드를 작성해서 실행하면 〈div〉 요소가 왼쪽과 오른쪽 끝으로 배치되고 그 사이에 〈p〉 요소가 들어가는데, 이는 의도하지 않은 배치입니다. 이러한 현상이 일어난 이유는 float를 준 마지막 요소 바로 다음에 오는 요소에 float를 적용하지 않았음에도 불구하고 자동으로 float가 적용된 것처럼 표현되는 float의 특징 때문입니다. 이 문제는 다음과 같이 float 속성에 영향을 받는 요소에 clear:both를 선언하여 해결합니다. 간단한 방법이지만 해당 코드를 적용하기 위해서는 코드의 전체 구조를 파악하고 있어야 합니다.

```
01  /* float 배치 예제 1: CSS 부분 */
02  .left {float: left; border: 1px solid red;}
03  .right {float: right; border: 1px solid blue;}
04  p {clear: both;}
```

실행 화면

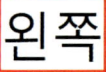

2. float를 적용한 요소의 부모 요소에서 높이가 사라지는 현상

```
01  <!-- float 배치 예제 2: HTML 부분 -->
02  <div class="box">
03    <div class="left">왼쪽</div>
04    <div class="right">오른쪽</div>
05  </div>
```

```
01  /* float 배치 예제 2: CSS 부분 */
02  .box {background: orange;}
03  .left {float: left; border: 1px solid red;}
04  .right {float: right; border: 1px solid blue;}
```

실행 화면

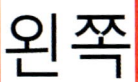

원래 의도대로라면 실행 화면에 주황색으로 배경색이 나타나야 합니다. 그러나 float 속성을 적용한 부모의 높이가 사라지는 현상으로 인해 배경색이 무의미해졌습니다. 이처럼 높이가 사라지면 배경색 또는 배경 이미지가 나타나지 않거나 테두리가 제대로 표현되지 않는 등 의도하지 않은 결과가 나옵니다. 대부분 float가 원인인 이러한 현상을 해결하는 방법을 알아보겠습니다.

```
01  <!-- float 배치 예제 2: HTML 부분 -->
02  <!-- 해결 방법 1 -->
03  <div class="box">
04    <div class="left">왼쪽</div>
05    <div class="right">오른쪽</div>
06    <br>
07  </div>
```

```
01  /* float 배치 예제 2: CSS 부분 */
02  /* 해결 방법 1 */
03  .box br {clear: both;}
04
05  /* 해결 방법 2 */
06  .box {height: 높이값px;}
07
08  /* 해결 방법 3 */
09  .box {overflow: hidden;}
```

위의 3가지 방법은 float를 해제할 수는 있지만 권장하는 방법은 아닙니다. 해결 방법 1은 매번
 요소를 입력해야 하므로 유지보수에 효과적이지 않고, 해결 방법 2처럼 높이를 지정하면 콘텐츠의 양이 늘어날 때를 대비하지 못합니다. 그리고 해결 방법 3은 콘텐츠가 지정된 가로 또는 세로 크기를 초과하면 일부가 잘립니다. 따라서 float를 해제하는 가장 적절한 방법은 다음과 같습니다.

```
01  /* float 배치 예제 2: CSS 부분 */
02  /* 해결 방법 4 */
03  .box:after {content: ""; display: block; clear: both;}
```

실행 화면

float를 적용한 요소에 부모가 존재하면 반드시 이 방법을 사용해야 하며, 만약 형제 관계로 표현해야 한다면 자동으로 float가 적용될 때 clear:both를 선언하여 해결했던 방법을 사용하는 것이 가장 적절합니다.

Line 03

```
header h1 a {display: block; width: 99px; height: 45px; background: url(images/h1_logo.png) no-repeat;}
```

로고는 <img> 요소로 삽입해도 되지만 권장하지는 않습니다. CSS에서 background를 사용하는 것보다는 당장 코딩하기에 편할지라도 가령 1,000페이지에 달하는 서비스를 유지보수 한다 치면 매우 힘든 상황이 됩니다.

<img> 요소를 수정하려면 HTML 파일에 접근해야 하는데 HTML 파일은 담당 개발자를 통해 여러 개로 나눠진 해당 페이지의 파일을 찾아야지만 수정할 수 있습니다. 해당 코드를 분석하고 파일을 찾는 시간은 생각보다 오래 걸리므로 담당 개발자에게 매번 요청하기 어려울 수 있습니다. 이러한 비효율적인 업무 프로세스를 줄이기 위해 되도록 CSS로 제어하는 것이 바람직합니다.

Line 05

```
header nav {float: left;}
```

block 속성인 <nav> 요소를 행으로 배치하기 위해 float 속성을 사용합니다.

Line 06

```
header nav > ul > li {float: left;}
```

CSS에서 뎁스가 있는 메뉴의 스타일은 >(오른쪽 홑화살괄호)를 사용해 자식 선택자로 표현합니다. 뎁스가 없는 메뉴에서는 자식 선택자를 사용해도 별다른 의미가 없지만 뎁스가 있는 메뉴에서 자식 선택자는 매우 중요합니다.

보편적으로 메뉴의 구조는 뎁스에 따라 〈ul〉과 〈li〉 요소를 중첩해서 사용하는데, 스타일을 선언할 때 자식 선택자가 아닌 공백으로 자손 선택자를 사용하면 CSS 상속이 일어납니다. CSS 상속으로 인해 부모 또는 조상의 스타일 속성값이 서로 얽히고설키면서 원하는 디자인대로 표현되지 않는데, 메뉴의 뎁스가 깊어질수록 이를 바로잡으려면 매우 혼란스러워집니다. 이러한 CSS 상속을 방지하고 메뉴의 뎁스에 따라 다른 디자인을 알맞게 표현하기 위해 자식 선택자를 사용합니다.

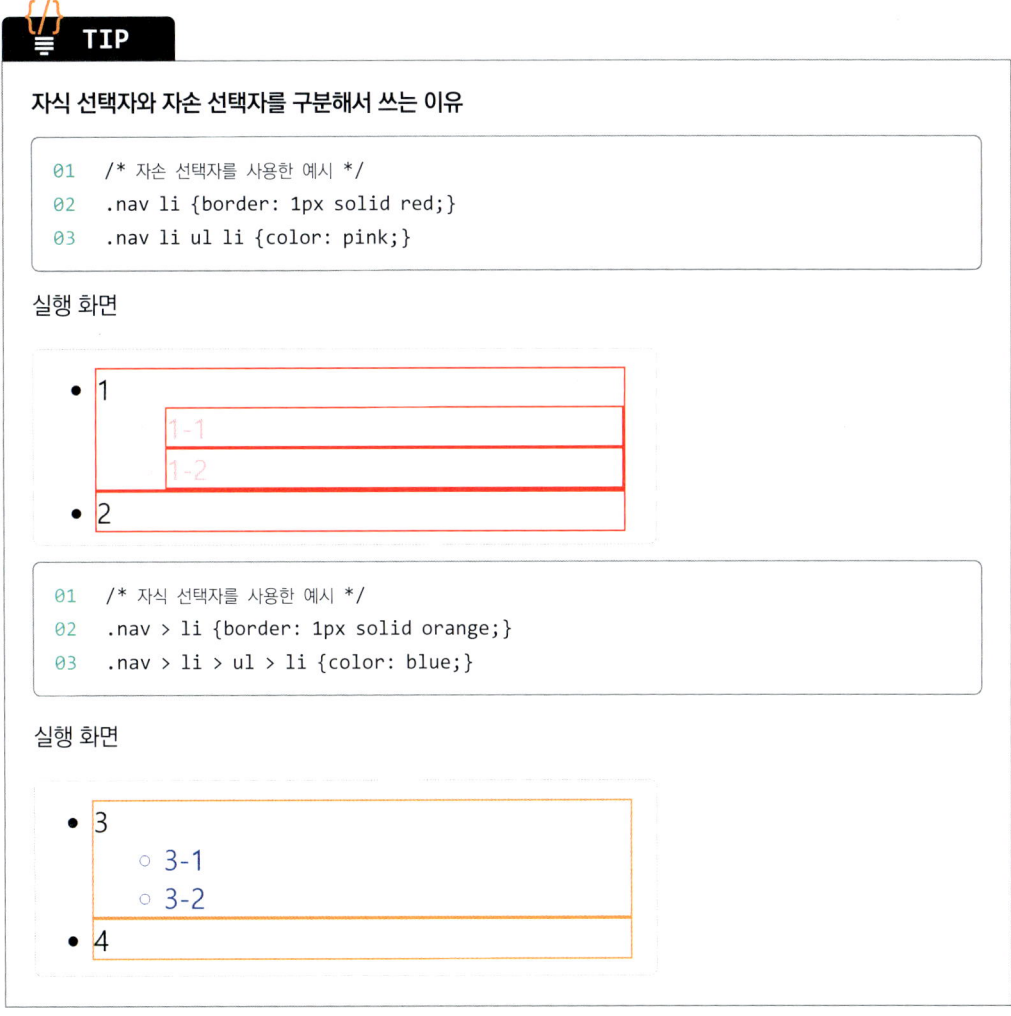

메뉴를 만들 때는 디자인에 따라 자식과 자손 선택자를 잘 선택해야 합니다. 자손 선택자를 사용하는 것이 편해 보이지만 첫 번째 실행 화면을 보면 1 뎁스에만 테두리를 표시하려고 했던 것과 다르게 모든 요소에 테두리 선이 표시됩니다. 이처럼 메뉴의 뎁스마다 다른 디자인을 표현해야 한다면 알맞은 선택자를 선택하는 것이 매우 중요합니다. 자손 선택자로 코딩했을 때 2 뎁스 메뉴의 테두리를 제거하려면 다음과 같이 테두리를 없애는 코드를 추가로 작성해야 합니다.

```
01  /* 자손 선택자를 사용한 예시2 */
02  .nav li {border: 1px solid red;}
03  .nav li ul li {color: pink; border: none;}
```

실행 화면

- 1
  - 1-1
  - 1-2
- 2

코드를 추가함으로써 2 뎁스 메뉴의 테두리를 없애고 다른 디자인을 표현할 수 있게 되었습니다. 여기서는 단순히 테두리로만 예시를 들어서 어떤 선택자를 사용하든 큰 차이가 없다고 생각할 수 있지만 요소마다 다양한 디자인을 표현하다 보면 자손 선택자를 사용할수록 코드가 점점 복잡해지는 것을 느끼게 될 것입니다. 웹퍼블리셔는 작업량을 줄이기 위해 어떤 선택자를 활용할지 고민하는 습관을 길러야 합니다.

Line 07

```
header nav > ul > li > a {display: block; position: relative; padding: 36px 12.5px 0; font-size: 18px; color: #000; font-weight: bold; line-height: 28px; transition: color .3s .1s;}
```

inline 속성인 <a> 요소는 위아래에 padding이 적용되지 않는데, 상하좌우 모든 방향에 padding을 적용하기 위해 display:block으로 설정합니다.

transition은 :hover 가상 선택자가 실행될 때 함께 동작하는 코드로 마우스 커서를 해당 링크에 올렸을 때 텍스트 색이 바뀌는 애니메이션을 표현하는 코드입니다. 앞에 있는 시간은 텍스트 색이 변하는 시간이고 뒤에 있는 시간은 애니메이션이 반응하는 시간입니다. 즉, 사용자가 <li> 요소에 마우스 커서를 올리면 0.1초 뒤에 자식인 <a> 요소의 텍스트가 0.3초 동안 흰색으로 변합니다.

Line 08, 10

```
header nav > ul > li > a:before {content: ""; position: absolute; left: 0;
right: 0; top: 0; z-index: -1; height: 0; background: #65767d; transition:
height .3s;}
header nav > ul > li:hover > a:before {height: 100%;}
```

:before는 <a> 요소에 마우스 커서를 올렸을 때 배경색이 바뀌는 애니메이션을 주기 위해 추가한 가상 선택자입니다. 여기서 :을 CSS3에서는 ::으로 표기하지만, 한 개만 써도 문법적 오류는 아니며 가상 요소와 이벤트 요소를 구분하기 위한 의미적인 차이가 있습니다. 이 책에서는 호환성 문제로 :을 한 개만 표기합니다.

배경색이 들어갈 부분을 position:absolute로 설정하여 부모 요소인 <a> 요소 위에 띄우고 left와 right를 0으로 지정해 width:100%의 효과를 냅니다. 이때 z-index를 -1로 지정해 [그림 4-14]처럼 텍스트 뒤로 배경색이 바뀌도록 하고 transition으로 0.3초 동안 height를 제어합니다. <a> 요소에 background 속성으로 단순히 배경색을 바꿀 수도 있지만, height를 0에서 100%로 바꾸도록 하여 배경색이 위에서 아래로 채워지는 효과를 주었습니다.

[그림 4-14] 메뉴에 마우스 커서를 올렸을 때 메뉴 스타일이 변하는 과정

Line 11

```
header nav > ul > li > ul {display: none; position: absolute; padding: 21px 0;
min-width: 126px; background: #65767d;}
```

2 뎁스 메뉴를 제작하는 영역입니다. 코드를 수정할 때마다 메뉴에 마우스 커서를 올려보고 결과를 확인하는 번거로움을 없애기 위해 디자인 코드가 완성되고 나서 마지막에 display:none을 작성합니다.

position:absolute를 지정한 이유는 확장성 때문입니다. 보통 처음에는 당장 디자인된 화면만 생각하고 코딩을 시작할 수 있는데 웹퍼블리셔는 추후에 달라질 수 있는 점을 고려하여 유지보수에 유리하도록 코딩해야 합니다. 따라서 GNB와 그 주위에 있는 다양한 콘텐츠 영역이 서로 영향을 주지는 않으면서 자연스럽게 어우러질 수 있도록 absolute를 시성합니다.

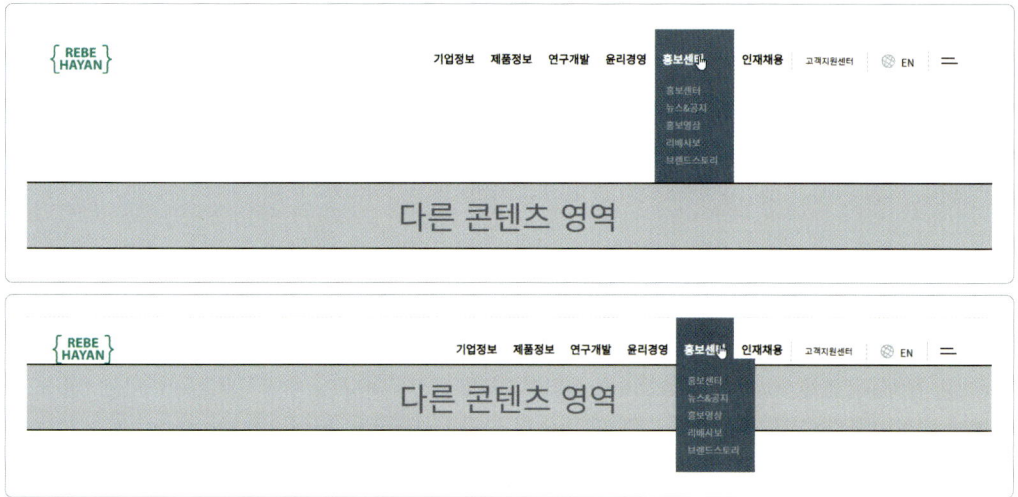

[그림 4-15] 2 뎁스 메뉴를 absolute로 제어할 때(아래)와 그렇지 않을 때(위)

다시 말해 [그림 4-15]처럼 메뉴에 마우스 커서를 올리면 메뉴가 펼쳐지는데 이때 메뉴가 펼쳐지는 만큼 아래에 있는 다른 콘텐츠 영역이 움직이면 안 되기 때문에 [그림 4-13]의 ⑪번처럼 〈ul〉 요소를 공중으로 띄운 것입니다. 앞으로는 이런 작용을 z축으로 이동한다고 하겠습니다.

여기서 absolute 외에 left 또는 top과 같이 좌표를 지정하는 속성은 제공하지 않았습니다. 만약 요소에 좌표를 지정하면 조상이나 부모 중 relative를 가지고 있는 요소를 기준으로 움직이므로 요소가 있는 위치에서 z축으로만 이동시키기 위해 이동 방향을 지정하지 않았습니다.

[그림 4-16] min-width 속성을 제공하지 않았을 경우

min-width를 제공한 이유는 메뉴명에 대한 확장성을 위해서입니다. 만약 width값을 입력하지 않으면 글자 수에 따라 메뉴의 폭이 늘어나겠지만 반대로 [그림 4-16]처럼 메뉴의 글자 수가 너무 적으면 2 뎁스 메뉴의 크기 또한 작아집니다. 메뉴의 폭이 작으면 디자인상 보기 좋지 않으므로 최소 가로 크기를 지정하고 메뉴명이 길어지면 그에 따라 영역이 늘어나도록 설정합니다.

Line 12~14

```
header nav > ul > li > ul a {display: block; padding: 0 18px; font-size: 15px;
color: #b2bbbe; line-height: 27px; transition: color .3s;}
header nav > ul > li > ul a:focus,
header nav > ul > li > ul a:hover {color: #fff;}
```

메뉴는 기본적으로 클릭 범위가 넓어야 하므로 display:block으로 설정합니다. block 또는 inline-block 요소에서 line-height 속성은 높이인 height의 역할을 하며 텍스트를 수직으로 가운데 정렬할 수 있습니다. 좌우에 padding을 설정한 이유는 확장성 때문입니다. 만약 메뉴명에 좌우 여백이 없으면 메뉴명의 시작과 끝이 배경의 양 끝 테두리에 달라붙어 표시되고, 긴 메뉴명을 두 줄로 표현할 때도 마찬가지이므로 좌우 여백을 설정합니다.

그리고 transition 속성을 사용해서 텍스트 색이 0.3초 동안 바뀌는 효과를 주는데, 2 뎁스 메뉴에 키보드 초점 또는 마우스 커서가 올라오면 〈a〉 요소에 색상을 ■ #b2bbbe에서 ☐ #fff로 바꿉니다.

Line 15

```
header .util {float: left; padding: 36px 0 0; font-size: 0;}
```

[그림 4-13]을 보면 util 클래스는 ⑮번에 고객지원센터, EN, 전체 메뉴 보기 버튼 영역이 있는 부분으로 〈**header**〉 요소를 기준으로 ④번에 right 클래스에 의해 오른쪽에 배치되어 있습니다. right 클래스의 자식 요소인 ⑤번과 ⑮번 요소는 행으로 배치하는데, util 클래스의 각 요소는 block 속성이므로 왼쪽에 배치하기 위해 float:left를 선언합니다.

padding을 위쪽에만 지정한 것은 [그림 4-17]처럼 유틸리티 메뉴가 GNB 메뉴와 높이가 다른 것을 맞추기 위해서입니다. font-size:0은 inline 또는 inline-block 요소를 줄 바꿈 했을 때 요소와 요소 사이에 공백이 생기는 문제를 해결하기 위해 적용한 코드입니다.

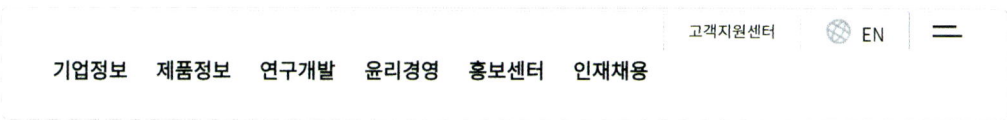

[그림 4-17] 유틸리티 메뉴 영역에 padding을 지정해야 하는 이유

Line 16~19

```
header .util a,
header .util button {display: inline-block; position: relative; padding: 0 22px;
height: 28px; line-height: 28px; font-size: 14px;}
header .util a:after,
header .util button:after {content: ""; position: absolute; left: 0; top: 0;
width: 1px; height: 32px; background: #bfbfbf;}
```

〈a〉와 〈button〉 요소에 공통으로 적용할 부분을 정의합니다. 우선 line-height 속성으로 높이를 조절하기 위해 display:inline-block으로 설정합니다. position:relative는 유틸리티 메뉴 사이에 있는 구분 선을 표현하기 위한 코드인데, 다음에 오는 코드에서 :after 가상 선택자를 absolute로 배치했기 때문에 :after가 부모 요소인 〈a〉와 〈button〉 요소를 기준 좌표로 삼도록 설정한 것입니다. 그리고 두 요소에 같은 좌우 여백을 줍니다.

〈a〉와 〈button〉 요소의 가상 선택자인 :after는 각 요소의 마지막 자식으로 inline 요소인 content 속성을 생성합니다. content는 :after에 꼭 선언해야 하는 inline 속성을 띠는 가상 요소입니다. 이를 absolute로 표현함으로써 block 속성으로 바꾸는 동시에 〈a〉와 〈button〉 요소 크기를 기준으로 왼쪽 위에 배치합니다. 수직 바의 형태는 폭 1픽셀, 높이 32픽셀로 가늘고 길게 만듭니다.

만약 :after나 :before의 개념이 잘 이해되지 않는다면 〈span〉과 같은 inline 요소를 HTML에 코딩해도 무관합니다. 하지만 수직 바와 같이 단지 디자인 표현을 하기 위한 요소는 불필요한 HTML 코드를 줄이기 위해 HTML이 아닌 CSS로 생성하는 것을 권장합니다.

[그림 4-18] 유틸리티 메뉴를 구분하는 수직 바

Line 20

```
header .util .lang {font-size: 16px; color: #000;}
```

언어 선택 링크의 텍스트를 꾸미기 위한 클래스로 폰트 크기와 색을 정의합니다.

Line 21

```
header .util .lang:before {content: url(images/ico_lang.png); display:
inline-block; margin: 0 8px 0 0; transform: translateY(3px);}
```

언어 선택 영역에 들어가는 아이콘을 정의한 코드입니다. 우리는 이미 이미지를 삽입할 때 HTML의 〈img〉 요소를 사용하면 유지보수에 불편함이 있어 CSS의 background를 사용한다는 점을 알고 있습니다. 그러나 이번에는 CSS의 :before를 활용하여 이미지를 삽입하고 그 이유를 알아보겠습니다.

가령 background 속성으로 아이콘을 넣었는데 'EN'이라는 단어가 'English'로 바뀐다거나 좌우 여백이 변경되면 배경으로 삽입된 이미지의 위치를 매번 수정해야 하는 번거로움이 발생합니다. 이럴 때 :before 가상 선택자를 사용하여 이미지를 삽입하면 좌우 여백이나 텍스트 길이에 상관없이 수평으로 가운데 정렬하는 inline 요소의 형태를 유지하면서 CSS로 관리할 수 있습니다. 적용 방법은 background 속성 대신 content 속성의 url에 이미지의 경로를 넣으면 됩니다. 이렇게 삽입된 아이콘은 〈img〉 요소와 유사한 형태로 화면에 표현됩니다.

그 외 작성한 속성을 살펴보면 margin으로 이미지와 'EN' 텍스트 사이에 여백을 지정합니다. 그리고 텍스트와 아이콘이 위아래로 틀어지지 않도록 transform 속성에 translateY를 설정하는데 이 속성은 inline 요소에서는 적용되지 않으므로 display:inline-block도 함께 선언합니다.

Line 22

```
header .util button {width: 68px; height: 32px; background: url(images/ico_menu.
png) no-repeat center;}
```

전체 메뉴 보기 버튼을 꾸미는 코드입니다. <button>은 inline-block 요소이므로 텍스트가 기본으로 수평과 수직 모두 가운데 정렬이고, width와 height를 지정하기 위해 별도의 display 설정을 하지 않아도 됩니다. 메뉴 아이콘은 배경 이미지로 가운데에 배치합니다.

jQuery 코드 풀이

GNB에서 jQuery를 코딩할 때는 마우스를 사용하는 사용자와 키보드를 사용하는 사용자, 이 두 가지를 고려해야 합니다. 메뉴를 키보드로 조작하는 사람이 있을까 싶겠지만 마우스가 안 되는 상황에서 서비스를 이용할 수도 있고, 키보드를 사용하는 장애인 사용자도 있습니다. 웹서비스를 제작할 때는 항상 이렇게 모든 사람의 접근성을 따져야 합니다.

[코드 4-5] 하위 메뉴가 세로형인 GNB의 헤더 영역   gnb2.js

```
01  $(document).ready(function(){
02    $('.gnb li').on('mouseover focusin', function(){
03      $(this).siblings().children('ul').stop().slideUp(200);
04      $(this).children('ul').stop().slideDown(300);
05    });
06    $('.gnb li').on('mouseleave', function(){
07      $(this).children('ul').stop().slideUp(200);
08    });
09    $('.gnb li:last a').on('focusout', function(){
10      $(this).parent('ul').stop().slideUp(200);
11    });
12  });
```

Line 01, 12

```
$(document).ready(function(){ });
```

HTML 파일이 로드되면 웹 문서가 { } 안에 있는 스크립트를 실행하는 코드입니다.

Line 02, 05

```
$('.gnb li').on('mouseover focusin', function(){ });
```

gnb 클래스의 자손인 〈li〉 요소에 마우스 커서나 키보드 초점이 있을 때 중괄호 안에 있는 코드가 실행됩니다.

Line 03

```
$(this).siblings().children('ul').stop().slideUp(200);
```

$(this)는 상위에 있는 $('.gnb li') 선택자를 의미하고 여기서는 마우스 커서가 올라간 메뉴의 해당 〈li〉 요소를 말합니다. siblings( ) 메서드는 마우스 커서가 있는 〈li〉 요소의 형제 요소를 선택합니다. 이어서 children('ul') 메서드가 해당 요소의 자식인 〈ul〉 요소를 선택합니다. slideUp(200) 메서드는 위로 미끄러지듯이 사라지는 애니메이션을 뜻하며 200은 0.2초 동안 애니메이션이 진행된다는 의미입니다. stop( ) 메서드는 애니메이션이 반복되는 것을 방지합니다.

정리하면 사용자가 1 뎁스 메뉴에 접근했을 때 나머지 메뉴의 2 뎁스 메뉴를 사라지게 하는 코드입니다.

Line 04

```
$(this).children('ul').stop().slideDown(300);
```

조금 전과 마찬가지로 $(this)는 상위에 있는 $('.gnb li') 선택자입니다. 1 뎁스 메뉴인 〈li〉 요소에 접근했을 때 children('ul') 메서드로 자식 요소인 〈ul〉 요소를 선택합니다. 그리고 아래로 미끄러지듯이 나타나는 애니메이션 slideDown(300) 메서드가 0.3초 동안 동작합니다. stop( ) 메서드는 애니메이션이 반복되는 것을 방지합니다.

정리하면 1 뎁스 메뉴에 접근했을 때 2 뎁스 메뉴를 나타나게 하는 코드입니다.

Line 06~08

```
$('.gnb li').on('mouseleave', function(){
  $(this).children('ul').stop().slideUp(200);
});
```

〈li〉 요소에서 마우스 커서가 벗어날 때 1 뎁스 메뉴의 자식인 〈ul〉 요소에 slideUp(200) 메서드가 실행됩니다. 즉, 1 뎁스 메뉴에서 마우스 커서가 벗어날 때 2 뎁스 메뉴가 0.2초 동안 위로 슬라이드 되듯이 사라집니다.

Line 09~11

```
$('.gnb li:last a').on('focusout', function(){
  $(this).parent('ul').stop().slideUp(200);
});
```

1 뎁스 메뉴에서 마지막 〈li〉 요소일 때 자손인 〈a〉 요소에서 초점이 벗어나면 초점이 벗어난 〈a〉 요소의 부모인 〈ul〉 요소를 0.2초 동안 slideUp(200) 메서드로 사라지게 합니다.

화면 낭독기 결과

[그림 4-19] 메인 메뉴 예제 2가 실행된 브라우저를 화면 낭독기가 읽는 순서

① 배너 랜드마크 / 헤딩 레벨 1 / 방문함 / 링크 / 리베하얀
② 내비게이션 랜드마크 / 목록 항목 수 6개 / 기업정보 / 방문함 / 링크
③ 목록 항목 수 4개 / 기업소개 / 방문함 / 링크
④ 회사연혁 / 방문함 / 링크
⑤ 위치안내 / 방문함 / 링크
⑥ 투자정보 / 방문함 / 링크
⑦ 제품정보 / 방문함 / 링크
⑧ 연구개발 / 방문함 / 링크
⑨ 윤리경영 / 방문함 / 링크
⑩ 홍보센터 / 방문함 / 링크
⑪ 인재채용 / 방문함 / 링크
⑫ 고객지원센터 / 방문함 / 링크
⑬ English Site / EN / 방문함 / 링크
⑭ 전체 메뉴 보기 / 버튼

 리베하얀의 한마디

뎁스가 있는 메뉴에서 핵심은 비순서형 목록인 〈ul〉 요소의 상속 관계입니다. 복잡한 CSS 상속이 일어나지 않도록 자손 선택자와 자식 선택자를 구분해서 사용할 줄 알아야 합니다. 메뉴 구조를 구현했다면 애니메이션을 더해서 UI가 살아있는 사이트를 만드는 것 또한 중요합니다. 쉽게 적용할 수 있는 애니메이션부터 하나씩 익혀 나가면서 사이트를 풍성하게 만드는 연습을 하도록 합시다.

4-3 하위 메뉴가 가로형인 GNB

하위 메뉴를 가로형으로 배치하는 디자인은 웹의 초창기 시절부터 유행한 패턴으로 상당히 고전적인 표현 방식입니다. HTML과 jQuery 코딩 방식은 하위 메뉴가 세로형인 경우와 유사하지만 메뉴 디자인이 다르므로 CSS 문법 또한 다소 다릅니다. 그럼 [그림 4-20]의 디자인을 보고 코드를 확인해봅시다.

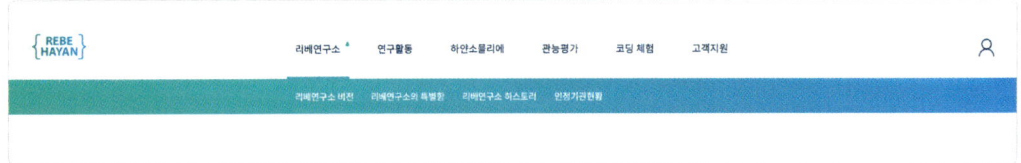

[그림 4-20] 하위 메뉴가 가로형으로 펼쳐지는 GNB 디자인

HTML 코드 풀이

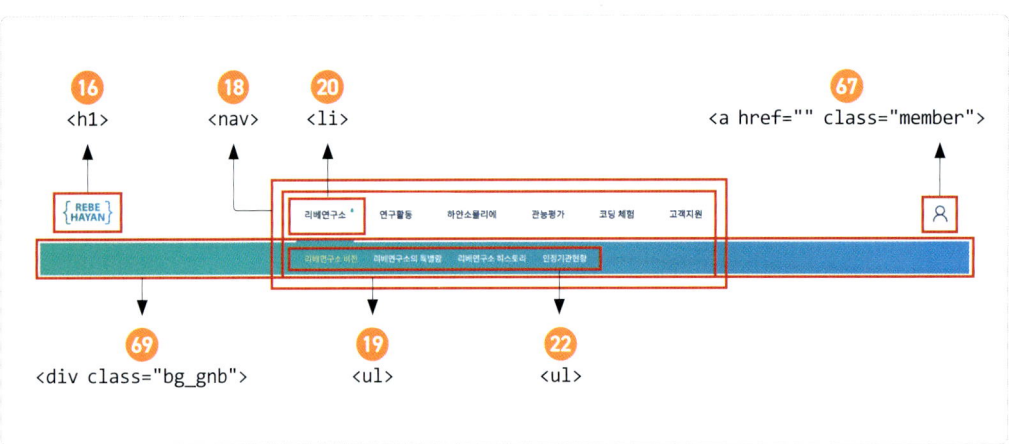

[그림 4-21] 하위 메뉴가 가로형인 GNB의 HTML 구조

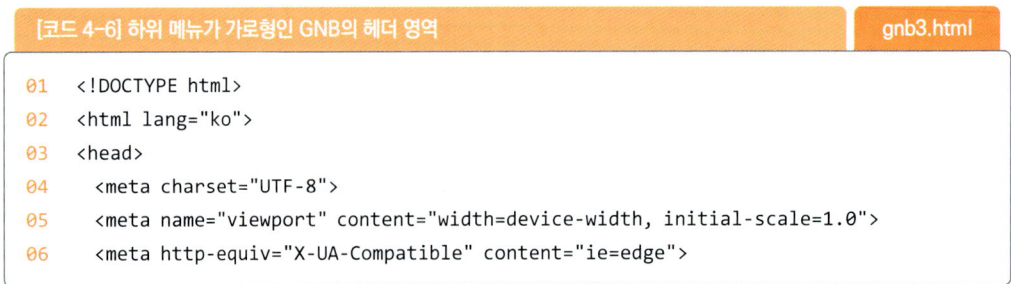

[코드 4-6] 하위 메뉴가 가로형인 GNB의 헤더 영역　　　　　　　gnb3.html

```
01  <!DOCTYPE html>
02  <html lang="ko">
03  <head>
04    <meta charset="UTF-8">
05    <meta name="viewport" content="width=device-width, initial-scale=1.0">
06    <meta http-equiv="X-UA-Compatible" content="ie=edge">
```

```
07    <title>하위 메뉴가 가로형인 GNB</title>
08    <link rel="stylesheet" href="default.css">
09    <link rel="stylesheet" href="gnb3.css">
10    <script src="js/jquery.js" charset="utf-8"></script>
11    <script src="js/gnb3.js" charset="utf-8"></script>
12  </head>
13  <!--[if IE 9]><body class="ie9"><![endif]-->
14  <!--[if (gt IE 9)|!(IE)]><!--><body><!--<![endif]-->
15  <header>
16    <h1><a href=""><span class="hide">리베하안</span></a></h1>
17    <h2 class="hide">메뉴</h2>
18    <nav>
19      <ul class="gnb">
20        <li>
21          <a href="">리베연구소</a>
22          <ul>
23            <li><a href="">리베연구소 비전</a></li>
24            <li><a href="">리베연구소의 특별함</a></li>
25            <li><a href="">리베연구소 히스토리</a></li>
26            <li><a href="">인정기관현황</a></li>
27          </ul>
28        </li>
29        <li>
30          <a href="">연구활동</a>
31          <ul>
32            <li><a href="">연구활동</a></li>
33            <li><a href="">워터맵</a></li>
34          </ul>
35        </li>
36        <li>
37          <a href="">하얀소믈리에</a>
38          <ul>
39            <li><a href="">하얀소믈리에 란?</a></li>
40          </ul>
41        </li>
42        <li>
43          <a href="">관능평가</a>
44          <ul>
45            <li><a href="">관능평가 란?</a></li>
46            <li><a href="">관능평가 연구시설</a></li>
47          </ul>
48        </li>
49        <li>
50          <a href="">코딩 체험</a>
51          <ul>
```

```
52            <li><a href="">코딩용 가이드</a></li>
53            <li><a href="">코딩 평가 방법</a></li>
54          </ul>
55        </li>
56        <li>
57          <a href="">고객지원</a>
58          <ul>
59            <li><a href="">공지사항</a></li>
60            <li><a href="">보도자료</a></li>
61            <li><a href="">참고자료</a></li>
62            <li><a href="">오시는길</a></li>
63          </ul>
64        </li>
65      </ul>
66    </nav>
67    <a href="" class="member"><span class="hide">마이페이지</span></a>
68  </header>
69  <div class="bg_gnb"></div>
70 </body>
71 </html>
```

Line 13, 14

```
<!--[if IE 9]><body class="ie9"><![endif]-->
<!--[if (gt IE 9)|!(IE)]><!--><body><!--<![endif]-->
```

IE 9에서는 background 속성의 gradient가 지원되지 않습니다. 따라서 IE 9로 접속하면 **〈body〉** 요소에 ie9 클래스를 생성하여 배경색을 단색으로 처리합니다. IE 9가 아닐 때는 아무런 클래스를 적용하지 않은 **〈body〉** 요소를 페이지에 표현합니다.

Line 16

```
<h1><a href=""><span class="hide">리베하얀</span></a></h1>
```

웹서비스 이름과 콘텐츠 제목을 의미하는 로고를 표현한 코드로 설명은 앞에서와 같으므로 간단하게 짚고 넘어가겠습니다. 로고 영역을 클릭했을 때 첫 페이지로 이동하기 위해 **〈a〉** 요소를 사용하고 로고 이미지는 CSS의 background 속성을 사용해 배경 이미지로 삽입합니다. 그리고 화면 낭독기 사용자의 웹 접근성을 위해 hide 클래스로 숨김 텍스트 '리베하얀'을 제공합니다.

Line 17

```
<h2 class="hide">메뉴</h2>
```

콘텐츠 제목인 〈h2〉 요소로 GNB의 시작을 알립니다. 역시 hide 클래스를 적용하여 시각적으로는 표현되지 않으며 화면 낭독기 사용자를 위한 코드입니다.

Line 19~65

```
<ul class="gnb">
  <li><a href="">리베연구소</a>
    <ul>
      <li><a href="">리베연구소 비전</a></li>
      <li><a href="">리베연구소의 특별함</a></li>
      <li><a href="">리베연구소 히스토리</a></li>
      <li><a href="">인정기관현황</a></li>
    </ul>
  </li>
                ...
  <li><a href="">고객지원</a>
    <ul>
      <li><a href="">공지사항</a></li>
      <li><a href="">보도자료</a></li>
      <li><a href="">참고자료</a></li>
      <li><a href="">오시는길</a></li>
    </ul>
  </li>
</ul>
```

2 뎁스 메뉴는 1 뎁스 메뉴에서 〈li〉 요소의 자식으로 포함된 〈ul〉 요소로 다시 표현합니다. 이렇게 화면 낭독기 사용자가 메뉴의 구조를 이해할 수 있도록 메뉴마다 분리하지 않고 선형적인 구조로 표현합니다. 각 메뉴는 페이지를 이동하는 목적이 있으므로 〈a〉 요소를 사용합니다.

Line 67

```
<a href="" class="member"><span class="hide">마이페이지</span></a>
```

마이페이지로 이동하는 링크에 아이콘을 〈img〉 요소가 아닌 CSS의 background 속성으로 삽입했기 때문에 아이콘의 의미를 전달하기 위해 hide 클래스로 숨김 텍스트를 처리합니다. member 클래스는 CSS를 제어하기 위해 추가한 클래스로 CSS 코드 풀이에서 살펴보겠습니다.

Line 69

```
<div class="bg_gnb"></div>
```

1 뎁스 메뉴에 마우스 커서가 올라왔을 때 펼쳐지는 2 뎁스 메뉴의 배경을 표현하기 위해 클래스를 부여합니다.

CSS 코드 풀이

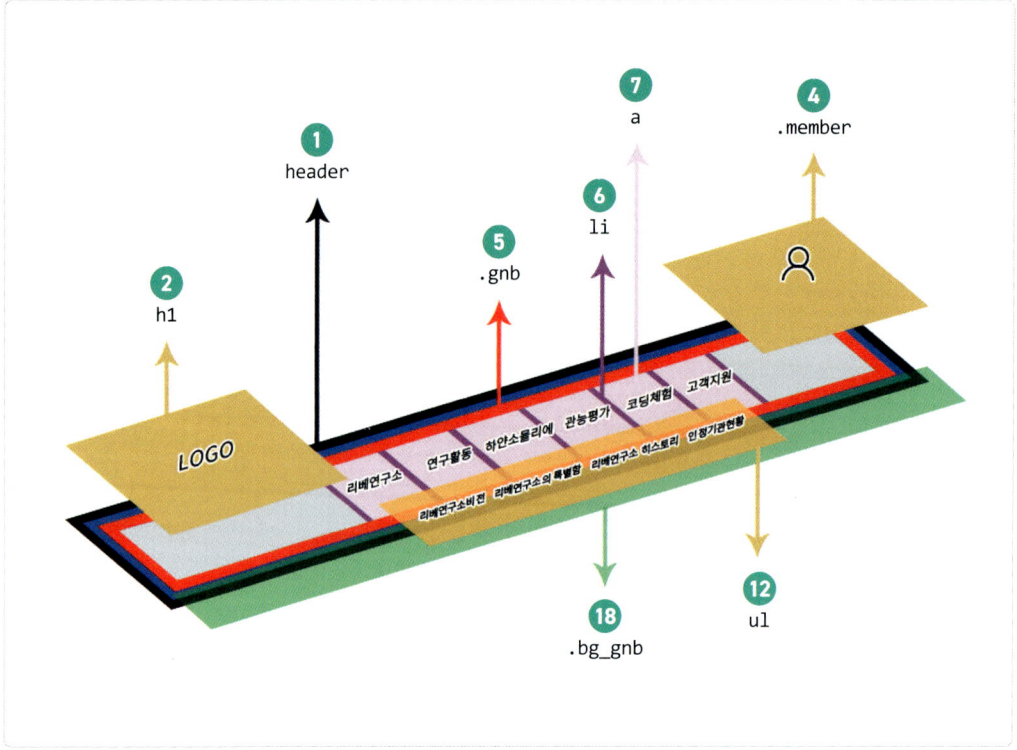

[그림 4-22] 하위 메뉴가 가로형인 GNB의 헤더 영역 구조 분석

[코드 4-7] 하위 메뉴가 가로형인 GNB의 헤더 영역   gnb3.css

```
01  header {position: relative; width: 1760px; margin: 0 auto;}
02  header h1 {position: absolute; left: 0; top: 26px;}
03  header h1 a {display: block; width: 99px; height: 45px; background: url(images/h1_
    logo2.png) no-repeat;}
04  header .member {position: absolute; right: 0; top: 50%; width: 29px; height: 32px;
    background: url(images/ico_member.png) no-repeat; transform: translateY(-50%);}
05  header .gnb {text-align: center; font-size: 0;}
06  header .gnb > li {display: inline-block; padding: 0 18px;}
07  header .gnb > li > a {display: block; position: relative; padding: 0 16px; line-
    height: 107px; font-size: 18px; color: #043874;}
08  header .gnb > li:hover > a:before,
09  header .gnb > li > a:focus:before {content: ""; position: absolute; left: 0; right:
    0; bottom: 0; height: 4px; background: #3ac1d3;}
10  header .gnb > li:hover > a:after,
11  header .gnb > li > a:focus:after {content: ""; position: absolute; right: 0; top:
    40px; width: 7px; height: 10px; background: url(images/ico_rain.png) no-repeat;}
```

```
12  header .gnb > li ul {display: none; position: absolute; z-index: 10;}
13  header .gnb > li ul li {float: left;}
14  header .gnb > li ul li a {display: block; padding: 0 16px; line-height: 62px; font-
    size: 16px; color: #fff;}
15  header .gnb > li ul li a:hover,
16  header .gnb > li ul li a:focus {color: #e4f893;}
17  header .gnb > li:last-child ul {margin-left: -280px;}
18  .bg_gnb {display: none; position: absolute; left: 0; right: 0; top: 107px; height:
    62px; background: linear-gradient(to right, #38cebb, #3db1ed);}
19  .ie9 .bg_gnb {background: #38cebb;}
```

Line 01

```
header {position: relative; width: 1760px; margin: 0 auto;}
```

position:relative는 〈header〉 요소를 기준으로 〈h1〉 요소와 member 클래스를 absolute 배치하기 위해 넣은 값입니다. width는 로고의 시작부터 마이페이지 아이콘이 끝나는 지점까지의 전체 길이입니다. margin:0 auto는 block 속성을 수평으로 가운데 정렬하는 코드로 width와 함께 선언되어야만 적용됩니다.

Line 02

```
header h1 {position: absolute; left: 0; top: 26px;}
```

[그림 4-22]의 ②번을 보면 알 수 있듯이 position:absolute를 이용해 〈h1〉 요소를 z축으로 띄웁니다. left와 top 속성으로 〈header〉 요소를 기준으로 왼쪽은 0픽셀, 위쪽은 26픽셀만큼 내려오게 위치시킵니다. 참고로 left와 top처럼 위치를 지정하는 속성은 position 속성과 함께 선언해야 적용됩니다.

Line 03

```
header h1 a {display: block; width: 99px; height: 45px; background: url(images/
h1_logo2.png) no-repeat;}
```

로고를 표현한 코드입니다. 로고 이미지는 background 속성을 사용하여 배경 이미지로 넣습니다. 배경 이미지가 보이려면 요소에 크기를 지정해야 하는데 inline 요소인 〈a〉는 크기가 표현되지 않습니다. 따라서 display:block을 주어 block 속성으로 변화시키고 width와 height로 크기를 지정합니다.

Line 04

```
header .member {position: absolute; right: 0; top: 50%; width: 29px; height:
32px; background: url(images/ico_member.png) no-repeat; transform:
translateY(-50%);}
```

마이페이지 링크를 표현한 코드입니다. <header> 요소를 기준으로 오른쪽에 배치하기 위해 position:absolute와 right 속성을 사용합니다. 그리고 아이콘을 <header> 요소 영역에서 수직으로 가운데 정렬하기 위해 top:50%와 transform:translateY(50%)를 함께 선언합니다.

잠깐 top과 transform 속성을 지정하는 값에 따른 정렬 기준을 알아보겠습니다. top에 50%를 지정하면 요소가 가운데에 배치될 것으로 예상할 것입니다. 그러나 position의 방향, 즉 left, right, top, bottom에 따라 50%를 움직이는 기준이 달라집니다. 여기서는 top을 설정하였으므로 요소의 윗부분이 기준이 됩니다. 따라서 아이콘의 윗부분이 높이의 50%만큼 내려와 배치되는데 이것은 아이콘의 중앙 지점이 가운데에 위치한다고 할 수 없습니다. 여기에 transform 속성에서 translate를 이용해 아이콘의 중앙이 가운데에 오도록 조정합니다. translateY(-50%)의 의미는 위쪽으로 자신의 크기의 반만큼 수직 이동한다는 뜻이고 translate는 이동하고자 하는 요소의 중앙 지점을 기준으로 움직이므로 아이콘의 중앙이 가운데에 오도록 조정됩니다.

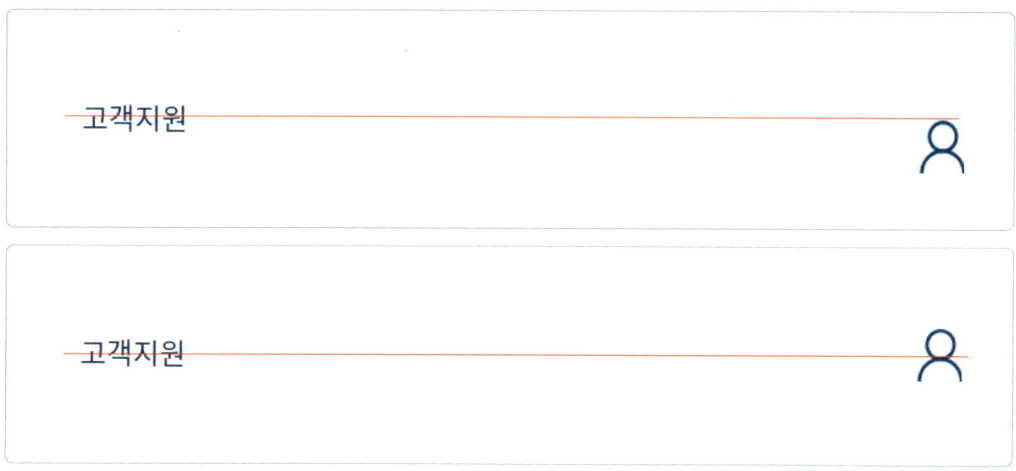

[그림 4-23] top:50%만 설정했을 때(위)와 translateY(-50%)를 함께 설정했을 때(아래)

그리고 로고와 마이페이지를 비교하고 넘어가겠습니다. 둘 다 <a> 요소를 사용하고 배경 이미지를 삽입했으며 width와 height로 크기를 지정했습니다. 로고를 표현할 때는 inline 요소인 <a>의 크기를 지정하기 위해 block 속성으로 바꾸는 코드가 있었습니다. 하지만 마이페이지에는 display:block이 없습니다. 그 이유는 inline 요소에 position을 설정하면 block 속성이 되기 때문입니다. 만약 이러한 사실을 몰랐다면 display:block을 추가했을 것입니다. 이는 틀린 방법은 아니지만 불필요한 코드를 줄이는 방법이므로 참고하기 바랍니다.

Line 05

```
header .gnb {text-align: center; font-size: 0;}
```

GNB의 1 뎁스 메뉴를 수평으로 가운데에 배치하기 위해 text-align:center를 선언합니다. font-size:0은 다음 코드에서 설정한 display:inline-block으로 인해 생기는 여백을 없애기 위한 코드입니다.

Line 06

```
header .gnb > li {display: inline-block; padding: 0 18px;}
```

block 속성인 〈li〉 요소에 text-align 속성이 적용되게 하고 행으로 배치하기 위해 display 설정을 inline-block으로 바꿉니다. 메뉴 간격은 〈li〉 요소가 수평으로 가운데 정렬되어 있기 때문에 padding으로 좌우에 여백을 줍니다. 만약 왼쪽이나 오른쪽 중 한 방향으로만 여백을 주면 메뉴가 치우쳐 보입니다.

요소를 행으로 배치하는 방법은 display 설정을 바꾸는 것 외에도 float 속성을 사용하는 방법이 있습니다. 그런데 float를 사용하면 〈li〉 요소는 〈ul〉 요소를 기준으로 중앙에 배치되지 않을뿐더러 만약 되더라도 메뉴를 추가하거나 삭제하는 등 메뉴에 변화가 생기면 대응하기 힘든 단점이 있습니다.

또 다른 방법은 flex가 있습니다. flex 레이아웃은 상당히 간단하게 사용할 수 있지만 [그림 4-24]처럼 호환성 문제로 인해 아직 적극적으로 권장하지는 않습니다. 만약 모바일 웹을 구현한다면 flex 레이아웃을 사용해도 됩니다.

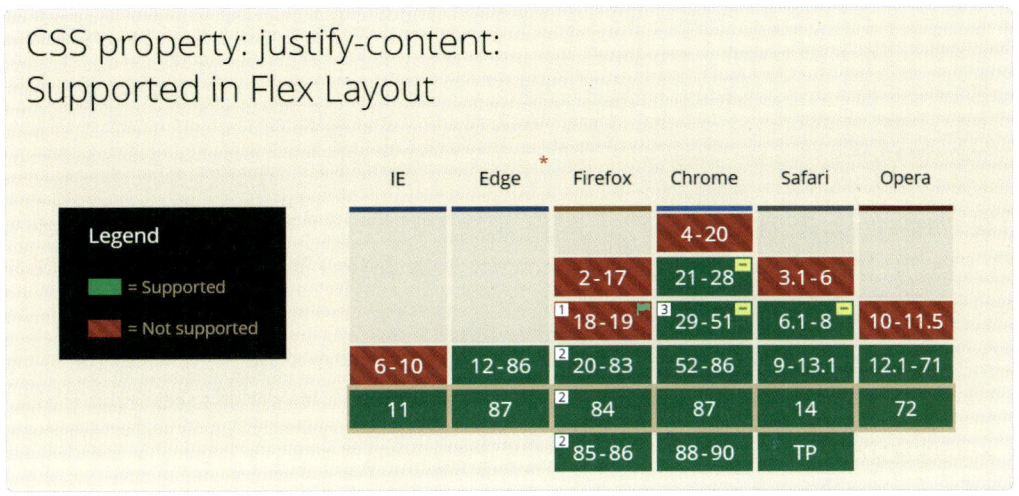

[그림 4-24] flex 레이아웃의 주축 정렬 호환성(출처: caniuse.com)

Line 07

```
header .gnb > li > a {display: block; position: relative; padding: 0 16px; line-height: 107px; font-size: 18px; color: #043874;}
```

inline 속성인 〈a〉 요소는 line-height 속성이 적용되지 않으므로 display를 block 또는 inline-block으로 설정합니다. position:relative는 메뉴에 나타나는 물방울 모양과 아랫선을 표현하기 위한 설정입니다. 그 외 font-size와 color 속성으로 텍스트의 크기와 색을 지정합니다.

요소에 line-height를 적용하면 줄 간격과 요소의 높이를 함께 표현할 수 있으며 한 줄 텍스트는 자동으로 수직 가운데 정렬됩니다. 요소의 높이를 줄 간격으로 표현하는 또 다른 이유는 [그림 4-25]처럼 메뉴를 클릭하기 쉽도록 영역을 확보하는 의미도 있습니다. 또한, 디자인만 봤을 때 별도로 여백의 수치를 알지 못하더라도 줄 간격을 이용해 디자인과 동일하게 표현할 수 있으므로 웹퍼블리셔에게 아주 편리한 속성입니다.

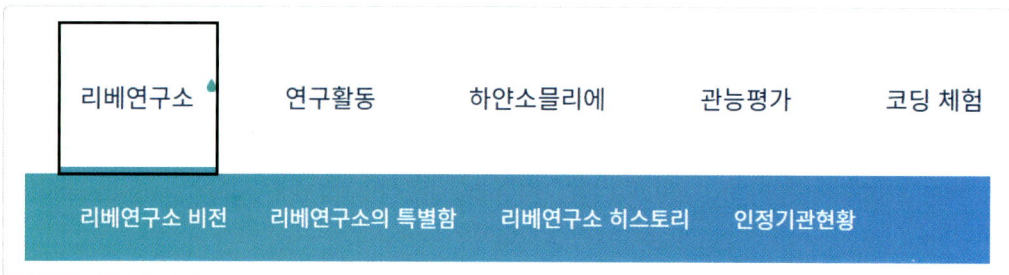

[그림 4-25] ⟨a⟩ 요소의 클릭 범위

Line 08~11

```
header .gnb > li:hover > a:before,
header .gnb > li > a:focus:before {content: ""; position: absolute; left: 0;
right: 0; bottom: 0; height: 4px; background: #3ac1d3;}
header .gnb > li:hover > a:after,
header .gnb > li > a:focus:after {content: ""; position: absolute; right: 0;
top: 40px; width: 7px; height: 10px; background: url(images/ico_rain.png)
no-repeat;}
```

1 뎁스 메뉴에 마우스 포인터를 올리거나 키보드 초점이 발생했을 때 나타나는 효과를 표현한 코드입니다. :before 나 :after 가상 선택자는 반드시 inline 성격을 띠는 content 속성을 입력해야 합니다. 아랫선과 물방울은 부모 요소인 ⟨a⟩ 요소를 기준으로 표현됩니다.

메뉴에 나타나는 아랫선은 border를 사용하지 않았습니다. 대신 left와 right를 0으로 지정해 width:100%와 같은 효과를 주고 height로 선의 굵기를 표현합니다. 같은 디자인을 표현해도 웹퍼블리셔마다 다른 속성을 사용하는 것일 뿐 정답은 없습니다. 2 뎁스 메뉴는 absolute를 설정하여 z축으로 이동시키고 bottom 속성으로 아래에 배치합니다.

물방울은 아랫선과 마찬가지로 inline 속성인 content가 position의 영향으로 block 속성이 됩니다. right와 top으로 물방울의 위치를 잡고 width와 height로 크기를 설정한 뒤 배경 이미지로 삽입합니다.

Line 12

```
header .gnb > li ul {display: none; position: absolute; z-index: 10;}
```

gnb 클래스가 적용된 ⟨ul⟩ 요소의 자손을 표현한 코드입니다. 자식 선택자와 자손 선택자가 섞여 있는데, 만약 메뉴가 3 뎁스까지 있다면 모두 자식 선택자로 표현해야 하지만 2 뎁스까지만 있는 디자인이므로 마지막 뎁스에 해당하는 요소는 굳이 자식 선택자로 표현하지 않아도 됩니다.

display:none은 화면에 노출되지 않게 하므로 뎁스가 있는 메뉴를 작업할 때는 디자인을 확인하면서 코딩하기 위해 스타일 적용이 끝난 뒤 마지막에 마우스 이벤트 코드를 입력합니다.

Line 13

```
header .gnb > li ul li {float: left;}
```

2 뎁스 메뉴의 〈li〉 요소를 행으로 배치하기 위한 코드입니다. 행을 display:inline-block이나 inline으로 표현하면 〈li〉 요소 간의 공백이 생겨 이를 해제하는 추가 작업을 해야 하므로 float 속성으로 배치합니다.

Line 14

```
header .gnb > li ul li a {display: block; padding: 0 16px; line-height: 62px;
font-size: 16px; color: #fff;}
```

2 뎁스 메뉴의 〈a〉 요소를 디자인한 코드입니다. line-height 속성으로 높이를 표현하고 텍스트를 수직으로 가운데 정렬하기 위해서 display:block을 설정합니다. 메뉴 간격은 padding으로 조정합니다. 이때 〈li〉 요소가 아닌 〈a〉 요소에 padding을 넣은 이유는 클릭할 수 있는 메뉴의 범위를 넓히기 위해서입니다. 그 외에 텍스트 크기와 색을 지정합니다.

Line 15, 16

```
header .gnb > li ul li a:hover,
header .gnb > li ul li a:focus {color: #e4f893;}
```

2 뎁스 메뉴에 마우스 커서를 올리거나 키보드 초점이 발생했을 때 변하는 텍스트 색을 지정합니다.

Line 17

```
header .gnb > li:last-child ul {margin-left: -280px;}
```

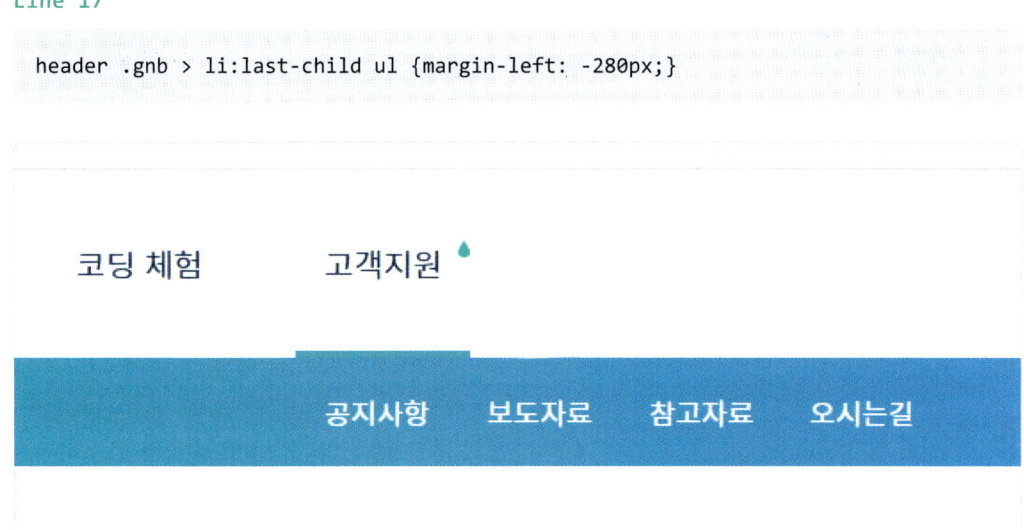

[그림 4-26] 가로로 배치된 마지막 하위 메뉴의 위치가 틀어진 경우

2 뎁스 메뉴가 가로로 배치되는 메뉴에서는 위와 같은 코드를 많이 볼 수 있습니다. 이 코드는 [그림 4-26]처럼 가로로 배치되는 마지막 2 뎁스 메뉴의 위치가 틀어지는 것을 방지하기 위해 사용하는데, margin을 마이너스 값으로 설정하여 해당 속성을 반대로 이동하게 합니다. 이러한 표현은 position의 left나 right 속성을 이용해도 되고 transform 속성의 translate를 이용하는 방법도 있지만, margin을 사용하는 것을 추천합니다. position:absolute는 좌표를 계산해야 하는 번거로움이 있고 translate를 사용하면 메뉴의 크기에 따라 웹브라우저에 가로 스크롤이 생길 위험이 있기 때문입니다.

Line 18

```
.bg_gnb {display: none; position: absolute; left: 0; right: 0; top: 107px;
height: 62px; background: linear-gradient(to right, #38cebb, #3db1ed);}
```

GNB에 마우스나 키보드 초점이 있을 때 나타나는 2 뎁스 메뉴의 배경을 꾸미는 코드로 width 대신 left와 right를 이용하여 가로 크기가 100%임을 표현합니다. bg_gnb 클래스에는 relative가 설정된 부모 요소가 없으므로 〈body〉 요소를 기준으로 top이 적용되고 배경에는 그레이디언트 효과를 줍니다.

잠깐 gnb3.html 파일을 살펴보면 bg_gnb 클래스는 〈header〉 요소의 크기와는 별개로 표현할 것이므로 〈header〉에 설정된 position:relative의 영향을 받지 않아야 해서 〈header〉 요소와 분리하여 표현한 것을 알 수 있습니다.

Line 19

```
.ie9 .bg_gnb {background: #38cebb;}
```

IE 9 이하에서 지원하지 않는 그레이디언트 효과를 대체하기 위해 배경을 단색으로 처리하는 코드입니다. HTML 파일을 보면 IE 9로 접근했을 때는 ie9 클래스가 있는 〈body〉 요소가 실행되는 것을 확인할 수 있습니다.

jQuery 코드 풀이

이번 jQuery 코드는 세로형 2 뎁스 메뉴(gnb2.js)와 비슷하지만 1 뎁스 메뉴에 초점이 있을 때 2 뎁스 메뉴의 이벤트가 활성화되는 것이 아니라 2 뎁스 메뉴의 배경을 별도로 제어합니다. 이를 참고하여 jQuery 코드를 확인해봅시다.

[코드 4-8] 하위 메뉴가 가로형인 GNB의 헤더 영역 gnb3.js

```
01  $(document).ready(function(){
02    $('.gnb li').on('mouseover focusin', function(){
03      $(this).children('ul').stop().fadeIn(300);
04    });
05    $('.gnb li').on('mouseleave', function(){
```

```
06      $(this).children('ul').stop().fadeOut(200);
07    });
08    $('.gnb').on('mouseover focusin', function(){
09      $('.bg_gnb').stop().fadeIn(300);
10    });
11    $('.gnb').on('mouseleave focusout', function(){
12      $('.bg_gnb').stop().fadeOut(200);
13    });
14    $('.gnb > li').on('focusout', function(){
15      $(this).children('ul').stop().fadeOut(200);
16    });
17  });
```

Line 01, 17

```
$(document).ready(function(){ });
```

HTML 파일이 로드되면 jQuery 코드를 실행합니다.

Line 02~04

```
$('.gnb li').on('mouseover focusin', function(){
  $(this).children('ul').stop().fadeIn(300);
});
```

gnb 클래스의 자손인 〈li〉 요소에 마우스 커서 또는 키보드 초점이 발생할 때 기능을 정의합니다. $(this)는 $('.gnb li') 선택자를 의미하며 children('ul') 메서드가 선택한 〈li〉의 자식 요소인 〈ul〉이 fadeIn(300) 메서드로 인해 0.3초 동안 서서히 나타나는 애니메이션으로 실행됩니다. 그리고 연속해서 메뉴에 마우스 커서를 올릴 때 불필요하게 반복되는 fade 효과를 막기 위해 stop( ) 메서드를 제공합니다.

Line 05~07

```
$('.gnb li').on('mouseleave', function(){
  $(this).children('ul').stop().fadeOut(200);
});
```

mouseover와 반대되는 이벤트로 GNB 영역의 〈li〉 요소에서 마우스 커서가 벗어날 때 기능을 정의합니다. 〈li〉 요소의 자식인 〈ul〉 요소가 fadeOut(200) 메서드로 인해 0.2초 동안 서서히 사라집니다.

Line 08~13

```javascript
$('.gnb').on('mouseover focusin', function(){
  $('.bg_gnb').stop().fadeIn(300);
});
$('.gnb').on('mouseleave focusout', function(){
  $('.bg_gnb').stop().fadeOut(200);
});
```

GNB 영역에 마우스를 올리거나 초점이 진입하면 2 뎁스 메뉴 영역에 배경색이 그레이디언트 효과로 나타납니다. 배경색은 0.3초간 서서히 나타나며 GNB 영역에서 마우스 커서 또는 초점이 벗어나면 배경색이 0.2초간 서서히 사라집니다.

Line 14~16

```javascript
$('.gnb > li').on('focusout', function(){
  $(this).children('ul').stop().fadeOut(200);
});
```

1 뎁스 메뉴에서 키보드 초점이 벗어나면 children('ul') 메서드가 $(this), 즉 $('.gnb > li') 선택자의 자식인 〈ul〉 요소를 선택하여 fadeOut(200) 메서드를 0.2초간 실행합니다. stop( ) 메서드는 키보드 초점이 연속해서 사라질 때 애니메이션이 반복되는 것을 방지합니다.

화면 낭독기 결과

[그림 4-27] 메인 메뉴 예제 3이 실행된 브라우저를 화면 낭독기가 읽는 순서

❶ 헤딩 레벨 1 / 방문함 / 링크 / 리베하얀
❷ 내비게이션 랜드마크 / 목록 항목 수 6개 / 리베연구소 / 방문함 / 링크
❸ 목록 항목 수 4개 / 리베연구소 비전 / 방문함 / 링크
❹ 리베연구소의 특별함 / 방문함 / 링크
❺ 리베연구소 히스토리 / 방문함 / 링크
❻ 인정기관현황 / 방문함 / 링크

- ❼ 연구활동 / 방문함 / 링크
- ❽ 하얀소믈리에 / 방문함 / 링크
- ❾ 관능평가 / 방문함 / 링크
- ❿ 코딩 체험 / 방문함 / 링크
- ⓫ 고객지원 / 방문함 / 링크
- ⓬ 마이페이지 / 방문함 / 링크

> **리베하얀의 한마디**
>
> 2 뎁스 메뉴가 가로로 배치되는 디자인은 웹퍼블리셔가 position 속성을 사용할 때 부모와 자식 요소의 관계를 얼마나 잘 파악하고 있느냐에 따라 구현 가능 여부가 결정됩니다. 또한 jQuery에서는 형제와 자식 요소의 개념을 이해하고 $(this)가 어떤 선택자를 의미하는지 그리고 메뉴와 이벤트에 따라 어떤 효과를 줄 것인지를 고민해야 합니다.

4-4 하위 메뉴가 일체형인 GNB

1 뎁스 메뉴 어느 곳에 마우스 커서를 올려도 모든 하위 메뉴가 펼쳐지는 형태로 근래에 들어 자주 보이는 UI입니다. 이 메뉴는 이전에 실습해본 메뉴와 달리 다양한 디자인이 있는데, 그중에서 가장 대표적인 디자인을 살펴보겠습니다.

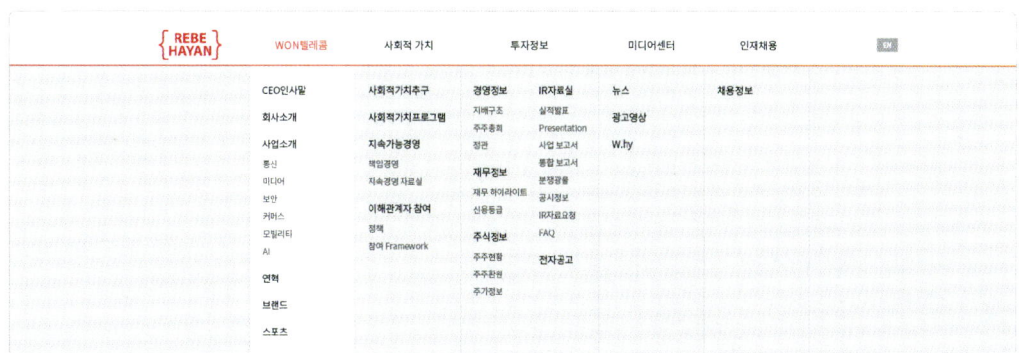

[그림 4-28] 하위 메뉴 전체가 펼쳐지는 GNB 디자인

[그림 4-28]을 보면 원하는 메뉴에 마우스를 올리면 모든 메뉴가 펼쳐질 뿐만 아니라 메뉴가 3 뎁스까지 별도의 디자인으로 활성화됩니다. 이를 코드로 어떻게 표현하는지 알아봅시다.

HTML 코드 풀이

[코드 4-9]를 보면 이전 예제들의 HTML 코드와는 다르게 코드가 매우 길어 보입니다. 이번 메뉴는 3 뎁스 구조인데, 메뉴의 뎁스가 깊어질수록 HTML과 CSS 코드가 좀 더 복잡해지긴 하지만 단지 메뉴가 3 뎁스로 이루어져서 코드가 길어진 것뿐이니 긴장할 필요는 없습니다. 이전 메뉴들과 비교해 달라진 점이 있다면 2 뎁스 메뉴의 너비가 모두 같은 것이 아니라 특정 메뉴에서는 크기가 다릅니다. 크기가 다른 2 뎁스 메뉴를 〈div〉 요소를 활용하여 표현하였으니 천천히 살펴보도록 합시다.

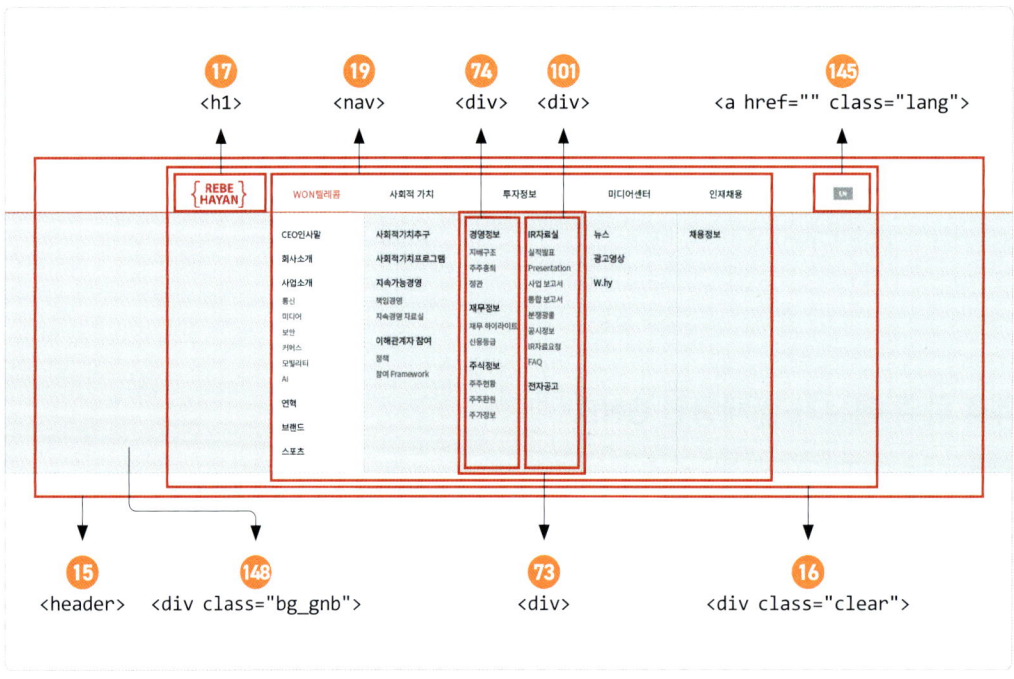

[그림 4-29] 하위 메뉴가 일체형인 GNB의 HTML 구조

[코드 4-9] 하위 메뉴가 일체형인 GNB의 헤더 영역   gnb4.html

```
01  <!DOCTYPE html>
02  <html lang="ko">
03  <head>
04    <meta charset="UTF-8">
05    <meta name="viewport" content="width=device-width, initial-scale=1.0">
06    <meta http-equiv="X-UA-Compatible" content="ie=edge">
07    <title>하위 메뉴가 일체형인 GNB</title>
08    <link rel="stylesheet" href="default.css">
09    <link rel="stylesheet" href="gnb4.css">
```

```html
10    <script src="js/jquery.js" charset="utf-8"></script>
11    <script src="js/gnb4.js" charset="utf-8"></script>
12  </head>
13  <!--[if IE 9 ]><body class="ie9"><![endif]-->
14  <!--[if (gt IE 9)|!(IE)]><!--><body><!--<![endif]-->
15  <header>
16    <div class="clear">
17      <h1><a href=""><span class="hide">리베하얀</span></a></h1>
18      <h2 class="hide">메뉴</h2>
19      <nav>
20        <ul class="gnb">
21          <li>
22            <a href="">WON텔레콤</a>
23            <div>
24              <div>
25                <ul>
26                  <li><a href="">CEO인사말</a></li>
27                  <li><a href="">회사소개</a></li>
28                  <li>
29                    <a href="">사업소개</a>
30                    <ul>
31                      <li><a href="">통신</a></li>
32                      <li><a href="">미디어</a></li>
33                      <li><a href="">보안</a></li>
34                      <li><a href="">커머스</a></li>
35                      <li><a href="">모빌리티</a></li>
36                      <li><a href="">AI</a></li>
37                    </ul>
38                  </li>
39                  <li><a href="">연혁</a></li>
40                  <li><a href="">브랜드</a></li>
41                  <li><a href="">스포츠</a></li>
42                </ul>
43              </div>
44            </div>
45          </li>
46          <li>
47            <a href="">사회적 가치</a>
48            <div>
49              <div>
50                <ul>
51                  <li><a href="">사회적가치추구</a></li>
52                  <li><a href="">사회적가치프로그램</a></li>
53                  <li>
54                    <a href="">지속가능경영</a>
```

```
55                <ul>
56                    <li><a href="">책임경영</a></li>
57                    <li><a href="">지속경영 자료실</a></li>
58                </ul>
59            </li>
60            <li>
61                <a href="">이해관계자 참여</a>
62                <ul>
63                    <li><a href="">정책</a></li>
64                    <li><a href="">참여 Framework</a></li>
65                </ul>
66            </li>
67          </ul>
68        </div>
69      </div>
70    </li>
71    <li class="w2">
72      <a href="">투자정보</a>
73      <div>
74        <div>
75          <ul>
76            <li>
77              <a href="">경영정보</a>
78              <ul>
79                <li><a href="">지배구조</a></li>
80                <li><a href="">주주총회</a></li>
81                <li><a href="">정관</a></li>
82              </ul>
83            </li>
84            <li>
85              <a href="">재무정보</a>
86              <ul>
87                <li><a href="">재무 하이라이트</a></li>
88                <li><a href="">신용등급</a></li>
89              </ul>
90            </li>
91            <li>
92              <a href="">주식정보</a>
93              <ul>
94                <li><a href="">주주현황</a></li>
95                <li><a href="">주주환원</a></li>
96                <li><a href="">주가정보</a></li>
97              </ul>
98            </li>
99          </ul>
```

```html
            </div>
            <div>
              <ul>
                <li>
                  <a href="">IR자료실</a>
                  <ul>
                    <li><a href="">실적발표</a></li>
                    <li><a href="">Presentation</a></li>
                    <li><a href="">사업 보고서</a></li>
                    <li><a href="">통합 보고서</a></li>
                    <li><a href="">분쟁광물</a></li>
                    <li><a href="">공시정보</a></li>
                    <li><a href="">IR자료요청</a></li>
                    <li><a href="">FAQ</a></li>
                  </ul>
                </li>
                <li><a href="">전자공고</a></li>
              </ul>
            </div>
          </div>
        </li>
        <li>
          <a href="">미디어센터</a>
          <div>
            <div>
              <ul>
                <li><a href="">뉴스</a></li>
                <li><a href="">광고영상</a></li>
                <li><a href="">W.hy</a></li>
              </ul>
            </div>
          </div>
        </li>
        <li>
          <a href="">인재채용</a>
          <div>
            <div>
              <ul>
                <li><a href="">채용정보</a></li>
              </ul>
            </div>
          </div>
        </li>
      </ul>
    </nav>
```

```
145        <a href="" class="lang" aria-label="영문사이트 바로가기">EN</a>
146      </div>
147    </header>
148    <div class="bg_gnb"></div>
149  </body>
150  </html>
```

Line 13, 14

```
<!--[if IE 9]><body class="ie9"><![endif]-->
<!--[if (gt IE 9)|!(IE)]><!--><body><!--<![endif]-->
```

background 속성값 중 하나인 gradient가 지원되지 않는 IE 9에서 그레이디언트 효과를 단색으로 대신하기 위해 ie9 클래스에 이를 처리하는 CSS 코드를 추가하여 사용합니다. 따라서 IE 9로 접속하면 ie9 클래스가 적용되고, IE 9가 아닐 때는 ie9 클래스가 적용되지 않습니다.

Line 16, 146

```
<div class="clear"></div>
```

[그림 4-29]는 GNB가 수평으로 중앙에 배치된 디자인이고 하위 메뉴가 GNB의 배치에 상관없이 회색 배경으로 브라우저 크기만큼 펼쳐집니다. 이 배경을 표현하기 위해서 〈header〉의 안과 밖에 각각 〈div〉 요소를 구성하는데, 해당 코드는 GNB를 중앙에 배치하기 위한 〈header〉 안에 있는 〈div〉 요소입니다. 이와 관련한 내용은 CSS 코드 풀이에서 자세히 알아보겠습니다.

Line 18

```
<h2 class="hide">메뉴</h2>
```

화면 낭독기 사용자에게 메뉴라는 콘텐츠의 시작을 알리기 위해서 콘텐츠 제목을 삽입하고 hide 클래스로 숨김 텍스트 처리합니다.

Line 19, 144

```
<nav></nav>
```

각 페이지로 이동하는 내비게이션 역할인 메뉴를 의미하므로 〈nav〉 요소로 표현합니다.

Line 20~143

```
<ul class="gnb">
```

```
<li>
    <a href="">WON텔레콤</a>
    <div>
        <div>
            <ul>
                <li><a href="">CEO인사말</a></li>
                <li><a href="">회사소개</a></li>
                <li>
                    <a href="">사업소개</a>
                    <ul><li><a href="">통신</a></li>
                        <li><a href="">미디어</a></li>
                        <li><a href="">보안</a></li>
                        <li><a href="">커머스</a></li>
                        <li><a href="">모빌리티</a></li>
                        <li><a href="">AI</a></li></ul>
                </li>
                <li><a href="">연혁</a></li>
                <li><a href="">브랜드</a></li>
                <li><a href="">스포츠</a></li>
            </ul>
        </div>
    </div>
</li>
                        ...
<li>
    <a href="">인재채용</a>
    <div>
        <div>
            <ul><li><a href="">채용정보</a></li></ul>
        </div>
    </div>
</li>
</ul>
```

코드가 너무 긴 관계로 1 뎁스 메뉴 중 다른 메뉴는 생략하고 맨 처음과 마지막 메뉴의 코드만 보겠습니다. GNB 같은 메뉴는 비순서형 목록인 ⟨ul⟩과 ⟨li⟩로 같은 뎁스의 메뉴를 나열하며 페이지를 이동하는 목적이므로 ⟨a⟩ 요소를 함께 사용합니다. 또한 메뉴의 포함 관계를 나타내기 위해서 ⟨li⟩의 자식 요소로 ⟨ul⟩이 다시 나오는 구조로 메뉴의 뎁스를 표현하는 것이 특징입니다.

Line 23, 24, 43, 44

```
<div>
    <div></div>
</div>
```

여기서 새로운 표현 방법이 나오는데, 바로 2 뎁스와 3 뎁스 메뉴를 **<div>** 요소로 두 번 감싼 것입니다. 1 뎁스 메뉴에서 '투자정보'는 하위 메뉴가 2단으로 배치된 UI입니다. 이를 위해서 각각의 단을 **<div>** 요소로 분리하고 전체를 **<div>** 요소로 한 번 더 감싼 구조로 표현합니다. '투자정보'를 제외한 나머지 1 뎁스 메뉴는 **<div>** 요소를 사용하지 않고 **<ul>**과 **<li>** 요소를 사용한 구조로 표현해도 됩니다. 하지만 특정 메뉴만 다른 구조로 표현하면 CSS와 jQuery 코드가 상당히 복잡해지므로 모든 메뉴에 **<div>**를 사용하는 것으로 통일합니다.

Line 71~120

```html
<li class="w2"><a href="">투자정보</a>
  <div>
    <div>
      <ul>
        <li><a href="">경영정보</a>
          <ul>
            <li><a href="">지배구조</a></li>
            <li><a href="">주주총회</a></li>
            <li><a href="">정관</a></li>
          </ul>
        </li>
        <li><a href="">재무정보</a>
          <ul>
            <li><a href="">재무 하이라이트</a></li>
            <li><a href="">신용등급</a></li>
          </ul>
        </li>
        <li><a href="">주식정보</a>
          <ul>
            <li><a href="">주주현황</a></li>
            <li><a href="">주주환원</a></li>
            <li><a href="">주가정보</a></li>
          </ul>
        </li>
      </ul>
    </div>
    <div>
      <ul>
        <li><a href="">IR자료실</a>
          <ul>
            <li><a href="">실적발표</a></li>
            ...
            <li><a href="">FAQ</a></li>
          </ul>
        </li>
        <li><a href="">전자공고</a></li>
      </ul>
    </div>
  </div>
</li>
```

다른 메뉴에 비해 하위 메뉴의 수가 많아 2 뎁스와 3 뎁스 메뉴를 2단으로 배치한 '투자정보' 메뉴를 나타낸 코드입니다. `Line 73`의 〈div〉는 하위 메뉴 전체를 감싸는 부모 요소이고, `Line 74`와 `Line 101`의 〈div〉 요소는 좌우에 배치된 단을 각각 감싸 단을 나누는 목적으로 사용합니다.

Line 145

```
<a href="" class="lang" aria-label="영문사이트 바로가기">EN</a>
```

외국어 페이지로 이동하는 링크를 표현한 코드입니다. 만약 텍스트를 'EN'으로만 표기하면 화면 낭독기 사용자는 그 뜻이 무엇을 의미하는지 정확히 알 수 없을 것입니다. 따라서 링크가 의미하는 본연의 뜻을 aria-label 속성으로 전달합니다.

Line 148

```
<div class="bg_gnb"></div>
```

GNB의 하위 메뉴 배경을 담당하는 〈div〉 요소입니다. 하위 메뉴의 배경은 〈header〉 요소와 다르게 브라우저의 가로 크기만큼 영역을 차지하므로 〈header〉 요소에 설정된 position의 영향을 받지 않기 위해 〈header〉 요소 밖에 배치합니다.

CSS3 코드 풀이

HTML과 비교하면 CSS 코드는 짧은 편입니다. 디자인이 다른 '투자정보' 메뉴의 하위 메뉴만 특정 스타일을 적용하는 방법도 있지만 특정 부분만 다르게 제어하는 것은 유지보수 측면에서 유리한 방법이 아닙니다. 사이트를 운영하다 보면 메뉴를 추가하거나 제거하는 등 다양한 변수가 생기기 마련인데, 만약 하위 메뉴가 추가되어 다른 메뉴도 '투자정보' 메뉴처럼 바꿔야 한다면 HTML 코드를 많이 수정해야 하고 개발자 영역까지 영향을 끼치는 민감한 작업이 될 수 있습니다. 따라서 당장은 필요하지 않더라도 모든 하위 메뉴의 구조를 같은 레이아웃으로 맞춰놓으면 해당 클래스만 적용하여 디자인을 쉽게 바꿀 수 있습니다.

이렇듯이 단순히 디자인을 화면에 표현하는 데 그치는 것이 아니라 프로젝트가 끝난 후 서비스를 운영하면서 생길 다양한 변수를 생각하여 유동적인 UI를 구현하는 것은 웹퍼블리셔의 역량에 달렸습니다. 웹퍼블리셔는 디자인을 빠르고 정확하게 표현하는 것도 중요하지만, 사용성과 접근성 그리고 확장성까지 고려해야 합니다.

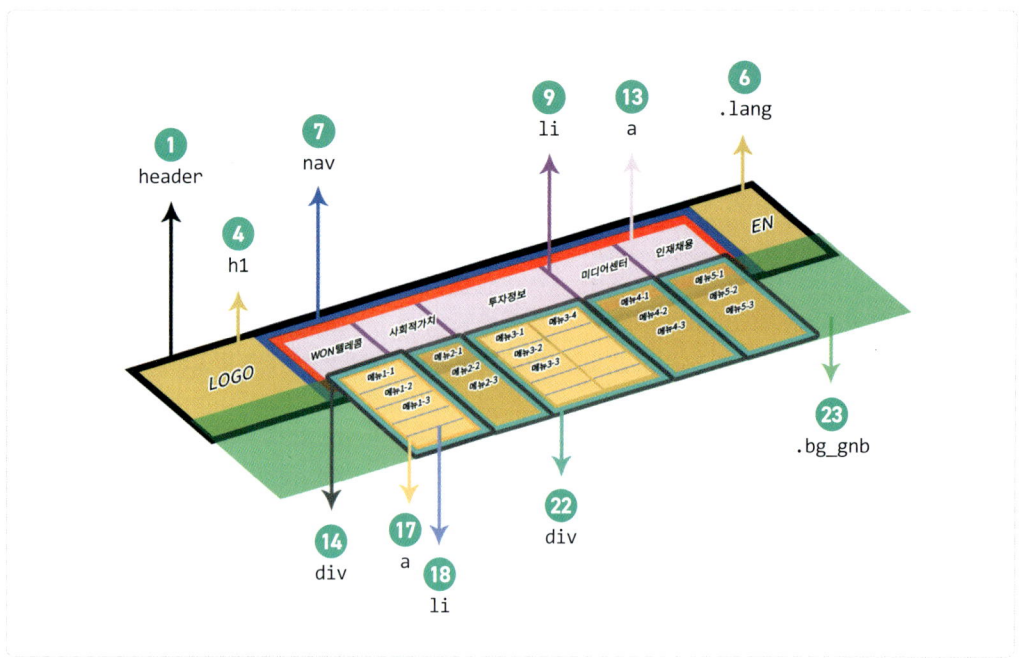

[그림 4-30] 하위 메뉴가 일체형인 GNB의 헤더 영역 구조 분석

[코드 4-10] 하위 메뉴가 일체형인 GNB의 헤더 영역 — gnb4.css

```css
01  header {position: relative;}
02  header:after {content: ""; position: absolute; left: 0; right: 0; bottom:
    0; z-index: -1; height: 2px; background: linear-gradient(to right, #e94e66,
    #f08925);}
03  header > div {width: 1160px; padding: 32px 0 0; margin: 0 auto;}
04  header h1 {float: left;}
05  header h1 a {display: block; width: 99px; height: 58px; background: url(images/h1_
    logo3.png) no-repeat center;}
06  header .lang {float: right;}
07  header nav {float: left; padding: 0 0 0 43px;}
08  header nav a {letter-spacing: -0.25px;}
09  header .gnb > li {float: left; position: relative; width: 165px;}
10  header .gnb > li.w2 {width: 219px;}
11  header .gnb > li:hover > a {color: #e6223e;}
12  header .gnb > li:hover > div {background: #fff;}
13  header .gnb > li > a {display: block; font-size: 16px; color: #222; line-height:
    58px; text-align: center;}
14  header .gnb > li > div {display: none; position: absolute; left: 0; z-index: 3; width:
    100%; padding: 16px 20px; box-sizing: border-box; border-left: 1px solid #d7d7d7;}
15  header .gnb > li:last-child > div {border-right: 1px solid #d7d7d7;}
16  header .gnb > li > div > div > ul a {display: block;}
```

```
17   header .gnb > li > div > div > ul > li {line-height: 40px;}
18   header .gnb > li > div > div > ul > li > a {font-size: 15px; color: #222;}
19   header .gnb > li > div > div > ul > li > ul {padding: 0 0 8px;}
20   header .gnb > li > div > div > ul > li > ul > li {line-height: 26px;}
21   header .gnb > li > div > div > ul > li > ul > li a {font-size: 13px; color: #6a6a6a;}
22   header .gnb > li.w2 > div > div {float: left; width: 50%;}
23   .bg_gnb {display: none; position: absolute; left: 0; right: 0; top: 90px; z-index:
     2; background: #ececec; border-top: 1px solid #d7d7d7;}
24   .bg_gnb:after {content: ""; position: absolute; left: 0; right: 0; bottom: 0;
     border-top: 1px solid #d7d7d7;}
25   .ie9 header:after {background: #e94e66;}
```

Line 01, 02

```
header {position: relative;}
header:after {content: ""; position: absolute; left: 0; right: 0; bottom: 0;
 z-index: -1; height: 2px; background: linear-gradient(to right, #e94e66, #f08925);}
```

〈header〉 요소는 relative를 설정하고 :after 가상 선택자를 absolute로 설정하여 헤더 영역에 있는 아랫선을 z축으로 이동합니다. 그리고 left와 right를 0으로 지정하여 너비가 헤더 영역의 100%를 차지하게 합니다. 높이는 2픽셀을 주고 오른쪽으로 갈수록 빨간색에서 주황색으로 그레이디언트 효과가 나타나도록 선의 형태를 만듭니다. 이때 z-index를 -1로 지정해 다른 요소를 가리지 않게 위치시킵니다.

이처럼 단지 디자인으로 들어간 선을 여기서는 HTML 코드에서 〈div〉와 같은 별도의 요소로 만들지 않고 CSS에서 :after 가상 선택자를 이용해 inline 요소로 만들었습니다. 개발이 완료된 HTML 파일은 담당 개발자를 거쳐 수정해야 하므로 디자인적인 요소는 CSS로 제어하는 것을 권장합니다.

Line 03

```
header > div {width: 1160px; padding: 32px 0 0; margin: 0 auto;}
```

헤더 영역에 있는 로고와 GNB, 유틸리티 메뉴를 수평으로 중앙에 배치하는 코드입니다. 만약 해당 코드를 〈header〉 요소에 직접 선언하면 relative의 영향과 더불어 가로 크기가 한정되어 그레이디언트 선이 브라우저 크기만큼 뻗어 나가지 못하고 〈header〉 요소의 가로 크기만큼만 보일 것입니다. 그러나 〈header〉의 자식 요소로 〈div〉를 이용하여 콘텐츠를 감싸서 콘텐츠와 그레이디언트 선을 분리합니다. 그러면 그레이디언트 선은 브라우저에 꽉 차게 보이면서 〈header〉의 콘텐츠는 중앙에 위치하는 디자인을 동시에 표현할 수 있습니다.

padding은 위쪽에만 설정하는데, 〈div〉의 자식 요소로 있는 로고, GNB, 유틸리티 메뉴에 공통으로 적용되는 여백입니다. [그림 4-31]을 보면 padding이 〈header〉의 자식 요소 중에서 높이가 가장 큰 로고 영역을 기준으로 32 픽셀만큼 적용된 것을 확인할 수 있습니다. 약간의 여백을 설정하는 것으로 간단하게 레이아웃을 조절하고, 로고의 높이만큼 GNB 영역의 클릭 범위를 넓힐 수 있습니다.

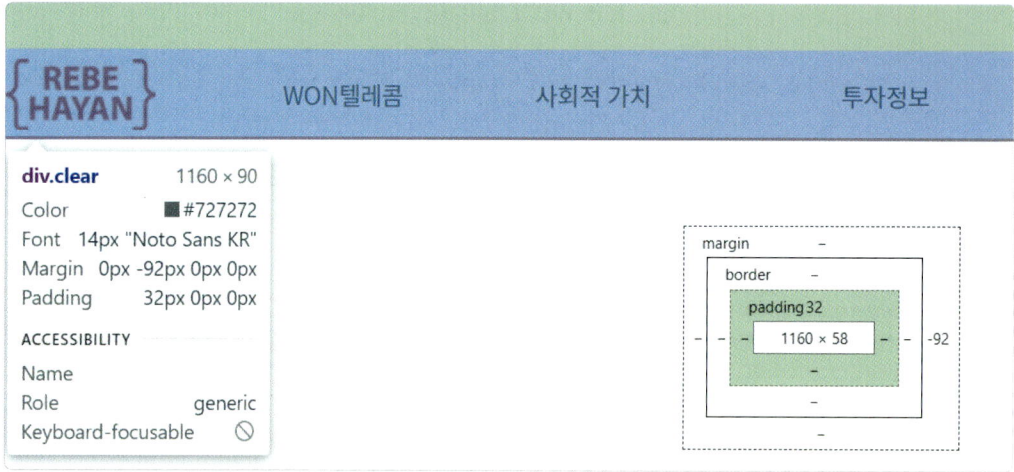

[그림 4-31] 헤더 영역에 공통으로 적용된 padding

```
Line 04, 06, 07

header h1 {float: left;}
header .lang {float: right;}
header nav {float: left; padding: 0 0 0 43px;}
```

〈header〉 요소에 속하는 block 속성의 요소를 모두 같은 행에 배치하기 위해 각각 float 속성을 선언합니다. lang 클래스가 있는 〈a〉 요소만 오른쪽에 배치한 이유는 확장성 때문인데, 만약 float를 left로 설정했다고 가정하면 메뉴가 늘어나거나 줄어들었을 때 헤더 영역이 왼쪽으로 쏠린 형태로 보일 것입니다. 이를 방지하고자 float:right로 설정하여 좌우로 균형 잡힌 레이아웃을 만들었습니다.

참고로 float를 설정하면 부모 요소의 높이가 초기화되므로 default.css에 정의해놓은 clear 클래스를 부모 요소인 `Line 16`의 〈div〉에 적용했습니다. GNB 영역인 〈nav〉 요소에는 로고와의 간격을 두기 위해 padding 속성으로 왼쪽에 여백을 설정합니다.

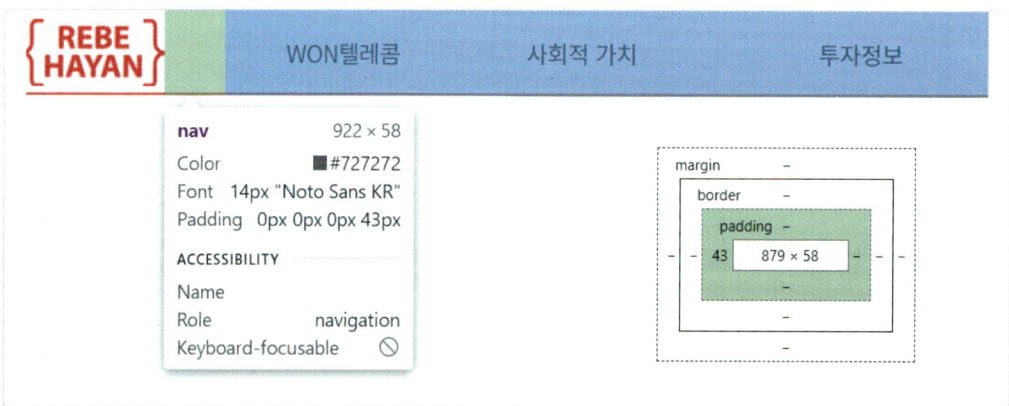

[그림 4-32] padding으로 설정한 로고와 GNB의 간격

Line 05

```
header h1 a {display: block; width: 99px; height: 58px; background: url(images/
h1_logo3.png) no-repeat center;}
```

로고를 표현한 코드입니다. inline 요소인 〈a〉에 배경 이미지를 삽입하기 위해 display:block을 설정하고 가로와 세로 크기를 지정하여 로고 이미지를 표시하는데, height를 원래 이미지의 높이인 45픽셀보다 크게 지정하여 클릭 범위를 넓힙니다.

Line 08

```
header nav a {letter-spacing: -0.25px;}
```

letter-spacing으로 자간을 설정합니다. -0.25라는 값은 아래 그림과 같이 포토샵에서 디자인할 때 설정한 -25 라는 수치를 환산한 값입니다.

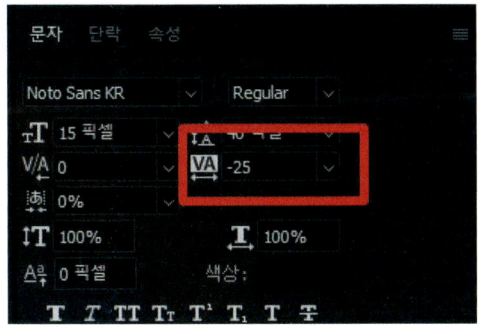

[그림 4-33] 포토샵으로 디자인할 때 설정한 자간값

Line 09, 10

```
header .gnb > li {float: left; position: relative; width: 165px;}
header .gnb > li.w2 {width: 219px;}
```

1 뎁스 메뉴의 〈li〉 요소를 표현한 코드입니다. block 요소를 행으로 배치하기 위해 float를 설정하고, 2 뎁스 메뉴를 감싸는 〈div〉 요소를 z축으로 배치하기 위해 relative를 설정합니다. 1 뎁스 메뉴 각각의 너비는 메뉴 이름의 길이에 맞추는 것이 아니라 통일감을 주기 위해 모두 같은 width로 지정하고, 하위 메뉴를 2단으로 표현하여 너비가 다른 '투자정보' 메뉴만 별도로 너비를 지정하는 방법으로 제어합니다.

Line 11, 12

```
header .gnb > li:hover > a {color: #e6223e;}
header .gnb > li:hover > div {background: #fff;}
```

1 뎁스 메뉴의 ⟨li⟩ 요소에 마우스 커서를 올리면 [그림 4-34]처럼 자식인 ⟨a⟩ 요소의 텍스트 색을 바꾸고 마찬가지로 자식 요소인 ⟨div⟩의 배경색을 바꿉니다.

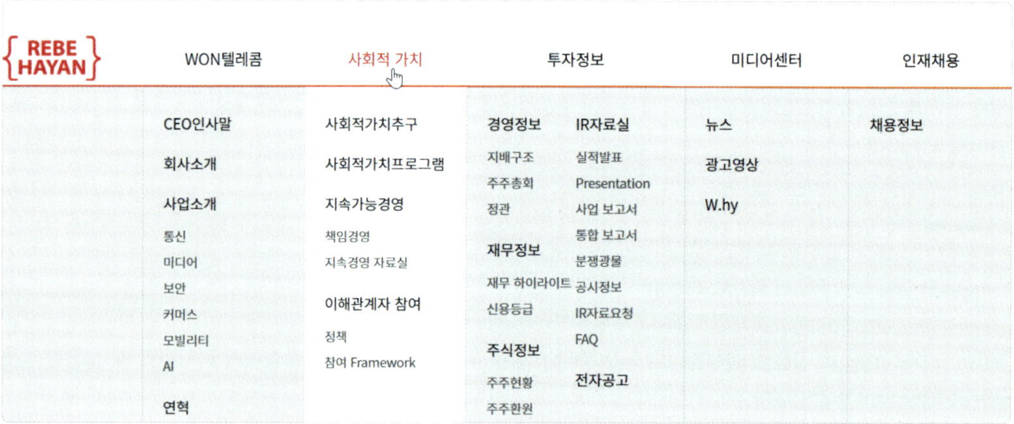

[그림 4-34] 1 뎁스 메뉴에 마우스 커서를 올렸을 때 나타나는 디자인의 변화

Line 13

```
header .gnb > li > a {display: block; font-size: 16px; color: #222; line-height: 58px; text-align: center;}
```

1 뎁스 메뉴의 ⟨a⟩ 요소를 표현한 코드입니다. inline 요소인 ⟨a⟩에 line-height 효과를 주기 위해 display:block을 설정하고 텍스트 크기와 색깔 등을 지정합니다.

Line 14, 15

```
header .gnb > li > div {display: none; position: absolute; left: 0; z-index: 3; width: 100%; padding: 16px 20px; box-sizing: border-box; border-left: 1px solid #d7d7d7;}
header .gnb > li:last-child > div {border-right: 1px solid #d7d7d7;}
```

하위 메뉴의 배경을 제어하는 코드로, left를 0으로 설정하여 부모 요소인 ⟨li⟩를 기준으로 왼쪽에 배치합니다. width는 100%로 설정하는데, block 요소에 absolute를 설정하면 요소의 너비가 자식 요소의 너비와 같아집니다.

만약 width:100%를 지정하지 않으면 [그림 4-35]처럼 2 뎁스 메뉴의 짧은 메뉴명에 맞춰 너비가 작아져 UI가 틀어지는 현상이 일어납니다. 따라서 디자인대로 1 뎁스 메뉴와 각 하위 메뉴의 너비를 같은 크기로 표현하기 위해서 자식 요소의 너비를 부모 요소만큼 유지하게 하려고 width:100%를 지정하는 것입니다.

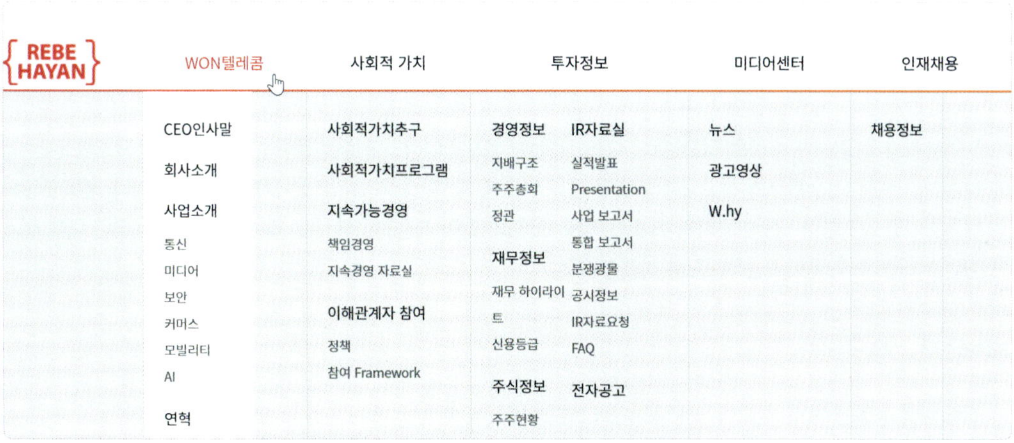

[그림 4-35] 2 뎁스 메뉴를 감싸는 <div> 요소에 width:100%를 지정하지 않은 경우

그런데 width가 100%인 값을 픽셀로 계산하기 어렵기 때문에 width에 padding을 뺀 값을 자동으로 계산해주는 box-sizing 속성을 사용합니다. 그리고 하위 메뉴를 구분하는 세로 선은 왼쪽 테두리로 표현하고 마지막 메뉴의 오른쪽 테두리만 따로 선언합니다. 이렇게 하면 사이트 운영 중 메뉴를 추가하거나 삭제해도 세로 선이 자동으로 생기거나 없어집니다.

또한, CSS를 코딩할 때 display:none을 먼저 작성하면 매번 마우스 커서를 메뉴에 올려보면서 디자인을 확인해야 하므로 display:none은 마지막에 입력합니다.

Line 16~21

```
header .gnb > li > div > div > ul > a {display: block;}
header .gnb > li > div > div > ul > li {line-height: 40px;}
header .gnb > li > div > div > ul > li > a {font-size: 15px; color: #222;}
header .gnb > li > div > div > ul > li > ul {padding: 0 0 8px;}
header .gnb > li > div > div > ul > li > ul > li {line-height: 26px;}
header .gnb > li > div > div > ul > li > ul > li a {font-size: 13px; color: #6a6a6a;}
```

다소 복잡해 보이지만 한 줄씩 살펴보겠습니다. 1행은 2 뎁스 메뉴 이하의 모든 <a> 요소를 block으로 설정하여 클릭하는 범위를 넓힙니다. 2행은 2 뎁스 메뉴에 line-height를 지정해 2 뎁스 메뉴끼리 간격을 벌립니다. 3행은 2 뎁스 메뉴명의 크기와 색깔을 지정합니다. 4행은 3 뎁스 메뉴 아래쪽에 여백을 주어 2 뎁스 메뉴와의 간격을 설정합니다. 5, 6행은 3 뎁스 메뉴끼리 간격과 3 뎁스 메뉴명의 크기 및 색깔을 지정합니다.

위 코드를 딱 봤을 때 복잡하게 굳이 저렇게 자식 선택자를 많이 써야 하나? 라는 생각이 들 것입니다. 선택자를 이렇게까지 표현한 이유는 하위 메뉴가 모두 같은 디자인 패턴이 아니기 때문입니다. 여기서는 1개의 메뉴만 하위 메뉴가 2단으로 배치되어 있지만, 이 변수로 인해 다른 메뉴를 디자인하는 코드까지 영향을 받을 수 있습니다. 메뉴가 늘어나면 다른 하위 메뉴 또한 2단으로 배치해야 하는 상황이 올 수 있으므로 확장성을 고려하여 코딩한 결과입니다.

Line 22

```
header .gnb > li.w2 > div > div {float: left; width: 50%;}
```

하위 메뉴가 2개 열(column)로 디자인된 부분을 표현한 코드입니다. 각 열을 감싸는 2개의 〈div〉 요소를 같은 행에 배치하기 위해 float를 사용하고 2개의 열이 같은 너비를 차지하도록 width는 50%로 지정합니다. 만약 3단으로 배치한다면 w3 클래스를 추가하여 width를 33.33%와 같이 지정합니다. flex라는 속성을 사용하면 이를 쉽게 표현할 수 있는데, 뒤에서 사용해보도록 하겠습니다.

Line 23, 24

```
.bg_gnb {display: none; position: absolute; left: 0; right: 0; top: 90px;
z-index: 2; background: #ececec; border-top: 1px solid #d7d7d7;}
.bg_gnb:after {content: ""; position: absolute; left: 0; right: 0; bottom: 0;
border-top: 1px solid #d7d7d7;}
```

하위 메뉴 전체의 배경을 표현한 코드입니다. 해당 클래스는 〈header〉 요소 밖으로 분리하였는데, 〈header〉 또는 〈nav〉 요소의 자식으로 배경을 표현하면 브라우저의 너비만큼 펼쳐지는 형태를 표현할 수 없습니다. 특정 기능이 있는 것이 아니라 단순히 하위 메뉴가 펼쳐졌을 때 메뉴의 배경색을 표현하기 위한 요소이므로 〈div〉를 사용하고 relative가 설정된 부모 요소가 없으므로 브라우저를 기준으로 position이 적용됩니다.

Line 25

```
.ie9 header:after {background: #e94e66;}
```

헤더 영역에 있는 그레이디언트 효과가 적용된 선을 IE 9에서는 지원하지 않기 때문에 IE 9로 접근하면 〈body〉 요소에 ie9 클래스가 적용되도록 코딩하였습니다. 이때 그레이디언트를 대체할 색으로 ■ #e94e66을 지정합니다.

jQuery 코드 풀이

이번 jQuery에서 살펴볼 내용은 마우스 커서나 키보드 초점에 따라 하위 메뉴가 펼쳐지고 접히는 기능과 2 뎁스 또는 3 뎁스 메뉴에 변동이 있을 때 하위 메뉴의 높이를 제어하는 부분입니다. 만약 펼쳐지는 하위 메뉴의 높이를 CSS에서 지정하면 메뉴에 변동이 생길 때마다 수동으로 CSS 코드를 수정해야 합니다. 우리는 jQuery를 통해 하위 메뉴의 변동에 따라 가장 높은 부분을 기준으로 높이를 자동으로 조절하는 방법을 알아보겠습니다.

[코드 4-11] 하위 메뉴가 일체형인 GNB의 헤더 영역 `gnb4.js`

```js
01  $(document).ready(function(){
02    var gnbdiv = $('.gnb > li > div');
03    var bg = $('.bg_gnb');
04    var li = $('.gnb > li');
05
06    li.on('mouseover focusin', function(){
07      hig = 0;
08      gnbdiv.each(function(){
09        temp = parseInt($(this).outerHeight());
10        if(hig <= temp){
11          hig = temp;
12        }
13      });
14      gnbdiv.show().css('height', hig);
15      bg.show().css('height', hig);
16    });
17
18    li.on('mouseleave', function(){
19      hide_el();
20    });
21
22    $('.lang, h1').on('focusin', function(){
23      hide_el();
24    });
25
26    function hide_el(){
27      gnbdiv.hide().removeAttr('style');
28      bg.hide().removeAttr('style');
29    }
30  });
```

Line 02~04

```js
var gnbdiv = $('.gnb > li > div');
var bg = $('.bg_gnb');
var li = $('.gnb > li');
```

코드에 반복해서 사용할 선택자를 변수에 담습니다. 1개의 2 뎁스 메뉴를 감싸는 〈div〉 선택자는 변수 gnbdiv로, 하위 메뉴의 배경에 해당하는 클래스 선택자는 변수 bg로, 1개의 1 뎁스 메뉴의 〈li〉 요소는 변수 li로 지정합니다.

Line 06, 16

```
li.on('mouseover focusin', function(){ });
```

1 뎁스 메뉴의 〈li〉 요소에 마우스 커서나 키보드 초점이 진입했을 때 반응하는 코드입니다. 〈a〉 요소에 이벤트를 적용해도 되지만, 하위 메뉴가 펼쳐진 상태를 유지해야 하므로 부모인 〈li〉 요소에 이벤트를 적용합니다. 1 뎁스의 〈li〉 요소에 이벤트를 적용하면 자손인 2 뎁스의 모든 요소가 포함되어 〈a〉 요소와 〈div〉 요소가 함께 반응해 마우스 커서나 키보드 초점이 하위 메뉴로 이동해도 하위 메뉴가 사라지지 않고 유지됩니다.

Line 07~13

```
hig = 0;
gnbdiv.each(function(){
  temp = parseInt($(this).outerHeight());
  if(hig <= temp){
    hig = temp;
  }
});
```

2 뎁스 메뉴 중에서 높이값이 가장 큰 값을 계산하는 코드입니다. hig라는 변수에 초깃값으로 0을 선언하고 2 뎁스 메뉴의 〈div〉 요소 각각의 높이를 문자열을 정수로 바꾸는 parseInt( ) 메서드를 통해 변수 temp에 저장합니다. 그리고 hig값과 temp값을 비교하여 최종적으로 가장 큰 값을 변수 hig에 담습니다.

Line 14, 15

```
gnbdiv.show().css('height', hig);
bg.show().css('height', hig);
```

2 뎁스를 감싸고 있는 〈div〉 요소의 높이 중 가장 큰 값이 저장된 변수 hig를 show( ) 메서드로 활성화하고 css( ) 메서드를 사용하여 배경에 해당 높이를 적용합니다.

Line 18~29

```
li.on('mouseleave', function(){
  hide_el();
});

$('.lang, h1').on('focusin', function(){
  hide_el();
});

function hide_el(){
  gnbdiv.hide().removeAttr('style');
```

```
    bg.hide().removeAttr('style');
}
```

hide_el( )은 removeAttr('style') 메서드로 각각 **Line 14, 15**에서 inline-style로 생성한 style 속성을 제거하는 함수로, 펼쳐진 2 뎁스 메뉴 리스트와 하위 메뉴의 배경을 사라지게 합니다. 2 뎁스 메뉴의 〈li〉 요소에서 마우스 커서가 벗어났을 때와 2 뎁스 메뉴에서 키보드 초점이 벗어나 로고 또는 영문사이트 이동 링크에 키보드 초점이 진입했을 때 hide_el( ) 함수를 실행합니다.

화면 낭독기 결과

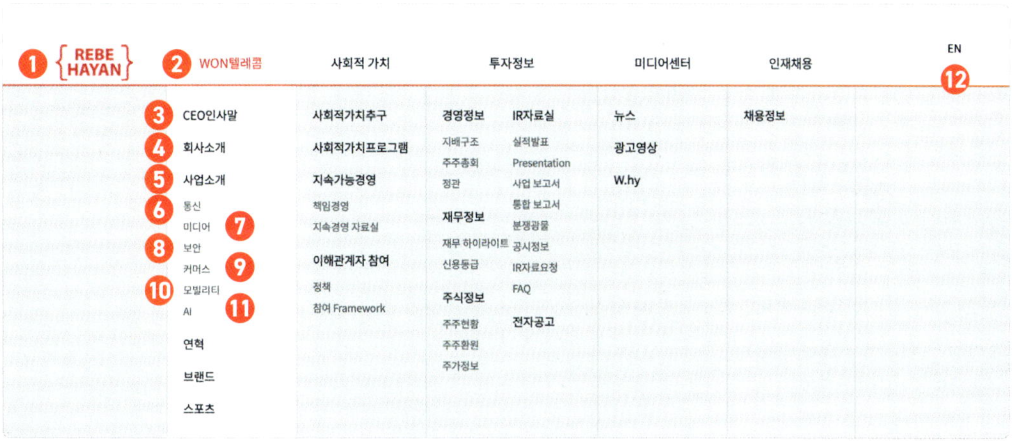

[그림 4-36] 메인 메뉴 예제 4가 실행된 브라우저를 화면 낭독기가 읽는 순서

❶ 배너 랜드마크 / 리베하얀 / 방문함 / 링크 / 헤딩 레벨 1
❷ 내비게이션 랜드마크 / 목록 항목 수 5개 / WON텔레콤 / 방문함 / 링크
❸ 목록 항목 수 6개 / CEO인사말 / 방문함 / 링크
❹ 회사소개 / 방문함 / 링크
❺ 사업소개 / 방문함 / 링크
❻ 목록 항목 수 6개 / 통신 / 방문함 / 링크
❼ 미디어 / 방문함 / 링크
❽ 보안 / 방문함 / 링크
❾ 커머스 / 방문함 / 링크
❿ 모빌리티 / 방문함 / 링크
⓫ AI / 방문함 / 링크
⓬ 영문사이트 바로가기 / 링크

CSS를 싱글 라인(single line)으로 작성하는 이유

```
01 div {margin:0; padding:0; border:1px solid red;}
02 div p {font-size: 20px; color: red; width: 10px; height: 10px;}
```

이 코드는 CSS를 싱글 라인으로 표현한 코드입니다. 요즘에는 에디터마다 Line 01처럼 콜론(:)과 단어 사이에 여백이 없게 표현하거나 Line 02처럼 콜론과 단어 사이에 공백이 자동으로 생기게 하는 기능이 있습니다.

그러나 예전에는 코드를 최대한으로 경량화하기 위해 괄호와 콜론, 세미콜론의 앞뒤에는 공백을 모두 없애고, 마지막 값에 있는 세미콜론까지 삭제해서 표현하기도 했습니다.

이 책에서는 웹 페이지의 로딩 속도를 높이고 관행적으로 사용해온 습관 등으로 코드를 싱글 라인으로 작성했습니다. 만약 이 책의 코드가 보기 불편하다면 코드를 읽기 편한 방식으로 변환해서 보기 바랍니다.

```
01 div {
02   margin:0;
03   padding:0;
04   border:1px solid red;
05 }
06 div p {
07   font-size: 20px;
08   color: red;
09   width: 10px;
10   height: 10px;
11 }
```

에디터의 부가기능을 이용하면 싱글 라인 코드를 위의 코드처럼 멀티 라인(multi line)으로 바꿀 수 있고, 반대로 멀티 라인을 싱글 라인으로 바꿀 수도 있습니다. 코드 작성 방식을 바꾸는 것은 에디터마다 기능이 다르므로 따로 설명하지 않습니다.

"무조건 싱글 라인이 답이야!"라고 말하던 시대가 있었지만, 현재는 어떤 방식으로 코딩을 하든 버튼 클릭 한 번으로 싱글 라인과 멀티 라인을 넘나들 수 있으므로 무엇이 정답이라고 하긴 어렵습니다. 또한, 코드가 길어지는 것을 줄이려면 아토믹 디자인으로 CSS 파일을 세분화하는 방법도 있습니다.

CSS 선택자에 관해서

앞에서 언급한 아토믹 디자인(atomic design)이란 웹사이트를 원자(atoms)와 분자(molecules) 단위로 디자인하여 유기체(organisms)를 만드는 것입니다. 그리고 이러한 구성으로 템플릿(templates)과 페이지(pages)를 만듭니다. 즉, UI의 최소 단위인 아이콘이나 입력 폼 등을 표현한 요소를 활용해 템플릿을 구현하는 방식입니다. 이 책에 나오는 콘텐츠는 웹 페이지의 메뉴 영역만 다루므로 아토믹 디자인을 모두 반영하기에는 무리가 있어 일부만 적용하였습니다.

이 책에 수록된 예제의 CSS 파일을 보면 대부분 아래 코드처럼 〈header〉 요소 선택자로 시작합니다. 이 코드를 보면 〈header〉 요소가 〈h1〉 요소처럼 한 페이지에 한 개만 존재하는 것으로 생각할 수 있습니다. 그러나 〈header〉 요소는 콘텐츠 형태에 따라 다른 랜드마크 요소에도 사용할 수 있습니다.

```
01 header {position: relative; border-top: 1px solid #ccc;}
02 header h1 {position: absolute; left: 0; top: 0; padding: 0 0 0 26px;}
```

이렇게 〈header〉를 요소 선택자로 사용해서 CSS를 작성하면 다른 콘텐츠 영역과 CSS 선택자 충돌이 일어날 위험이 있습니다. 그런데 이 책에서는 〈header〉 요소가 하나로만 구성된 콘텐츠를 기준으로 구현하기 때문에 〈header〉 요소의 CSS를 주로 클래스가 아닌 선택자로 지정하여 작성했습니다. 만약 한 콘텐츠에 〈header〉 요소를 두 군데 이상 사용할 때는 클래스로 지정하는 것을 권장합니다.

```
01 .header .gnb > li > div > div > ul > li > ul > li a { }
02 .header .gnb > li.w2 > div > div { }
```

아토믹 디자인을 구현한 방식은 이처럼 CSS 파일이 클래스 선택자로 시작합니다. 만약 요소 선택자로 시작한다면 그 CSS 파일은 하나의 템플릿으로 활용되는 것을 의미합니다.

리베하얀의 한마디

모든 메뉴가 펼쳐지는 디자인은 근래에 자주 볼 수 있는 UI입니다. 좀 더 나아가면 2 뎁스 영역에 슬라이드 배너나 다양한 정보를 삽입하는 형태의 메뉴도 종종 찾아볼 수 있습니다. 과거에는 GNB가 메뉴 역할만 했다면 근래에는 다양해진 디자인만큼 복합적인 역할을 하기도 합니다.

GNB를 구현하다가 어떤 문제가 발생하면 제가 그랬던 것처럼 여러분도 구글링을 통해 잘 완성된 메뉴의 소스 코드를 찾아 그대로 복사하여 사용하는 방식을 택할 수도 있을 것입니다. 이 책 또한 여러분에게 단지 소스를 제공하는 용도로 사용될 수도 있지만, 무엇보다 요소마다 속성의 본질을 이해해서 UI를 구현할 때 코드를 복사하지 않고 응용하여 사용할 수 있기를 바랍니다.

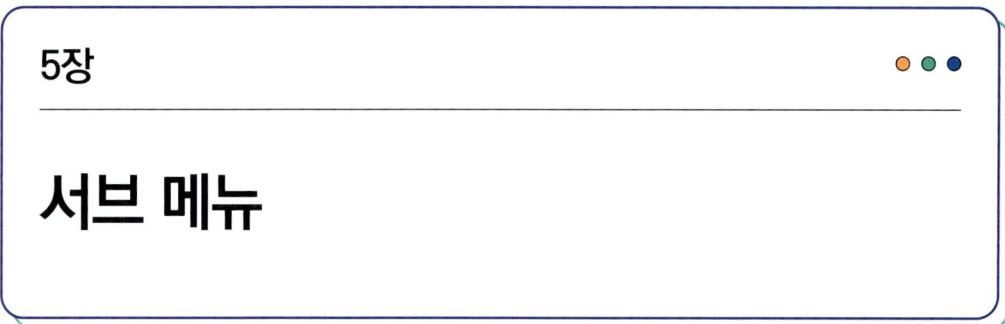

5장

서브 메뉴

서브 메뉴(SNB: Sub Navigation Bar)는 웹사이트의 첫 페이지가 아닌 서브 페이지(sub page)에 존재하는 메뉴를 말합니다. 서브 메뉴인 SNB는 오랫동안 유사한 디자인을 유지해 왔습니다. 하지만 근래에는 다양한 디자인으로 변화하고 있으며, 점점 SNB가 사라지고 브레드크럼 (breadcrumb) 기능을 혼합하여 표현하는 서비스가 눈에 띄게 늘고 있습니다. 그림 아래와 같이 SNB의 다양한 유형을 살펴보고 코드로 표현하는 방법을 알아보겠습니다.

유형 1. 하위 메뉴가 없는 사이드 배치형 SNB
유형 2. 하위 메뉴가 아래로 펼쳐지는 사이드 배치형 SNB
유형 3. 하위 메뉴가 옆으로 펼쳐지는 사이드 배치형 SNB
유형 4. 브레드크럼형 SNB
유형 5. 탭 메뉴형 SNB

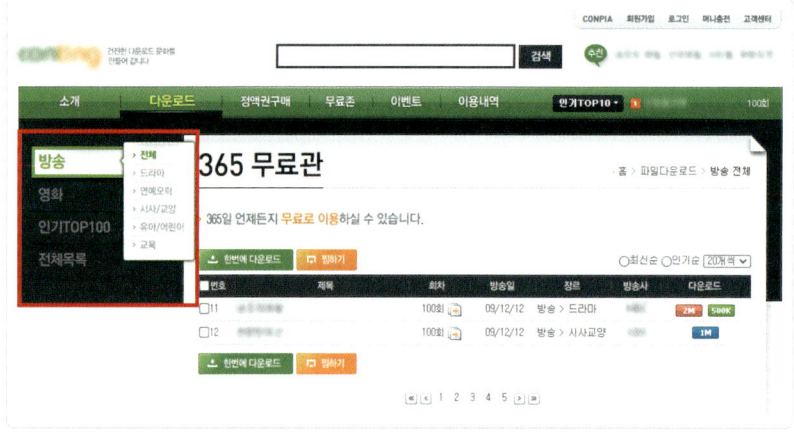

[그림 5-1] 초창기 SNB의 대표적인 디자인

초창기 웹사이트의 SNB는 [그림 5-1]처럼 서브 페이지의 왼쪽에 세로로 배치된 디자인이 대부분이었습니다. 그러나 SNB의 디자인이 다양해지기 시작하면서 SNB가 브레드크럼의 기능을 하거나 탭 메뉴로 디자인된 형태도 있습니다. 이렇게 다양해진 SNB를 모두 구현해보도록 하겠습니다.

▶ 예제 파일 다운로드: https://github.com/rebehayan/book

5-1 하위 메뉴가 없는 사이드 배치형 SNB

사이드 배치형은 오랫동안 가장 보편적으로 사용된 SNB 디자인으로 [그림 5-2]는 하위 메뉴가 없는 디자인입니다. 하위 메뉴가 없다는 것은 사이트의 규모가 작다는 것을 의미합니다. 사이드 배치형 SNB는 대부분 왼쪽에 배치하지만 간혹 오른쪽에 배치하기도 합니다.

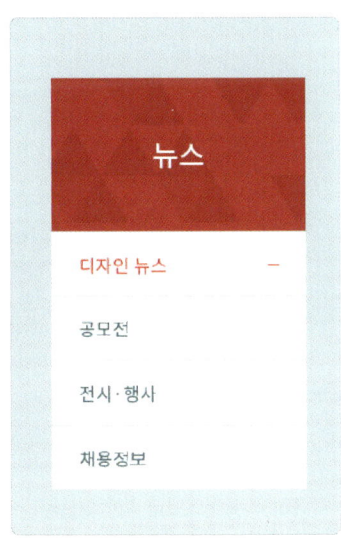

[그림 5-2] 하위 메뉴가 없는 사이드 배치형 SNB 디자인

HTML 코드 풀이

하위 메뉴가 없는 구조는 가장 단순한 형태의 메뉴입니다. UI가 간단한 웹사이트일수록 작은 애니메이션 효과를 첨가하여 단조로움을 없애는 방법을 고민한다면 클라이언트의 만족도와 사이트의 수준을 높이는 웹퍼블리셔로 한 발 더 성장할 것입니다. 이번 예제처럼 간단한 UI에는 어떤 효과를 줄 수 있는지 살펴봅시다.

[코드 5-1] 하위 메뉴가 없는 사이드 배치형 SNB `snb1.html`

```html
01  <!DOCTYPE html>
02  <html lang="ko">
03  <head>
04    <meta charset="UTF-8">
05    <meta name="viewport" content="width=device-width, initial-scale=1.0">
06    <meta http-equiv="X-UA-Compatible" content="ie=edge">
07    <title>하위 메뉴가 없는 사이드 배치형 SNB</title>
08    <link rel="stylesheet" href="default.css">
09    <link rel="stylesheet" href="snb1.css">
10  </head>
11  <body>
12    <div class="snb">
13      <h2>뉴스</h2>
14      <nav>
15        <ul>
16          <li><a href="" class="on">디자인 뉴스</a></li>
17          <li><a href="">공모전</a></li>
18          <li><a href="">전시&middot;행사</a></li>
19          <li><a href="">채용정보</a></li>
20        </ul>
21      </nav>
22    </div>
23  </body>
24  </html>
```

Line 12, 22

```
<div class="snb"></div>
```

클래스명으로 사용한 snb는 Sub Navigation Bar의 약자로 실무에서 많이 사용하는 용어이므로 기억해둡시다. 사이트 왼쪽에 배치할 SNB 영역을 묶는 목적으로 〈div〉 요소를 사용합니다.

Line 13

```
<h2>뉴스</h2>
```

콘텐츠 제목인 〈h2〉 요소로 SNB의 시작을 알립니다.

Line 14, 21

```
<nav></nav>
```

⟨nav⟩ 요소를 사용하여 SNB가 메뉴임을 표현합니다.

Line 16

```
<li><a href="" class="on">디자인 뉴스</a></li>
```

[그림 5-2]를 보면 [디자인 뉴스] 메뉴만 텍스트 색이 다르고 텍스트의 오른쪽에는 – 모양의 아이콘이 있습니다. on 클래스는 이를 CSS로 표현하기 위해서 지정한 것입니다. 이에 대한 자세한 표현은 CSS 코드 풀이에서 살펴보겠습니다.

웹퍼블리셔는 메뉴 디자인을 보고 메뉴에 표현된 디자인이 무엇을 의미하는지 인식하고 코드로 표현할 줄 알아야 합니다. 예제에서 [디자인 뉴스] 메뉴의 디자인이 나머지 메뉴와 다르게 디자인된 이유는 두 가지로 설명할 수 있습니다. 첫 번째는 현재 보고 있는 페이지가 어떤 메뉴인지, 즉 활성화된 메뉴를 알리는 기능이 있습니다. 두 번째는 마우스 커서나 키보드 초점이 메뉴에 접근했을 때 메뉴의 디자인에 변화를 주어 어떤 메뉴에 초점이 있는지를 시각적으로 보여주는 역할을 합니다.

Line 18

```
<li><a href="">전시&middot;행사</a></li>
```

종종 메뉴명에 들어가는 가운뎃점과 같은 특수문자는 입력하는 방법이 두 가지 있습니다. 예제에 있는 것처럼 엔티티 코드인 ·으로 표현하거나 키보드에서 [ㄱ]+[한자] 또는 [윈도우]+[.] 키를 이용해 가운뎃점을 입력합니다. 그런데 특수문자를 직접 입력하면 간혹 해당 문자가 제대로 표현되지 않을 수 있으므로 엔티티 코드로 표현하는 것을 권장합니다.

CSS 코드 풀이

CSS를 작성할 때는 신경 써야 하는 부분이 몇 가지 있습니다. 첫째는 이미지 사용을 최소화하고, 둘째는 반복해서 사용하는 코드는 선택자를 묶거나 별도 클래스로 관리하며, 셋째는 모듈화를 하는 것입니다. 메뉴를 모듈화해서 사용하기에는 활용 가치가 떨어지므로 이번 예제의 CSS 코드는 모듈화를 제외한 나머지를 충족하도록 작성하였습니다. 그럼 [코드 5-2]를 보면서 이미지를 최소화하고 선택자를 묶어 표현한 것이 무엇인지 생각하면서 학습해보도록 합시다.

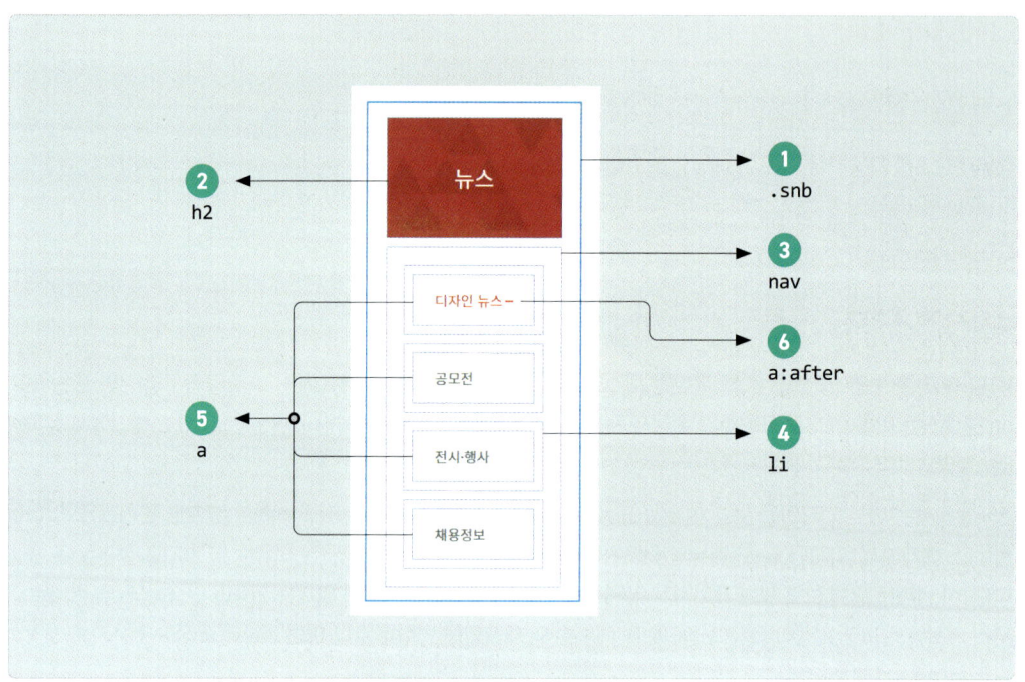

[그림 5-3] 하위 메뉴가 없는 사이드 배치형 SNB의 구조 분석

[코드 5-2] 하위 메뉴가 없는 사이드 배치형 SNB   snb1.css

```
01  .snb {width: 235px;}
02  .snb h2 {background: url(images/bg_snb.png) no-repeat; text-align: center; line-
    height: 142px; font-size: 27px; color: #fff; font-weight: normal;}
03  .snb nav {background: #fff;}
04  .snb li {border-top: 1px solid #e2e2e2;}
05  .snb li a {display: block; position: relative; padding: 0 0 0 26px; line-height:
    59px; font-size: 17px; color: #706f6f; transition: color .5s;}
06  .snb li a:after {content: ""; position: absolute; right: 15px; top: 50%; width:
    10px; height: 2px; background: #e42929; opacity: 0; transition: .4s;}
07  .snb li a.on,
08  .snb li a:hover,
09  .snb li a:focus {color: #e42929;}
10  .snb li a.on:after,
11  .snb li a:hover:after,
12  .snb li a:focus:after {right: 25px; opacity: 1;}
13  body {padding: 50px; background: #e2e2e2;}
```

Line 01

```
.snb {width: 235px;}
```

서브 메뉴에서 최종으로 부모 역할을 하는 요소는 가로 크기를 고정하고 작업합니다. 디자인에 따라 다르겠지만 대부분의 서브 메뉴 디자인은 가로 크기가 고정되어 있으며 그 외 자손 요소들은 대부분 block 속성을 가진 요소로 구성되어 있으므로 가로 크기를 지정하지 않아도 됩니다.

 **TIP**

HTML 요소는 저마다 display 속성이 있습니다. 대표적으로 block, inline, inline-block이 있고 깊게 들어가면 display 속성이 좀 더 다양하게 구분되지만 여기서는 크게 block과 inline 속성 2가지로만 설명하겠습니다. 그러면 이 두 속성에 속하는 요소는 각각 어떤 것들이 있고 차이점은 무엇인지 알아보겠습니다.

block 요소의 특징

1. 가로 크기가 100%다.
   block 요소는 기본적으로 가로 크기가 100%를 차지합니다. 따라서 block 속성인 〈div〉 요소에 CSS로 가로 크기를 100%로 지정하는 것은 중복된 표현이므로 작성하지 않습니다.

2. 열을 기준으로 배치된다.
   block 요소를 마크업하면 같은 행에 배치되는 것이 아니라 한 줄씩 아래로 떨어집니다. 〈ul〉과 〈li〉 요소를 코딩하고 브라우저에서 확인하면 요소마다 아래로 떨어지는 것을 확인할 수 있습니다.

3. 가로와 세로 크기를 지정할 수 있다.
   inline 요소는 width나 height를 지정해도 적용되지 않지만, block 요소는 크기를 지정할 수 있습니다.

4. 안쪽 여백과 바깥쪽 여백을 모든 방향에 줄 수 있다.
   padding과 margin을 각각 상하좌우 모든 방향으로 지정할 수 있습니다.

5. 자식 요소로 block, inline, inline-block 요소를 모두 사용할 수 있다.
   예를 들면 block 요소인 〈div〉의 자식으로 다시 〈div〉 요소를 배치할 수도 있고, 〈li〉 요소에 inline 요소인 〈a〉나 〈span〉 요소를 배치할 수도 있습니다. 그러나 예외적으로 〈h1〉~〈h6〉과 〈p〉 요소는 block 요소임에도 불구하고 자식으로 block 요소를 배치할 수 없고 반드시 inline 요소만 배치할 수 있습니다.

```
01  <div>
02    <div>블록 안의 블록</div>
03  </div>
04  <div>
05    <ul>
06      <li>블록<span>안의 인라인</span></li>
07      <li>블록<a href="">안의 인라인</a></li>
08    </ul>
09  </div>
```

inline 요소의 특징

1. 가로 크기는 내용의 양에 따라 달라진다.

    inline 요소는 정해진 가로 크기가 없습니다. 따라서 요소에 들어가는 텍스트나 inline 요소를 자식으로 배치했을 때 자식 요소의 내용만큼 크기가 정해집니다.

2. 행을 기준으로 배치된다.

    inline 요소를 작성하면 브라우저에서 모두 같은 행에 한 줄로 배치됩니다. 〈img〉 요소나 〈span〉 요소가 대표적인데, 만약 inline 요소를 block 요소처럼 한 줄씩 아래로 떨어지게 표현하고 싶다면 display:block을 설정하면 됩니다.

3. 가로와 세로 크기를 지정할 수 없다.

    inline 요소는 CSS에서 width와 height를 지정해도 적용되지 않습니다. 대표적으로 〈a〉 요소를 예로 들 수 있습니다. 단, inline-block 요소인 〈img〉, 〈input〉, 〈textarea〉, 〈select〉, 〈button〉 등은 가로와 세로 크기를 지정할 수 있습니다.

4. 안쪽 여백과 바깥쪽 여백을 좌우만 줄 수 있다.

    inline 요소는 padding이나 margin이 좌우에만 적용됩니다. 위아래로 여백을 지정해도 마치 여백이 표현되는 것처럼 보이지만 실제로는 여백이 다른 영역을 밀어내지 못합니다.

5. 자식 요소로 inline 요소만 사용할 수 있다.

    inline 요소의 자식이나 자손으로는 block 요소를 배치할 수 없고, inline 요소만 배치해야 합니다. 예를 들어 〈span〉 요소의 자식으로 〈div〉 요소를 배치하면 안 됩니다. 하지만 예외로 〈a〉 요소는 유일하게 block 요소를 포함할 수 있습니다.

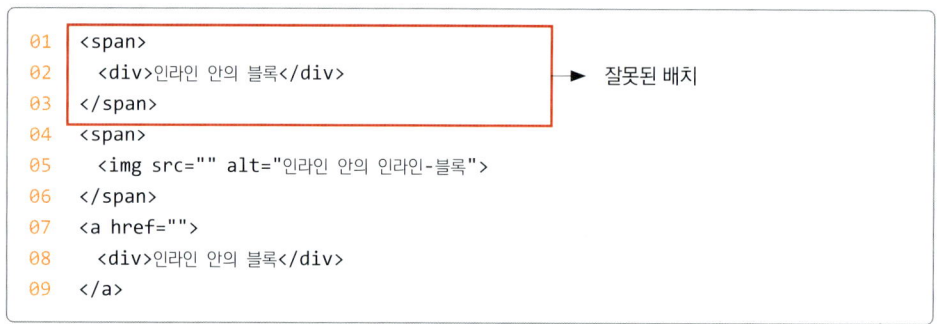

6. inline 요소에 fixed, absolute, float 속성을 사용하면 block 요소가 된다.

    inline 요소에 position 속성을 fixed 또는 absolute로 설정하거나 float 속성을 사용하면 block 요소로 변합니다. 즉, block 요소에만 적용되는 width, height, padding, margin을 모두 사용할 수 있게 됩니다.

Line 02

```
.snb h2 {background: url(images/bg_snb.png) no-repeat; text-align: center; line-
height: 142px; font-size: 27px; color: #fff; font-weight: normal;}
```

block 속성인 〈h2〉 요소에 가로와 세로 크기를 지정하지 않고 배경 이미지를 삽입합니다. 〈h2〉의 너비는 가로 크기를 100% 차지하는 block 요소의 특징에 따라 부모 요소인 snb 클래스의 크기인 235픽셀만큼 자동으로 맞춰집니다. 그리고 block 요소에 줄 간격인 line-height로 높이를 지정하여 한 줄 텍스트를 수직으로 가운데 정렬하고 수평으로도 가운데 정렬하기 위해 text-align:center를 선언합니다. 마지막으로 텍스트 크기와 색을 지정하고 텍스트의 기본 설정이 굵음인 〈h2〉 요소를 보통 굵기로 나타내기 위해 font-weight를 normal로 설정합니다.

Line 03

```
.snb nav {background: #fff;}
```

대부분 요소의 배경은 투명색인데, 현재 SNB의 〈body〉 요소는 배경이 회색으로 설정되어있습니다. 그런데 메뉴를 클릭하는 영역은 흰색이므로 메뉴를 의미하는 〈nav〉 요소의 배경색을 흰색으로 지정합니다.

Line 04

```
.snb li {border-top: 1px solid #e2e2e2;}
```

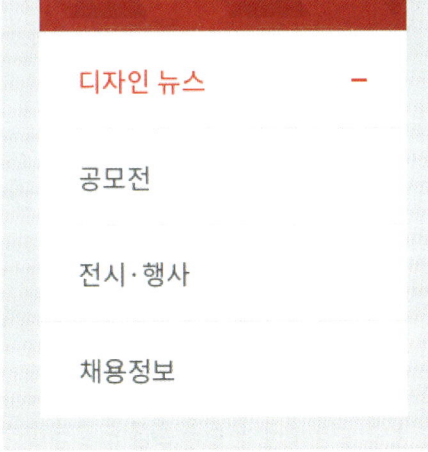

[그림 5-4] 회색으로 표시되는 메뉴의 경계

[그림 5-4]를 보면 서로 다른 메뉴를 구분하기 위해 경계마다 회색 선이 있습니다. 마지막 〈li〉 요소의 하단에는 회색 선을 넣지 않아도 되므로 〈li〉 요소의 위에만 선을 표현합니다.

Line 05

```
.snb li a {display: block; position: relative; padding: 0 0 0 26px; line-height: 59px; font-size: 17px; color: #706f6f; transition: color .5s;}
```

inline 속성인 〈a〉 요소를 클릭할 때 〈a〉 요소가 너무 작아서 클릭하기 힘들지 않도록 block 속성으로 바꿔 크기를 정할 수 있게 합니다.

왼쪽에는 padding으로 메뉴명이 시작하는 지점에 여백을 설정합니다. 왼쪽에 여백을 줄 때는 padding-left를 사용해도 되지만, 수정사항이 생겼을 때 CSS 속성 자체보다는 값만 수정하는 것이 편리하므로 당장은 한 방향에만 여백이 필요하더라도 처음부터 모든 방향의 값을 입력합니다. 작은 차이지만 이러한 작은 것들이 모이면 나중에 업무 처리 시간이 늘어나므로 신경 써서 작성하는 습관을 들여야 합니다.

앞에서와 마찬가지로 텍스트가 한 줄로 이루어진 메뉴이므로 line-height 속성을 사용합니다. 만약 이름이 두 줄 이상 넘어가는 메뉴가 있다면 줄 간격이 아니라 유동적으로 높이가 조절되면서 텍스트가 가운데 정렬되게끔 코드를 작성해야 합니다. 이러한 표현 방법은 다른 예제를 통해 알아보겠습니다.

마지막은 transition 속성으로 텍스트 색을 바꾸는 애니메이션을 추가하는데, Line 07~09 코드에서 이어집니다.

Line 06

```
.snb li a:after {content: ""; position: absolute; right: 15px; top: 50%; width: 10px; height: 2px; background: #e42929; opacity: 0; transition: .4s;}
```

빨간색의 바(bar)를 표현하기 위해 HTML 코드가 아닌 CSS의 가상 선택자인 :after를 사용합니다. :after 선택자는 inline 속성의 가상 요소인 content 속성을 함께 제공해야 합니다. 그리고 바 형태를 표현하기 위해 크기를 지정해야 하므로 block 속성으로 바꿔야 하는데, block 속성으로 바꾸면 바 모양이 [그림 5-5]의 ❶처럼 메뉴명 아래에 배치됩니다. 그런데 inline 요소에 position:absolute를 설정하면 block 속성으로 변하는 특징이 있으므로 display:block을 설정하지 않고 absolute만 설정합니다. 작은 팁이지만 요소들의 특징을 잘 알고 사용하면 코드의 양을 상당히 줄일 수 있습니다. Line 05를 보면 :after 가상 선택자의 부모인 〈a〉 요소에 relative를 설정해서 absolute의 기준 좌표로 삼으며, 지정한 right값만큼 오른쪽에 배치됩니다.

ⓐ position:absolute   ⓑ display:block

[그림 5-5] block 속성을 표현하는 방법에 따른 바의 배치

활성화된 메뉴에서 보이는 바는 [그림 5-6]의 오른쪽처럼 right 25픽셀의 공간이 있지만 바가 오른쪽에서 나타나는 것처럼 보이는 애니메이션 효과를 주기 위해 15픽셀에서 시작하도록 지정합니다. 바는 수직으로 중앙에 배치하기 위해 top을 50%로 설정하는데 top:50%는 정확히 따지면 사각형의 윗부분이 중앙에 위치하기 때문에 여기

서는 1픽셀 차이로 중앙에 배치되지 않은 상태입니다. 1픽셀 정도의 차이는 무시해도 디자인상으로 큰 문제가 없지만, 만약 1픽셀까지 맞추고 싶다면 transform:translateY(-50%); 코드를 넣으면 됩니다. 그리고 width와 height로 작은 사각형을 만들고 배경색을 칠한 뒤 opacity와 transition 속성으로 애니메이션을 표현합니다.

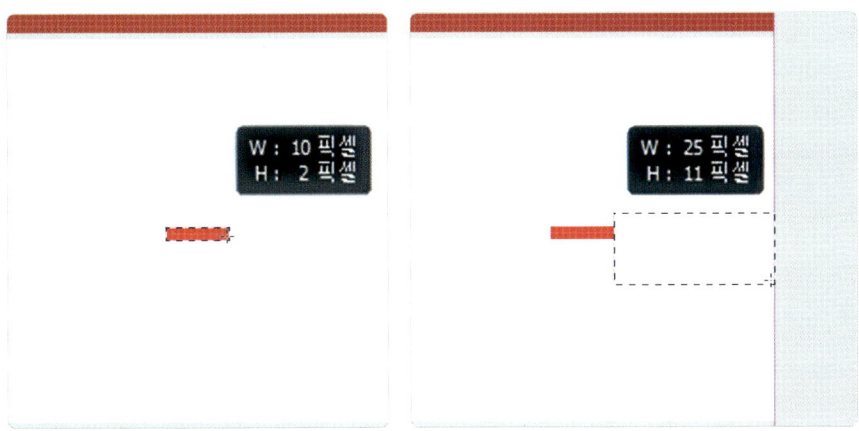

[그림 5-6] 바의 크기(왼쪽)와 오른쪽으로부터 떨어진 정도(오른쪽)

이렇게 CSS에서 이미지 사용을 최대한 줄이는 대신 코드로 표현할 때의 장점을 정리해보겠습니다. 우선 수정이 간편합니다. 만약 이미지를 수정해야 한다면 포토샵 같은 툴을 실행해서 수정한 뒤에 이미지를 다시 잘라내서 저장하고 이미지를 바꿔야 하는 번거로움이 있습니다. 하지만 코드로 표현하면 CSS 파일만 수정하면 간단하게 끝납니다.

그다음은 확장성입니다. 여기서는 웹사이트의 콘텐츠를 예로 들었지만 반응형이나 모바일 사이트까지 고려한다면 다양한 해상도에 대응해야 하므로 원래 해상도보다 2~3배 이상 큰 이미지를 제공해야 합니다. 비록 작은 수직 바를 표현할지라도 코드로 표현할 때와 이미지로 표현할 때 사이트 전체 용량을 비교해보면 결코 무시할 수 없는 차이입니다. 그러므로 사각형이나 원 같은 간단한 형태의 디자인은 되도록 CSS 코드로 표현하는 것이 좋습니다.

`Line 07~09`

```
.snb li a.on,
.snb li a:hover,
.snb li a:focus {color: #e42929;}
```

on 클래스는 사용자가 보고 있는 페이지의 위치를 나타내기 위한 클래스로, 활성화된 메뉴의 〈a〉 요소에 on 클래스를 부여합니다. 활성화된 메뉴에 on 클래스를 부여하는 작업은 보통 개발자가 담당하는 업무이므로 만약 HTML과 CSS만 작업하는 웹퍼블리셔라면 CSS에 클래스의 스타일만 제공하면 됩니다.

:hover는 메뉴에 마우스 커서를 올렸을 때, :focus는 메뉴에 키보드 초점이 진입했을 때 반응을 표현하는 이벤트 선택자입니다. 즉, 마우스와 키보드 사용자 모두에게 활성화된 메뉴라는 것을 디자인으로 표현하는 코드입니다. 참고로 보통 마우스에 대한 반응인 :hover로 표현한 내용이 있으면, 접근성을 위해 키보드에 대한 반응인 :focus도 함께 표현합니다.

Line 10~12

```
.snb li a.on:after,
.snb li a:hover:after,
.snb li a:focus:after {right: 25px; opacity: 1;}
```

활성화된 메뉴 또는 메뉴에 마우스와 키보드의 초점이 있을 때 나타나는 애니메이션을 표현한 코드입니다. Line 06에서 애니메이션이 시작하는 부분을 설정했다면 여기서는 끝나는 부분을 설정합니다. 불투명도인 opacity를 0에서 1로 설정한 것은 값이 0부터 1까지 변하면서 바의 형태가 서서히 나타나는 효과를 주고, right를 15픽셀에서 25픽셀로 지정한 것은 바가 오른쪽에서 왼쪽으로 10픽셀 이동하는 애니메이션을 만듭니다.

화면 낭독기 결과

[그림 5-7] 서브 메뉴 예제 1을 화면 낭독기가 읽는 순서

- ❶ 헤딩 레벨 2 / 뉴스
- ❷ 내비게이션 랜드마크 / 목록 항목 수 4개 / 방문함 / 링크 / 디자인 뉴스
- ❸ 방문함 / 링크 / 공모전
- ❹ 방문함 / 링크 / 전시·행사
- ❺ 방문함 / 링크 / 채용정보

리베하얀의 한마디

이번에 살펴본 예제는 이 책의 예제 중에서 가장 단순한 형태의 UI입니다. 우리는 전문가로서 단순한 UI도 단조롭게 느껴지지 않도록 다양한 애니메이션을 활용해야 합니다. 그러기 위해서는 평소에 다른 웹서비스를 많이 찾아보고 벤치마킹하여 UI에 적용할 수 있는 다양한 인터랙션을 기억해두는 것도 좋은 방법입니다.

5-2 하위 메뉴가 아래로 펼쳐지는 사이드 배치형 SNB

[그림 5-8] 하위 메뉴가 아래로 펼쳐지는 사이드 배치형 SNB 디자인

HTML 코드 풀이

하위 메뉴가 있는 SNB는 하위 메뉴가 있는 GNB와 HTML 구조가 같으며, 마찬가지로 jQuery를 이용해 하위 메뉴가 펼쳐지는 기능을 제어합니다.

이번 예제에서 집중해야 할 부분은 메뉴 리스트의 중첩 관계를 나타내는 코드입니다. 리스트인 〈ul〉 요소의 자식으로 〈ul〉 요소를 포함할 때 반드시 〈li〉 요소의 자식으로 〈ul〉 요소를 구성하는데, HTML을 공부하는 초반에는 구조가 많이 헷갈릴 수 있으니 유의해야 합니다.

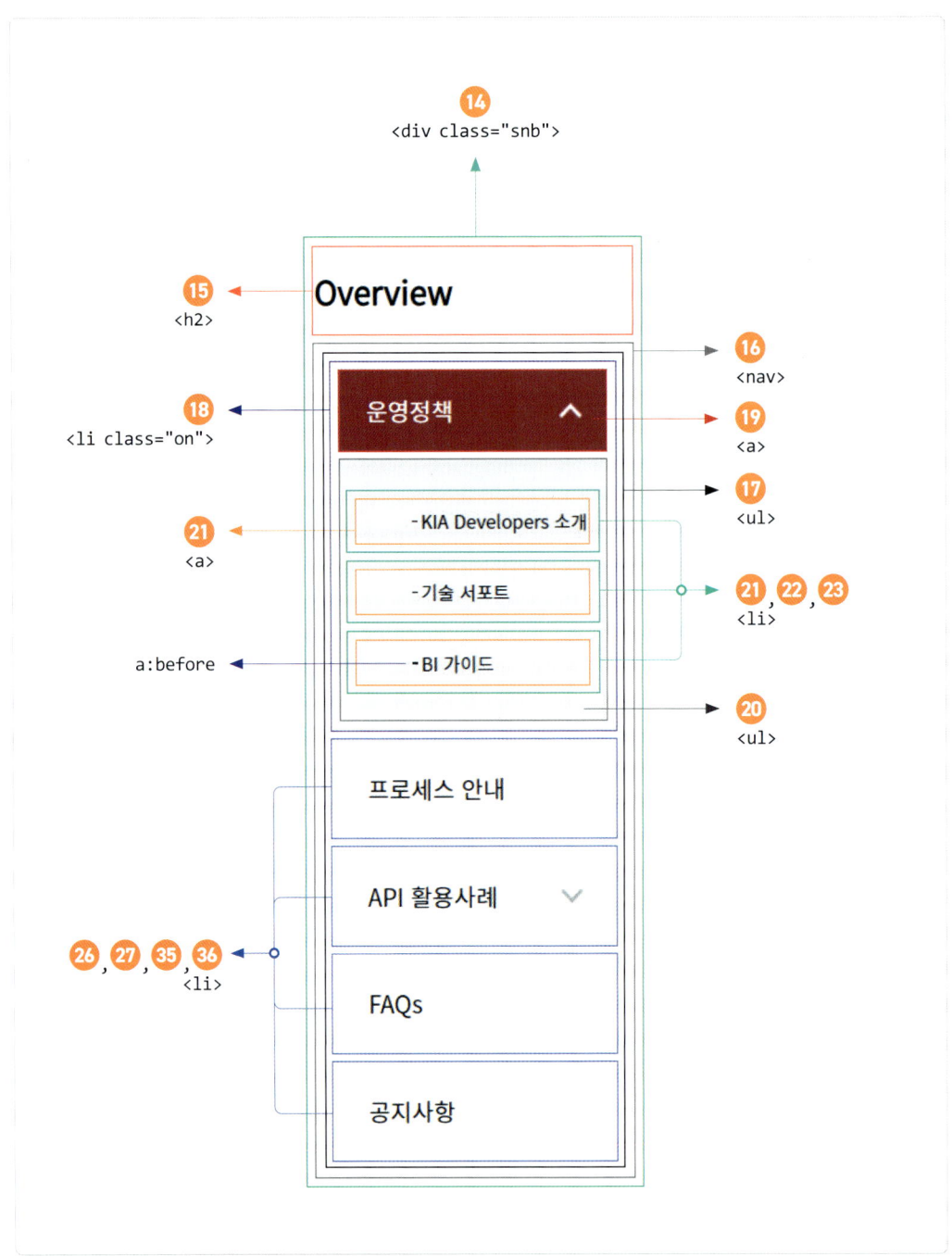

[그림 5-9] 하위 메뉴가 아래로 펼쳐지는 사이드 배치형 SNB의 HTML 구조

[코드 5-3] 하위 메뉴가 아래로 펼쳐지는 사이드 배치형 SNB — snb2.html

```html
<!DOCTYPE html>
<html lang="ko">
<head>
  <meta charset="UTF-8">
  <meta name="viewport" content="width=device-width, initial-scale=1.0">
  <meta http-equiv="X-UA-Compatible" content="ie=edge">
  <title>하위 메뉴가 아래로 펼쳐지는 사이드 배치형 SNB</title>
  <link rel="stylesheet" href="default.css">
  <link rel="stylesheet" href="snb2.css">
  <script src="js/jquery.js" charset="utf-8"></script>
  <script src="js/snb2.js" charset="utf-8"></script>
</head>
<body>
  <div class="snb">
    <h2>Overview</h2>
    <nav>
      <ul>
        <li class="on">
          <a href="">운영정책</a>
          <ul>
            <li><a href="">KIA Developers 소개</a></li>
            <li><a href="">기술 서포트</a></li>
            <li><a href="">BI 가이드</a></li>
          </ul>
        </li>
        <li><a href="">프로세스 안내</a></li>
        <li>
          <a href="">API 활용사례</a>
          <ul>
            <li><a href="">KIA Developers 소개</a></li>
            <li><a href="">기술 서포트</a></li>
            <li><a href="">BI 가이드</a></li>
          </ul>
        </li>
        <li><a href="">FAQs</a></li>
        <li><a href="">공지사항</a></li>
      </ul>
    </nav>
  </div>
</body>
</html>
```

Line 14, 39

```
<div class="snb"></div>
```

전체 레이아웃의 왼쪽에 배치된 SNB를 구성하기 위해 〈div〉 요소로 감싸 SNB 영역을 나타냅니다.

Line 15

```
<h2>Overview</h2>
```

'Overview'는 서브 메뉴의 콘텐츠 제목인 1 뎁스의 메뉴명을 나타냅니다. 콘텐츠의 제목이므로 〈h2〉 요소로 표현합니다. 참고로 〈h1〉 요소는 사이트명을 나타낼 때 사용합니다.

Line 16, 38

```
<nav></nav>
```

메뉴 영역이라는 의미로 〈nav〉 요소를 사용합니다.

Line 17~37

```
<ul>
  <li class="on">
    <a href="">운영정책</a>
    <ul>
      <li><a href="">KIA Developers 소개</a></li>
      <li><a href="">기술 서포트</a></li>
      <li><a href="">BI 가이드</a></li>
    </ul>
  </li>
  <li><a href="">프로세스 안내</a></li>
  <li>
    <a href="">API 활용사례</a>
    <ul>
      <li><a href="">KIA Developers 소개</a></li>
      <li><a href="">기술 서포트</a></li>
      <li><a href="">BI 가이드</a></li>
    </ul>
  </li>
  <li><a href="">FAQs</a></li>
  <li><a href="">공지사항</a></li>
</ul>
```

총 3 뎁스 중 1 뎁스는 콘텐츠 제목으로 두고, 2 뎁스와 3 뎁스 메뉴를 표현한 구조입니다. 순서가 없는 메뉴의 뎁스를 표현할 때는 〈ul〉 요소를 〈li〉 요소의 자식으로 마크업한다는 점에 유의해야 합니다.

Line 18의 on 클래스는 활성화된 메뉴를 CSS와 jQuery로 표현하기 위한 클래스로, 웹사이트에서 현재 위치를 표현하는 하나의 방법입니다. 비활성화 상태의 메뉴와 디자인을 다르게 표현함으로써 사용자에게 현재 위치를 제공하고 웹사이트 내에서 길을 잃지 않게 하는 목적이 있습니다.

CSS 코드 풀이

이번 예제는 SNB를 대표하는 아주 평범한 디자인입니다. 3 뎁스 메뉴에 붙는 대시 모양의 불릿과 활성화된 메뉴의 변화를 CSS로 어떻게 표현했는지 알아보겠습니다.

[코드 5-4] 하위 메뉴가 아래로 펼쳐지는 사이드 배치형 SNB — snb2.css

```css
01  .snb {width: 240px;}
02  .snb h2 {font-size: 23px; color: #000; line-height: 60px;}
03  .snb nav > ul {border-top: 1px solid #ddd;}
04  .snb nav > ul > li {border-bottom: 1px solid #ddd;}
05  .snb nav > ul > li > a {display: block; padding: 0 0 0 20px; line-height: 56px; font-size: 17px; color: #000; transition: background-color .5s;}
06  .snb nav > ul > li > ul {display: none; padding: 15px 0 13px; border-top: 1px solid #ddd; background: #f3f2f3;}
07  .snb nav > ul > li > ul a {display: block; position: relative; padding: 0 0 0 34px; line-height: 31px; font-size: 13px; color: #000;}
08  .snb nav > ul > li > ul a:before {content: ""; display: inline-block; margin: 0 2px 0 0; width: 4px; height: 1px; background: #000; vertical-align: 5px;}
09  .snb nav > ul > li.on > a {background-color: #ab0021; color: #fff;}
10  .snb nav > ul > li.on > a.dep {background: url(images/ico_arrow_up.png) no-repeat right 16px center #ab0021;}
11  .snb nav > ul > li > a.dep {background: url(images/ico_arrow_down.png) no-repeat right 16px center;}
```

Line 01

```css
.snb {width: 240px;}
```

SNB의 전체 가로 크기를 지정합니다. 각 콘텐츠를 감싸는 요소마다 클래스를 부여하면 어떤 요소인지 헷갈리지 않고 CSS 코드를 작성하는 데 도움이 됩니다. 그리고 가장 상위에 있는 요소에 가로 크기를 제공하면 자손 중 block 속성인 요소에는 따로 크기를 지정하지 않아도 되는 장점이 있습니다.

Line 02

```
.snb h2 {font-size: 23px; color: #000; line-height: 60px;}
```

⟨h2⟩ 요소의 텍스트 크기와 색깔을 지정하고 line-height로 1 뎁스 메뉴를 나타내는 제목과 2 뎁스 메뉴의 간격을 표현합니다. padding이나 margin으로 간격을 설정해도 되지만 여백을 주면 텍스트의 기본 줄 간격으로 인해 실제로는 디자인보다 간격이 더 벌어지기 때문에 line-height를 0으로 초기화하는 코드를 추가로 작성해야 합니다. 그러나 같은 표현이라면 두 가지 속성을 사용해서 표현하기보다는 line-height로만 간격을 조절하는 것이 낫습니다.

Line 03, 04

```
.snb nav > ul {border-top: 1px solid #ddd;}
.snb nav > ul > li {border-bottom: 1px solid #ddd;}
```

ⓐ 테두리 속성을 분리해서 선언한 경우

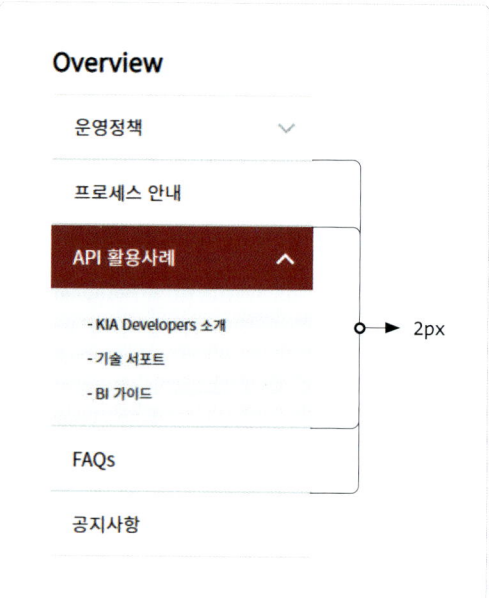
ⓑ 테두리 속성을 한꺼번에 선언한 경우

[그림 5-10] 테두리 속성을 적용하는 방법에 따라 다르게 표현되는 구분 선

[그림 5-10]의 ⓐ를 보면 메뉴를 구분하는 회색 선이 1개의 ⟨li⟩ 요소를 기준으로 위아래로 그어져 있습니다. 이러한 선을 표현할 때 가장 많이 하는 실수가 있습니다. 바로 ⟨li⟩ 요소에 border-top과 border-bottom을 모두 선언하는 것입니다. 그렇게 하면 ⓑ처럼 맨 처음과 마지막 선을 제외하고는 2픽셀로 표현되어 버립니다. 이 상태에서 1픽셀로 조정하려면 여간 까다로운 작업이 아닙니다. 따라서 이럴 때는 Line 03, 04처럼 한 방향에만 선을 적용합니다.

[코드 5-3]의 Line 16, 17, 18을 같이 보면서 다시 생각해봅시다. ⟨nav⟩, ⟨ul⟩, ⟨li⟩ 요소에 border-top과

border-bottom을 어떻게 적용해야 할까? <nav> 요소에 border-top을 주고 <li> 요소에는 border-bottom을 준다면? 또는 <ul> 요소에 border-top을 주고 <li> 요소에는 border-bottom을 준다면? 이처럼 border-top과 border-bottom을 하나의 요소에 선언하는 것이 아니라 적절한 요소에 따로따로 적용하면 선을 중복되지 않게 모두 1픽셀로 표현할 수 있습니다.

Line 05

```
.snb nav > ul > li > a {display: block; padding: 0 0 0 20px; line-height: 56px;
font-size: 17px; color: #000; transition: background-color .5s;}
```

CSS로 메뉴를 표현할 때는 가능한 한 <a> 요소에 모든 디자인을 표현하는 것이 좋습니다. 만약 <li>와 <a> 요소에 디자인을 나눠서 표현하면 사용성을 높이는 코드와 그렇지 않은 코드 또한 분리해야 합니다. 그런데 이를 분리해서 표현하면 코드의 양이 늘어날뿐더러 사용성을 높이는 코드를 빠드릴 수도 있으므로 되도록 <a> 요소에 모든 디자인을 표현합니다.

우리는 보통 메뉴를 클릭할 때 메뉴명을 정확히 클릭하는 것이 아니라 배경이나 아이콘 등 메뉴의 아무 곳이나 클릭합니다. 이처럼 사용자가 인식하고 있는 메뉴를 클릭할 수 있는 영역은 <li> 요소의 영역까지인데, 사실 <li> 요소는 클릭이 되지 않는 요소입니다. 따라서 사용자가 크게 신경 쓰지 않고 메뉴를 클릭할 수 있도록 <a> 요소에 width와 height로 크기를 지정해 클릭 범위를 넓혀 사용성을 높입니다.

inline 요소인 <a>를 block으로 설정함으로써 별도로 width를 지정하지 않아도 되고, 높이는 height 속성 대신 line-height로 표현합니다. 왼쪽에만 설정한 padding은 메뉴명이 SNB 영역의 왼쪽에서 조금 떨어져 있기 때문인데, 만약 메뉴명이 길어져 두 줄이 되면 오른쪽에도 여백을 주어 좌우 여백을 맞춰야 합니다.

Line 06

```
.snb nav > ul > li > ul {display: none; padding: 15px 0 13px; border-top: 1px
solid #ddd; background: #f3f2f3;}
```

3 뎁스 메뉴의 <ul> 요소를 표현한 코드입니다. padding 속성으로 활성화된 메뉴 안쪽에 위아래 여백을 지정합니다. border-top으로 3 뎁스 메뉴가 활성화될 때 [그림 5-11]처럼 2 뎁스와 3 뎁스 메뉴 사이에 선을 표시하고 background 속성으로 배경색을 지정합니다.

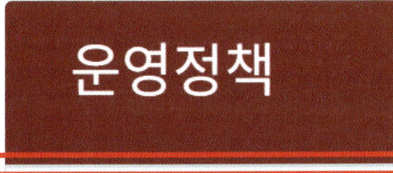

[그림 5-11] 3 뎁스 <ul> 요소에 border-top을 제공한 이유

Line 07, 08

```
.snb nav > ul > li > ul a {display: block; position: relative; padding: 0 0 0
34px; line-height: 31px; font-size: 13px; color: #000;}
.snb nav > ul > li > ul a:before {content: ""; display: inline-block; margin: 0
2px 0 0; width: 4px; height: 1px; background: #000; vertical-align: 5px;}
```

3 뎁스 메뉴의 〈a〉 요소에는 메뉴 리스트마다 – (dash: 대시)를 표시하기 위해 relative를 설정합니다. 34픽셀의 padding은 대시가 시작하는 지점까지의 여백입니다.

:before 선택자는 〈a〉 요소의 첫 번째 자식으로 가상 요소를 생성한다는 뜻이며 대시를 표현하기 위한 코드입니다. 대시 모양은 width와 height를 이용하거나 선(border)으로 만들 수 있는데 여기서는 width와 height 속성을 사용합니다. inline 속성을 inline-block으로 바꿔서 크기를 지정하여 대시 모양을 만듭니다.

대시와 텍스트 사이의 간격을 지정할 때는 padding을 사용하면 대시 영역이 커지므로 margin으로 설정합니다. inline-block 속성과 텍스트를 함께 배치하면 [그림 5-12]처럼 수직 정렬이 가운데로 맞춰지지 않기 때문에 vertical-align 속성의 값을 픽셀로 조절하여 해결합니다.

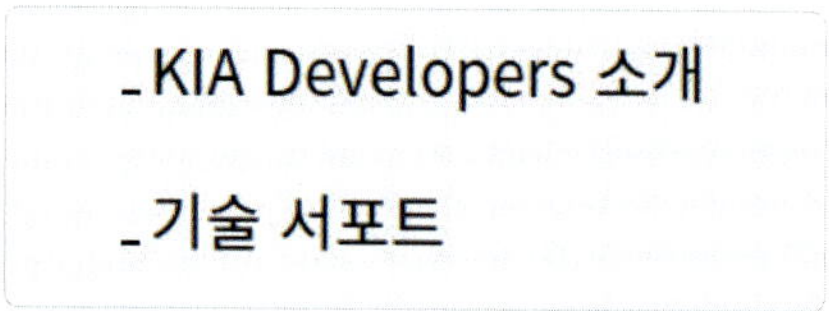

_KIA Developers 소개

_기술 서포트

[그림 5-12] 대시 모양의 불릿이 수직으로 가운데 정렬되지 않는 현상

Line 09

```
.snb nav > ul > li.on > a {background-color: #ab0021; color: #fff;}
```

on 클래스가 적용되는 2 뎁스 메뉴인 〈a〉 요소의 배경색과 텍스트 색을 바꿉니다. on 클래스는 jQuery에서 펼쳐지는 메뉴를 제어할 때도 사용됩니다.

Line 10, 11

```
.snb nav > ul > li.on > a.dep {background: url(images/ico_arrow_up.png)
no-repeat right 17px center #ab0021;}
.snb nav > ul > li > a.dep {background: url(images/ico_arrow_down.png)
no-repeat right 17px center;}
```

하위 메뉴가 있는 2 뎁스 메뉴에만 메뉴가 펼쳐지는 것을 의미하는 화살표 이미지를 삽입합니다. 메뉴가 비활성화 상태이면, 즉 〈li〉 요소에 on 클래스가 없으면 회색의 화살표가 아래를 향하는 이미지를 삽입합니다. 또한 메뉴를 클릭했을 때 하위 메뉴가 있으면, 즉 〈a〉 요소에 dep 클래스가 존재하면 메뉴가 펼쳐지면서 〈a〉 요소에 있는 화살표 이미지가 뒤집히도록 구현합니다.

jQuery 코드 풀이

jQuery에서는 3 뎁스 메뉴가 존재할 경우 메뉴 펼침 기능을 적용할 2 뎁스 메뉴를 자동으로 인식하는 코드를 작성해 보겠습니다. 이때 2 뎁스 메뉴의 <a> 요소는 페이지를 이동하지 않고 하위 메뉴를 펼쳐지거나 접는 역할을 합니다. 만약 웹사이트를 오픈한 후에 3 뎁스 메뉴가 추가되는 메뉴가 생기면 반복문인 each( ) 메서드를 이용하여 자동으로 하위 메뉴에 펼침 기능이 적용되도록 합니다.

[코드 5-5] 하위 메뉴가 아래로 펼쳐지는 사이드 배치형 SNB — snb2.js

```
01  $(document).ready(function(){
02    var snb = $('.snb ul').prev('a');
03    var snb_nav = $('.snb li');
04
05    snb.addClass('dep');
06    snb_nav.each(function(){
07      if($(this).hasClass('on')){
08        $(this).children('ul').show();
09      }
10    });
11
12    snb.on('click', function(){
13      $(this).parent().addClass('on').children('ul').stop().slideDown(400);
14      $(this).parent().siblings('li').removeClass('on').children('ul').stop().slideUp(200);
15      return false;
16    });
17  });
```

Line 01, 17

```
$(document).ready(function(){ });
```

HTML 문서가 화면에 로드되면 jQuery를 실행합니다.

Line 02

```
var snb = $('.snb ul').prev('a');
```

$('.snb ul') 선택자로 snb 클래스의 자손 중 <ul> 요소를 찾고 prev('a')로 이전 형제에서 <a> 요소를 반환하여 변수 snb로 정의합니다. 즉, 3 뎁스 메뉴의 유무를 파악하기 위한 코드로 <ul> 요소 이전에 있는 형제 <a> 요소를 선택합니다.

Line 03

```
var snb_nav = $('.snb li');
```

반복해서 사용하는 $('.snb li') 선택자를 변수 snb_nav로 지정합니다.

Line 05

```
snb.addClass('dep');
```

변수 snb에 dep 클래스를 추가합니다. 즉, 3 뎁스 메뉴가 존재하면 2 뎁스 메뉴의 〈a〉 요소에 dep 클래스를 추가합니다. 2 뎁스 메뉴에 dep 클래스가 추가되면 CSS의 Line 11 코드가 적용되어 아래로 향하는 화살표 아이콘이 생성됩니다. 그러면 사용자가 해당 메뉴에 하위 메뉴가 존재한다는 사실을 시각적으로 판단할 수 있게 됩니다.

Line 06~10

```
snb_nav.each(function(){
  if($(this).hasClass('on')){
    $(this).children('ul').show();
  }
});
```

snb 클래스의 모든 〈li〉 요소에 each( ) 메서드로 반복문을 실행합니다. 반복문의 내용은 다음과 같습니다. hasClass('on')으로 on 클래스의 유무를 판단하여 2 뎁스 메뉴의 〈li〉 요소에 on 클래스가 있으면 children('ul')로 자식 요소 중에 〈ul〉을 선택하여 show( ) 메서드로 display:block을 설정해 3 뎁스 메뉴를 보여줍니다.

웹사이트에서 페이지를 이동할 때마다 사용자에게 현재 위치를 알려주는 방법은 다양합니다. 그중에 이 코드는 현재 페이지에 해당하는 메뉴를 시각적으로 다르게 표현하여 현재 위치를 사용자에게 알려주는 코드입니다.

Line 12, 16

```
snb.on('click', function(){ });
```

변수 snb는 2 뎁스 메뉴의 〈a〉 요소로, 2 뎁스 메뉴를 클릭했을 때 다음 코드를 실행합니다.

Line 13

```
$(this).parent().addClass('on').children('ul').stop().slideDown(400);
```

$(this)는 변수 snb를 말하며 3 뎁스 메뉴가 있는 2 뎁스의 〈a〉 요소입니다. parent( )는 〈a〉 요소의 부모인 〈li〉 요소를 말하며 addClass('on')으로 on 클래스를 적용하고, children('ul')은 〈a〉 요소의 자식인 〈ul〉 요소를 찾아 slideDown(400)으로 〈ul〉 요소가 아래로 펼쳐지는 애니메이션을 0.4초 동안 실행합니다. 메뉴를 연속해서 펼치고 접을 때 애니메이션이 반복해서 실행되는 것을 막기 위해 stop( ) 메서드를 사용합니다.

Line 14

```
$(this).parent().siblings('li').removeClass('on').children('ul').stop().slideUp(200);
```

3 뎁스 메뉴가 활성화된 메뉴 외의 다른 메뉴를 클릭했을 때 펼쳐진 메뉴를 접는 코드입니다. $(this).parent( )는 변수 snb의 부모, 즉 siblings('li')로 활성화된 2 뎁스 메뉴 〈a〉 요소의 부모 요소인 〈li〉를 제외하고 나머지 형제 〈li〉 요소를 선택하여 removeClass('on')으로 CSS 파일의 Line 09, 10에서 설정한 on 클래스의 디자인을 제거합니다.

children('ul')은 자식 요소인 3 뎁스의 〈ul〉 요소를 선택하여 위로 0.2초 동안 접히는 애니메이션을 실행합니다. 이전 코드와 마찬가지로 stop( ) 메서드는 애니메이션이 반복해서 실행되는 것을 방지합니다.

화면 낭독기 결과

❶ 헤딩 레벨 2 / Overview
❷ 내비게이션 랜드마크 / 목록 항목 수 5개 / 버튼 / 운영정책 / 닫기
❸ 목록 항목 수 3개 / 방문함 / 링크 / KIA Developers 소개
❹ 방문함 / 링크 / 기술 서포트
❺ 방문함 / 링크 / BI 가이드
❻ 목록 끝 / 방문함 / 링크 / 프로세스 안내
❼ 버튼 / API 활용사례 / 열기
❽ 방문함 / 링크 / FAQs
❾ 방문함 / 링크 / 공지사항

[그림 5-13] 서브 메뉴 예제 2를 화면 낭독기가 읽는 순서

리베하얀의 한마디

GNB와 SNB는 가로냐 세로냐에 따른 배치 차이 외에는 공통점이 많습니다. 뎁스로 구성되어 있으며 접힘과 펼침으로 하위 메뉴를 볼 수 있다는 점이 그렇습니다.

하위 메뉴가 아래로 펼쳐지는 구조로 된 서브 메뉴는 최근 웹서비스에서 보기 힘든 UI지만 여전히 공공기관 같은 웹사이트에서는 종종 볼 수 있습니다. 따라서 최신 디자인과 더불어 전형적인 디자인의 표현 방법도 잘 알아놓도록 합시다.

5-3 하위 메뉴가 옆으로 펼쳐지는 사이드 배치형 SNB

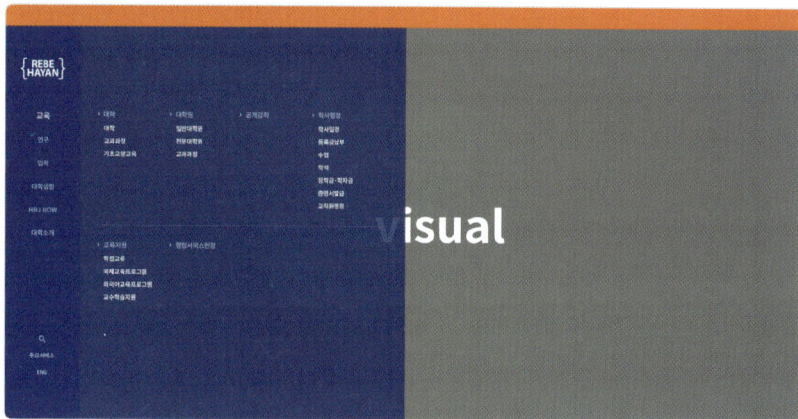

[그림 5-14] 하위 메뉴가 옆으로 펼쳐지는 사이드 배치형 SNB 디자인

HTML 코드 풀이

하위 메뉴가 옆으로 펼쳐지는 서브 메뉴는 GNB와 SNB의 역할을 모두 하는 형태의 디자인입니다. HTML 구조는 앞에서 다뤄본 메뉴와 크게 다르지 않지만 3 뎁스로 이루어져 있고 행과 열 배치가 섞여 있어 CSS를 작성할 때 난이도가 꽤 있는 메뉴입니다.

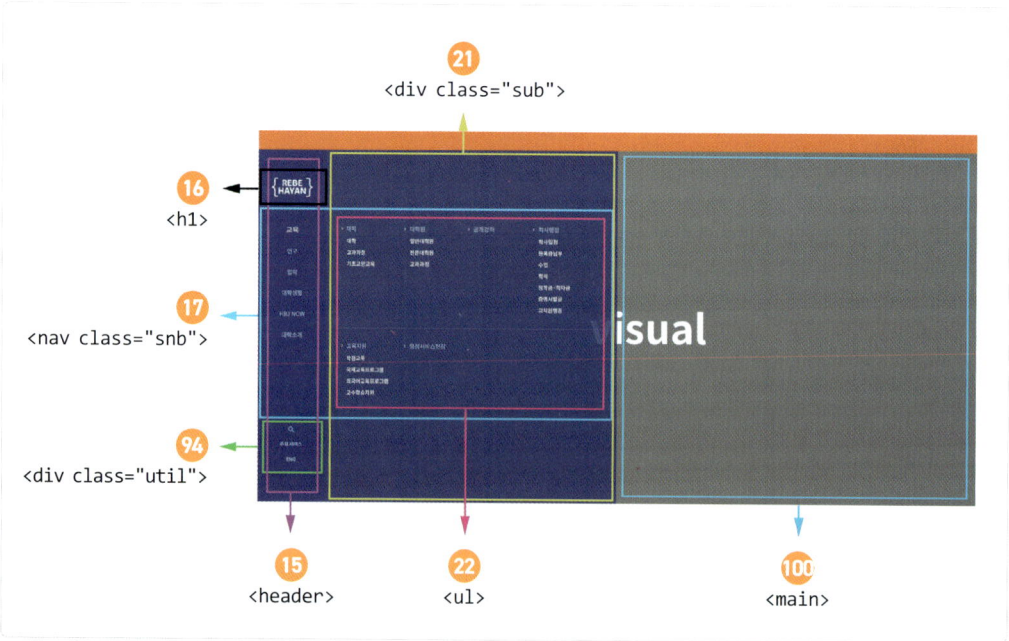

[그림 5-15] 하위 메뉴가 아래로 펼쳐지는 사이드 배치형 SNB의 HTML 구조

[코드 5-6] 하위 메뉴가 옆으로 펼쳐지는 사이드 배치형 SNB — snb3.html

```html
01  <!DOCTYPE html>
02  <html lang="ko">
03  <head>
04    <meta charset="UTF-8">
05    <meta name="viewport" content="width=device-width, initial-scale=1.0">
06    <meta http-equiv="X-UA-Compatible" content="ie=edge">
07    <title>하위 메뉴가 옆으로 펼쳐지는 사이드 배치형 SNB</title>
08    <link rel="stylesheet" href="default.css">
09    <link rel="stylesheet" href="snb3.css">
10    <script src="js/jquery.js" charset="utf-8"></script>
11    <script src="js/snb3.js" charset="utf-8"></script>
12  </head>
13  <!--[if IE 9]><body class="ie9"><![endif]-->
14  <!--[if (gt IE 9)|!(IE)]><!--><body><!--<![endif]-->
15    <header>
16      <h1><a href=""><img src="images/h1_logo4.png" alt="리베하얀"></a></h1>
17      <nav class="snb">
18        <ul>
19          <li>
20            <a href="">교육</a>
21            <div class="sub">
22              <ul>
23                <li>
24                  <a href="">대학</a>
25                  <ul>
26                    <li><a href="">대학</a></li>
27                    <li><a href="">교육과정</a></li>
28                    <li><a href="">기초교양교육</a></li>
29                  </ul>
30                </li>
31                <li>
32                  <a href="">대학원</a>
33                  <ul>
34                    <li><a href="">일반대학원</a></li>
35                    <li><a href="">전문대학원</a></li>
36                    <li><a href="">교과과정</a></li>
37                  </ul>
38                </li>
39                <li><a href="">공개강좌</a></li>
40                <li>
41                  <a href="">학사일정</a>
42                  <ul>
43                    <li><a href="">학사일정</a></li>
```

```html
44          <li><a href="">등록금납부</a></li>
45          <li><a href="">수업</a></li>
46          <li><a href="">학적</a></li>
47          <li><a href="">장학금&middot;학자금</a></li>
48          <li><a href="">증명서발급</a></li>
49          <li><a href="">교직원행정</a></li>
50        </ul>
51      </li>
52      <li><a href="">교육지원</a></li>
53      <li><a href="">행정서비스헌장</a></li>
54    </ul>
55   </div>
56  </li>
57  <li>
58   <a href="">연구</a>
59   <div class="sub">
60     <ul>
61       <li><a href="">연구성과</a></li>
62       <li><a href="">연구현황</a></li>
63       <li>
64         <a href="">연구기관</a>
65         <ul>
66           <li><a href="">연구소/연구원</a></li>
67           <li><a href="">국가지원연구센터</a></li>
68           <li><a href="">BJ21플러스 사업단(팀)</a></li>
69           <li><a href="">BJ사업단</a></li>
70         </ul>
71       </li>
72       <li>
73         <a href="">연구지원</a>
74         <ul>
75           <li><a href="">중점연구지원</a></li>
76           <li><a href="">학술연구지원</a></li>
77           <li><a href="">한국학 통일학지원</a></li>
78           <li><a href="">연구기자재지원</a></li>
79           <li><a href="">연구실 안전관리</a></li>
80         </ul>
81       </li>
82       <li><a href="">연구윤리</a></li>
83       <li><a href="">산학협력단</a></li>
84       <li><a href="">COVID-19</a></li>
85     </ul>
86   </div>
87  </li>
88  <li><a href="">입학</a></li>
```

```
89            <li><a href="">대학생활</a></li>
90            <li><a href="">HBJ NOW</a></li>
91            <li><a href="">대학소개</a></li>
92          </ul>
93        </nav>
94        <div class="util">
95          <button><span class="hide">검색</span></button>
96          <a href="">주요서비스</a>
97          <a href="">ENG</a>
98        </div>
99      </header>
100     <main>
101       visual
102     </main>
103   </body>
104 </html>
```

Line 13, 14

```
<!--[if IE 9]><body class="ie9"><![endif]-->
<!--[if (gt IE 9)|!(IE)]><!--><body><!--<![endif]-->
```

IE 9에서는 display:flex를 지원하지 않으므로 IE 9로 접속했을 때 〈body〉 요소에 ie9 클래스를 생성하여 float 속성을 적용합니다. 따라서 IE 9로 접근해도 flex를 사용한 UI에 문제가 없도록 합니다.

Line 15, 99

```
<header></header>
```

랜드마크 요소 중 하나인 〈header〉 요소에는 로고, 메뉴, 검색, 바로 가기 등 다양한 링크가 있는 유틸리티 메뉴가 있습니다. 대부분의 웹사이트는 상단에 헤더 영역이 있지만, 이번 예제는 화면의 왼쪽에 배치되어 GNB와 SNB의 역할을 동시에 소화하는 디자인입니다.

Line 16

```
<h1><a href=""><img src="images/h1_logo4.png" alt="리베하얀"></a></h1>
```

사이트를 알리는 1번째 콘텐츠 제목인 로고를 〈h1〉 요소로 정의합니다. 이번 예제에서는 〈img〉 요소의 사용 예시를 보여주기 위해 로고 이미지를 CSS에서 배경 이미지로 삽입하지 않고 〈img〉 요소를 사용합니다. 이미지가 정보를 전달하는 목적이 있으면 반드시 〈img〉 요소의 alt 속성에 설명을 입력합니다.

Line 18~92

```html
<ul>
  <li><a href="">교육</a>
    <div class="sub">
      <ul>
        <li><a href="">대학</a>
          <ul>
            <li><a href="">대학</a></li>
            <li><a href="">교육과정</a></li>
            <li><a href="">기초교양교육</a></li>
          </ul>
        </li>
        <li><a href="">대학원</a>
          <ul>
            <li><a href="">일반대학원</a></li>
            <li><a href="">전문대학원</a></li>
            <li><a href="">교과과정</a></li>
          </ul>
        </li>
        <li><a href="">공개강좌</a></li>
                    ...
        <li><a href="">교육지원</a></li>
        <li><a href="">행정서비스헌장</a></li>
      </ul>
    </div>
  </li>
  <li><a href="">연구</a>
    <div class="sub">
      <ul>
        <li><a href="">연구성과</a></li>
        <li><a href="">연구현황</a></li>
        <li><a href="">연구기관</a>
          <ul>
            <li><a href="">연구소/연구원</a></li>
            <li><a href="">국가지원연구센터</a></li>
            <li><a href="">BJ21플러스 사업단(팀)</a></li>
            <li><a href="">BJ사업단</a></li>
          </ul>
        </li>
                    ...
        <li><a href="">연구윤리</a></li>
        <li><a href="">산학협력단</a></li>
        <li><a href="">COVID-19</a></li>
      </ul>
```

```
    </div>
  </li>
  <li><a href="">입학</a></li>
  <li><a href="">대학생활</a></li>
  <li><a href="">HBJ NOW</a></li>
  <li><a href="">대학소개</a></li>
</ul>
```

메뉴는 각 페이지로 이동하기 위한 링크를 모아놓은 리스트로 구성되어 있습니다. 메뉴의 순서가 정해져 있지 않으므로 비순서형 목록인 〈ul〉 요소를 사용하고 각 메뉴에서 하위 메뉴로 갈수록 〈li〉 요소의 자식으로 〈ul〉 요소를 사용합니다.

Line 21, 59를 보면 〈li〉 요소의 자식으로 〈div〉 요소를 활용하여 하위 메뉴를 감쌌는데, 이는 하위 메뉴가 옆으로 펼쳐질 때 배경에 불투명도를 넣고 2, 3 뎁스 메뉴를 표현하기 위한 코드입니다.

Line 94, 98

```
<div class="util"></div>
```

유틸리티 메뉴를 헤더 영역 하단에 배치하기 위하여 〈div〉 요소를 활용해 해당 콘텐츠를 감쌉니다.

Line 95

```
<button><span class="hide">검색</span></button>
```

검색 기능이 있는 버튼이므로 〈button〉 요소를 사용합니다. 돋보기 아이콘은 배경 이미지로 표현하며 검색의 의미를 설명하는 대체 텍스트가 필요한데, 배경 이미지는 alt 속성이 없으므로 hide 클래스를 사용하여 IR 기법으로 표현합니다.

Line 96, 97

```
<a href="">주요서비스</a>
<a href="">ENG</a>
```

유틸리티 메뉴에서 주요서비스와 영문사이트로 이동하는 ENG는 페이지를 이동하는 목적에 맞게 〈a〉 요소를 사용합니다. 만약 링크가 이동이 아닌 다른 기능으로 기획되었다면 〈button〉 요소를 사용합니다.

Line 100~102

```
<main>visual</main>
```

본문 콘텐츠 영역을 의미하는 〈main〉 요소로 여기서는 레이아웃을 표현하기 위해 임시로 작성한 코드입니다.

CSS 코드 풀이

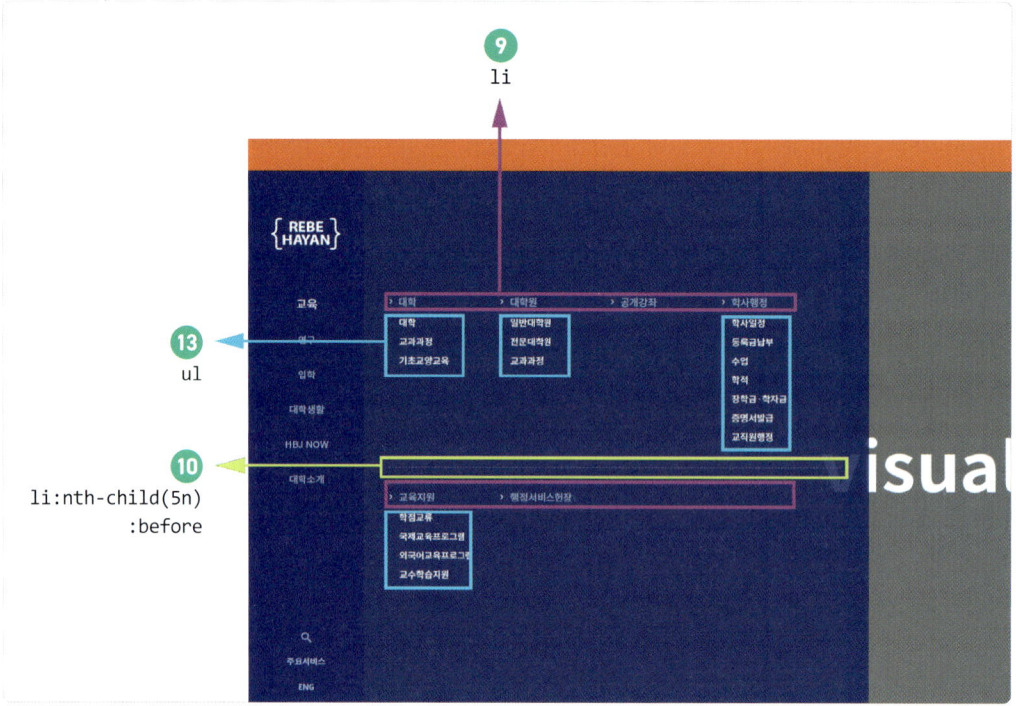

[그림 5-16] 하위 메뉴가 옆으로 펼쳐지는 사이드 배치형 SNB의 구조 분석

[코드 5-7] 하위 메뉴가 옆으로 펼지지는 사이드 배치형 SNB　　　　snb3.css

```
01  body:after {content: ""; position: fixed; left: 0; top: 0; right: 0; height: 50px;
    background: #e96e0b;}
02  header {position: fixed; left: 0; top: 0; bottom: 0; width: 180px; background:
    #1b3b86; text-align: center;}
03  header h1 {padding: 125px 0 49px;}
04  header nav > ul > li > a {display: block; text-align: center; font-size: 15px;
    color: #aecbff; line-height: 55px; transition: all .3s;}
05  header nav > ul > li:hover > a {color: #fff; font-size: 18px;}
06  header nav .sub {display: none; position: absolute; left: 180px; top: 0; padding: 0
    40px 0; width: 780px; height: 100vh; background: rgba(27,59,134,.85); box-sizing:
    border-box; text-align: left;}
07  header nav .on .sub {display: block;}
08  header nav .sub > ul {position: absolute; width: calc(100% - 80px); display: flex;
    flex-wrap: wrap;}
09  header nav .sub > ul > li {width: 25%; padding: 33px 0;}
10  header nav .sub > ul > li:nth-child(5n):before {content: ""; position: absolute;
    left: 0; right: 0; border-top: 1px dashed #697dad; transform: translateY(-33px);}
```

```
11   header nav .sub > ul > li a {padding: 0 0 0 15px;}
12   header nav .sub > ul > li > a {color: #aecbff; background: url(images/bu_arrow_
     right.png) no-repeat left center;}
13   header nav .sub > ul > li > ul {padding: 9px 0 0;}
14   header nav .sub > ul > li > ul a {display: block; color: #fff; line-height: 30px;}
15   header .util {position: absolute; left: 0; right: 0; bottom: 87px;}
16   header .util a {display: block; font-size: 13px; color: #aecbff; line-height: 40px;}
17   header .util button {width: 40px; height: 40px; background: url(images/ico_search.
     png) no-repeat center; cursor: pointer;}
18   main {display: block; background: #7f7f7f; text-align: center; line-height: 100vh;
     font-size: 100px; color: #fff; font-weight: bold;}
19   .ie9 header nav .sub > ul:after {content: ""; display: block; clear: both;}
20   .ie9 header nav .sub > ul > li {float: left;}
```

Line 01

```
body:after {content: ""; position: fixed; left: 0; top: 0; right: 0; height:
50px; background: #e96e0b;}
```

:after 가상 선택자를 활용하여 〈body〉 요소의 마지막 자식으로 가상 요소를 생성합니다. position:fixed로 z축에 배치해 화면에 고정하고 화면 상단에 붙어 있는 디자인이므로 top에 0을 줍니다.

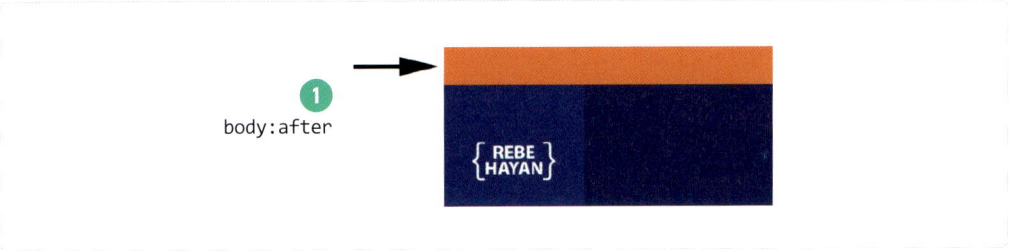

[그림 5-17] :after 가상 선택자로 제작한 상단 디자인

Line 02

```
header {position: fixed; left: 0; top: 0; bottom: 0; width: 180px; background:
#1b3b86; text-align: center;}
```

헤더 영역의 길이는 콘텐츠의 양에 따라 늘어나는 것이 아니라 고정되어야 하므로 position을 absolute가 아닌 fixed로 설정합니다. 헤더에 fixed를 사용하면 메뉴는 움직이지 않고 콘텐츠 부분만 스크롤을 따라서 움직입니다. 이때 top과 bottom을 모두 0으로 지정하여 height:100%로 지정한 것과 같은 효과를 줍니다.

헤더 영역에 있는 〈h1〉, 〈nav〉, 〈div class="util"〉은 〈header〉를 기준으로 수평으로 중앙에 배치되어 있습니다. 각 요소에 포함된 〈a〉는 inline 요소이고 〈img〉와 〈buttton〉은 inline-block 요소이므로 text-align을 사용하여 가운데 정렬합니다.

Line 03

```
header h1 {padding: 125px 0 49px;}
```

로고 영역의 여백을 표현합니다. 로고 영역은 〈h1〉, 〈a〉, 〈img〉 총 3가지 요소로 구성되어 있는데 만약 〈h1〉 요소가 아닌 〈a〉 요소에 여백을 넣으면 클릭하는 범위가 커집니다. 참고로 이때는 〈a〉 요소에 display:block을 설정해야 합니다. 마찬가지로 〈img〉 요소에 여백을 넣으면 클릭 범위가 커집니다. 그러나 현재 로고는 클릭하기에 충분한 크기이므로 〈a〉 또는 〈img〉가 아니라 〈h1〉 요소에 여백을 줍니다.

Line 04

```
header nav > ul > li > a {display: block; text-align: center; font-size: 15px;
color: #aecbff; line-height: 55px; transition: all .3s;}
```

1 뎁스 메뉴를 표현한 코드로 선택자를 표기할 때 'ul 〉 li 〉 a'와 같이 자식 선택자를 사용합니다. 만약 자손 선택자를 사용하여 'ul li a'로 표기하면 1 뎁스 메뉴뿐만 아니라 하위 메뉴가 모두 이 CSS 코드의 영향을 받게 됩니다. 따라서 이를 방지하기 위해 자식 선택자를 사용합니다.

속성을 살펴보면 display:block을 설정하여 가로 크기가 100%를 차지하게 만들어 클릭 범위를 넓히고, 줄 간격인 line-height로 1 뎁스 메뉴끼리 간격을 설정합니다. transition은 다음 코드의 효과를 애니메이션으로 나타내기 위한 속성입니다.

Line 05

```
header nav > ul > li:hover > a {color: #fff; font-size: 18px;}
```

1 뎁스 메뉴에 마우스 커서를 올리면 메뉴명이 흰색으로 변하고 텍스트 크기가 18픽셀로 커집니다.

Line 06

```
header nav .sub {display: none; position: absolute; left: 180px; top: 0;
padding: 0 40px 0; width: 780px; height: 100vh; background: rgba(27,59,134,.85);
box-sizing: border-box; text-align: left;}
```

펼쳐지는 하위 메뉴의 배경 영역을 표현한 코드입니다. 〈main〉 요소에 해당하는 콘텐츠 일부를 가리면서 펼쳐지므로 absolute를 설정하여 z축으로 이동한 상태에서 구현합니다. 펼쳐지는 메뉴의 시작 지점은 펼쳐지는 메뉴가 〈header〉 요소를 가리지 않도록 〈header〉 요소의 가로 크기만큼인 180픽셀을 왼쪽에 지정하고, top:0으로 〈header〉의 시작 지점과 맞춥니다.

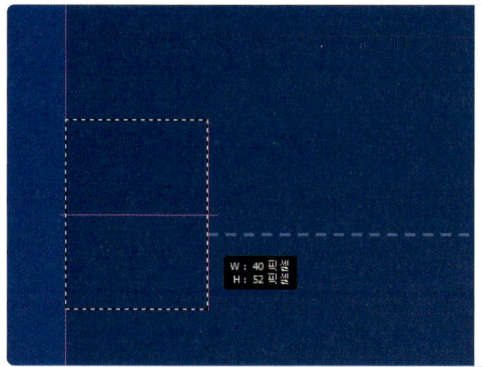 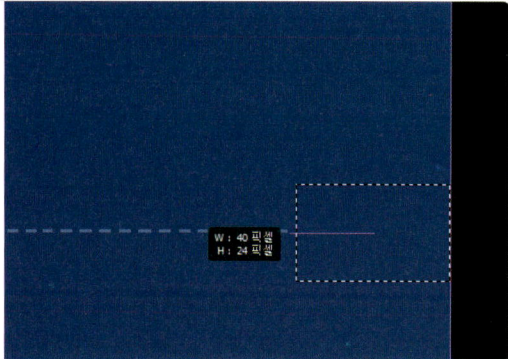

[그림 5-18] 파선을 기준으로 좌우에 들어간 40픽셀의 padding

좌우에 40픽셀씩 들어간 padding은 [그림 5-18]처럼 디자인으로 들어간 파선 바깥 부분의 여백입니다. 그리고 width로 펼쳐지는 메뉴의 배경 크기를 지정합니다. padding과 width를 함께 사용할 때는 padding과 width를 더한 값이 총 가로 크기가 되기 때문에 원래는 총 크기에서 padding을 뺀 값을 계산하여 width를 지정해야 합니다. 그런데 box-sizing 속성을 사용하면 width로 지정한 780픽셀을 총 가로 크기고 인식하고 자동으로 padding을 뺀 값을 width로 적용합니다. 펼쳐지는 메뉴의 높이는 브라우저 화면에 가득 찬 형태를 표현하기 위해서 vh(viewport height)를 100으로 지정합니다.

배경색은 배경의 뒤가 약간 비치도록 표현하기 위해 rgba를 사용합니다. 불투명도를 표현하기 위해 흔히 알고 있는 opacity를 사용하면 배경색분만 아니라 해당 요소의 모든 자손 요소에 불투명도가 들어가므로 잘 구분해서 사용해야 합니다. 마지막으로 Line 02에서 〈header〉 요소에 적용한 text-align:center 속성의 영향을 받는 3 뎁스 메뉴를 왼쪽으로 정렬하기 위해 text-align:left를 선언합니다.

Line 07

```
header nav .on .sub {display: block;}
```

jQuery를 통해 1 뎁스 메뉴에 on 클래스가 생성되면 해당 CSS 코드가 실행되어 하위 메뉴가 펼쳐집니다.

Line 08

```
header nav .sub > ul {position: absolute; width: calc(100% - 80px); display: flex; flex-wrap: wrap;}
```

하위 메뉴 중 2 뎁스 메뉴의 부모인 〈ul〉 요소의 위치를 제어하는 코드입니다. position:absolute를 설정하여 부모 요소인 sub 클래스의 position:absolute를 기준으로 좌표가 이동합니다. 가로 크기는 calc(calculator) 함수를 이용해 계산하는데 Line 06에서 padding으로 지정한 좌우 각각의 40픽셀, 총 80픽셀을 제외한 나머지 영역을 크기로 잡습니다.

display:flex는 〈ul〉의 자식 요소인 〈li〉 요소를 행으로 배치합니다. 〈table〉의 〈td〉처럼 한 셀의 높이가 커지면 같은 행에 있는 다른 셀의 높이도 똑같이 커지는 것과 같은 효과도 볼 수 있습니다. flex-wrap:wrap은 현재 요소의 가로 크기보다 자식의 가로 크기가 더 크거나 개수가 초과하면 다음 줄로 떨어지도록 만드는 코드입니다. flex-wrap의 기본값인 nowrap은 가로 크기가 크거나 개수가 많아도 모두 같은 행에 표현됩니다.

Line 09

```
header nav .sub > ul > li {width: 25%; padding: 33px 0;}
```

2 뎁스 메뉴의 <li> 요소를 제어하는 코드입니다. 1행에 4개씩 배치하므로 가로 크기는 25%로 설정하고 4개를 초과하는 <li> 요소는 Line 08에 있는 flex-wrap에 의해 자동으로 다음 행에 배치됩니다. padding은 2, 3 뎁스 메뉴에 적용된 줄 간격을 제외하고 행을 구분하는 파선을 기준으로 위아래에 33픽셀만큼 줍니다.

Line 10

```
header nav .sub > ul > li:nth-child(5n):before {content: ""; position: absolute; left: 0; right: 0; border-top: 1px dashed #697dad; transform: translateY(-33px);}
```

파선을 디자인하는 코드로, 5배수에 해당하는 <li> 요소를 선택하여 :before 가상 선택자를 이용해 <li> 요소의 첫 번째 자식으로 가상 요소를 생성해 파선을 그립니다. 파선 영역은 position:absolute로 z축에 배치하여 부모인 <ul> 요소의 가로 크기를 100%만큼 차지합니다. 파선의 형태는 border 속성으로 만듭니다.

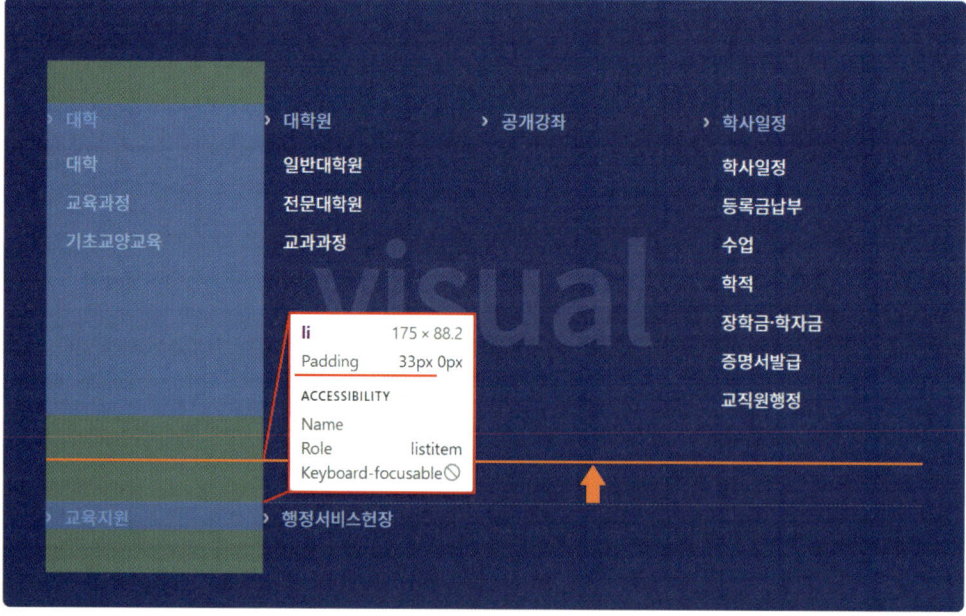

[그림 5-19] transform:translateY(-33px)을 선언하는 이유

파선은 5번째 <li>에 있는 <a> 요소 위쪽에 바로 붙어서 그려지는데, transform 속성을 이용해 y축 방향으로 <li> 요소에 지정된 여백만큼인 -33픽셀을 이동하여 파선이 1번째와 2번째 행의 여백이 맞닿는 지점에 오도록 위치를 조

정합니다. 5번째 ⟨li⟩ 요소의 자식마다 파선이 생성되도록 코딩했기 때문에 만약 메뉴에 3번째 행이 생기면 따로 코딩하지 않아도 자동으로 파선이 생성됩니다.

Line 11, 12

```
header nav .sub > ul > li a {padding: 0 0 0 15px;}
header nav .sub > ul > li > a {color: #aecbff; background: url(images/bu_arrow_right.png) no-repeat left center;}
```

2 뎁스 메뉴명과 화살괄호 모양의 불릿 사이에 padding으로 간격을 줍니다. 만약 불릿이 없다면 padding을 사용하지 않아도 되지만 불릿의 자리를 확보하고 2, 3 뎁스 메뉴명을 열 방향으로 정렬하기 위해 2 뎁스의 모든 ⟨a⟩ 자손 요소에 일괄적으로 여백을 줍니다. 불릿은 2 뎁스 메뉴의 ⟨a⟩ 요소에 배경 이미지로 삽입합니다.

Line 13

```
header nav .sub > ul > li > ul {padding: 9px 0 0;}
```

2 뎁스 메뉴와 3 뎁스 메뉴의 간격을 표현하기 위해 3 뎁스를 감싸는 ⟨ul⟩ 요소의 위쪽에 여백을 줍니다.

Line 14

```
header nav .sub > ul > li > ul a {display: block; color: #fff; line-height: 30px;}
```

3 뎁스의 ⟨a⟩ 요소를 표현한 코드입니다. block 속성으로 설정하고 line-height를 적용하여 메뉴 클릭 범위를 가로와 세로 모두 넓힙니다.

Line 15

```
header .util {position: absolute; left: 0; right: 0; bottom: 87px;}
```

util 클래스는 ⟨header⟩ 요소의 맨 하단에 위치합니다. 하단에 배치된 디자인은 해상도에 영향을 받지 않고 배치가 유지되어야 하므로 absolute를 설정합니다. util 클래스를 배치하고 난 뒤 아래에 남길 공간은 bottom 속성으로 표현합니다.

Line 16

```
header .util a {display: block; font-size: 13px; color: #aecbff; line-height: 40px;}
```

util 클래스 중 ⟨a⟩ 요소를 꾸미는 코드로 텍스트의 크기와 색을 지정하고, 클릭 범위를 넓히기 위해 block 속성과 줄 간격을 설정합니다.

Line 17

```
header .util button {width: 40px; height: 40px; background: url(images/ico_
search.png) no-repeat center; cursor: pointer;}
```

검색 기능이 있는 〈button〉 요소를 표현한 코드입니다. 버튼의 크기는 돋보기 모양 아이콘의 원래 크기인 16×16픽셀보다 크게 설정하여 클릭 범위를 넓힙니다. 〈button〉 요소에 마우스를 올렸을 때는 사용자에게 클릭할 수 있다는 것을 알려주기 위해서 마우스 커서가 손가락 모양으로 바뀌는 cursor:pointer를 선언합니다.

Line 18

```
main {display: block; background: #7f7f7f; text-align: center; line-height: 
100vh; font-size: 100px; color: #fff; font-weight: bold;}
```

임시로 만들어 놓은 메인 콘텐츠인 〈main〉 요소를 꾸미는 코드입니다. 〈main〉 요소는 IE에서 inline 요소로 인식하기 때문에 display:block으로 설정한 뒤 사용합니다.

Line 19, 20

```
.ie9 header nav .sub > ul:after {content: ""; display: block; clear: both;}
.ie9 header nav .sub > ul > li {float: left;}
```

Line 08에서 사용한 display:flex를 지원하지 않는 IE 9로 접근했을 때 flex 기능을 대체하는 코드입니다. IE 9로 접속하면 flex가 적용되지 않아 [그림 5-20]처럼 2 뎁스 메뉴가 같은 행에 배치되지 않고 〈ul〉과 〈li〉의 기본 속성에 따라 한 줄씩 떨어져 표현됩니다. 이때 float 속성으로 부모인 〈ul〉 요소의 높이를 사라지게 하여 flex를 사용한 것과 같이 행으로 배치합니다.

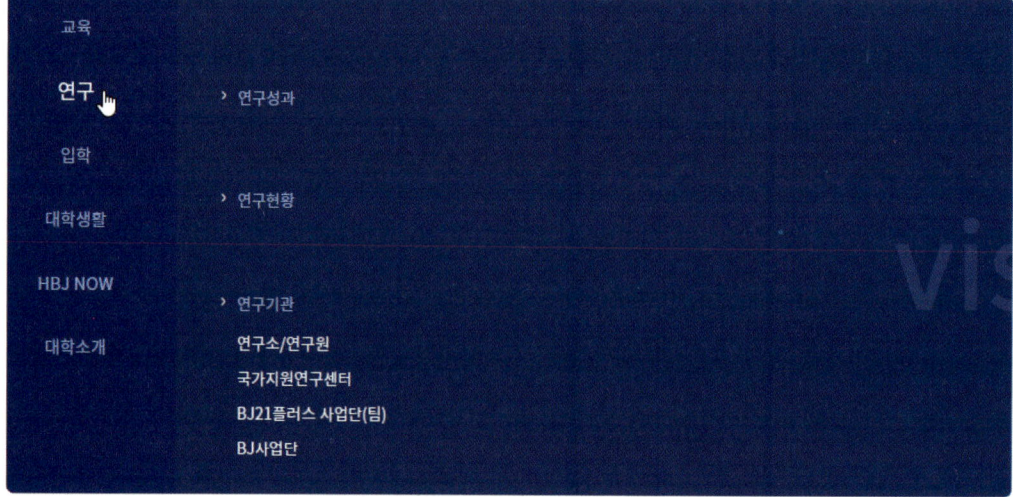

[그림 5-20] IE 9에서 display:flex가 적용되지 않은 UI

jQuery 코드 풀이

이번 서브 메뉴의 jQuery 코드에서 눈여겨봐야 할 점은 2 뎁스 메뉴의 위치를 설정하는 부분입니다. 하위 메뉴가 펼쳐질 때 2 뎁스 메뉴의 시작 위치가 모두 같은 것이 아니라 1 뎁스 메뉴의 높이에 맞춰서 하위 메뉴가 나타나기 때문에 이를 중점으로 코드를 살펴보겠습니다.

[코드 5-8] 하위 메뉴가 옆으로 펼쳐지는 사이드 배치형 SNB — snb3.js

```javascript
$(document).ready(function(){
  var snb_nav = $('.snb > ul > li');

  snb_nav.on('mouseover focusin', function(){
    var y = $(this).offset().top;
    $(this).find('.sub > ul').css('top', y - 13);
    $(this).siblings('li').children('.sub').removeAttr('style');
    $(this).siblings('li').removeClass('on');
    $(this).addClass('on');
  });

  snb_nav.on('mouseleave', function(){
    $(this).removeClass('on');
  });
});
```

Line 02

```javascript
var snb_nav = $('.snb > ul > li');
```

1 뎁스 메뉴의 <li> 요소를 snb_nav라는 변수로 정의합니다.

Line 04, 10

```javascript
snb_nav.on('mouseover focusin', function(){ });
```

1 뎁스 메뉴에 마우스 커서나 키보드 초점이 진입했을 때 기능을 정의합니다.

Line 05

```javascript
var y = $(this).offset().top;
```

$(this)는 변수 snb_nav를 말하며 offset( ).top으로 이 요소가 브라우저 상단으로부터 떨어져 있는 위치의 좌표를 구하고 이를 변수 y에 담습니다. 정리하면 1 뎁스 메뉴에 마우스나 키보드 초점이 진입했을 때 해당 요소의 y축 좌표를 변수 y에 저장합니다.

Line 06

```
$(this).find('.sub > ul').css('top', y - 13);
```

$(this)는 마찬가지로 변수 snb_nav이며, find('.sub > ul')로 자손 중 '.sub > ul' 선택자를 찾습니다. css('top', y - 13)은 해당 요소에 CSS를 inline-style로 부여하는데 변수 y에 저장된 값에서 13을 뺀 값을 top 속성에 지정합니다. 즉, 1 뎁스 메뉴에 접근했을 때 해당 메뉴의 2 뎁스 <ul> 요소에 CSS를 적용합니다.

Line 07

```
$(this).siblings('li').children('.sub').removeAttr('style');
```

siblings('li')로 초점이 발생한 1 뎁스 메뉴를 제외한 나머지 형제 요소를 선택하고 children('.sub')는 그 요소 중 sub 클래스가 있는 자식 요소를 선택합니다. 그리고 removeAttr('style')로 해당 요소의 style 속성을 제거합니다. 즉, 1 뎁스 메뉴에 접근했을 때 접근한 메뉴 외의 다른 1 뎁스 메뉴의 자식 요소를 비활성화합니다.

```
▼<nav class="snb">
  ▼<ul>
    ▼<li class="on">
      <a href>교육</a>
      ▼<div class="sub">
        ▼<ul style="top: 211px;"> == $0
          ▶<li>…</li>
          ▶<li>…</li>
          ▶<li>…</li>
          ▶<li>…</li>
          ▶<li>…</li>
          ▶<li>…</li>
        </ul>
      </div>
    </li>
```

[그림 5-21] inline-style로 제공된 top 속성

style 속성을 제거하는 이유는 [그림 5-21]을 보면 알 수 있습니다. **Line 06**에서 적용한 css( ) 메서드는 inline-style로 표현되는데, inline-style은 [그림 5-21]과 같이 HTML에서 요소에 style이라는 속성으로 제공됩니다. 따라서 이 top 속성을 없애기 위해 style을 제거하는 것입니다.

Line 08, 09

```
$(this).siblings('li').removeClass('on');
$(this).addClass('on');
```

$(this)를 제외한 나머지 1 뎁스의 형제 <li> 요소를 선택하여 removeClass('on')으로 on 클래스를 제거합니다.

반면에 초점이 발생한 메뉴의 <li>에는 on 클래스를 부여하여 CSS의 `Line 07` 코드를 실행합니다. 즉, 초점이 발생한 1 뎁스 메뉴에는 <li> 요소에 on 클래스를 부여하여 display가 none에서 block으로 바뀌면서 2 뎁스 메뉴가 펼쳐집니다. 그리고 펼쳐져 있던 다른 1 뎁스 메뉴의 <li> 요소에는 on 클래스가 제거되고 다시 CSS의 `Line 06` 코드를 실행하여 2 뎁스 메뉴를 숨깁니다.

`Line 12~14`

```
snb_nav.on('mouseleave', function(){
   $(this).removeClass('on');
});
```

변수 snb_nav에서 마우스 커서가 벗어났을 때 1 뎁스의 <li> 요소에서 on 클래스를 제거합니다. CSS 코드로 보면 `Line 05`에서 `Line 06`으로 코드가 진행되는 것과 같습니다.

화면 낭독기 결과

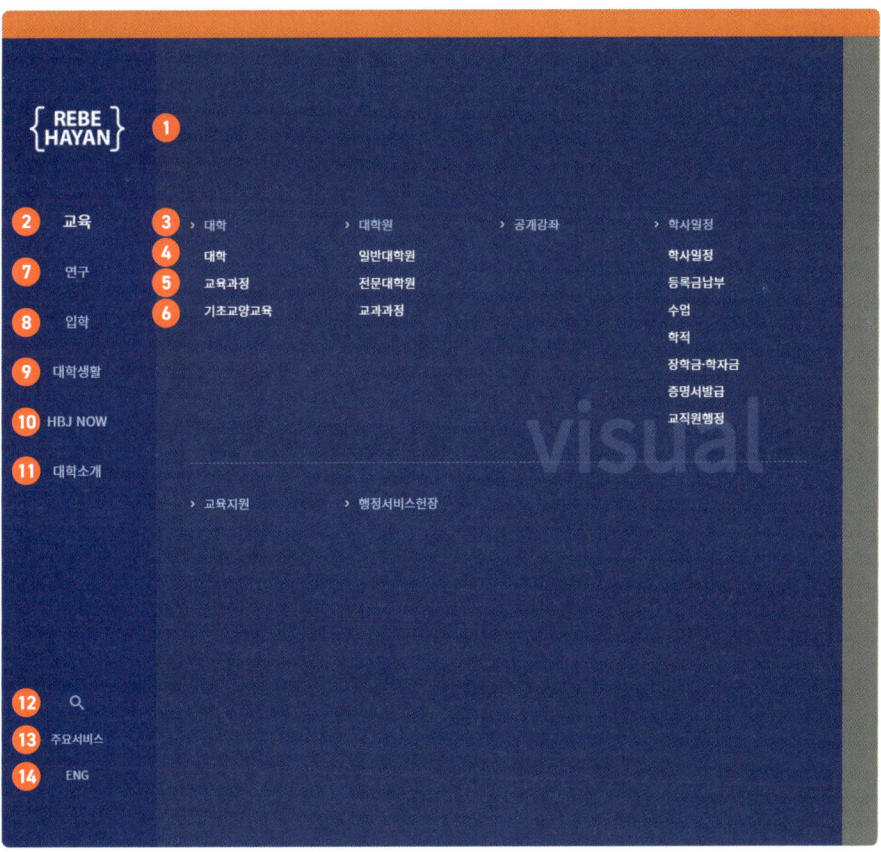

[그림 5-22] 서브 메뉴 예제 3을 화면 낭독기가 읽는 순서

- ❶ 헤딩 레벨 1 / 방문함 / 링크 / 그래픽 / 리베하얀
- ❷ 내비게이션 랜드마크 / 목록 항목 수 6개 / 교육 / 방문함 / 링크
- ❸ 목록 항목 수 6개 / 대학 / 방문함 / 링크
- ❹ 목록 항목 수 3개 / 대학 / 방문함 / 링크
- ❺ 교육과정 / 방문함 / 링크
- ❻ 기초교양교육 / 방문함 / 링크
- ❼ 연구 / 방문함 / 링크
- ❽ 입학 / 방문함 / 링크
- ❾ 대학생활 / 방문함 / 링크
- ❿ HBJ NOW / 방문함 / 링크
- ⓫ 대학소개 / 방문함 / 링크
- ⓬ 검색 / 버튼
- ⓭ 주요서비스 / 방문함 / 링크
- ⓮ ENG / 방문함 / 링크

리베하얀의 한마디

하위 메뉴가 옆으로 펼쳐지는 디자인은 GNB와 SNB의 역할을 모두 하는 UI로 보통 프로모션 사이트에서 많이 볼 수 있습니다. 이번 예제에서는 offset( )을 이용하여 2 뎁스의 top값을 알아내는 방법과 메뉴의 뎁스에 따라 한 행에 있는 다른 메뉴들의 높이도 똑같이 맞추는 것이 핵심이었습니다. 메뉴는 관리자의 설정에 따라 개수가 늘어나거나 줄어들 수 있는 UI이므로 유연하게 반응할 수 있어야 합니다.

5-4 브레드크럼형 SNB

서브 메뉴는 앞서 살펴본 예제들처럼 브라우저의 왼쪽에 자리 잡은 형태가 일반적이나 종종 다른 목적의 UI를 조합하여 새로운 형태로 디자인된 SNB를 볼 수 있습니다. 이번에 살펴볼 서브 메뉴는 브레드크럼(breadcrumb)형 SNB입니다. 브레드크럼형은 헨젤과 그레텔의 빵가루처럼 브라우저 내에서 사용자의 현재 위치를 알려주는 기능과 각 페이지로 이동하는 서브 메뉴 기능이 합쳐진 UI로 메뉴의 구조를 한눈에 파악할 수 있는 형태입니다. 그림 [그림 5-23]과 같은 형태를 어떻게 구현하는지 알아봅시다.

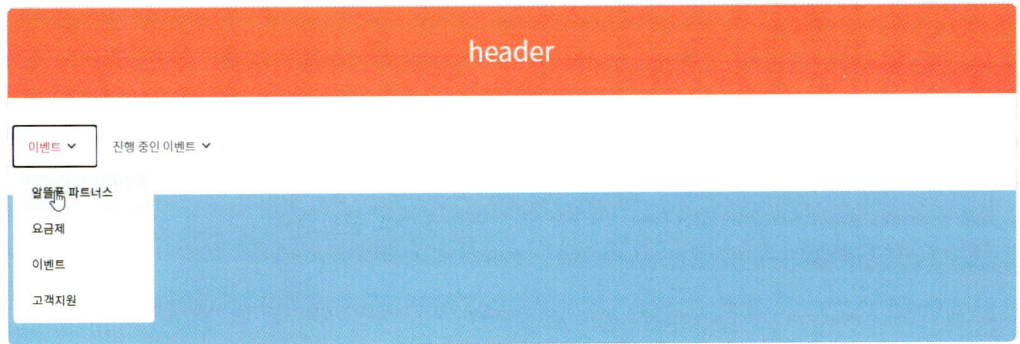

[그림 5-23] 브레드크럼형 SNB 디자인

HTML 코드 풀이

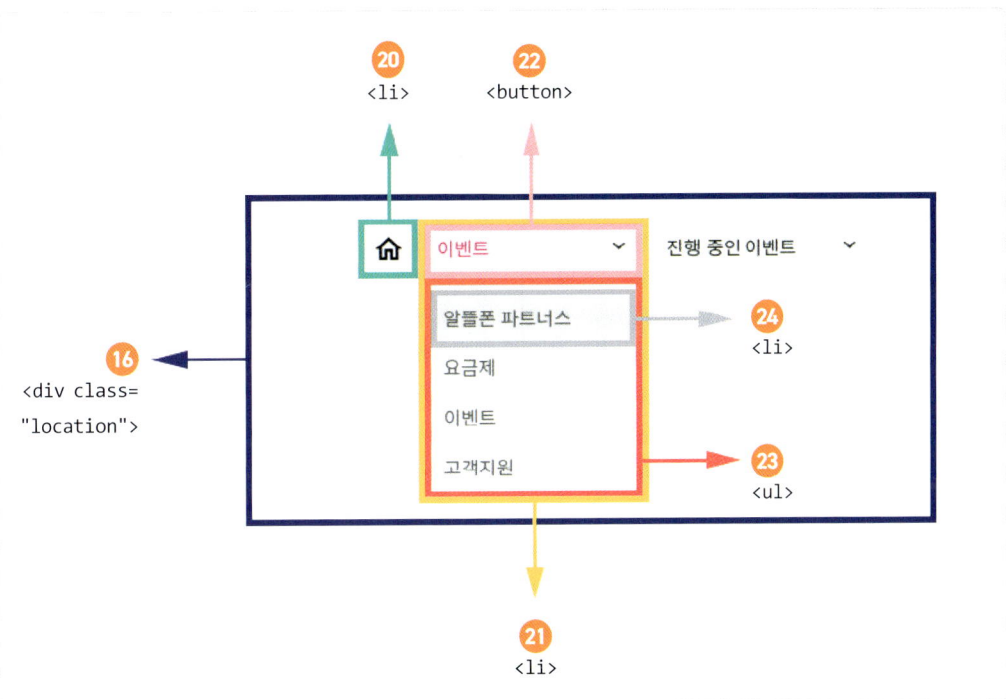

[그림 5-24] 브레드크럼형 SNB의 HTML 구조

[코드 5-9] 브레드크럼형 SNB `snb4.html`

```
01  <!DOCTYPE html>
02  <html lang="ko">
03  <head>
04    <meta charset="UTF-8">
05    <meta name="viewport" content="width=device-width, initial-scale=1.0">
06    <meta http-equiv="X-UA-Compatible" content="ie=edge">
07    <title>브레드크럼형 SNB</title>
08    <link rel="stylesheet" href="default.css">
09    <link rel="stylesheet" href="snb4.css">
10    <script src="js/jquery.js" charset="utf-8"></script>
11    <script src="js/snb4.js" charset="utf-8"></script>
12  </head>
13  <!--[if IE 9]><body class="ie9"><![endif]-->
14  <!--[if (gt IE 9)|!(IE)]><!--><body><!--<![endif]-->
15  <header>header</header>
16  <div class="location">
17    <h2 class="hide">현재 위치 안내</h2>
18    <nav>
19      <ul>
20        <li><a href=""><span class="hide">홈</span></a></li>
21        <li>
22          <button>이벤트</button>
23          <ul>
24            <li><a href="">알뜰폰 파트너스</a></li>
25            <li><a href="">요금제</a></li>
26            <li><a href="">이벤트</a></li>
27            <li><a href="">고객지원</a></li>
28          </ul>
29        </li>
30        <li>
31          <button>진행 중인 이벤트</button>
32          <ul>
33            <li><a href="">진행 중인 이벤트</a></li>
34            <li><a href="">지난 이벤트</a></li>
35            <li><a href="">당첨자 발표</a></li>
36          </ul>
37        </li>
38      </ul>
39    </nav>
40  </div>
41  <main>main</main>
42  </body>
43  </html>
```

Line 15

```
<header>header</header>
```

이번 예제에서는 SNB를 중점으로 살펴보기 위해 사이트의 로고, GNB, 유틸리티 메뉴 등을 표현하는 〈header〉는 영역만 구분해놓습니다.

Line 16, 40

```
<div class="location"></div>
```

브레드크럼 영역을 〈div〉 요소로 구분 짓고 location 클래스를 부여하여 CSS로 제어합니다.

Line 17

```
<h2 class="hide">현재 위치 안내</h2>
```

서브 메뉴와 브레드크럼 역할을 동시에 하는 SNB의 목적을 안내하기 위해 콘텐츠 블록인 〈h2〉 요소를 사용합니다. 디자인에는 표현되지 않고 화면 낭독기 사용자에게 설명하는 목적이 있으므로 hide 클래스로 숨김 텍스트 처리합니다.

Line 20

```
<li><a href=""><span class="hide">홈</span></a></li>
```

'홈'은 첫 페이지라는 의미로 사용자의 위치를 나타내는 모든 위치의 출발 지점입니다. 아이콘을 클릭했을 때 첫 페이지로 링크하기 위해 〈a〉 요소를 사용합니다. 아이콘은 CSS에서 배경 이미지로 삽입하고 이를 숨김 텍스트로 표현합니다.

Line 21~29

```
<li>
  <button>이벤트</button>
  <ul>
    <li><a href="">알뜰폰 파트너스</a></li>
    <li><a href="">요금제</a></li>
    <li><a href="">이벤트</a></li>
    <li><a href="">고객지원</a></li>
  </ul>
</li>
```

사용자의 2번째 위치 영역을 〈li〉 요소로 묶어 표현합니다. '홈'에서 출발하여 '이벤트'라는 2번째 위치를 나타냅니다. 메뉴명을 클릭하면 같은 뎁스의 메뉴가 펼쳐지는 기능을 하므로 〈button〉 요소로 제공하고, 〈button〉 요소를 클릭하면 나타나는 메뉴를 〈ul〉과 〈li〉로 표현합니다.

Line 30~37

```
<li>
  <button>진행 중인 이벤트</button>
  <ul>
    <li><a href="">진행 중인 이벤트</a></li>
    <li><a href="">지난 이벤트</a></li>
    <li><a href="">당첨자 발표</a></li>
  </ul>
</li>
```

사용자의 3번째 위치 영역을 역시 〈li〉 요소로 묶어 표현합니다. '홈'에서 출발하여 '이벤트'라는 페이지를 거쳐 '진행 중인 이벤트'라는 3번째 위치를 나타냅니다. 이로써 사용자는 첫 페이지에서부터 '이벤트' 페이지 안에 있는 '진행 중인 이벤트' 페이지를 보고 있다는 것을 파악할 수 있습니다. 〈button〉 요소를 클릭하면 같은 뎁스의 다른 메뉴로 이동할 수 있도록 메뉴 리스트를 제공합니다.

CSS 코드 풀이

이번 예제에서는 선을 표현하는 방법과 요소를 정렬하는 부분을 눈여겨봐야 합니다. UI를 구현할 때 많이 실수하는 부분은 바로 정렬입니다. 웹퍼블리싱은 디자인만 그대로 재현하는 것이 아니라 디자인의 의도를 파악하고 사용자 환경을 고려해야 하기 때문에 생각보다 어려울 수 있습니다.

SNB를 보면 SNB의 위아래에 회색 선이 있는데, 브라우저 가로 전체에 걸쳐 그어져 있습니다. 그리고 '홈' 아이콘을 시작으로 메뉴가 정렬됩니다. 단순히 디자인적인 관점에서만 보면 '홈' 아이콘이 시작하는 지점을 표현하기 위해 [그림 5-25]의 ①번처럼 왼쪽에 여백을 주는 방법을 생각했을지도 모릅니다. 하지만 사용자 환경을 고려한다면 ②번과 같이 SNB를 브라우저 전체 영역에서 중앙에 배치한다는 생각으로 접근해야 합니다.

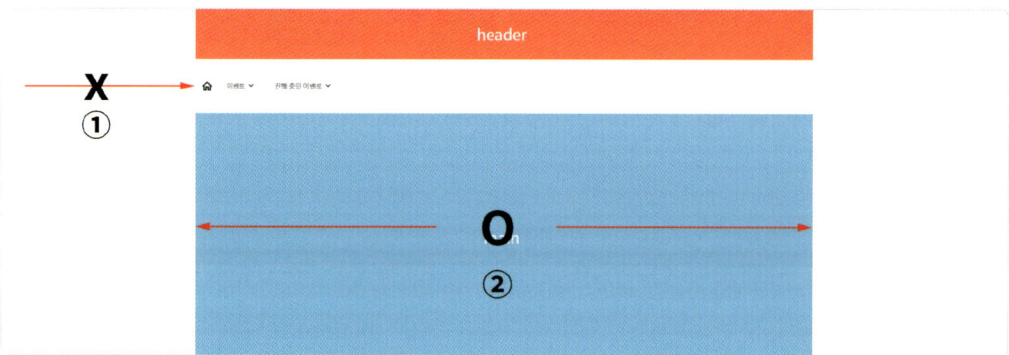

[그림 5-25] UI 디자인 의도를 파악하여 정렬하는 방법

웹퍼블리셔가 작업하는 환경만 생각하여 서비스를 만들면 해상도가 다른 사용자의 화면에는 디자인이 제대로 표현되지 않거나 UI가 깨질 수 있습니다. 따라서 낮은 해상도부터 높은 해상도까지 다양한 환경에서 웹서비스에 접근하는 사용자를 고려하여 코딩해야 합니다.

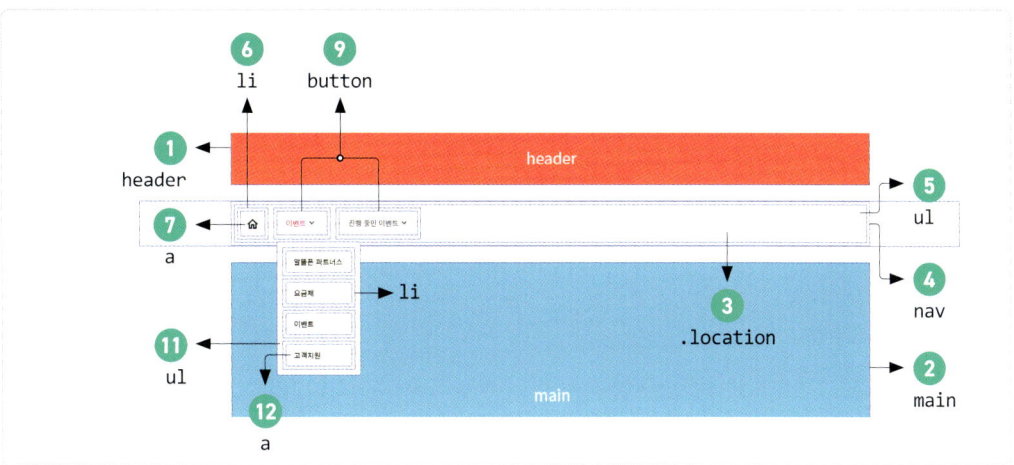

[그림 5-26] 브레드크럼형 SNB의 구조 분석

[코드 5-10] 브레드크럼형 SNB — snb4.css

```
01  header {margin: 0 auto 30px; width: 1240px; height: 100px; background: tomato;
        text-align: center; line-height: 100px; color: #fff; font-size: 30px;}
02  main {display: block; margin: 30px auto; width: 1240px; line-height: 500px;
        background: skyblue; color: #fff; text-align: center; font-size: 30px;}
03  .location {border-top: 1px solid #eee; border-bottom: 1px solid #eee;}
04  .location nav {margin: 0 auto; width: 1240px;}
05  .location nav > ul {display: flex;}
06  .location nav > ul > li {border-left: 1px solid #eee;}
07  .location nav > ul > li:first-child a {display: block; width: 46px; height: 46px;
        background: url(images/ico_home.png) no-repeat center;}
08  .location nav > ul > li:last-child {border-right: 1px solid #eee;}
09  .location nav > ul > li button {padding: 0 41px 0 17px; height: 46px; background:
        url(images/bu_arrow_down.png) no-repeat right 24px center; cursor: pointer;}
10  .location nav > ul > li button.on {color: #ec018c;}
11  .location nav > ul > li ul {display: none; position: absolute; min-width: 150px;
        padding: 5px; background: #fff; border: 1px solid #eee; border-radius: 4px;
        transform: translateY(2px);}
12  .location nav > ul > li ul a {display: block; padding: 0 15px; border-radius: 4px;
        line-height: 40px;}
13  .location nav > ul > li ul a:focus,
14  .location nav > ul > li ul a:hover {background: #eee;}
15  .ie9 .location nav > ul:after {content: ""; display: block; clear: both;}
16  .ie9 .location nav > ul > li {float: left;}
```

Line 03

```
.location {border-top: 1px solid #eee; border-bottom: 1px solid #eee;}
```

SNB 영역을 모두 감싸는 〈div〉 요소에 정의한 클래스로, 해당 영역에 위아래에 있는 회색 선을 표현합니다. 회색 선은 해상도에 상관없이 브라우저 가로 크기만큼 그어진 것을 확인할 수 있습니다.

Line 04

```
.location nav {margin: 0 auto; width: 1240px;}
```

SNB 영역의 시작 부분인 〈nav〉 요소는 〈header〉, 〈main〉 요소와 마찬가지로 중앙에 배치합니다.

Line 05

```
.location nav > ul {display: flex;}
```

display:flex를 설정하여 〈ul〉 요소의 자식인 〈li〉 요소를 모두 행으로 배치합니다. flex는 float와 달리 clear를 선언할 필요 없이 손쉽게 block 요소를 행으로 배치할 수 있습니다.

Line 06, 08

```
.location nav > ul > li {border-left: 1px solid #eee;}
.location nav > ul > li:last-child {border-right: 1px solid #eee;}
```

〈li〉 요소를 구분하는 세로 선을 표현한 코드입니다. 디자인을 보면 〈li〉 요소의 왼쪽과 오른쪽에 모두 선이 있습니다. 만약 〈li〉 요소의 양쪽에 선을 그리면 〈li〉 요소끼리 맞닿은 부분에 선이 중복되어 맨 처음과 마지막 선을 제외하고는 2픽셀로 표현됩니다. 따라서 모든 〈li〉 요소의 왼쪽에만 선을 그리고 마지막 〈li〉 요소에는 오른쪽에 선을 그려서 표현합니다.

Line 07

```
.location nav > ul > li:first-child a {display: block; width: 46px; height: 46px;
background: url(images/ico_home.png) no-repeat center;}
```

차일드 선택자(child selector)인 first-child, last-child, nth-child를 사용하면 CSS를 표현하기 쉬우나 나중에 오히려 독이 될 수 있으므로 신중히 사용해야 합니다. 만약 nth-child를 사용했는데 콘텐츠가 수정되어 요소의 순서가 바뀌면 엉뚱한 요소에 CSS가 적용되어 UI가 틀어질 수 있습니다.

그런데 '홈' 아이콘은 메뉴가 수정되거나 사용자의 위치에 상관없이 항상 1번째 위치에 표현될 것입니다. 이렇게 변하지 않는 콘텐츠를 표현할 때는 클래스가 아닌 차일드 선택자를 사용하는 것이 적절합니다.

'홈' 아이콘을 배경 이미지로 표현하기 위해서는 크기를 지정해야 하므로 block 요소로 설정합니다. 이때 <a> 요소의 크기를 아이콘 이미지 크기보다 크게 지정함으로써 클릭하기 편한 충분한 공간을 확보할 뿐만 아니라 선도 수월하게 표현할 수 있습니다.

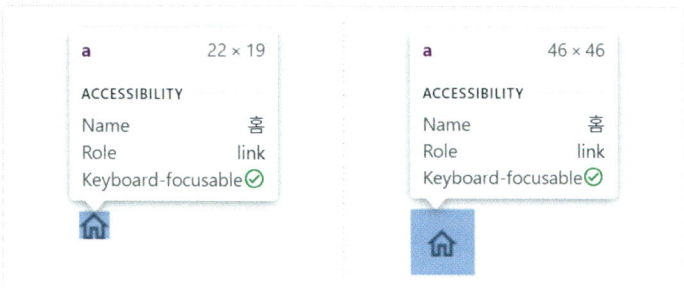

[그림 5-27] <a> 요소 크기에 따른 '홈' 아이콘의 영역

Line 09

```
.location nav > ul > li button {padding: 0 41px 0 17px; height: 46px;
background: url(images/bu_arrow_down.png) no-repeat right 24px center; cursor:
pointer;}
```

<button> 요소는 1 뎁스 메뉴에만 존재하기 때문에 자손 선택자로 지정합니다. inline-block 요소인 <button>은 display 설정 없이 크기를 지정할 수 있는데, 만약 <button>에 width 속성을 지정하면 메뉴명의 길이에 따라 너비가 유동적으로 변하지 않아 [그림 5-28]처럼 텍스트가 버튼 영역을 넘어가는 모습을 확인할 수 있습니다. 대신 padding으로 좌우에 여백을 제공하면 메뉴명의 길이에 따라 버튼의 길이 또한 함께 조절됩니다. 오른쪽 여백이 41픽셀인 것은 아래 화살표 모양의 배경 이미지 영역까지 계산한 값입니다.

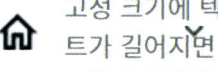

[그림 5-28] <button>에 width 속성을 사용하지 않은 이유

배경을 삽입할 때는 right나 bottom 등을 기준으로 위치를 고정값으로 설정할 수 있는데 여기서는 요소의 오른쪽을 기준으로 24픽셀 떨어진 위치에 이미지를 삽입합니다. center는 배경 이미지를 수직으로 중앙에 배치하는 값입니다.

Line 10

```
.location nav > ul > li button.on {color: #ec018c;}
```

메뉴를 클릭했을 때 버튼의 변화를 표현하는 코드입니다. 버튼을 클릭하면 해당 <button> 요소에 on 클래스를 추가하여 텍스트 색을 바꿉니다.

Line 11

```
.location nav > ul > li ul {display: none; position: absolute; min-width: 150px;
padding: 5px; background: #fff; border: 1px solid #eee; border-radius: 4px;
transform: translateY(2px);}
```

2 뎁스 메뉴의 리스트인 <ul> 요소는 메뉴 리스트가 펼쳐질 때 <main> 요소에 있는 콘텐츠의 레이아웃이 틀어지지 않도록 position:absolute를 설정하여 z축으로 이동합니다. 그리고 메뉴명의 길이가 짧더라도 어느 정도 최소한의 너비를 유지하도록 최소 가로 크기를 의미하는 min-width를 지정합니다.

펼쳐지는 메뉴 리스트의 테두리와 배경색을 지정하고 <ul> 요소의 둥근 모서리 모양은 border-radius로 표현합니다. border-radius를 몇 픽셀로 설정할지는 포토샵 CC 2020 버전 이상에서 확인할 수 있습니다. [그림 5-29]에서 보이듯이 모양 도구로 만든 레이어를 선택하면 속성 패널에서 모서리의 둥근 정도를 값으로 확인할 수 있습니다.

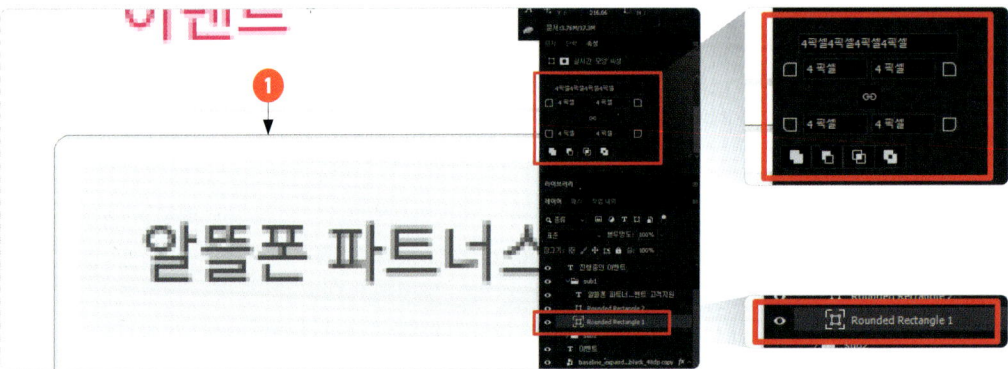

[그림 5-29] 포토샵에서 모서리의 둥근 정도를 값으로 확인

참고로 [그림 5-30]은 안쪽 여백으로 5픽셀이 어떻게 적용되는지 보여주는 그림입니다. padding은 border-radius 영역을 침범하는 사각형 영역으로 적용되기 때문에 포토샵에서는 이를 계산하여 그려야 합니다.

[그림 5-30] border-radius 영역을 침범하여 적용되는 padding 영역

transform의 translateY를 사용하여 [그림 5-29]의 ①번에 해당하는 <ul> 영역이 SNB와 떨어진 정도를 표현합니다. top 속성으로 표현하지 않은 이유는 relative가 설정된 조상 부모 요소가 없는 상태에서 좌표를 넣으면 UI의 위치나 가로 크기를 부모 요소보다 크게 잡을 수 없는 한계가 있기 때문입니다. absolute를 설정하고 좌표인 left, right, top, bottom을 넣지 않으면 현재 위치에서 z축으로 바로 이동하므로 따로 위치를 지정하지 않아도 되고 가로 크기 또한 자유롭게 설정할 수 있습니다. 따라서 position을 이용한 좌표가 아닌 margin 속성이나 translate를 이용해서 표현합니다.

Line 12

```
.location nav > ul > li ul a {display: block; padding: 0 15px; border-radius: 4px; line-height: 40px;}
```

펼쳐지는 메뉴의 <a> 요소를 꾸미는 코드로 display:block으로 설정하여 크기를 조절합니다. padding으로 <li>와 <a> 요소 사이에 좌우로 여백을 줍니다. 만약 디자인상에는 메뉴명이 짧고 왼쪽으로 정렬되어 있다고 해서 여백을 왼쪽에만 제공하면 [그림 5-31]처럼 메뉴명이 길어졌을 때 오른쪽에는 여백이 없어 균형 있는 모습을 표현하지 못합니다.

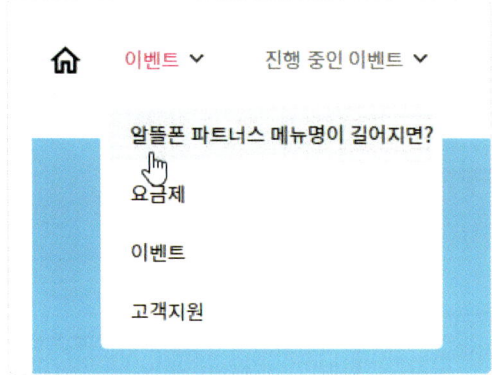

[그림 5-31] <a> 요소의 오른쪽에 padding을 제공하지 않으면 생기는 문제점

Line 13, 14

```
.location nav > ul > li ul a:focus,
.location nav > ul > li ul a:hover {background: #eee;}
```

2 뎁스 메뉴에 마우스 커서나 키보드 초점이 진입하면 <a> 요소의 배경색이 회색으로 바뀌게 하는 코드입니다.

Line 15, 16

```
.ie9 .location nav > ul:after {content: ""; display: block; clear: both;}
.ie9 .location nav > ul > li {float: left;}
```

`Line 05`에서 사용한 display:flex를 대체하는 코드입니다. IE 9 이하에서는 flex를 지원하지 않아서 [그림 5-32] 처럼 UI가 틀어지는 현상이 일어나므로 float 속성을 활용합니다. clear:both는 float의 영향으로 부모인 <ul> 요소의 높이가 사라지는 것을 보완하는 코드입니다.

[그림 5-32] flex를 지원하지 않는 IE 9에서의 SNB

jQuery 코드 풀이

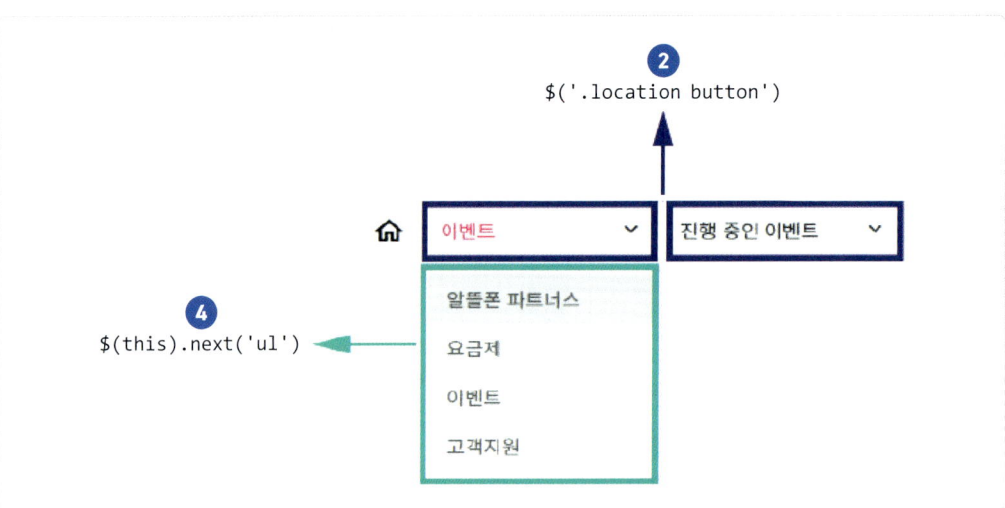

[그림 5-33] 브레드크럼형 SNB의 jQuery 구조도

[코드 5-11] 브레드크럼형 SNB · snb4.js

```
01  $(document).ready(function(){
02    $('.location button').on('click', function(){
03      $(this).toggleClass('on');
04      $(this).next('ul').stop().slideToggle();
05      $(this).parent('li').siblings('li').children('button').removeClass('on');
06      $(this).parent('li').siblings('li').children('ul').slideUp();
07    });
08  });
```

Line 02, 07

```
$('.location button').on('click', function(){ });
```

[그림 5-33]의 ②번에 해당하는 영역으로 SNB에 있는 메뉴 버튼을 클릭할 때 실행되는 기능을 정의합니다.

Line 03

```
$(this).toggleClass('on');
```

$(this)는 SNB 영역에서 클릭하는 <button> 요소를 말합니다. toggleClass('on')은 해당 요소를 클릭할 때마다 on 클래스를 부여하거나 제거하는 기능을 번갈아서 수행합니다. 즉, 메뉴가 펼쳐지지 않은 상태에서 클릭하면 on 클래스가 부여되고, 메뉴가 펼쳐진 상태에서 다시 한번 클릭하면 on 클래스가 제거됩니다.

Line 04

```
$(this).next('ul').stop().slideToggle();
```

$(this).next('ul')은 클릭한 버튼의 다음 형제 요소인 <ul> 요소를 지정합니다. slideToggle( )은 <ul> 요소가 접힌 상태일 때 슬라이드로 펼쳐지고, <ul> 요소가 펼쳐진 상태에서는 슬라이드로 접히는 기능을 수행합니다. stop( )은 메뉴 버튼을 연속해서 클릭할 때 애니메이션이 반복되는 것을 방지합니다.

Line 05

```
$(this).parent('li').siblings('li').children('button').removeClass('on');
```

$(this)는 클릭한 버튼을 말하며 parent('li')는 해당 버튼의 부모 요소인 <li> 요소를 선택합니다. siblings('li')는 이 <li> 요소를 제외한 나머지 형제 <li> 요소를 선택합니다. children('button')은 나머지 형제 <li>의 자식인 <button> 요소를 선택하고 removeClass('on')으로 해당 <button> 요소에 on 클래스를 제거합니다.

풀어서 설명하면 1번째 버튼인 [이벤트]를 클릭할 경우 [진행 중인 이벤트] 버튼은 on 클래스가 제거되고, 2번째 버튼인 [진행 중인 이벤트]를 클릭했을 때는 1번째 버튼인 [이벤트]에 on 클래스가 제거되는 코드입니다. siblings( )는 UI를 제작할 때 상당히 유용하게 쓰이는 메서드이니 잘 기억하고 활용하도록 합시다.

Line 06

```
$(this).parent('li').siblings('li').children('ul').slideUp();
```

Line 05와 유사한 형식의 코드로, 클릭한 버튼의 나머지 형제를 찾아 그 형제들의 자식 요소인 <ul> 요소를 슬라이드로 접는 기능을 합니다.

화면 낭독기 결과

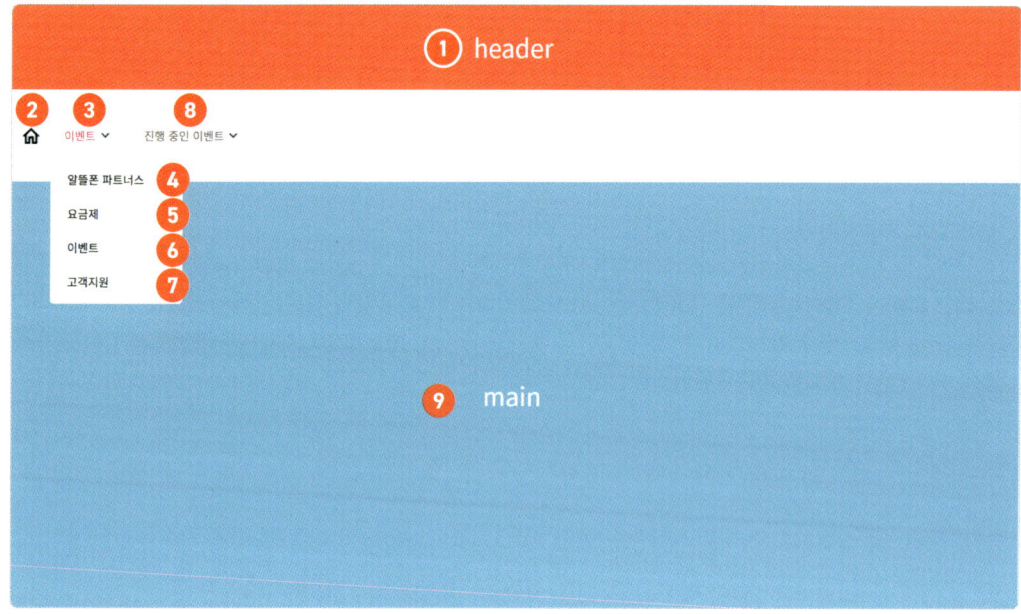

[그림 5-34] 서브 메뉴 예제 4를 화면 낭독기가 읽는 순서

❶ header
❷ 내비게이션 랜드마크 / 목록 항목 수 3개 / 홈 / 방문함 / 링크
❸ 이벤트 / 버튼
❹ 목록 항목 수 4개 / 알뜰폰 파트너스 / 방문함 / 링크
❺ 요금제 / 방문함 / 링크
❻ 이벤트 / 방문함 / 링크
❼ 고객지원 / 방문함 / 링크
❽ 진행 중인 이벤트 / 버튼
❾ 목록 끝 / 주요 내용 랜드마크 / main

리베하얀의 한마디

브레드크럼형 디자인은 사용자에게 현재 페이지의 위치를 알려주는 용도로만 사용되었지만, SNB의 역할까지 하면서 페이지 이동도 가능합니다. 이전 예제에서도 보았듯이 최근 웹서비스 UI는 이렇게 두 가지 이상의 역할을 혼용해서 사용하는 추세입니다.

이번 브레드크럼형 메뉴가 이전 메뉴들과 다른 점은 마우스를 올렸을 때 메뉴가 펼쳐지는 형태가 아니라 클릭을 해야만 하위 메뉴를 확인할 수 있다는 점입니다. 이렇게 제공된 디자인을 보고 기능을 잘 파악하여 코드로 표현하는 것이 중요합니다.

5-5 탭 메뉴형 SNB

탭 메뉴형 SNB는 GNB와 표현 방법이 동일하여 HTML과 CSS 코드만 봐서는 다른 점이 없지만, 2 뎁스 메뉴를 나타낸다는 점이 다릅니다. GNB와 구분하기 위해 애니메이션과 box-shadow 속성을 추가하였으니 UI가 비슷하더라도 메뉴의 사용 목적이 다르다는 것을 기억합시다.

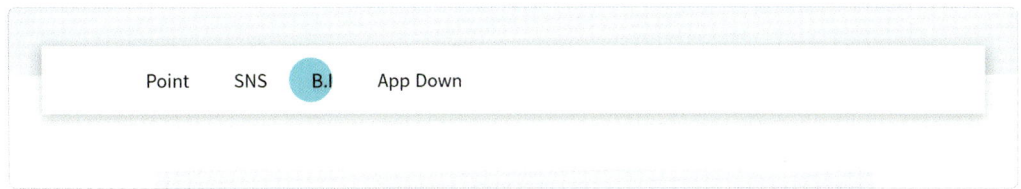

[그림 5-35] 탭 메뉴형 SNB 디자인

HTML 코드 풀이

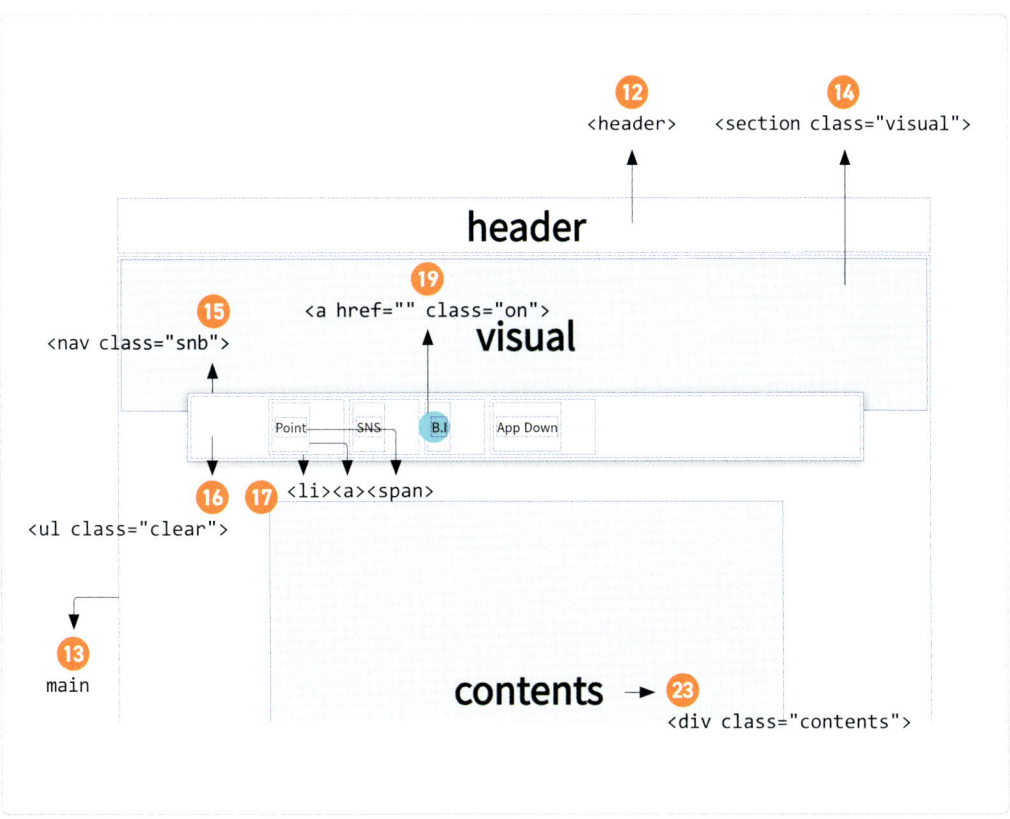

[그림 5-36] 탭 메뉴형 SNB의 HTML 구조

[코드 5-12] 탭 메뉴형 SNB　　　　　　　　　　　　　　　　　　　　　　`snb5.html`

```html
01  <!DOCTYPE html>
02  <html lang="ko">
03  <head>
04    <meta charset="UTF-8">
05    <meta name="viewport" content="width=device-width, initial-scale=1.0">
06    <meta http-equiv="X-UA-Compatible" content="ie=edge">
07    <title>탭 메뉴형 SNB</title>
08    <link rel="stylesheet" href="default.css">
09    <link rel="stylesheet" href="snb5.css">
10  </head>
11  <body>
12  <header>header</header>
13  <main>
14    <section class="visual">visual</section>
15    <nav class="snb">
16      <ul class="clear">
17        <li><a href=""><span>Point</span></a></li>
18        <li><a href=""><span>SNS</span></a></li>
19        <li><a href="" class="on"><span>B.I</span></a></li>
20        <li><a href=""><span>App Down</span></a></li>
21      </ul>
22    </nav>
23    <div class="contents">contents</div>
24  </main>
25  </body>
26  </html>
```

Line 14

```html
<section class="visual">visual</section>
```

레이아웃 구성을 위해 임시로 배치한 요소입니다. 비주얼 영역은 사진, 이미지, 영상 등을 슬라이드 형식으로 구성하여 사이트에서 주로 알리고자 하는 내용을 홍보하는 목적이 있는 독립적인 영역이므로 〈section〉 요소를 사용하여 구분합니다.

Line 17~20

```html
<li><a href=""><span>Point</span></a></li>
<li><a href=""><span>SNS</span></a></li>
<li><a href="" class="on"><span>B.I</span></a></li>
<li><a href=""><span>App Down</span></a></li>
```

메뉴에 마우스 커서를 올렸을 때나 현재 페이지의 위치를 표시하는 [그림 5-36]의 ⑲번 디자인을 표현하기 위해 〈span〉 요소를 사용하여 CSS를 적용합니다.

CSS 코드 풀이

[코드 5-13] 탭 메뉴형 SNB　　　　　　　　　　　　　　　　　　　　　　　snb5.css

```css
01  header,
02  .visual,
03  .contents {font-size: 70px; text-align: center; font-weight: bold; color: #000;}
04  header {border-bottom: 1px solid #ddd; line-height: 100px;}
05  .visual {background: #e9ebed; line-height: 280px;}
06  .contents {margin: 0 auto; width: 980px; line-height: 70vh; background: #e9ebed;}
07
08  .snb {position: relative; width: 1290px; margin: -40px auto 74px; box-shadow: 0 7px 19px 4px rgba(0,0,0,.2); background: #fff;}
09  .snb ul {padding: 0 142px;}
10  .snb li {float: left; padding: 0 60px 0 0;}
11  .snb a {display: block; position: relative; line-height: 90px; font-size: 24px;}
12  .snb a:after {content: ""; position: absolute; right: 0; top: 50%; transform: translate(-50px, -50%) scale(0); width: 60px; height: 60px; border-radius: 100%; background: #84d7e3; opacity: 0; transition: all .3s;}
13  .snb a span {position: relative; z-index: 3;}
14  .snb a.on:after,
15  .snb a:hover:after {transform: translate(0, -50%) scale(1); opacity: 1;}
```

Line 01~06

```css
header,
.visual,
.contents {font-size: 70px; text-align: center; font-weight: bold; color: #000;}
header {border-bottom: 1px solid #ddd; line-height: 100px;}
.visual {background: #e9ebed; line-height: 280px;}
.contents {margin: 0 auto; width: 980px; line-height: 70vh; background: #e9ebed;}
```

메뉴 외의 레이아웃을 구성하기 위해 임시로 넣은 헤더, 비주얼, 메인 영역을 표현하는 코드로 삭제해도 메뉴에는 아무런 영향이 없습니다.

Line 01~03을 보면 여러 개의 선택자에 공통된 속성을 적용하기 위해 선택자를 쉼표로 구분합니다. Line 06에서 줄 간격으로 설정한 70vh는 할당된 영역 안에서 브라우저의 높이를 70%만큼 차지하는 것을 의미합니다.

Line 08

```
.snb {position: relative; width: 1290px; margin: -40px auto 74px; box-shadow: 0 7px 19px 4px rgba(0,0,0,.2); background: #fff;}
```

〈nav〉 요소에 부여한 snb 클래스입니다. block 속성인 〈nav〉 요소를 수평으로 중앙에 배치하기 위해 margin:0 auto를 이용합니다. margin을 이용할 때는 width를 함께 선언해야 중앙에 배치되므로 그림자가 있는 공간까지 고려한 메뉴의 가로 크기를 width로 지정합니다.

margin으로는 위아래에 각각 -40픽셀과 74픽셀로 여백을 제공합니다. SNB는 회색으로 된 비주얼 영역 바로 아래에 있는데, SNB 영역이 비주얼 영역을 조금 가리도록 배치하기 위해 -40픽셀의 여백을 주어 위로 이동합니다. margin을 사용하면 지정한 값만큼 모든 형제 요소가 함께 이동하는데, 만약 translateY를 사용하면 지정한 요소만 움직이고 다른 형제 요소는 그대로 있어 공백이 생깁니다. absolute를 사용하는 방법도 있지만 여기서는 이미 relative로 설정하였고, absolute를 사용했을 때 contents 영역이 snb 영역에 가려지는 현상을 보완하기 위해 snb의 높이만큼 여백을 주는 코드를 추가로 작성해야 하는 번거로움이 있으므로 사용하지 않았습니다.

SNB의 아래쪽에 지정한 margin은 contents 영역과의 간격을 표현합니다. 요소를 브라우저 중앙에 배치하는 공식으로 통용되는 margin:0 auto가 어떻게 동작하는지를 이해해서 0을 다른 숫자로 대체하여 다른 디자인도 표현할 수 있다는 것을 기억하기 바랍니다.

디자인을 다시 보면 〈nav〉 영역 전체에 그림자가 있습니다. 그림자 설정에 대한 정보는 포토샵에서 확인할 수 있습니다. 참고로 디자이너가 만약 그림자를 포토샵의 레이어 스타일로 표현하지 않았다면 현재 코드를 사용했을 때 디자인과 다르게 나올 수 있습니다.

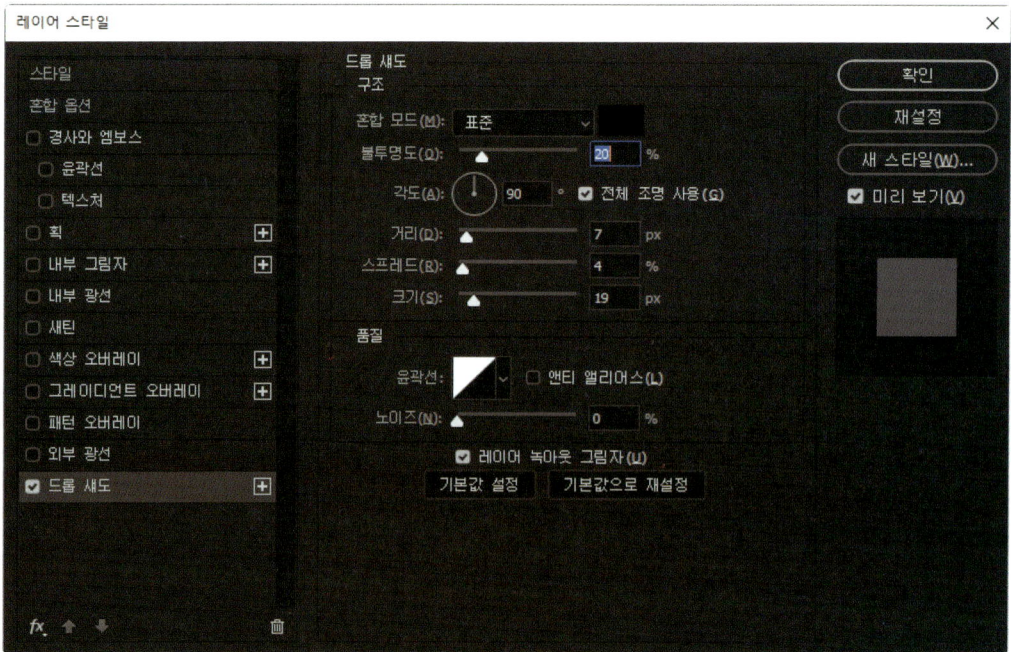

[그림 5-37] box-shadow를 설정하기 위한 포토샵에서의 그림자 정보

[그림 5-37]은 box-shadow 속성의 값을 확인하는 포토샵의 레이어 스타일 화면입니다. box-shadow의 1번째 값은 수평으로 비추는 빛의 각도를 나타냅니다. 포토샵에서 각도는 90도로 설정되어 있는데, 90도는 수직으로 비추는 각도이므로 box-shadow의 1번째 값은 0입니다. 2번째 값은 빛의 거리를 말하며 현재 포토샵에서 7픽셀로 되어있기 때문에 box-shadow의 2번째 값은 7픽셀입니다. 3번째 값은 그림자의 크기로 포토샵에서 설정된 19픽셀로 지정합니다.

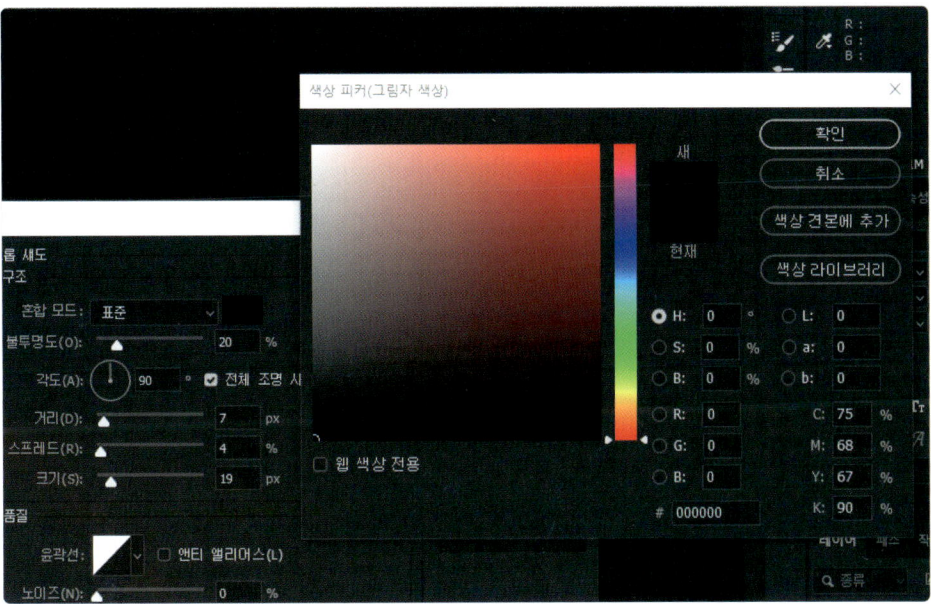

[그림 5-38] 그림자의 RGB 색상 정보 화면

box-shadow의 4번째 값은 그림자의 색입니다. 색은 표준 혼합 모드에서 [그림 5-38]의 색상 피커로 RGB를 추출합니다. 그림자의 불투명도는 rgba의 마지막 값인 alpha를 뜻하는 a값으로 넣습니다. 설정된 불투명도가 20%이므로 0.2로 지정하는데, CSS에서는 양수일 경우 소수점 첫째 자리 0을 생략해도 됩니다.

Line 09

```
.snb ul {padding: 0 142px;}
```

〈nav〉 요소에 전체 가로 크기와 배경색을 지정했다면 〈ul〉 요소에는 메뉴의 배치를 위해 좌우에 여백을 넣습니다. 메뉴는 〈ul〉 요소에 왼쪽으로 정렬되어 있으므로 이를 여백으로 표현하고 메뉴가 많아질 경우를 대비해서 오른쪽에도 동일하게 여백을 줍니다.

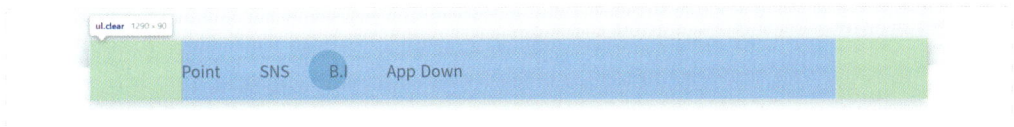

[그림 5-39] 〈ul〉 요소의 좌우 안쪽 여백

Line 10

```
.snb li {float: left; padding: 0 60px 0 0;}
```

각 메뉴를 나타내는 〈li〉 요소에 float를 사용하여 행으로 배치합니다. 그리고 오른쪽에 padding을 주어 메뉴끼리 간격을 지정합니다.

Line 11, 12

```
.snb a {display: block; position: relative; line-height: 90px; font-size: 24px;}
.snb a:after {content: ""; position: absolute; right: 0; top: 50%; transform: translate(-50%, -50%) scale(0); width: 60px; height: 60px; border-radius: 100%; background: #84d7e3; opacity: 0; transition: all .3s;}
```

메뉴에 마우스 커서를 올릴 때 나타나는 동그라미를 표현한 코드입니다. 〈a〉 요소는 동그라미의 위치를 잡는 기준으로 삼기 위해 position:relative를 설정합니다. 〈a〉 요소의 :after 가상 요소는 position:absolute를 설정하여 z축으로 이동시킨 뒤, 동그라미가 〈a〉 요소를 기준으로 오른쪽에 붙어서 나타나도록 right:0을 지정합니다.

모양은 60x60픽셀의 사각형을 border-radius:100%로 모서리를 둥글려 동그라미 형태를 만듭니다. 이 동그라미는 마우스 커서가 메뉴에 진입했을 때만 나타나도록 평소에는 보이지 않게 opacity:0을 주어 숨깁니다. 동그라미가 나타날 때는 애니메이션으로 표현하기 위해서 transition을 설정합니다.

Line 13

```
.snb a span {position: relative; z-index: 3;}
```

메뉴명을 〈span〉 요소로 감싸준 이유는 바로 z축 설정 때문입니다. 만약 〈span〉 요소에 z-index 설정을 하지 않으면 동그라미가 나타날 때 Line 12에서 :after 가상 요소에 설정한 absolute로 인해 z축으로 이동하여 [그림 5-40]과 같이 텍스트를 덮어버리는 현상이 발생합니다. 따라서 〈span〉 요소에는 relative를 설정하여 위치를 고정하되 z-index를 더 높게 지정합니다.

[그림 5-40] 〈span〉 요소에 z-index 설정을 하지 않을 경우 일어나는 현상

Line 14, 15

```
.snb a.on:after,
.snb a:hover:after {transform: translate(0, -50%) scale(1); opacity: 1;}
```

메뉴를 클릭했을 때와 마우스를 올렸을 때 나타나는 동그라미에 애니메이션을 주는 코드입니다. Line 12에서 transition:all .3s를 설정했는데, all의 의미는 설정한 모든 CSS 속성을 애니메이션으로 표현한다는 것이며 .3s는 transition-duration으로 애니메이션이 동작하는 시간을 뜻합니다. 즉, transform으로 설정한 translate와 scale 그리고 opacity가 모두 동시에 0.3초 동안 애니메이션으로 진행됩니다.

여기서 주의 깊게 살펴볼 속성은 transform입니다. 조금 전 Line 12에서 translate(-50%, -50%) scale(0)과 opacity:0을 설정하였습니다. 이것을 지금 코드와 비교해보면 translate의 x축이 -50%에서 0으로 바뀌는데 이것은 왼쪽에서 오른쪽으로 이동시키는 애니메이션이 되고, 그대로인 y축의 -50%는 동그라미가 <a> 요소를 기준으로 수직에서 중앙 배치되는 것을 의미합니다. scale을 보면 0에서 1로 바뀌는데 이는 동그라미의 크기가 0에서 100% 크기로 변하는 애니메이션이 됩니다. opacity는 0에서 1로 바뀌면서 화면에 보이지 않다가 서서히 나타나는 애니메이션으로 동작합니다.

화면 낭독기 결과

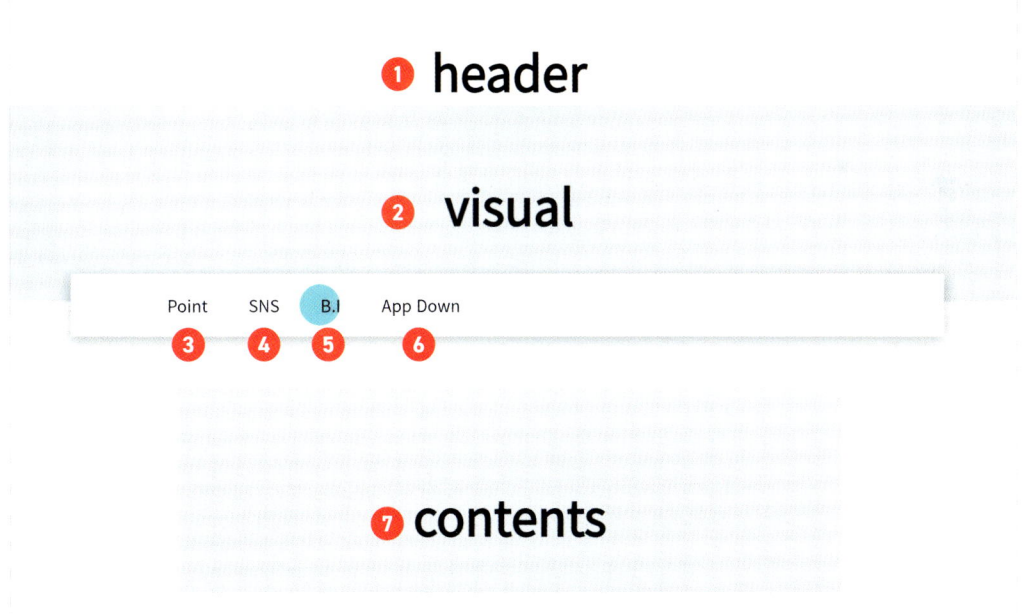

[그림 5-41] 서브 메뉴 예제 5를 화면 낭독기가 읽는 순서

❶ 배너 랜드마크 / header
❷ 주요 내용 랜드마크 / visual
❸ 내비게이션 랜드마크 / 목록 항목 수 4개 / Point / 방문함 / 링크
❹ SNS / 방문함 / 링크
❺ B.I / 방문함 / 링크
❻ App Down / 방문함 / 링크
❼ 목록 끝 / contents

리베하얀의 한마디

이번 예제는 SNB와 다음 장에서 소개할 탭 메뉴의 디자인을 섞어놓은 메뉴로, z축을 이해하는 것이 중요했습니다. z-index는 부모와 자식 관계가 아니라 반드시 형제 관계일 때 적용됩니다. z축을 이해하면 요소들의 높낮이를 적절하게 조절하여 원하는 디자인을 만들어 낼 수 있습니다.

작고 별거 아닌 것처럼 보이는 디자인도 때로는 표현하는 방법을 제대로 이해하지 못해 어려움을 겪을 때가 많은데, 예제를 통해 알아가는 팁들이 여러분에게 도움이 되길 바랍니다.

6장

탭 메뉴

[그림 6-1] 같은 주제끼리 구분하는 인덱스 카드

탭 메뉴는 웹 초기부터 많이 사용하던 UI로 [그림 6-1]의 인덱스 카드의 기능에서 유래하였습니다. 탭 메뉴와 일반 메뉴와의 차이점은 콘텐츠끼리의 연관성입니다. 일반 메뉴는 각기 다른 주제의 콘텐츠로 이동하지만 탭 메뉴는 서로 관련한 주제에서 콘텐츠를 구분하는 목적으로 이동합니다.

탭 메뉴를 제작하기 전에는 탭 메뉴의 가로 크기와 탭 메뉴가 한 줄로 끝나는지 두 줄 이상 만들어져야 하는지 그리고 탭 메뉴 안에 또 다른 탭 메뉴가 제공되는지 등 다양한 변수를 먼저 파악해야 합니다. 이런 변수들은 디자인을 보면 알 수 있는 부분과 그렇지 않은 부분이 있습니다. 만약 디자인만 보고 파악이 힘들다면 디자이너 또는 기획자와 탭 메뉴의 확장성에 관해 상의해 봐야 합니다.

탭의 종류는 상황에 따라 다양한 유형이 있습니다. 다음 4가지 유형의 예제를 통해 각각 어떠한 차이점이 있는지 알아보고 표현해 보겠습니다.

유형 1. 테두리가 있는 탭 메뉴
유형 2. 아래 테두리가 없는 탭 메뉴
유형 3. 2 뎁스로 구성된 탭 메뉴
유형 4. 두 줄 이상인 탭 메뉴

▶ 예제 파일 다운로드: https://github.com/rebehayan/book

6-1 테두리가 있는 탭 메뉴

가장 보편적인 탭 메뉴 디자인입니다. 콘텐츠 영역과 가로 크기가 같으며 탭의 개수에 따라 탭 버튼의 크기는 n분의 1로 디자인되는 점을 고려하는 것이 중요합니다.

[그림 6-2] 테두리가 있는 탭 메뉴 디자인

HTML 코드 풀이

첫 번째로 살펴볼 탭 메뉴는 전체 외곽선이 있는 탭 메뉴입니다. 탭 메뉴의 기본 형태로 가장 코딩하기 쉬운 구조이기도 합니다. 탭 메뉴를 제작하기 전에 먼저 디자인을 파악해보면 [그림 6-2]의 탭 메뉴는 탭 버튼의 크기가 모두 같습니다. 즉, 메뉴의 글자 수에 상관없이 가로 크기를 모두 똑같이 설정하는 것에 중점을 두고 차후에 CSS로 표현해 보도록 하겠습니다.

[코드 6-1] 테두리가 있는 탭 메뉴 `tab1.html`

```html
01  <!DOCTYPE html>
02  <html lang="ko">
03  <head>
04    <meta charset="UTF-8">
05    <meta name="viewport" content="width=device-width, initial-scale=1.0">
06    <meta http-equiv="X-UA-Compatible" content="ie=edge">
07    <title>테두리가 있는 탭 메뉴</title>
08    <link rel="stylesheet" href="default.css">
09    <link rel="stylesheet" href="tab1.css">
10    <script src="js/jquery.js" charset="utf-8"></script>
11    <script src="js/tab1.js" charset="utf-8"></script>
12  </head>
13  <!--[if IE 9]><body class="ie9"><![endif]-->
14  <!--[if (gt IE 9)|!(IE)]><!--><body><!--<![endif]-->
15    <main>
16      <h2>진행 중인 이벤트</h2>
17      <div class="tab_group">
18        <nav class="tab">
19          <ul>
20            <li class="on"><button>진행 중인 이벤트</button></li>
21            <li><button>지난 이벤트</button></li>
22            <li><button>당첨자 발표</button></li>
23          </ul>
24        </nav>
25        <div class="tab_content on">contents1</div>
26        <div class="tab_content">contents2</div>
27        <div class="tab_content">contents3</div>
28      </div>
29    </main>
30  </body>
31  </html>
```

Line 15, 29

```
<main></main>
```

탭 메뉴는 본문에 포함되는 콘텐츠이므로 본문을 의미하는 〈main〉 요소로 감쌉니다.

Line 16

```
<h2>진행 중인 이벤트</h2>
```

'진행 중인 이벤트'라는 텍스트에 〈h1〉 요소를 사용하지 않은 이유는 사이트의 모든 정보를 포함하는 1번째 콘텐츠 제목의 역할을 하는 로고에 〈h1〉 요소가 있다고 가정했기 때문입니다. 이처럼 콘텐츠 일부분만 만드는 것을 연습할지라도 전체적인 구조를 생각하여 주변에 다른 콘텐츠가 있다고 가정하고 코딩에 임하면 적절한 위치에 적절한 요소를 사용하는 습관을 들일 수 있습니다.

Line 17, 28

```
<div class="tab_group"></div>
```

탭 메뉴를 스크립트로 제어하려면 기준이 되는 부모 요소가 있어야 한 페이지에 여러 개의 탭이 있더라도 개별로 제어할 수 있습니다. 따라서 탭 전체를 〈div〉 요소로 묶습니다.

Line 18, 24

```
<nav class="tab"></nav>
```

탭 메뉴는 각각의 콘텐츠를 보기 위한 버튼으로 구성되어 있습니다. 그리고 각각의 콘텐츠로 이동하는 내비게이션 역할을 하므로 〈nav〉 요소로 표현합니다.

Line 25~27

```
<div class="tab_content on">contents1</div>
<div class="tab_content">contents2</div>
<div class="tab_content">contents3</div>
```

탭 메뉴마다 들어갈 콘텐츠 영역을 〈div〉 요소로 표현하고 내용을 입력합니다.

CSS 코드 풀이

[코드 6-2] 테두리가 있는 탭 메뉴 `tab1.css`

```css
01  main {display: block; width: 1240px; margin: 0 auto;}
02  main h2 {padding: 90px 0 58px; line-height: 1; font-size: 38px; color: #333; text-align: center;}
03  .tab {padding: 0 0 14px;}
04  .tab ul {display: flex;}
05  .tab ul li {flex: 1; position: relative; margin: 0 0 0 -1px; border: 1px solid #d2d2d2;}
06  .tab ul li.on {z-index: 2; border-color: #ed008c;}
07  .tab ul li.on button {background: #ed008c; color: #fff;}
08  .tab ul li button {width: 100%; height: 56px; background: #fff; font-size: 17px; color: #333;}
09  .tab ul li:first-child {border-radius: 2px 0 0 2px;}
10  .tab ul li:last-child {border-radius: 0 2px 2px 0;}
11  .tab_content {display: none; background: #e5e5e5; line-height: 212px; text-align: center; font-size: 100px; color: #000;}
12  .tab_content.on {display: block;}
13  .ie9 .tab ul:after {content: ""; display: block; clear: both;}
14  .ie9 .tab ul li {float: left; width: 33.33%; box-sizing: border-box;}
15  .ie9 .tab ul.no2 li {width: 50%;}
16  .ie9 .tab ul.no4 li {width: 25%;}
17  .ie9 .tab ul.no5 li {width: 20%;}
```

Line 01

```css
main {display: block; width: 1240px; margin: 0 auto;}
```

〈main〉 요소는 block 속성이지만 IE에서는 inline 요소로 인식하기 때문에 display:block을 설정한 뒤 콘텐츠의 가로 크기를 지정하고 수평으로 중앙에 배치합니다. 보통 탭 메뉴 영역의 가로 크기는 콘텐츠 영역의 가로 크기와 같습니다.

Line 02

```css
main h2 {padding: 90px 0 58px; line-height: 1; font-size: 38px; color: #333; text-align: center;}
```

line-height로 지정한 1은 텍스트의 크기에 따라 달라지는 고유의 줄 간격을 초기화하는 값입니다. 텍스트의 줄 간격을 초기화하면 padding을 적용했을 때 디자인과 실제 브라우저에서 표현되는 여백의 오차를 줄일 수 있습니다. 텍스트를 수평으로 가운데 정렬하기 위해서는 text-align을 사용합니다.

Line 03

```
.tab {padding: 0 0 14px;}
```

padding 속성을 아래 방향으로 주어 탭 영역과 콘텐츠 영역 간의 공간을 표현합니다.

Line 04, 05

```
.tab ul {display: flex;}
.tab ul li {flex: 1; position: relative; margin: 0 0 0 -1px; border: 1px solid #d2d2d2;}
```

display:flex를 설정하여 자식 요소인 〈li〉를 행으로 배치합니다. flex 속성은 부모 요소에 display:flex가 설정되어 있어야 사용할 수 있고, flex:1은 각 〈li〉 요소의 가로 크기가 n분의 1로 지정되는 것을 의미합니다. relative는 Line 06에서 활성화된 탭 메뉴를 표현하기 위해 설정한 값입니다.

border는 모든 방향에 1픽셀로 지정하는데, 이렇게 하면 선과 선이 맞닿는 부분은 디자인보다 굵은 2픽셀로 표현됩니다. 이때 겹치는 선의 굵기인 1픽셀만큼 margin값을 마이너스로 왼쪽에 주면 margin이 선을 왼쪽으로 끌어당기는 효과를 냅니다. 그러면 1픽셀과 1픽셀의 선이 겹쳐져서 디자인대로 1픽셀만 표현됩니다.

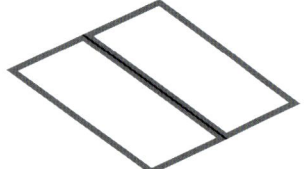 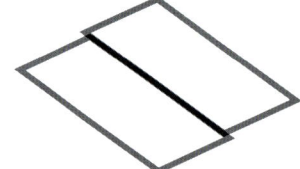

[그림 6-3] margin을 이용해 겹쳐진 선

Line 06

```
.tab ul li.on {z-index: 2; border-color: #ed008c;}
```

z-index를 제공한 이유는 선이 다른 요소의 선에 묻히는 현상을 보완하기 위해서입니다. z-index를 주지 않으면 [그림 6-4]의 ⓐ처럼 활성화된 버튼의 오른쪽에 회색 선이 나타납니다. 이 회색 선은 다음 탭 버튼의 왼쪽 선입니다. 마이너스로 설정한 margin값으로 인해 선이 겹쳐있어서 발생한 이 현상을 z-index로 해결하는 것입니다.

z-index 속성은 Line 05에 설정한 position:relative가 있어야만 표현됩니다. position으로 absolute, fixed, sticky를 사용하지 않은 이유는 현재 공간을 벗어나 다른 레이아웃에 영향을 주기 때문입니다.

ⓐ z-index 속성이 없을 때   ⓑ z-index 속성이 있을 때

[그림 6-4] z-index 속성 유무에 따른 활성화된 탭의 선 표시

Line 07

```
.tab ul li.on button {background: #ed008c; color: #fff;}
```

탭이 활성화되었을 때 〈button〉 요소의 배경색과 텍스트 색입니다.

Line 08

```
.tab ul li button {width: 100%; height: 56px; background: #fff; font-size: 17px;
color: #333;}
```

비활성화 상태의 탭을 표현한 코드입니다. inline-block 속성인 〈button〉 요소는 따로 display 설정 없이 가로와 세로 크기를 제공합니다. 〈button〉 요소의 기본 배경색은 회색이므로 디자인대로 흰색으로 표현하고 버튼에 들어가는 텍스트의 크기와 색을 지정합니다.

Line 09, 10

```
.tab ul li:first-child {border-radius: 2px 0 0 2px;}
.tab ul li:last-child {border-radius: 0 2px 2px 0;}
```

모서리는 요소의 구성에 따라 모든 모서리 또는 일부 모서리만 둥글게 나타낼 수 있습니다. 요소가 배경색으로만 구성되면 border-radius가 모든 모서리에 적용되며, 부모 요소에 테두리를 제공하면 테두리와 배경 각각에 border-radius를 설정할 수 있습니다.

여기서는 테두리와 배경색이 같은 색이면서 부모와 자식으로 이루어져 있는 후자에 해당하는 예제입니다. 부모 요소인 테두리에만 border-radius를 제공하면 [그림 6-5]의 3번째처럼 깔끔하게 외곽선만 둥근 모서리를 그릴 수 있습니다. [그림 6-5]의 1번째와 2번째는 각각 자식인 배경에만 border-radius를 제공하거나 부모와 자식 모두 border-radius를 준 경우로, 테두리와 배경색 사이에 공백이 있는 디자인으로 표현됩니다.

[그림 6-5] border-radius 설정에 따라 달라지는 모서리 디자인

Line 11, 12

```
.tab_content {display: none; background: #e5e5e5; line-height: 212px; text-align: center; font-size: 100px; color: #000;}
.tab_content.on {display: block;}
```

탭마다 들어가는 임의의 내용을 표현한 코드입니다. 활성화된 탭을 제외한 콘텐츠는 display:none으로 가리고 활성화된 탭만 display:block으로 설정합니다.

Line 13~17

```
.ie9 .tab ul:after {content: ""; display: block; clear: both;}
.ie9 .tab ul li {float: left; width: 33.33%; box-sizing: border-box;}
.ie9 .tab ul.no2 li {width: 50%;}
.ie9 .tab ul.no4 li {width: 25%;}
.ie9 .tab ul.no5 li {width: 20%;}
```

ie9 클래스는 Line 04에서 사용한 display:flex를 대체하기 위한 코드입니다. flex를 지원하지 않는 IE 9 이하에서 탭을 행으로 배치하기 위해 float 속성을 활용하고, float의 영향으로 부모인 〈ul〉 요소의 높이가 사라지는 것을 방지하도록 clear를 설정합니다.

Line 05에서 설정한 flex:1 역시 IE 9에서는 지원하지 않으므로 〈li〉 요소의 개수에 따라 가로 크기가 자동으로 n분의 1로 지정되지 않습니다. 따라서 고전적인 방법으로 〈li〉 요소의 개수마다 가로 크기를 지정하는 클래스를 생성하여 제공합니다. 여기서는 탭이 2개, 4개, 5개일 때로 나누어 3가지 배치를 정의했지만, 만약 IE 9 이상 지원하는 프로젝트를 진행한다면 행으로 배치되는 탭의 개수마다 클래스를 모두 만들어 〈ul〉 요소에 원하는 클래스를 적용하면 됩니다.

jQuery 코드 풀이

[코드 6-3] 테두리가 있는 탭 메뉴 `tab1.js`

```
01  $(document).ready(function(){
02    var tab = $('.tab li');
03
04    tab.on('click', function(){
05      var idx = $(this).index();
06      var tab_con = $(this).parents('.tab_group').children('.tab_content').eq(idx);
07
08      $(this).addClass('on');
09      $(this).siblings().removeClass('on');
10      tab_con.addClass('on');
11      tab_con.siblings('.tab_content').removeClass('on');
12    });
13  });
```

Line 02

```
var tab = $('.tab li');
```

$('.tab li')는 tab 클래스의 자손 중 〈li〉 요소를 선택한 것이며 이를 변수 tab으로 정의하여 선택자로 사용합니다.

Line 04, 12

```
tab.on('click', function(){ });
```

Line 02에서 정의한 선택자인 〈li〉 요소를 클릭했을 때의 기능을 정의합니다.

Line 05

```
var idx = $(this).index();
```

$(this)는 사용자가 클릭한 〈li〉 요소를 말합니다. index( )는 몇 번째 요소인지를 찾는 메서드로 사용자가 클릭한 탭 메뉴가 몇 번째 〈li〉 요소인지를 찾아 변수 idx로 정의합니다.

Line 06

```
var tab_con = $(this).parents('.tab_group').children('.tab_content').eq(idx);
```

$(this)는 사용자가 클릭한 〈li〉 요소이며 parents('.tab_group')은 조상 부모 중 tab_group 클래스를 찾습니다. children('.tab_content')는 자식 요소 중 tab_content 클래스를 선택하며 eq( )는 CSS에서 nth-child와 유사

한 기능을 하는 메서드로 n번째 요소를 지정합니다. 즉, eq(idx)는 사용자가 클릭한 〈li〉가 몇 번째 〈li〉 요소인지 정보가 담긴 변수 idx를 호출하여 지정합니다.

정리하면 탭 메뉴인 〈li〉 요소를 클릭했을 때 조상 부모인 tab_group 클래스의 자식 요소인 tab_content 클래스에서 idx에 저장된 순서의 요소를 찾습니다. 예를 들어 2번째 탭 메뉴를 클릭하면 2번째 tab_content 클래스를 지정합니다.

Line 08, 09

```
$(this).addClass('on');
$(this).siblings().removeClass('on');
```

$(this)는 사용자가 클릭한 〈li〉 요소를 말합니다. addClass('on')은 해당 요소에 on 클래스를 추가합니다. siblings( ) 메서드는 사용자가 클릭한 〈li〉 요소의 나머지 형제를 선택하고 removeClass('on')으로 on 클래스를 제거합니다. 정리하면 사용자가 어떤 〈li〉 요소를 클릭하면 이전에 활성화된 탭 메뉴는 비활성화하는 코드입니다.

Line 10, 11

```
tab_con.addClass('on');
tab_con.siblings('.tab_content').removeClass('on');
```

Line 06에서 정의한 변수 tab_con에 on 클래스를 추가합니다. 또한, 변수 tab_con에 siblings('.tab_content')로 활성화된 탭의 콘텐츠를 제외한 나머지 탭 콘텐츠를 지정하고 on 클래스를 제거합니다. 정리하면 사용자가 클릭하여 활성화된 탭 콘텐츠를 제외한 나머지 탭 콘텐츠를 비활성화합니다.

화면 낭독기 결과

[그림 6-6] 탭 메뉴 예제 1을 화면 낭독기가 읽는 순서

❶ 헤딩 레벨 2 / 진행 중인 이벤트
❷ 내비게이션 랜드마크 / 목록 항목 수 3개 / 클릭 가능 / 진행 중인 이벤트 / 버튼
❸ 클릭 가능 / 지난 이벤트 / 버튼
❹ 클릭 가능 / 당첨자 발표 / 버튼
❺ 목록 끝 / contents1

> **리베하얀의 한마디**
>
> 탭 메뉴는 클릭했을 때 페이지를 이동하는지 또는 현재 페이지에서 내용만 바뀌는지에 따라 마크업이 달라지기 때문에 CSS 코드보다는 탭 메뉴의 기획 목적에 맞게 HTML 코드를 표현하는 것에 중점을 두어야 합니다.
>
> 그리고 확장성을 고려하여 탭 메뉴의 너비가 고정되어 있는지, 텍스트 길이에 따라 늘어나는지도 미리 확인한 뒤 구현합니다.

6-2 아래 테두리가 없는 탭 메뉴

활성화된 탭 메뉴에서 아래 테두리만 없는 디자인은 오랫동안 사용되어 왔습니다. 익숙한 디자인이지만 활성화된 탭에서 일부만 선을 제거하는 CSS 코드는 생각보다 어렵습니다. 예제를 통해 어려운 부분을 이해하고 풀어나가 봅시다.

탭 메뉴뿐만 아니라 이번 UI에서는 콘텐츠 제목으로 사용한 〈h3〉 요소와 사용자의 위치를 나타내는 브레드크럼 영역의 배치까지 함께 살펴보겠습니다.

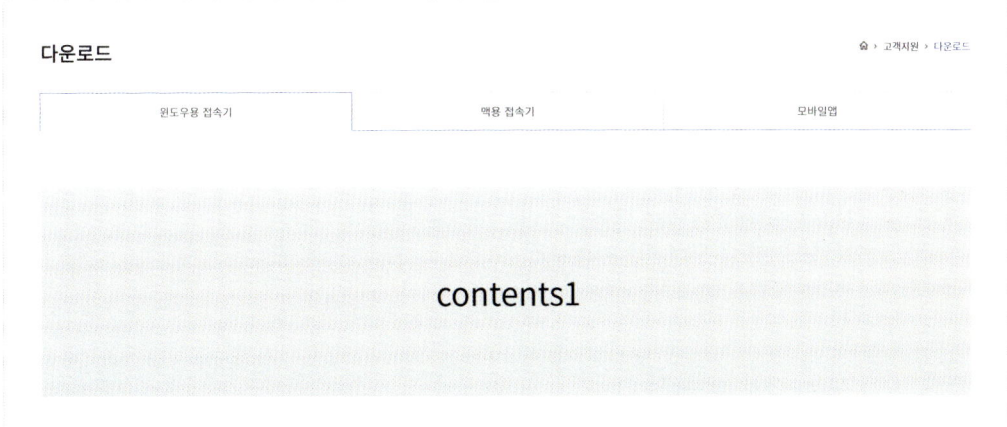

[그림 6-7] 아래 테두리가 없는 탭 메뉴 디자인

HTML 코드 풀이

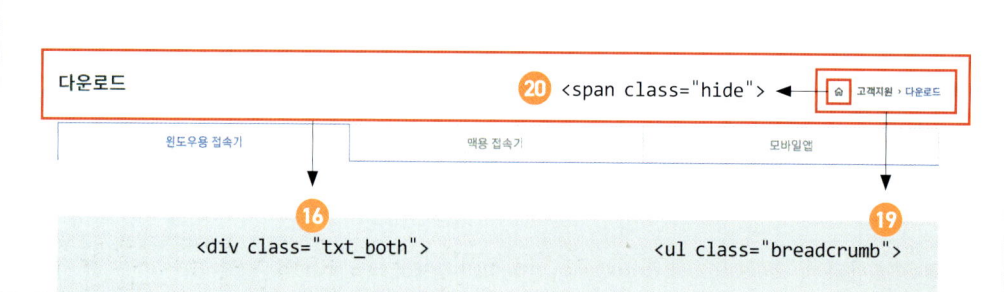

[그림 6-8] 아래 테두리가 없는 탭 메뉴의 HTML 구조

[코드 6-4] 아래 테두리가 없는 탭 메뉴   tab2.html

```
01  <!DOCTYPE html>
02  <html lang="ko">
03  <head>
04    <meta charset="UTF-8">
05    <meta name="viewport" content="width=device-width, initial-scale=1.0">
06    <meta http-equiv="X-UA-Compatible" content="ie=edge">
07    <title>아래 테두리가 없는 탭 메뉴</title>
08    <link rel="stylesheet" href="default.css">
09    <link rel="stylesheet" href="tab2.css">
10    <script src="js/jquery.js" charset="utf-8"></script>
11    <script src="js/tab1.js" charset="utf-8"></script>
12  </head>
13  <!--[if IE 9]><body class="ie9"><![endif]-->
14  <!--[if (gt IE 9)|!(IE)]><!--><body><!--<![endif]-->
15    <main>
16      <div class="txt_both">
17        <h2 class="h2">다운로드</h2>
18        <h3 class="hide">현재 위치 안내</h3>
19        <ul class="breadcrumb">
20          <li><a href=""><span class="hide">홈</span></a></li>
21          <li><a href="">고객지원</a></li>
22          <li><a href="">다운로드</a></li>
23        </ul>
24      </div>
25      <div class="tab_group">
26        <nav class="tab">
27          <ul>
28            <li class="on"><button>윈도우용 접속기</button></li>
29            <li><button>맥용 접속기</button></li>
```

```
30          <li><button>모바일앱</button></li>
31        </ul>
32      </nav>
33      <div class="tab_content on">contents1</div>
34      <div class="tab_content">contents2</div>
35      <div class="tab_content">contents3</div>
36    </div>
37  </main>
38  </body>
39  </html>
```

Line 11

```
<script src="js/tab1.js" charset="utf-8"></script>
```

jQuery 코드는 예제 1의 코드(tab1.js)와 같습니다.

Line 15, 37

```
<main></main>
```

〈main〉 요소는 본문을 말합니다. 본문에는 브레드크럼을 포함하여 사용자가 얻고자 하는 정보가 있습니다. 쉽게 말해 메뉴와 로고가 있는 header와 회사 주소나 약관 관련 링크가 모여있는 footer를 제외한 나머지 영역이라고 보면 됩니다.

Line 16~18, 24

```
<div class="txt_both">
  <h2 class="h2">다운로드</h2>
  <h3 class="hide">현재 위치 안내</h3>
</div>
```

[그림 6-8]의 ⑯번에 해당하는 영역으로 콘텐츠 제목과 브레드크럼을 정렬하기 위해 〈div〉 요소로 표현합니다. 〈h2〉 요소로는 본문의 제목을 전달하고 브레드크럼 콘텐츠 제목은 〈h3〉 요소로 마크업합니다.

일반 사용자는 브레드크럼이라는 단어를 몰라도 눈으로 기능을 이해할 수 있지만, 콘텐츠 제목 없이는 브레드크럼의 목적을 파악하기 힘든 화면 낭독기 사용자를 위해 〈h3〉 요소로 안내합니다. 대체 텍스트나 숨김 텍스트로는 '브레드크럼'이라는 전문 용어가 아닌 '현재 위치 안내'처럼 모든 사용자가 이해하기 쉬운 단어나 문장을 사용합니다.

Line 19~23

```
<ul class="breadcrumb">
  <li><a href=""><span class="hide">홈</span></a></li>
  <li><a href="">고객지원</a></li>
  <li><a href="">다운로드</a></li>
</ul>
```

사용자가 서비스 이용 시 길을 잃지 않도록 도와주는 콘텐츠인 브레드크럼을 <ul>과 <li>를 사용하여 리스트로 표현합니다. 사이트의 기획 의도에 따라 다르겠지만, 사용성을 고려하여 브레드크럼으로 표시된 텍스트는 보통 해당 페이지로 이동할 수 있는 <a> 요소를 사용합니다.

Line 25, 36

```
<div class="tab_group"></div>
```

탭 메뉴를 jQuery로 제어하기 위해 생성한 요소와 클래스입니다. 탭 메뉴와 각 탭을 구성하는 콘텐츠를 하나로 묶어서 표현하는데, 이는 한 페이지에 많은 탭 메뉴를 처리하고 콘텐츠가 충돌하지 않도록 하는 방법입니다.

Line 26, 32

```
<nav class="tab"></nav>
```

탭 메뉴도 내비게이션으로 정의할 수 있습니다. 랜드마크 요소에 해당하는 <nav> 요소를 탭 메뉴나 게시판을 표현할 때 사용하면 페이지의 이동이나 화면에 변화가 있다는 것을 사전에 알려주는 역할을 합니다.

Line 27~31

```
<ul>
  <li class="on"><button>윈도우용 접속기</button></li>
  <li><button>맥용 접속기</button></li>
  <li><button>모바일앱</button></li>
</ul>
```

탭 메뉴는 기획 의도에 따라 페이지를 다르게 표시합니다. 탭 메뉴를 클릭하면 아예 페이지를 이동하거나 페이지는 그대로인 채로 콘텐츠만 바뀌기도 합니다. 페이지가 이동하는 탭 메뉴는 <a> 요소를 사용하고 콘텐츠만 바뀌면 <button> 요소를 사용합니다. 여기서는 같은 페이지에서 콘텐츠만 변하므로 <button> 요소로 코딩합니다.

탭 메뉴의 각 버튼은 비순서형 목록인 <ul> 요소로 표현합니다.

Line 33~35

```
<div class="tab_content on">contents1</div>
<div class="tab_content">contents2</div>
<div class="tab_content">contents3</div>
```

탭 메뉴마다 tab_content 클래스가 부여된 〈div〉 요소를 제공합니다. 활성화된 탭 메뉴는 시각적으로 표시하고 CSS와 jQuery로 제어하기 위해 on 클래스를 tab_content 클래스와 함께 다중 클래스로 부여합니다.

CSS 코드 풀이

[그림 6-9] 아래 테두리가 없는 탭 메뉴의 CSS 구조

[코드 6-5] 아래 테두리가 없는 탭 메뉴　　　　　　　　　　　　　　　　　　　tab2.css

```
01  main {display: block; width: 1198px; margin: 149px auto 0;}
02  .h2 {font-size: 25px; color: #333;}
03  .txt_both {display: flex; justify-content: space-between;}
04  .breadcrumb {display: flex;}
05  .breadcrumb li a {font-size: 13px; color: #555;}
06  .breadcrumb li:first-child a {display: inline-block; width: 13px; height: 12px;
    background: url(images/ico_home2.png) no-repeat center; vertical-align: -2px;}
07  .breadcrumb li:last-child a {color: #496fc1;}
08  .breadcrumb li ~ li:before {content: ""; display: inline-block; width: 19px;
    height: 12px; background: url(images/bu_arrow_right2.png) no-repeat center;
    vertical-align: -3px;}
09
```

```
10   .tab {padding: 33px 0 70px;}
11   .tab ul {display: flex; height: 47px; border-bottom: 1px solid #496fc1;}
12   .tab ul li {flex: 1; position: relative; margin: 0 0 0 -1px; border: 1px solid
     #d7d7d7;}
13   .tab ul li button {width: 100%; height: 46px; background: #f9f9f9;}
14   .tab ul li.on {z-index: 2; height: 46px; border-color: #496fc1; border-bottom: 1px
     solid #fff;}
15   .tab ul li.on button {background: #fff;}
16   .tab_content {display: none; line-height: 261px; background: #e5e5e5; text-align:
     center; font-size: 40px; color: #000;}
17   .tab_content.on {display: block;}
18
19   .ie9 .txt_both:after,
20   .ie9 .tab ul:after,
21   .ie9 .breadcrumb:after {content: ""; display: block; clear: both;}
22   .ie9 .txt_both > *:first-child {float: left;}
23   .ie9 .txt_both > *:last-child {float: right;}
24   .ie9 .breadcrumb li {float: left;}
25   .ie9 .tab ul li {float: left; width: 33.33%; height: 47px; box-sizing: border-box;
     border-bottom: none;}
26   .ie9 .tab ul li.on button {height: 47px; border-bottom: 1px solid #fff;}
27   .ie9 .tab ul.no2 li {width: 50%;}
28   .ie9 .tab ul.no3 li {width: 33.33%;}
29   .ie9 .tab ul.no4 li {width: 25%;}
30   .ie9 .tab ul.no5 li {width: 20%;}
```

Line 01

```
main {display: block; width: 1198px; margin: 149px auto 0;}
```

[그림 6-9]의 ①번에 해당하는 영역을 표현한 코드입니다. 페이지의 본문 영역을 의미하는 <main> 요소는 대부분 브라우저에서 수평으로 중앙에 배치합니다. block 속성의 요소를 중앙에 배치하기 위해 설정하는 margin:0 auto 코드에 149픽셀의 위쪽 여백을 함께 표현합니다.

Line 02

```
.h2 {font-size: 25px; color: #333;}
```

[그림 6-9]의 ②번인 콘텐츠 제목 <h2> 요소를 클래스로 표현하여 텍스트 크기와 색을 지정한 코드입니다.

Line 03

```
.txt_both {display: flex; justify-content: space-between;}
```

txt_both 클래스는 제목과 브레드크럼의 배치를 위한 코드입니다. block 속성인 〈h2〉 요소와 브레드크럼의 시작 요소인 〈ul〉 요소를 좌우에 배치하는 방법으로 flex를 활용합니다. 정렬하고자 하는 두 요소의 부모 요소에 display:flex를 설정하고 주축을 정렬하는 justify-content 속성에 값으로 양쪽 맞춤 정렬인 space-between을 설정합니다.

Line 04, 05

```
.breadcrumb {display: flex;}
.breadcrumb li a {font-size: 13px; color: #555;}
```

브레드크럼 영역을 표현한 코드입니다. 부모 요소에 display를 flex로 설정하여 자식 요소인 〈li〉 요소를 모두 행으로 배치하고, 링크 텍스트의 크기와 색을 지정합니다.

Line 06

```
.breadcrumb li:first-child a {display: inline-block; width: 13px; height: 12px;
background: url(images/ico_home2.png) no-repeat center; vertical-align: -2px;}
```

브레드크럼의 출발 지점인 '홈' 아이콘을 표현한 코드입니다. li:first-child는 〈li〉 요소 중에 1번째 자식 요소를 의미합니다. '홈' 아이콘은 클릭할 수 있도록 〈li〉 요소가 아닌 〈a〉 요소에 삽입합니다. 〈li〉 요소에 아이콘을 삽입하고 〈a〉 요소의 영역을 조절하는 방법도 있지만 코드의 양이 늘어나므로 효율적인 방법이 아닙니다.

inline 속성인 〈a〉 요소에 크기를 표현하기 위해 display를 inline-block으로 설정합니다. 만약 block으로 설정하면 브레드크럼에서 다음 경로를 나타내는 오른 화살표 아이콘이 [그림 6-10]처럼 아래로 떨어져 UI가 깨집니다. 이러한 UI 배치를 재구성하려면 불필요한 코드가 늘어날 뿐이니 아이콘과 텍스트가 행으로 배치되도록 inline-block으로 설정합니다. vertical-align으로는 '홈' 아이콘을 브레드크럼 영역에 있는 다른 텍스트와 수직 정렬을 맞춥니다.

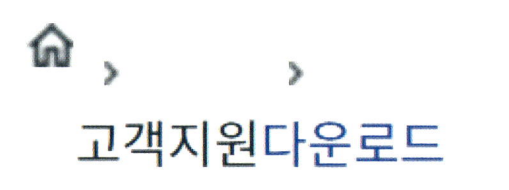

[그림 6-10] 〈a〉 요소를 block 속성으로 설정할 경우 UI가 깨지는 현상

Line 07

```
.breadcrumb li:last-child a {color: #496fc1;}
```

브레드크럼에서 마지막에 있는 텍스트는 현재 위치를 나타냅니다. 따라서 :last-child로 마지막 자식을 선택하여 텍스트 색을 다르게 표시해서 구분합니다.

Line 08

```
.breadcrumb li ~ li:before {content: ""; display: inline-block; width: 19px;
height: 12px; background: url(images/bu_arrow_right2.png) no-repeat center;
vertical-align: -3px;}
```

형제 선택자(~)를 사용하여 1번째 〈li〉 요소를 제외한 나머지 〈li〉 요소를 선택하고, 오른 화살표를 표현하기 위해 가상 선택자인 :before를 사용합니다.

그리고 content 속성에 크기를 제공하여 배경 이미지를 표현하기 위해 display 설정을 바꾸는데, '홈' 아이콘과 마찬가지로 block으로 설정하면 화살표 아이콘의 배치가 깨집니다. 그러므로 행으로 배치하면서 크기를 제공할 수 있도록 inline-block으로 설정합니다. 화살표 아이콘과 텍스트의 수직 정렬은 vertical-align으로 맞춥니다.

Line 10

```
.tab {padding: 33px 0 70px;}
```

탭 메뉴를 위쪽에는 제목과 브레드크럼이 있는 txt_both 클래스 영역과의 간격을 두고, 아래쪽에는 탭 콘텐츠 영역과의 간격을 두기 위해 padding을 지정합니다.

Line 11

```
.tab ul {display: flex; height: 47px; border-bottom: 1px solid #496fc1;}
```

display:flex는 자식 요소인 〈li〉 요소를 행으로 배치하기 위해 설정합니다. 〈ul〉 요소의 높이를 〈li〉 요소의 높이인 46픽셀보다 1픽셀 큰 47픽셀로 지정하고 〈ul〉 요소 아래에 1픽셀의 파란 선을 넣어 탭 버튼이 활성화됐을 때 이 파란 선이 보이게 합니다.

Line 12

```
.tab ul li {flex: 1; position: relative; margin: 0 0 0 -1px; border: 1px solid #d7d7d7;}
```

탭 버튼의 가로 크기를 모두 같은 크기로 표현하기 위해 flex:1을 설정합니다. position을 relative로 준 이유는 Line 14에서 z-index를 제공하기 위해서입니다.

〈li〉 요소의 모든 방향에 선을 넣고 탭과 탭이 만나는 부분에 선이 2픽셀로 표현되지 않도록 margin을 왼쪽으로 -1픽셀 제공합니다. margin값을 마이너스로 제공하면 다른 영역을 끌어와 [그림 6-11]처럼 2개의 선을 겹쳐 1개로 보이게 하는 효과를 낼 수 있습니다.

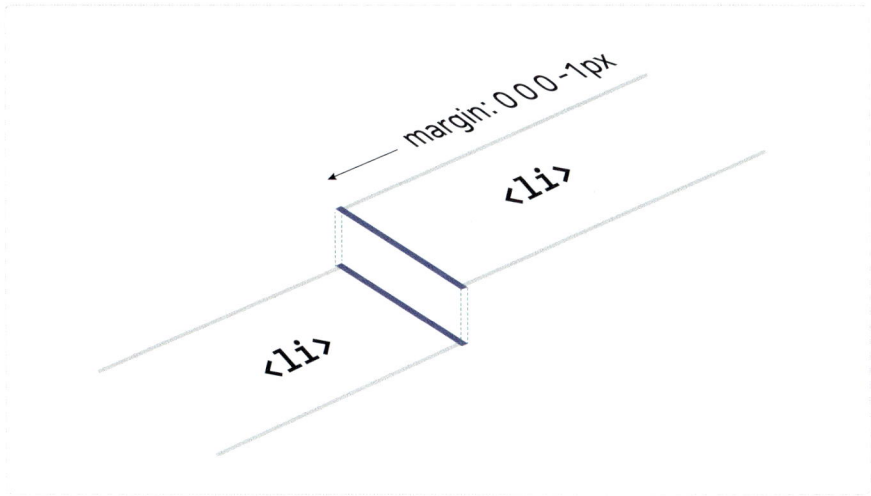

[그림 6-11] margin을 이용해 2개의 선을 1개로 보이게 하는 방법

Line 13

```
.tab ul li button {width: 100%; height: 46px; background: #f9f9f9;}
```

탭 메뉴 버튼이 비활성화 상태일 때 디자인을 표현한 코드로 버튼의 크기와 배경색을 지정합니다. 가로 크기를 100%로 지정함으로써 부모인 〈li〉 요소와 같은 크기로 설정합니다.

Line 14

```
.tab ul li.on {z-index: 2; height: 46px; border-color: #496fc1; border-bottom: 1px solid #fff;}
```

탭 버튼이 활성화되었을 때의 CSS 표현입니다. 〈li〉 요소에 on 클래스가 적용되면 z-index의 영향으로 z축으로 이동합니다. z-index 속성을 적용하려면 반드시 position 속성이 있어야 하는데, static을 제외한 나머지 값으로 z-index를 적용할 수 있습니다.

z-index를 주는 이유는 Line 12에서 margin으로 선을 겹칠 때 선이 z축 아래로 겹치기 때문입니다. 따라서 [그림 6-12]처럼 활성화된 탭에서 선이 보이지 않는 문제를 해결하기 위해 z-index를 제공합니다.

[그림 6-12] margin으로 선을 겹쳤을 때 활성화된 탭 버튼의 선이 보이지 않는 문제

높이를 지정한 이유는 `Line 11`에서 〈ul〉 요소 아래에 적용한 1픽셀의 파란 선을 보이게 하기 위해서입니다. border-color로 활성화된 탭의 선 색을 역시 파란색으로 지정하는데, 활성화된 탭의 아래에는 파란 선이 보이지 않도록 border-bottom 속성으로 아래 방향에 흰색 선을 넣습니다.

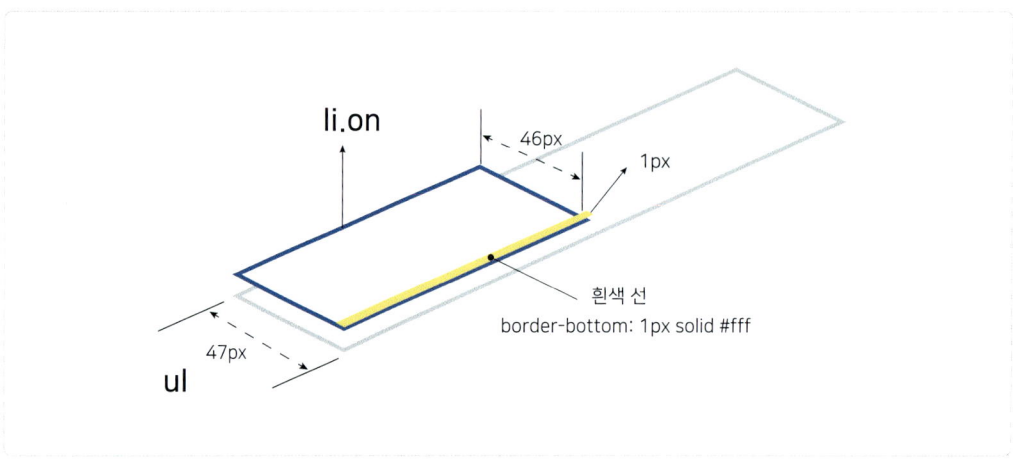

[그림 6-13] 〈ul〉 요소와 활성화된 〈li〉 요소의 아래 선이 겹쳐있는 구조

`Line 16, 17`

```
.tab_content {display: none; line-height: 261px; background: #e5e5e5; text-align: center; font-size: 40px; color: #000;}
.tab_content.on {display: block;}
```

탭의 내용은 탭 버튼을 클릭했을 때만 보이고 기본적으로는 보이지 않는 상태이므로 display:none으로 설정합니다. 그 외 속성은 콘텐츠 영역을 나타내기 위해 임의로 작성한 코드입니다.

탭 메뉴가 활성화되면 jQuery를 통해 on 클래스가 부여되면서 해당 탭의 내용이 보이도록 display 속성을 block으로 처리합니다.

Line 19~21

```
.ie9 .txt_both:after,
.ie9 .tab ul:after,
.ie9 .breadcrumb:after {content: ""; display: block; clear: both;}
```

flex를 지원하지 않는 브라우저에서는 flex로 제공된 모든 요소를 float 속성으로 대체합니다. float 속성을 사용했을 때 부모 요소의 크기가 사라지는 현상을 해결하기 위해 :after 선택자로 가상 요소를 생성하여 clear 처리합니다.

Line 22, 23

```
.ie9 .txt_both > *:first-child {float: left;}
.ie9 .txt_both > *:last-child {float: right;}
```

제목과 브레드크럼의 좌우 배치를 justify-content:space-between으로 표현한 것을 대신하는 코드입니다. 전체 선택자를 사용하여 모든 요소 중에서 부모 요소를 기준으로 양쪽으로 정렬할 자식 요소를 선택합니다. 자식 요소 중에 1번째 자식은 float:left를 주고 마지막 자식은 float:right를 주어 양쪽으로 정렬합니다.

Line 24~26

```
.ie9 .breadcrumb li {float: left;}
.ie9 .tab ul li {float: left; width: 33.33%; height: 47px; box-sizing:
border-box; border-bottom: none;}
.ie9 .tab ul li.on button {height: 47px; border-bottom: 1px solid #fff;}
```

display:flex 대신 float:left로 자식 요소를 행으로 배치하고, flex:1로 탭 메뉴의 개수에 따라 가로 크기가 자동으로 지정됐던 것을 width로 대신합니다. Line 12에서 설정한 border 속성이 상속되어 가로 크기가 증가하는 현상은 box-sizing 속성으로 처리합니다.

Line 27~30

```
.ie9 .tab ul.no2 li {width: 50%;}
.ie9 .tab ul.no3 li {width: 33.33%;}
.ie9 .tab ul.no4 li {width: 25%;}
.ie9 .tab ul.no5 li {width: 20%;}
```

flex:1을 대신하기 위해 탭 메뉴의 개수에 따라 클래스를 일일이 제공합니다. 탭의 개수에 따라 가로 크기를 비율로 지정한 이 클래스들은 HTML 요소에 부여하여 사용합니다.

화면 낭독기 결과

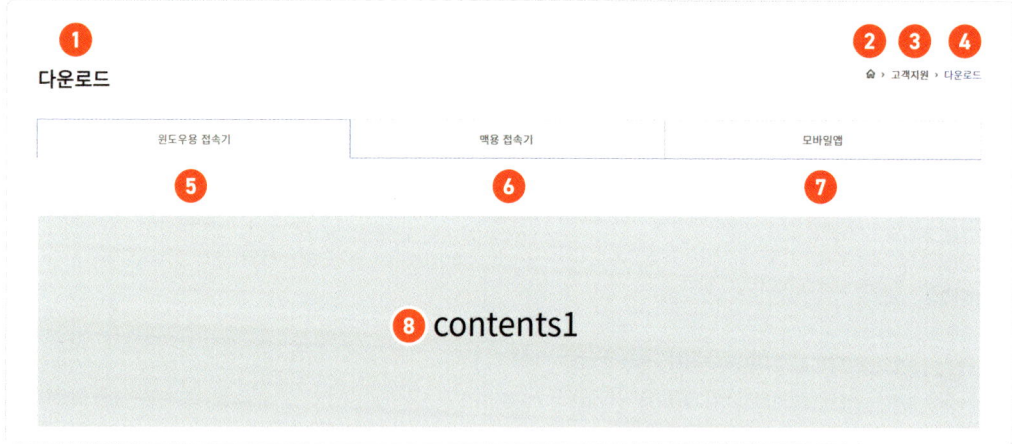

[그림 6-14] 탭 메뉴 예제 2를 화면 낭독기가 읽는 순서

❶ 헤딩 레벨 2 / 다운로드
❷ 헤딩 레벨 3 / 현재 위치 안내 / 목록 항목 수 3개 / 방문함 / 링크 / 홈
❸ 방문함 / 링크 / 고객지원
❹ 방문함 / 링크 / 다운로드
❺ 목록 끝 / 내비게이션 랜드마크 / 목록 항목 수 3개 / 클릭 가능 / 버튼 / 윈도우용 접속기
❻ 클릭 가능 / 버튼 / 맥용 접속기
❼ 클릭 가능 / 버튼 / 모바일앱
❽ 목록 끝 / contents1

리베하얀의 한마디

탭 메뉴를 구현할 때 가장 어려운 부분은 바로 활성화된 탭 메뉴의 아래 테두리 선만 사라지게 하는 방법입니다. 이는 다소 복잡한 구조로 이루어져 있어서 제가 오프라인 강의에서는 '공간지각능력'이 필요하다고 종종 얘기하는 부분이기도 합니다.

또 자식 요소의 크기가 커지면 부모 요소도 함께 커지고, 부모 요소의 크기가 고정인 상태에서 자식의 크기가 부모보다 크면 부모를 뚫고 나간다는 HTML 요소의 핵심 특성도 파악하고 있어야 합니다. 이러한 개념은 처음부터 알고 적용하면 좋겠지만 당장은 이해가 잘 가지 않더라도 코딩하면서 여러 번 오류를 경험하다 보면 자연스레 개념을 이해할 수 있을 것입니다. 많이 만들어 보고 경험하여 여러분만의 노하우를 쌓길 바랍니다.

6-3 2 뎁스로 구성된 탭 메뉴

[그림 6-15] 2 뎁스로 구성된 탭 메뉴 디자인

HTML 코드 풀이

[그림 6-16] 2 뎁스로 구성된 탭 메뉴의 HTML 구조

[코드 6-6] 2 뎁스로 구성된 탭 메뉴   tab3.html

```
01  <!DOCTYPE html>
02  <html lang="ko">
03  <head>
04      <meta charset="UTF-8">
05      <meta name="viewport" content="width=device-width, initial-scale=1.0">
06      <meta http-equiv="X-UA-Compatible" content="ie=edge">
07      <title>2 뎁스로 구성된 탭 메뉴</title>
```

```html
08    <link rel="stylesheet" href="default.css">
09    <link rel="stylesheet" href="tab3.css">
10    <script src="js/jquery.js" charset="utf-8"></script>
11    <script src="js/tab3.js" charset="utf-8"></script>
12  </head>
13  <!--[if IE 9]><body class="ie9"><![endif]-->
14  <!--[if (gt IE 9)|!(IE)]><!--><body><!--<![endif]-->
15    <main>
16      <h2 class="h2">필요서류안내 <span>보험업무 처리 시 필요한 서류 안내입니다.</span></h2>
17      <div class="tab_group">
18        <nav class="tab">
19          <ul class="tab_nav">
20            <li class="on">
21              <button>보험금청구서류</button>
22              <ul class="tab_nav">
23                <li class="on"><button>질병관련사고</button></li>
24                <li><button>상해/운행관련사고</button></li>
25                <li><button>화재/특정관련사고</button></li>
26                <li><button>자동차사고</button></li>
27              </ul>
28            </li>
29            <li><button>계약변경서류</button></li>
30            <li>
31              <button>자동차등록검사서류</button>
32              <ul class="tab_nav">
33                <li><button>메뉴3-1</button></li>
34                <li><button>메뉴3-2</button></li>
35                <li><button>메뉴3-3</button></li>
36              </ul>
37            </li>
38          </ul>
39        </nav>
40        <div class="tab_content on">
41          <div class="on">contents1-1</div>
42          <div>contents1-2</div>
43          <div>contents1-3</div>
44          <div>contents1-4</div>
45        </div>
46        <div class="tab_content">contents2</div>
47        <div class="tab_content">
48          <div class="on">contents3-1</div>
49          <div>contents3-2</div>
50          <div>contents3-3</div>
51        </div>
52      </div>
```

```
53      </main>
54    </body>
55  </html>
```

Line 16

```
<h2 class="h2">필요서류안내 <span>보험업무 처리 시 필요한 서류 안내입니다.</span></h2>
```

[그림 6-16]의 ⑯번을 표현한 코드입니다. 콘텐츠 제목인 〈h2〉 요소에 포함된 〈span〉 요소로 제목을 설명하는 텍스트의 디자인을 다르게 표현합니다.

Line 17, 18, 39, 52

```
<div class="tab_group">
  <nav class="tab"></nav>
</div>
```

이전 예제의 탭 메뉴와 비슷한 구조로 탭 메뉴와 탭 메뉴에 해당하는 콘텐츠를 하나로 묶어 제어합니다. tab_group은 jQuery 표현을 위한 클래스이고 tab은 CSS 표현을 위한 클래스입니다.

Line 20~28

```
<li class="on">
  <button>보험금청구서류</button>
  <ul class="tab_nav">
    <li class="on"><button>질병관련사고</button></li>
    <li><button>상해/운행관련사고</button></li>
    <li><button>화재/특정관련사고</button></li>
    <li><button>자동차사고</button></li>
  </ul>
</li>
```

〈li〉 요소 하나당 1개의 탭 메뉴 버튼을 배치합니다. 1번째 탭 메뉴는 사용자가 메뉴를 클릭하지 않아도 활성화되어 있어야 하므로 처음부터 on 클래스를 부여합니다.

탭 메뉴는 목적에 따라 〈a〉 또는 〈button〉 요소를 구분하여 사용합니다. 탭 버튼을 클릭했을 때 페이지를 이동하지 않고 같은 페이지에서 탭 콘텐츠만 바뀌는 구조이므로 〈button〉 요소를 사용합니다.

2 뎁스로 구성된 탭 메뉴는 〈li〉 요소의 자식으로 〈ul〉 요소가 다시 나오는 구조로 표현합니다. 1 뎁스 탭 메뉴인 [보험금청구서류]를 클릭하면 하위 메뉴인 2 뎁스에 [질병관련사고]부터 [자동차사고]까지 〈button〉으로 존재하는데, 1 뎁스와 마찬가지로 각 탭의 내용을 같은 페이지에서 표현하기 위해 〈button〉 요소로 표현합니다. 그리고 2 뎁스에 있는 각 〈button〉은 〈li〉 요소로 감쌉니다.

Line 40~51

```
<div class="tab_content on">
    <div class="on">contents1-1</div>
    <div>contents1-2</div>
    <div>contents1-3</div>
    <div>contents1-4</div>
</div>
<div class="tab_content">contents2</div>
    <div class="tab_content">
    <div class="on">contents3-1</div>
    <div>contents3-2</div>
    <div>contents3-3</div>
</div>
```

tab_content 클래스는 1 뎁스에 있는 탭 메뉴의 내용을 나타내며 tab_content 안에 포함된 〈div〉 요소는 2 뎁스에 있는 탭 메뉴의 내용을 나타냅니다.

CSS 코드 풀이

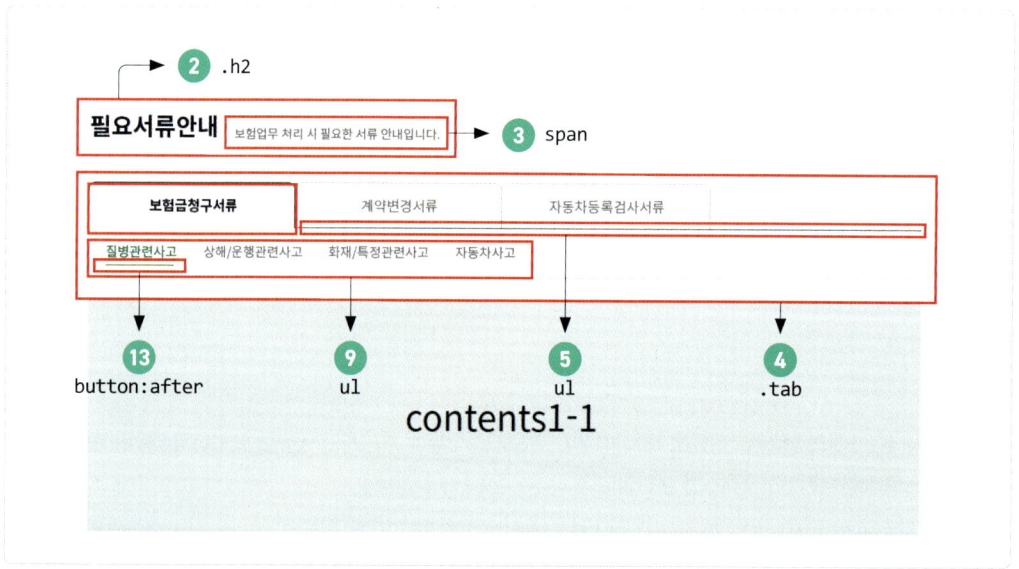

[그림 6-17] 2 뎁스로 구성된 탭 메뉴의 CSS 구조

[코드 6-7] 2 탭스로 구성된 탭 메뉴 tab3.css

```css
01  main {display: block; width: 960px; margin: 134px auto 0;}
02  .h2 {font-size: 27px; color: #1a1a1a;}
03  .h2 span {font-size: 14px; color: #767676; font-weight: normal;}
04  .tab {padding: 47px 0 70px;}
05  .tab > ul {display: flex; position: relative; height: 50px; border-bottom: 1px solid #464748;}
06  .tab > ul > li {margin: 0 0 0 -1px;}
07  .tab > ul > li > button {width: 240px; height: 50px; border: 1px solid #c2c4c6; border-bottom: none; border-radius: 8px 8px 0 0; background: none; font-size: 16px; color: #767676;}
08  .tab > ul > li.on {z-index: 2;}
09  .tab > ul > li ul {display: none; position: absolute; left: 0; right: 0; border-bottom: 1px solid #e2e2e2;}
10  .tab > ul > li ul li {padding: 0 15px;}
11  .tab > ul > li ul button {position: relative; height: 50px; background: none; font-size: 15px; color: #767676;}
12  .tab > ul > li ul .on button {color: #157941;}
13  .tab > ul > li ul .on button:after {content: ""; position: absolute; left: 0; right: 0; bottom: 12px; border-top: 1px solid #157941;}
14  .tab > ul > li.on ul {display: flex;}
15  .tab > ul > li.on > button {position: relative; height: 51px; border-color: #464748; border-bottom: 1px solid #fff; font-weight: bold; color: #252525;}
16  .tab_content {display: none; line-height: 261px; background: #e5e5e5; text-align: center; font-size: 40px; color: #000;}
17  .tab_content.on {display: block;}
18  .tab_content.on > .on {display: block;}
19  .tab_content.on > div {display: none; font-size: 40px; color: #000;}
20
21  .ie9 .tab > ul:after,
22  .ie9 .tab > ul > li.on ul:after {content: ""; display: block; clear: both;}
23  .ie9 .tab > ul > li,
24  .ie9 .tab > ul > li.on ul li {float: left;}
25  .ie9 .tab > ul > li.on ul {display: block;}
```

Line 02, 03

```css
.h2 {font-size: 27px; color: #1a1a1a;}
.h2 span {font-size: 14px; color: #767676; font-weight: normal;}
```

2번째 제목인 〈h2〉 요소와 〈h2〉 요소 안에 포함된 〈span〉 요소의 텍스트 크기와 색을 꾸밉니다. 〈span〉 요소는 font-weight:bold로 설정된 〈h2〉의 기본값을 상속받기 때문에 이를 해제하기 위해 font-weight:normal로 설정하여 텍스트를 보통 굵기로 표현합니다.

Line 04

```
.tab {padding: 47px 0 70px;}
```

tab 클래스는 탭 메뉴 영역의 부모인 <nav> 요소에 부여된 클래스입니다. <h2> 요소와의 간격을 위해 위에는 47픽셀의 여백을 제공하고 아래에는 2 뎁스를 포함한 전체 탭 메뉴와 탭 콘텐츠와의 간격을 위해 70픽셀의 여백을 줍니다.

Line 05, 15

```
.tab > ul {display: flex; position: relative; height: 50px; border-bottom: 1px solid #464748;}
.tab > ul > li.on > button {position: relative; height: 51px; border-color: #464748; border-bottom: 1px solid #fff; font-weight: bold; color: #252525;}
```

CSS가 상속되지 않도록 자식 선택자를 사용합니다. 만약 자식 선택자를 사용하지 않아 tab 클래스의 자손으로 있는 모든 <ul> 요소가 상속되면 상속을 해제하기 매우 어려워집니다.

이번 예제는 탭 메뉴가 2 뎁스로 되어있을 뿐 이전에 학습한 아래 테두리가 없는 탭 메뉴와 CSS 표현 방식은 같습니다. 일단 <ul> 요소에 border-bottom으로 전체 탭 아래에 선을 표현합니다. 그리고 탭 아래에 테두리를 없애기 위해 높이를 지정하는데, 자식의 높이가 부모의 높이보다 크면 자식 요소가 부모 요소를 뚫고 나가는 현상을 이용합니다. [그림 6-18]을 보면 탭 메뉴가 활성화되었을 때 <button> 요소의 높이가 51픽셀로 커집니다. 이는 부모인 <ul>의 높이보다 크기 때문에 <button>의 흰색 선이 <ul> 요소의 검은 선을 뚫고 나와 결국 탭 하단의 선을 안 보이게 하는 효과를 냅니다.

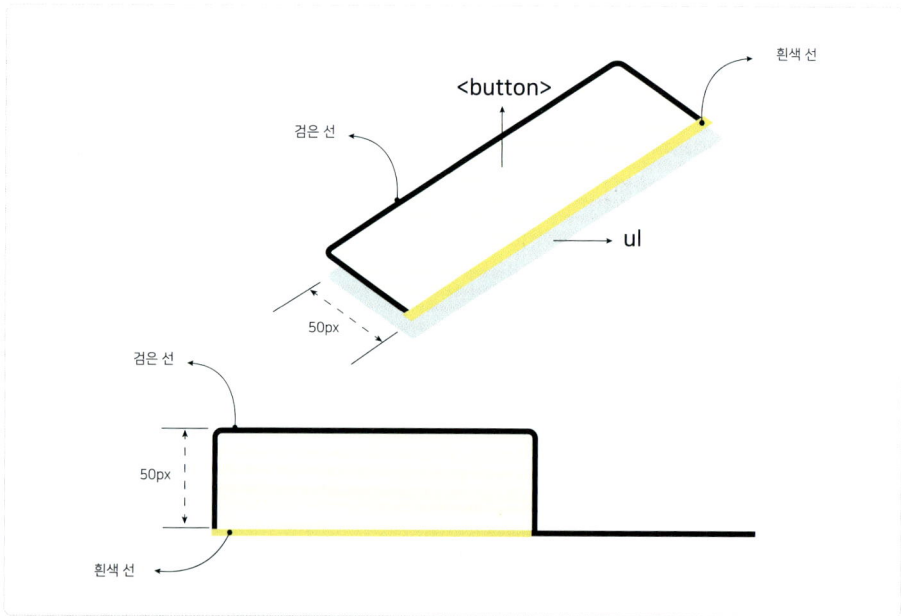

[그림 6-18] 1 뎁스 탭 하단의 선을 안 보이게 표현하는 방법

Line 06, 08

```
.tab > ul > li {margin: 0 0 0 -1px;}
.tab > ul > li.on {z-index: 2;}
```

〈button〉 요소의 모든 방향에 선을 넣으면 맞닿는 부분의 선이 2픽셀로 표현되므로 〈li〉 요소에 margin을 마이너스로 지정하여 선을 겹쳐 1픽셀로 표현합니다.

이때 선이 겹쳐있는 1 뎁스의 탭 메뉴를 활성화하면 버튼의 일부 선이 표현되지 않는 현상이 생깁니다. 이는 한쪽 선이 밑에 깔려서 생기는 것이므로 z-index를 부여하여 해결합니다.

[그림 6-19] 탭 메뉴가 활성화되었을 때 일부 선이 표시되지 않는 현상

Line 07

```
.tab > ul > li > button {width: 240px; height: 50px; border: 1px solid #c2c4c6;
border-bottom: none; border-radius: 8px 8px 0 0; background: none; font-size:
16px; color: #767676;}
```

1 뎁스의 탭 메뉴 버튼을 표현한 코드입니다. 이번 탭 메뉴의 특징은 버튼의 크기가 고정되어 있다는 것입니다. 탭 메뉴에서 버튼의 크기를 정하는 방법은 총 3가지가 있습니다. 1번째는 전체 가로 크기를 버튼의 개수만큼 n분의 1로 나누어 정하는 방법입니다. 2번째는 버튼에 있는 텍스트의 길이에 따라 버튼 크기가 조절되게 하는 방법입니다. 마지막으로 3번째는 이번 디자인처럼 모든 버튼의 크기를 특정 크기로 지정하는 방법입니다. 그렇다면 이번 탭 메뉴처럼 탭 크기를 특정 크기로 지정했는지는 어떤 부분을 봐야 알 수 있을까?

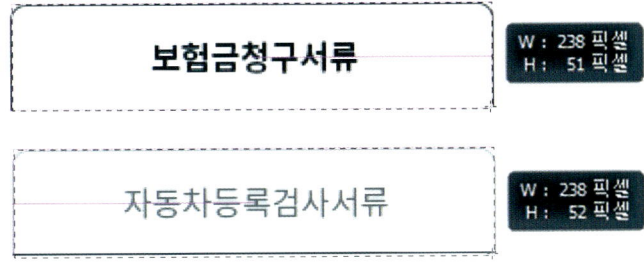

[그림 6-20] 가로 크기가 같은 탭 메뉴

[그림 6-20]에 있는 두 이미지에서 메뉴명의 글자 수와 각 메뉴의 가로 크기를 비교해보면 메뉴의 글자 수는 다르지만 가로 크기는 같은 것을 알 수 있습니다. 여기서 우리는 탭 메뉴의 가로 크기가 모두 똑같이 지정되어 있거나 기본 가로 크기가 지정되어 있되 특정 글자 수 이상이 되면 글자 수만큼 버튼의 크기가 늘어날 것으로 생각해 볼 수 있습니다. 그러나 후자의 경우는 탭 메뉴에서 거의 사용하지 않는 방법이므로 현재 탭 메뉴는 모두 같은 크기로 표현된 것으로 판단합니다.

〈button〉 요소에는 모든 방향에 선을 준 다음 아래에만 선을 제거합니다. 아래 선은 이미 Line 05에서 표현해주었기 때문입니다. 탭 버튼의 둥근 모서리는 border-radius로 표현합니다. 〈button〉 요소는 기본적으로 배경색이 회색으로 설정되어 있으므로 배경색을 없애기 위해서 background를 none으로 표현합니다.

Line 09

```
.tab > ul > li ul {display: none; position: absolute; left: 0; right: 0;
border-bottom: 1px solid #e2e2e2;}
```

2 뎁스의 탭 메뉴 리스트입니다. 2 뎁스의 탭 메뉴는 1 뎁스 탭 메뉴가 활성화되지 않으면 보이지 않으므로 display:none으로 설정합니다. position:absolute로 배치한 이유는 1 뎁스 탭 메뉴의 영역에 영향이 가지 않도록 하기 위해서입니다. absolute는 Line 05에서 1 뎁스의 〈ul〉 요소에 설정한 relative를 기준으로 하고, left와 right를 모두 0으로 주어 width:100%를 표현합니다.

Line 11~13

```
.tab > ul > li ul button {position: relative; height: 50px; background: none;
font-size: 15px; color: #767676;}
.tab > ul > li ul .on button {color: #157941;}
.tab > ul > li ul .on button:after {content: ""; position: absolute; left: 0;
right: 0; bottom: 12px; border-top: 1px solid #157941;}
```

2 뎁스 탭 메뉴 버튼과 2 뎁스의 탭 버튼이 활성화되었을 때 나타나는 밑줄을 표현한 코드입니다. 밑줄을 표현하는 :after 가상 선택자는 position:absolute로 설정하여 relative인 〈button〉 요소를 기준 좌표로 잡습니다. 밑줄은 버튼의 아래에서 12픽셀 떨어진 위치에 가로 크기가 100%를 차지하는 선으로 표현합니다. text-decoration으로 밑줄을 표현하면 텍스트와 선의 간격을 CSS로 조절할 수 없어서 이렇게 따로 표현합니다.

Line 14

```
.tab > ul > li.on ul {display: flex;}
```

1 뎁스 탭 메뉴의 〈li〉 요소에 on 클래스가 생성될 경우 자손인 2 뎁스의 〈ul〉 요소가 활성화되는 코드입니다. display를 flex로 설정하여 자식인 〈li〉 요소를 행으로 배치합니다. 만약 여기서 flex 대신 block으로 설정한다면 〈li〉 요소가 아래로 떨어지지 않도록 자식은 float로 배치합니다.

Line 16~19

```
.tab_content {display: none; line-height: 261px; background: #e5e5e5; text-align: center; font-size: 40px; color: #000;}
.tab_content.on {display: block;}
.tab_content.on > .on {display: block;}
.tab_content.on > div {display: none; font-size: 40px; color: #000;}
```

탭 콘텐츠에 관련된 코드입니다. 탭 메뉴가 활성화되지 않았을 때는 탭 콘텐츠의 내용도 비활성화 상태이므로 display:none으로 표현합니다. 1 뎁스나 2 뎁스 탭 메뉴를 활성화하면 탭 메뉴에 해당하는 탭 콘텐츠를 display:block으로 설정하여 내용을 보여줍니다.

Line 25

```
.ie9 .tab > ul > li.on ul {display: block;}
```

Line 14의 display:flex를 display:block으로 대체합니다.

jQuery 코드 풀이

[코드 6-8] 2 뎁스로 구성된 탭 메뉴   tab3.js

```javascript
01  $(document).ready(function(){
02
03    var tab = $('.tab_nav button');
04
05    tab.on('click', function(){
06      var depth2 = $(this).next();
07      var idx = $(this).parent().index();
08
09      $(this).parent().addClass('on');
10      $(this).parent().siblings().removeClass('on');
11
12      if(depth2.hasClass('tab_nav') || $(this).parent().parent().parent().hasClass('tab')){
13        var $this = $(this).parents('.tab_group').children('.tab_content').eq(idx);
14
15        $this.addClass('on').siblings().removeClass('on');
16      } else{
17        var parent_idx = $(this).parent().parent().parent('li').index();
18        var $this = $(this).parents('.tab_group').children('.tab_content').eq(parent_idx).children().eq(idx);
19
```

```
20          $this.addClass('on').siblings().removeClass('on');
21        }
22    });
23  });
```

Line 03

```
var tab = $('.tab_nav button');
```

$('.tab_nav button') 선택자를 변수 tab에 담습니다. 탭 메뉴의 뎁스에 상관없이 모든 〈button〉 요소를 선택합니다. 여기서는 정의한 변수를 비록 1번만 사용하지만 반복해서 나오는 선택자가 있다면 변수에 담아 재활용합니다.

Line 05, 22

```
tab.on('click', function(){ });
```

변수 tab을 클릭했을 때 실행되는 기능을 정의합니다.

Line 06

```
var depth2 = $(this).next();
```

변수 depth2를 정의합니다. 변수 depth2는 사용자가 클릭한 〈button〉 요소의 다음 형제 요소를 찾습니다. 즉, 1 뎁스 또는 2 뎁스의 〈button〉 요소를 클릭했을 때 해당 〈button〉 요소의 다음 형제 요소를 반환합니다.

Line 07

```
var idx = $(this).parent().index();
```

변수 idx를 정의합니다. 변수 idx는 사용자가 클릭한 〈button〉 요소의 부모인 〈li〉 요소가 형제 중 몇 번째 요소인지 index( ) 메서드로 알아냅니다. 즉, 사용자가 클릭한 탭 메뉴가 몇 번째 탭인지를 변수 idx에 저장하며, 탭 메뉴의 뎁스에 따라 각각 몇 번째인지 알 수 있습니다.

Line 09

```
$(this).parent().addClass('on');
```

$(this)는 사용자가 클릭한 〈button〉 요소입니다. 사용자가 〈button〉 요소를 클릭했을 때 parent( ) 메서드로 부모 요소를 선택하고 addClass('on')으로 해당 요소에 on 클래스를 추가합니다.

Line 10

```
$(this).parent().siblings().removeClass('on');
```

사용자가 선택한 〈button〉 요소의 부모인 〈li〉 요소를 제외한 나머지 형제 〈li〉 요소를 선택하여 removeClass('on')으로 on 클래스를 제거합니다. 즉, 클릭한 탭을 제외한 나머지 형제 〈li〉 요소에 on 클래스를 제거하여 클릭하는 탭마다 모두 활성화되지 않도록 선택한 메뉴를 제외한 나머지 메뉴를 비활성화하는 코드입니다.

Line 12, 16, 21

```
if(depth2.hasClass('tab_nav') || $(this).parent().parent().parent().
hasClass('tab')){ } else{ }
```

논리연산자 ||를 사용하여 앞에 있는 조건 depth2.hasClass('tab_nav')가 성립하거나 뒤에 있는 조건인 $(this).parent().parent().parent().hasClass('tab')이 성립하면 if문을 실행합니다. 이렇게 두 가지로 비교하는 이유는 2 뎁스가 없는 1 뎁스 탭 메뉴가 있기 때문입니다.

2 뎁스가 있으면 변수 depth2에 tab_nav 클래스가 있는지 확인하는 앞의 조건이 성립하고, 2 뎁스가 없는 1 뎁스 탭 메뉴라면 뒤의 조건이 성립합니다. 즉, 탭이 2 뎁스인지 아닌지를 구별하여 1 뎁스 탭 메뉴라고 인식하면 if문을 실행하고 2 뎁스 탭 메뉴라고 인식하면 else문을 실행합니다.

Line 13

```
var $this = $(this).parents('.tab_group').children('.tab_content').eq(idx);
```

1 뎁스의 탭 콘텐츠를 찾아가기 위한 선택자를 변수 $this로 정의합니다. $(this)는 사용자가 클릭한 〈button〉 요소입니다. parents('.tab_group')은 〈button〉 요소의 조상 부모 중 tab_group 클래스를 찾고 children('.tab_content')는 자식 요소 중 tab_content 클래스를 찾습니다. eq(idx)는 클릭한 〈button〉의 부모인 〈li〉의 순서를 기억해놓은 변수 idx에 해당하는 tab_content 클래스를 찾습니다.

정리하면 사용자가 1 뎁스의 버튼을 클릭했을 때 몇 번째 버튼인지 기억한 뒤, 같은 순서에 있는 tab_content 클래스를 찾아가 탭 콘텐츠의 순서를 변수 $this에 저장합니다.

Line 15

```
$this.addClass('on').siblings().removeClass('on');
```

변수 $this에 해당하는 탭 콘텐츠에는 on 클래스를 부여하고 나머지 형제 요소에는 on 클래스를 제거합니다. 이는 클릭한 1 뎁스의 탭 콘텐츠를 활성화하고 나머지는 비활성화하는 코드입니다.

Line 17

```
var parent_idx = $(this).parent().parent().parent('li').index();
```

변수 parent_idx에 클릭한 2 뎁스 버튼의 조상 부모인 1 뎁스에 있는 〈li〉 요소의 순서를 저장합니다. 변수를 정의한 내용을 메서드별로 끊어서 순차적으로 살펴보겠습니다.

$(this)는 2 뎁스의 〈button〉 요소이며 parent( ) 메서드로 부모 요소인 2 뎁스의 〈li〉 요소를 선택합니다. 다시 parent( ) 메서드로 〈li〉의 부모 요소인 〈ul〉 요소를 선택하고 한 번 더 parent('li') 메서드로 〈ul〉의 부모인 〈li〉 요소를 선택하는데, 이는 1 뎁스의 〈li〉 요소입니다. index( )로 해당 〈li〉 요소가 형제 요소 중에 몇 번째 요소인지를 찾아 변수 parent_idx에 저장합니다.

Line 18

```
var $this = $(this).parents('.tab_group').children('.tab_content').eq(parent_idx).children().eq(idx);
```

2 뎁스의 〈button〉 요소를 클릭했을 때 그에 해당하는 탭 콘텐츠를 선택하는 변수 $this를 정의합니다.

$(this)는 사용자가 클릭한 2 뎁스의 〈button〉 요소이며 parents('.tab_group')은 조상 부모 요소 중 tab_group 클래스를 찾고 children('.tab_content')는 자식 요소 중 tab_content 클래스를 찾습니다. eq(parent_idx)로 tab_content 중에서 클릭된 버튼의 1 뎁스 메뉴 순서에 해당하는 요소를 선택합니다. children( )은 선택된 tab_content 클래스의 자식인 〈div〉 요소를 선택합니다. 최종적으로 eq(idx)는 클릭된 2 뎁스 〈li〉의 순서에 해당하는 〈div〉 요소를 변수 $this에 저장합니다.

Line 20

```
$this.addClass('on').siblings().removeClass('on');
```

클릭한 2 뎁스 탭 콘텐츠의 〈div〉 요소인 변수 $this에 addClass('on')으로 on 클래스를 추가합니다. siblings( ) 메서드는 나머지 형제 〈div〉 요소를 말하며 removeClass('on')으로 on 클래스를 제거합니다. 즉, 선택한 2 뎁스 탭 메뉴에 해당하는 탭 콘텐츠는 활성화하고 나머지 탭 콘텐츠는 비활성화하는 코드입니다.

화면 낭독기 결과

[그림 6-21] 탭 메뉴 예제 3을 화면 낭독기가 읽는 순서

- ❶ 헤딩 레벨 2 / 필요서류안내 / 보험업무 처리 시 필요한 서류 안내입니다.
- ❷ 내비게이션 랜드마크 / 목록 항목 수 3개 / 버튼 / 보험금청구서류
- ❸ 목록 항목 수 4개 / 버튼 / 질병관련사고
- ❹ 버튼 / 상해 슬래시 운행관련사고
- ❺ 버튼 / 화재 슬래시 특정관련사고
- ❻ 버튼 / 자동차사고
- ❼ 목록 끝 / 버튼 / 계약변경서류
- ❽ 버튼 / 자동차등록검사서류
- ❾ 목록 끝 / contents1-1

( ) 리베하얀의 한마디

2 뎁스 이상의 탭 메뉴가 있다는 것은 콘텐츠 양이 상당히 많은 웹서비스일 가능성이 큽니다. 작업할 콘텐츠 양이 많은 만큼 탭의 개수와 뎁스가 몇 단계까지 깊어지는지 등 고려해야 할 변수가 많습니다.

구조가 복잡할수록 콘텐츠 페이지마다 세세한 분석이 필요합니다. 디자인을 받고 성급하게 바로 표현하려고 하지 말고 연관된 다른 페이지의 화면과 전체적인 구조를 모두 참고하여 코딩을 시작합시다.

6-4 두 줄 이상인 탭 메뉴

[그림 6-22] 두 줄 이상인 탭 메뉴 디자인

HTML 코드 풀이

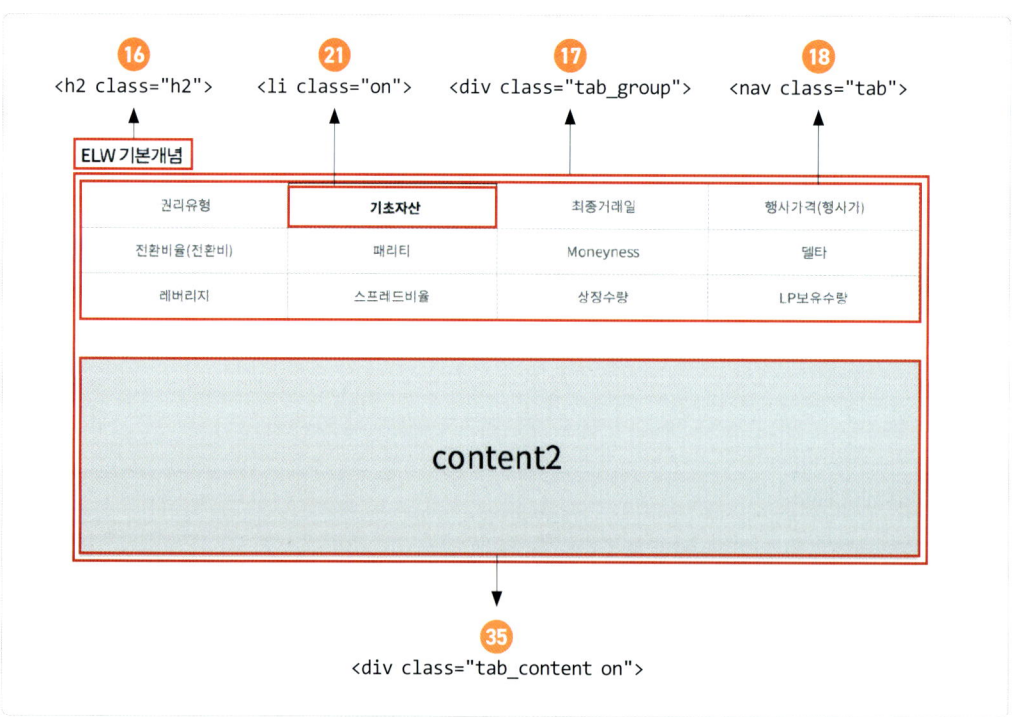

[그림 6-23] 두 줄 이상인 탭 메뉴의 HTML 구조

[코드 6-9] 두 줄 이상인 탭 메뉴 `tab4.html`

```
01  <!DOCTYPE html>
02  <html lang="ko">
03  <head>
04    <meta charset="UTF-8">
05    <meta name="viewport" content="width=device-width, initial-scale=1.0">
06    <meta http-equiv="X-UA-Compatible" content="ie=edge">
07    <title>두 줄 이상인 탭 메뉴</title>
08    <link rel="stylesheet" href="default.css">
09    <link rel="stylesheet" href="tab4.css">
10    <script src="js/jquery.js" charset="utf-8"></script>
11    <script src="js/tab1.js" charset="utf-8"></script>
12  </head>
13  <!--[if IE 9]><body class="ie9"><![endif]-->
14  <!--[if (gt IE 9)|!(IE)]><!--><body><!--<![endif]-->
15    <main>
16      <h2 class="h2">ELW 기본개념</h2>
17      <div class="tab_group">
18        <nav class="tab">
19          <ul>
20            <li><button>권리유형</button></li>
21            <li class="on"><button>기초자산</button></li>
22            <li><button>최종거래일</button></li>
23            <li><button>행사가격(행사가)</button></li>
24            <li><button>전환비율(전환비)</button></li>
25            <li><button>패리티</button></li>
26            <li><button>Moneyness</button></li>
27            <li><button>델타</button></li>
28            <li><button>레버리지</button></li>
29            <li><button>스프레드비율</button></li>
30            <li><button>상장수량</button></li>
31            <li><button>LP보유수량</button></li>
32          </ul>
33        </nav>
34        <div class="tab_content">content1</div>
35        <div class="tab_content on">content2</div>
36        <div class="tab_content">content3</div>
37        <div class="tab_content">content4</div>
38        <div class="tab_content">content5</div>
39        <div class="tab_content">content6</div>
40        <div class="tab_content">content7</div>
41        <div class="tab_content">content8</div>
42        <div class="tab_content">content9</div>
43        <div class="tab_content">content10</div>
44        <div class="tab_content">content11</div>
```

```
45            <div class="tab_content">content12</div>
46        </div>
47    </main>
48 </body>
49 </html>
```

Line 11

```
<script src="js/tab1.js" charset="utf-8"></script>
```

jQuery 코드는 예제 1의 코드(tab1.js)와 같습니다.

Line 16

```
<h2 class="h2">ELW 기본개념</h2>
```

[그림 6-23]의 ⑯번에 해당하는 코드로 탭 메뉴와 탭 콘텐츠의 제목을 알려주기 위해 〈h2〉 요소를 사용합니다. 〈h2〉 요소 자체를 선택자로 사용해도 되지만 h2 클래스로 〈h2〉의 CSS를 표현합니다. 왜냐하면, 수백 페이지에 달하는 사이트의 CSS를 작성하는 실무에서는 보통 기준이 되는 부모 요소를 요소 선택자로 사용하지 않습니다. 여기서는 〈h2〉 요소를 이용해 〈h2〉 요소를 표현하지만 실제로는 〈h2〉 요소를 위한 디자인이 아닌 다른 디자인이 〈h2〉 요소로 제작될 수도 있기 때문입니다.

Line 19~32

```
<ul>
    <li><button>권리유형</button></li>
    <li class="on"><button>기초자산</button></li>
    <li><button>최종거래일</button></li>
            ...
    <li><button>상장수량</button></li>
    <li><button>LP보유수량</button></li>
</ul>
```

탭 메뉴 영역은 〈ul〉 요소로 표현하고 각각의 탭은 〈li〉 요소로 정의합니다. 탭 메뉴를 클릭했을 때 페이지 이동 없이 콘텐츠만 바뀌므로 〈button〉 요소를 사용합니다. 활성화된 탭의 〈li〉 요소에는 jQuery를 통해 on 클래스가 부여되며 CSS로 활성화된 탭 메뉴의 디자인을 다르게 표현합니다.

Line 34~45

```
<div class="tab_content">content1</div>
<div class="tab_content on">content2</div>
<div class="tab_content">content3</div>
```

```
                    ...
<div class="tab_content">content11</div>
<div class="tab_content">content12</div>
```

각 탭 메뉴에 해당하는 콘텐츠 내용입니다. 콘텐츠는 탭마다 내용이 모두 다르므로 탭 메뉴의 개수에 맞춰 구성하고, jQuery와 CSS를 제어하기 위해 tab_content 클래스를 부여합니다.

CSS 코드 풀이

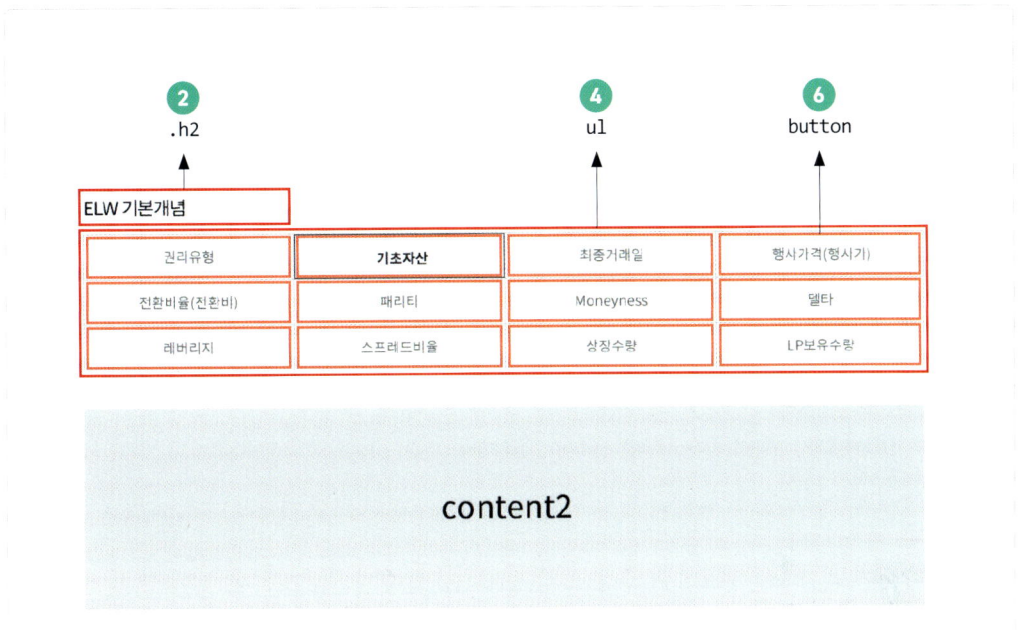

[그림 6-24] 두 줄 이상인 탭 메뉴의 CSS 구조

[코드 6-10] 두 줄 이상인 탭 메뉴   tab4.css

```
01  main {display: block; width: 1080px; margin: 100px auto;}
02  .h2 {font-size: 24px; color: #000; letter-spacing: -0.5px; font-weight: normal;
     line-height: 1;}
03  .tab {padding: 43px 0 50px;}
04  .tab ul {display: flex; flex-wrap: wrap; border-top: 1px solid #ccc; border-left:
     1px solid #ccc;}
05  .tab ul li {width: 25%; border-right: 1px solid #ccc; border-bottom: 1px solid
     #ccc; box-sizing: border-box;}
06  .tab ul li button {width: 100%; background: none; height: 58px; text-align: center;
     font-size: 18px; color: #666; box-sizing: border-box; outline: 0; cursor: pointer;}
```

```
07    .tab ul li button:focus,
08    .tab ul li.on button {border: 1px solid #222; color: #222; font-weight: bold;}
09    .tab_content {display: none; line-height: 261px; background: #e5e5e5; text-align:
      center; font-size: 40px; color: #000;}
10    .tab_content.on {display: block;}
11
12    .ie9 .tab ul:after {content: ""; display: block; clear: both;}
13    .ie9 .tab ul li {float: left;}
```

Line 02

```
.h2 {font-size: 24px; color: #000; letter-spacing: -0.5px; font-weight: normal;
line-height: 1;}
```

[그림 6-24]의 ②번에 해당하는 〈h2〉 요소를 표현한 코드입니다. 만약 h2 {color: red;}와 같이 〈h2〉 요소를 선택자로 사용하면 모든 페이지에 있는 〈h2〉 요소가 빨간색으로 표현됩니다. 하지만 .h2 {color: blue;}처럼 h2 클래스를 생성해 선택자로 사용하면 모든 〈h2〉 요소가 아니라 h2 클래스를 부여한 요소만 파란색으로 표현됩니다. 이처럼 서비스를 제작할 때는 한 페이지에만 집중하는 것보다 제작해야 할 모든 페이지를 사전에 꼼꼼히 분석한 뒤에 코딩하는 것이 중요합니다.

Line 04

```
.tab ul {display: flex; flex-wrap: wrap; border-top: 1px solid #ccc; border-left:
1px solid #ccc;}
```

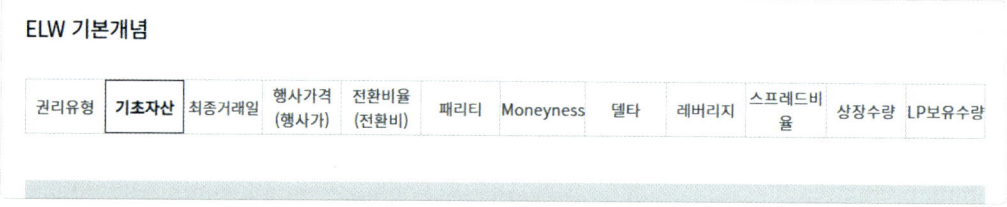

[그림 6-25] flex-wrap 속성 없이 display:flex만 설정했을 때 요소의 배치

block 속성인 〈li〉 요소는 메뉴마다 아래로 떨어져서 배치되므로 이를 행으로 배치하기 위해서 display:flex를 설정합니다. 그런데 부모에 display:flex를 설정해도 [그림 6-25]처럼 행으로만 배치되고 디자인대로 배치되지 않습니다. 이렇게 display:flex는 요소를 행으로만 배치할 뿐 요소를 자동으로 줄 바꿈 하진 않습니다. flex 레이아웃의 기본값인 nowrap은 말 그대로 감싸지 않고 한 행에 쭉 늘어놓기 때문입니다. 줄 바꿈을 하려면 flex-wrap 속성 중 영역 밖으로 요소가 넘어가면 다음 행으로 떨어뜨리는 wrap을 설정해야 합니다.

이번 예제에서는 탭 메뉴의 테두리를 기존과 다른 방식으로 표현합니다. 이전에는 모든 〈li〉 요소에 선을 넣고 중복되는 선을 margin-left:-1px로 겹치게 해서 보이지 않게 했다면 이번에는 [그림 6-26]처럼 마치 선을 조립하듯이 표현해 보겠습니다. 그림을 자세히 살펴보면 〈ul〉 요소에는 위쪽과 왼쪽에만 선을 넣고, 〈li〉 요소에는 오른쪽과 아래쪽에만 선을 넣습니다. 이렇게 하면 모든 선이 연결된 것처럼 보이고, 한 행에 〈li〉 요소가 꽉 차 있지 않아도 모든 테두리를 손쉽게 표현할 수 있습니다.

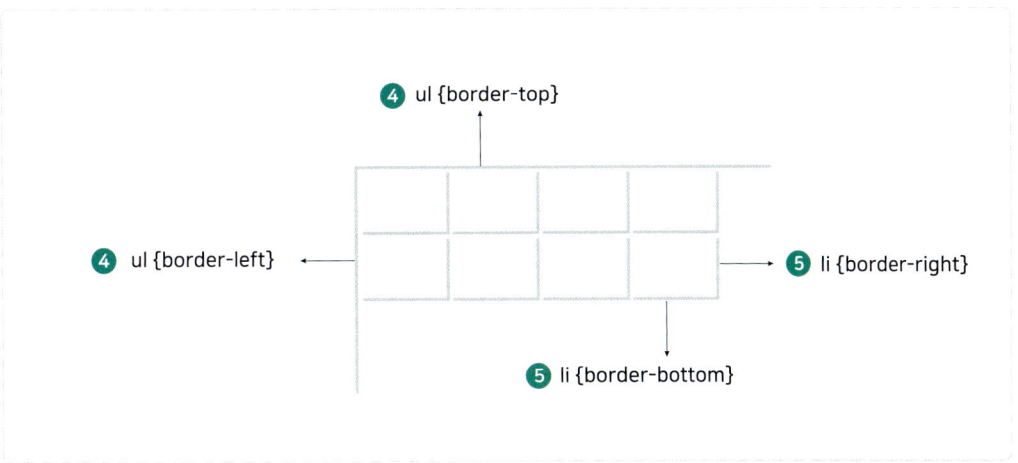

[그림 6-26] 탭 메뉴의 모든 테두리를 표현하는 방법

Line 05

```
.tab ul li {width: 25%; border-right: 1px solid #ccc; border-bottom: 1px solid
#ccc; box-sizing: border-box;}
```

탭 메뉴는 1행에 4개씩 배치되어 있습니다. 그래서 width를 4분의 1 크기인 25%로 지정합니다. 그리고 바로 전 코드에서 설명했던 것처럼 테두리를 표시하기 위해 〈li〉 요소에 선을 오른쪽과 아래에 제공합니다. width와 border를 함께 사용했기 때문에 행의 크기를 초과하는 부분은 box-sizing으로 자동으로 계산하여 맞춥니다.

Line 06~08

```
.tab ul li button {width: 100%; background: none; height: 58px; text-align:
center; font-size: 18px; color: #666; box-sizing: border-box; outline: 0;
cursor: pointer;}
.tab ul li button:focus,
.tab ul li.on button {border: 1px solid #222; color: #222; font-weight: bold;}
```

각 탭 메뉴 버튼을 표현한 코드입니다. 〈button〉 요소는 inline-block 속성이므로 가로 크기를 부모인 〈li〉 요소 크기만큼 채우고 height 속성을 줍니다. 〈button〉 요소에 기본으로 설정된 회색 배경은 background:none으로 제거합니다. 〈button〉 요소는 align-items 속성의 기본값이 center이므로 텍스트가 수직으로 가운데 정렬됩니다. 따라서 수평 가운데 정렬만 text-align으로 맞춥니다.

〈button〉 요소에 width와 height가 존재하고 padding이나 border 속성을 넣지 않았음에도 box-sizing 속성을 제공한 이유는 탭 메뉴가 활성화되면 〈button〉 요소에 굵은 테두리가 생기기 때문입니다. 만약 box-sizing을 제공하지 않으면 탭 메뉴 버튼을 클릭할 때마다 굵은 테두리가 생기고 없어짐에 따라 UI가 흔들거리는 장면이 연출됩니다.

이어서 추가한 outline 속성을 0으로 설정한 것은 사실 접근성에 어긋나는 설정입니다. 왜냐하면, 키보드로 탭 메뉴에 접근했을 때 [그림 6-27]처럼 outline 속성이 활성화되어 있어야만 사용자가 현재 위치를 파악하고 원하는 곳으로 이동하거나 기능을 제어할 수 있습니다. 그런데도 outline을 없앤 이유는 outline을 대신하여 :focus라는 가상 선택자로 키보드 초점이 있을 때의 디자인을 표현했기 때문입니다.

[그림 6-27] 키보드 초점이 있을 때 outline의 유무에 따른 각 버튼의 모습

화면 낭독기 결과

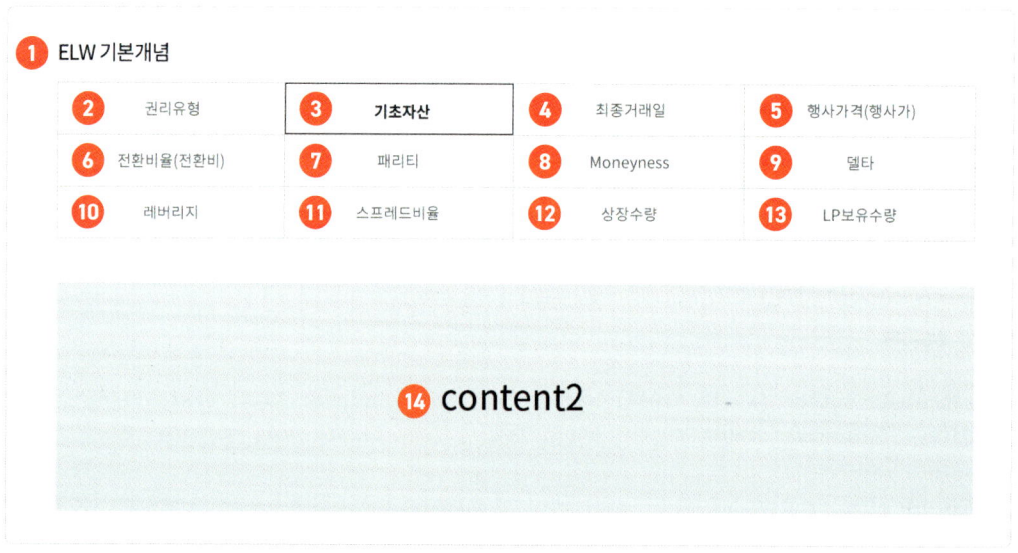

[그림 6-28] 탭 메뉴 예제 4를 화면 낭독기가 읽는 순서

❶ 헤딩 레벨 2 / ELW 기본개념
❷ 내비게이션 랜드마크 / 목록 항목 수 12개 / 클릭 가능 / 버튼 / 권리유형
❸ 클릭 가능 / 버튼 / 기초자산
❹ 클릭 가능 / 버튼 / 최종거래일
❺ 클릭 가능 / 버튼 / 행사가격(행사가)
❻ 클릭 가능 / 버튼 / 전환비율(전환비)
❼ 클릭 가능 / 버튼 / 패리티
❽ 클릭 가능 / 버튼 / Moneyness
❾ 클릭 가능 / 버튼 / 델타
❿ 클릭 가능 / 버튼 / 레버리지
⓫ 클릭 가능 / 버튼 / 스프레드비율
⓬ 클릭 가능 / 버튼 / 상장수량
⓭ 클릭 가능 / 버튼 / LP보유수량
⓮ 목록 끝 / content2

리베하얀의 한마디

두 줄 이상 표현되는 탭은 서로 인접해있는 탭끼리 테두리가 겹치는 부분을 처리하는 방법과 마지막 줄에 탭이 짝수 또는 홀수개로 남아있을 때 각각 어떻게 처리할 것인지가 중요합니다.

탭 메뉴뿐만 아니라 다른 콘텐츠와 유기적으로 동작하여 다양한 변수를 고려해야 하는 UI가 많이 있습니다. 이때는 웹퍼블리셔의 단독적인 판단으로 진행하기보다는 기획자 또는 디자이너와 함께 협의하여 확실한 정의가 내려진 상태에서 처리하는 것이 좋습니다.

7장
모바일 메뉴

필자가 맡은 첫 번째 모바일 웹 프로젝트는 2011년 즈음에 XX은행의 반응형 하이브리드 앱 프로젝트였습니다. HTML5와 CSS3 기술을 적용한 반응형 웹을 제작해야 했는데 반응형 웹에는 모바일 웹까지 포함되어 있었습니다. 당시에는 모든 게 처음이었기에 프로젝트를 진행하면서 많은 오류를 범했고 그 오류를 해결하기 위해 정말 많은 공을 들여야 했습니다. 그 이후에 많은 반응형 프로젝트를 경험하며 쌓은 경험과 노하우를 토대로 모바일 웹을 제작할 때 미리 알아두면 도움이 되는 사항들을 알려드리겠습니다.

모바일 웹을 제작하기 전에 알아야 할 사항

1. 픽셀 밀도(pixel density)

모바일 웹은 디자인 산출물로 받게 되는 포토샵 파일과 같은 UI 제작 결과물의 크기가 매우 커서 웹사이트를 작업하는 방식과 다릅니다. Figma, XD, Sketch와 같은 UI 제작 도구를 사용하면 산출물의 크기가 크다는 것을 체감하기 힘들지만, 이미지를 추출할 때는 1:1 비율의 크기가 아닌 2~4배 이상의 크기로 이미지를 추출해야 합니다. 그렇다면 도대체 왜 작은 스마트폰에 들어가는 이미지의 크기를 크게 추출해야 하는지 알아보겠습니다.

이 작업을 이해하려면 우선 픽셀 밀도를 알아야 합니다. 픽셀 밀도란 1인치라는 공간에 얼마나 많은 픽셀이 압축되어있는지를 말합니다. 이 개념은 애플이 첫 번째 컴퓨터에서 인치당 72개의 픽셀을 표현한 이후 2010년에 인치당 픽셀 수를 기존의 아이폰보다 2배 늘린 레티나 디스플레이가 장착된 iPhone을 출시하면서 시작되었습니다. 즉, 쉽게 말해서 어떤 공간을 1개의 픽셀로 표현하던 것을 가로 세로가 각각 2배로 늘어난 4개의 픽셀로 표현한 것입니다.

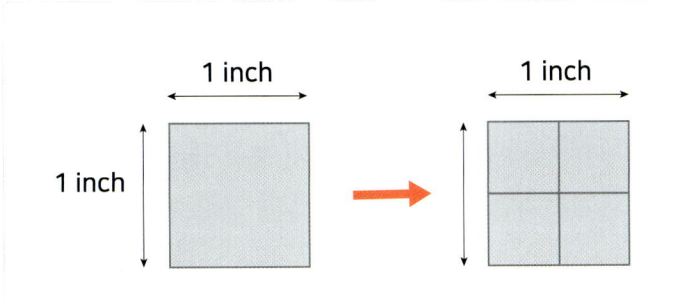

[그림 7-1] 픽셀 밀도를 2배 늘린 레티나 디스플레이

이렇게 픽셀 밀도를 높인 이유는 기기마다 다른 화면 크기에 모두 같은 화질의 UI를 보여주기 위해서입니다. 예를 들면 버튼 하나의 가로 크기를 50픽셀로 만들었다면 픽셀 밀도를 높여 100픽셀로 만듭니다. 그러면 화면이 커지더라도 UI를 선명하게 볼 수 있습니다.

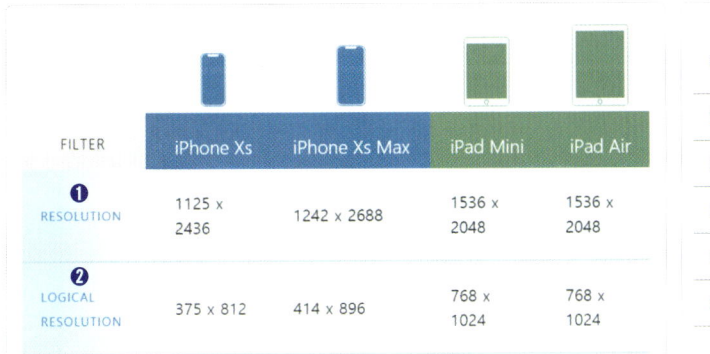

[그림 7-2] 애플과 삼성의 기기별 해상도 정보(출처: iosres.com, mydevice.io)

기기마다 해상도가 다양해진 만큼 지원해야 하는 픽셀 밀도의 종류도 다양해졌습니다. [그림 7-2]의 왼쪽은 애플 기기의 해상도 정보입니다. ①번은 레티나 디스플레이처럼 픽셀 밀도를 높인 해상도이며 ②번은 픽셀 밀도를 높이지 않은 1배 비율의 논리 해상도입니다. 그럼 기기별로 살펴보겠습니다. 먼저 iPhone Xs Max의 해상도는 논리 해상도인 414의 3배인 1242픽셀입니다. iPad Air는 768에서 2배가 늘어난 1536픽셀입니다. 그렇다면 실제 모바일 웹을 제작할 때 이렇게 기기마다 다른 해상도를 어떻게 맞춰야 할까?

만약 가로 크기가 1080픽셀인 모바일 디자인을 받았을 때 500픽셀인 버튼을 그대로 width:500px로 코딩하면 iPhone Xs Max에서는 버튼이 1500픽셀로 표현됩니다. 따라서 기기마다 다른 픽셀 밀도를 고려해서 코딩해야 하는데, 픽셀 밀도가 3인 기기에서는 166.66픽셀로 코딩하면 약 500픽셀 정도의 해상도를 표현할 수 있습니다. 그런데 [그림 7-2]의 오른쪽을 보면 알 수 있듯이 안드로이드 기기는 픽셀 밀도를 4까지 표현해야 합니다.

이렇게 픽셀 밀도가 최소 2배부터 최대 4배까지 다양하므로 어떤 기기를 기준으로 제작할지 혼란스러울 것입니다. 보통 모바일 웹을 만들 때는 1080픽셀 크기의 산출물을 받아 픽셀 밀도 3을 기준으로 CSS를 표현합니다. 즉, 360픽셀로 코딩하여 3배 크기인 1080픽셀에 맞춥니다. 그렇다면 이보다 작거나 큰 픽셀 밀도를 가진 기기는 어떻게 해야 할까? 이런 경우에는 rem으로 해결할 수 있습니다.

2. rem

우리가 일상생활에서 길이를 재기 위해 cm나 mm 같은 다양한 단위를 사용하는 것처럼 UI를 제작할 때도 다양한 단위를 사용합니다. 가장 흔히 알고 있는 px부터 em, vh, vw, pt, rem 등등이 있습니다. 모바일 웹이나 반응형 웹에서는 다양한 픽셀 밀도에 대응하기 위해 px보다 rem 단위를 사용하는 것이 좋습니다.

앞에서 우리는 다양한 해상도의 기기를 가진 모든 사용자를 만족시키는 UI를 구현하기 위해 3 픽셀 밀도를 기준으로 작업한다고 했는데, 만약 픽셀로 작업한다면 모든 UI마다 각각의 해상도에 맞게 픽셀 수치만 다른 CSS 코드를 전부 작성해야 합니다. 하지만 rem은 이러한 작업을 하지 않아도 됩니다.

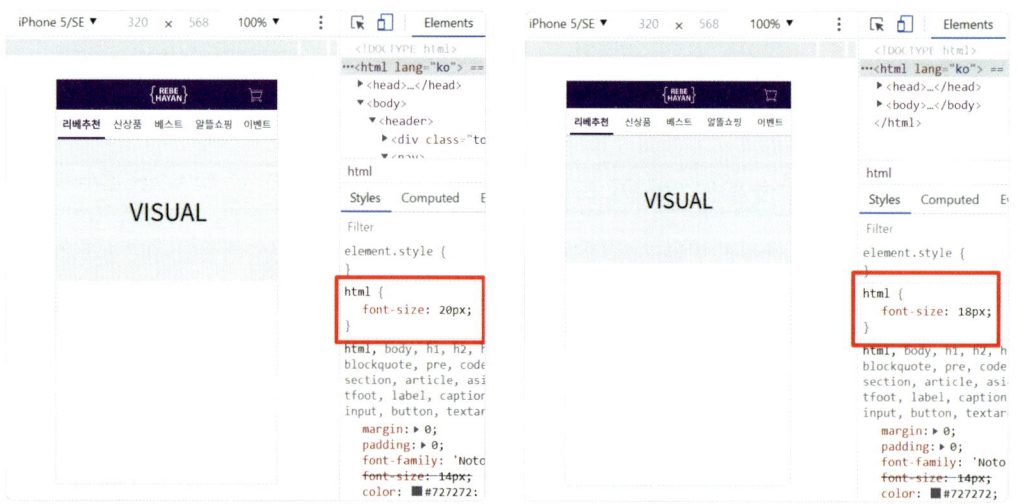

[그림 7-3] rem 단위를 적용하여 UI 크기를 조절하는 화면

[그림 7-3]은 320 해상도의 iPhone 5/SE에서 본 페이지입니다. iPhone 5/SE는 픽셀 밀도가 2인데, 이 예시에서는 사이트를 3 픽셀 밀도 기준으로 제작했기 때문에 왼쪽 그림을 자세히 보면 원래 표현하려던 것보다 요소들이 커 보입니다. 이때 픽셀을 rem으로 변환한 뒤 ⟨html⟩ 요소에서 폰트 크기를 조절하면 이전보다 보기 좋은 형태로 구현됩니다. 이처럼 rem 단위를 사용하면

픽셀보다 훨씬 유연하게 UI를 구현할 수 있습니다.

그렇다면 rem 단위를 어떻게 적용할까? 픽셀을 rem으로 바꾸려면 기준이 되는 값이 있어야 하는데, 이 값은 웹퍼블리셔가 임의로 설정하며 여기서는 20픽셀을 1rem으로 정의하였습니다. 이 내용은 CSS에서 html {font-size: 20px;}과 body {font-size: 1rem;}으로 정의하면 됩니다.

3. 뷰포트(viewport)

모바일 기기의 다양한 해상도에 대응하는 또 다른 방법은 뷰포트를 이용하는 것입니다. 모바일에서 뷰포트를 적용하기 위해서는 모든 페이지에 〈meta name="viewport" content="width=device-width, initial-scale=1.0"〉 코드가 있어야 합니다.

뷰포트는 페이지가 보이는 영역을 말합니다. 코드를 살펴보면, width=device-width는 사용자가 접근한 기기의 가로 크기에 맞게 페이지 너비를 조정합니다. initial-scale은 페이지를 처음 불러올 때 화면의 확대, 축소 수준을 정하며 1.0은 100% 비율을 뜻합니다.

참고로 이 외에도 다른 속성들이 있는데, 그중에서 user-scalable=no는 화면을 축소하거나 확대할 수 없어 저시력 사용자를 위한 접근성에 맞지 않기 때문에 사용하지 않습니다.

모바일 웹, 웹 앱, 하이브리드 앱, 네이티브 앱
모바일 UI를 만들다 보면 여러 단어를 접하게 되는데, 비슷한 것 같지만 서로 다른 용어들을 간단히 정리해 보겠습니다.

- **모바일 웹**: 모바일 웹은 URL이 존재하여 스마트폰에서 인터넷, 크롬, 사파리 등의 브라우저로 접속하는 서비스를 말합니다. 모바일 웹은 말 그대로 모바일에서 사용하는 웹이지만, PC에서 접속이 가능한 사이트도 있습니다.

- **웹 앱**: 웹 앱은 URL로 접속한다는 점에서 모바일 웹과 유사하지만, 독(dock) 내비게이션 등 UI가 애플리케이션 형태로 구현된 서비스 페이지입니다. PC나 스마트폰 등에서 같은 콘텐츠를 볼 수 있으며 HTML5 등 웹 기반 기술로 구현합니다.

- **하이브리드 앱**: 운영체제별로 개발할 필요 없이 웹 표준 기술을 사용하여 웹 페이지를 구현하는 모바일 웹과 푸시 알림 등의 기능이 있는 네이티브 앱의 장점을 통합한 형태입니다. 겉은 애플리케이션처럼 스토어에서 다운로드하여 사용하고, 안은 Webview를 통해 웹 형태로 실행됩니다.

- **네이티브 앱**: 네이티브 앱은 SDK(Software Development Kit)를 사용하여 개발하는 앱입니다. 안드로이드와 iOS 등 운영체제에 따라 각각 만들어야 합니다. 네이티브 앱은 HTML, CSS, JavaScript 등을 사용하지 않기 때문에 웹퍼블리셔가 필요하지 않습니다.

모바일 메뉴의 종류는 다음과 같습니다.

유형 1. 상단 배치형 메뉴
유형 2. 하단 고정형 메뉴
유형 3. 햄버거형 메뉴
유형 4. 슬라이드형 메뉴

앞으로 살펴볼 4가지 유형의 예제는 rem 단위를 사용하며 3 픽셀 밀도를 기준으로 작업합니다. 모바일 사이트에서는 가로 크기를 기준으로 픽셀 밀도를 구하는데, 우리는 가로 크기가 1080픽셀인 디자인 산출물로 실습합니다.

예전에 모바일 기기의 해상도가 높지 않았을 때 픽셀 밀도는 320픽셀을 기준으로 했지만 지금은 해상도가 많이 높아져 360픽셀을 기준으로 하며, 1080은 360에 3을 곱하면 되므로 디자인 산출물의 픽셀 밀도는 3입니다.

예를 들어 디자인 산출물에서 버튼 크기가 100×20픽셀이라면 CSS 코드는 1.66rem * 0.33rem으로 단위를 변환하여 작성합니다. 픽셀을 rem으로 변환하는 계산식을 보겠습니다.

$$\frac{(\text{변환할 픽셀} \div \text{픽셀 밀도})}{\text{rem 기준값}} = \text{변환된 rem}$$

rem 기준값은 웹퍼블리셔가 정의한 1rem의 픽셀값입니다. 여기서는 20픽셀을 1rem으로 정의하였으므로 rem 기준값은 20입니다. 이를 위의 식에 대입하면 100픽셀의 버튼은 (100÷3)/20=1.6666rem이며, 가로 크기 1080픽셀은 (1080÷3)/20=18rem입니다.

이처럼 이번 장에서는 위와 같은 식으로 계산된 rem 단위를 사용하여 CSS를 작성합니다. 그럼 이제 예제를 살펴보겠습니다.

▶ 예제 파일 다운로드: https://github.com/rebehayan/book

7-1 상단 배치형 메뉴

[그림 7-4] 상단 배치형 모바일 메뉴 디자인

HTML 코드 풀이

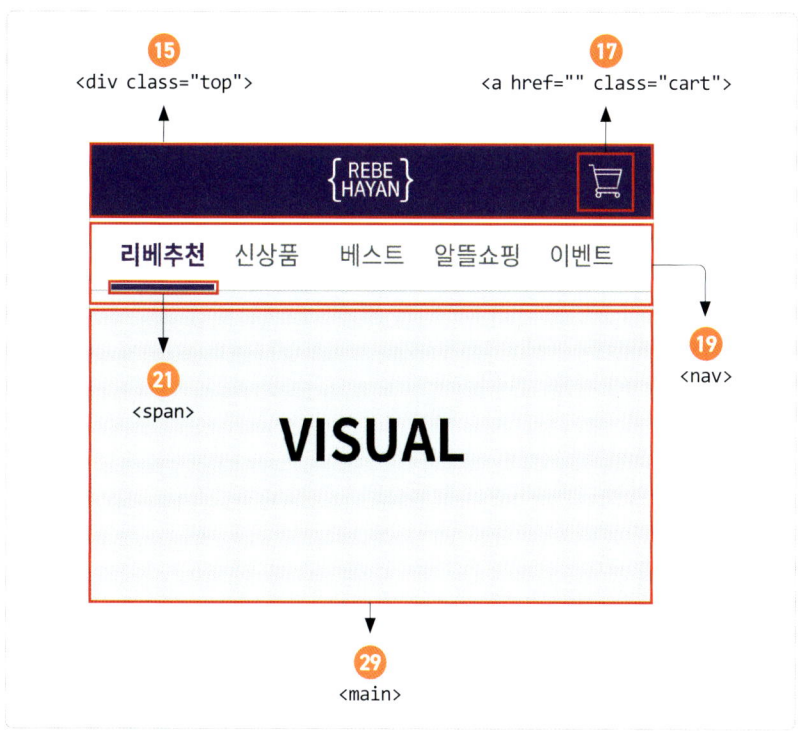

[그림 7-5] 상단 배치형 모바일 메뉴의 HTML 구조

[코드 7-1] 상단 배치형 모바일 메뉴 mobile1.html

```html
01  <!DOCTYPE html>
02  <html lang="ko">
03  <head>
04    <meta charset="UTF-8">
05    <meta name="viewport" content="width=device-width, initial-scale=1.0">
06    <meta http-equiv="X-UA-Compatible" content="ie=edge">
07    <title>상단 배치형 모바일 메뉴</title>
08    <link rel="stylesheet" href="default.css">
09    <link rel="stylesheet" href="mobile1.css">
10    <script src="js/jquery.js" charset="utf-8"></script>
11  </head>
12  <body>
13
14    <header>
15      <div class="top">
16        <h1><a href=""><span class="hide">리베하얀</span></a></h1>
17        <a href="" class="cart"><span class="hide">장바구니</span></a>
18      </div>
19      <nav>
20        <ul>
21          <li class="on"><a href=""><span>리베추천</span></a></li>
22          <li><a href=""><span>신상품</span></a></li>
23          <li><a href=""><span>베스트</span></a></li>
24          <li><a href=""><span>알뜰쇼핑</span></a></li>
25          <li><a href=""><span>이벤트</span></a></li>
26        </ul>
27      </nav>
28    </header>
29    <main>
30      VISUAL
31    </main>
32
33  </body>
34  </html>
```

Line 14, 28

`<header></header>`

모바일 사이트에서 **<header>** 요소에 포함되는 구성은 웹사이트와 유사합니다. 로고와 GNB가 있고 검색 버튼이나 [그림 7-5]의 ⑰번처럼 장바구니 버튼 등을 포함하는 유틸리티 메뉴가 **<header>** 요소에 포함됩니다.

Line 15, 18

```
<div class="top"></div>
```

[그림 7-5]의 ⑮번에 해당하는 코드로, 로고와 장바구니 아이콘을 그룹화하고 장바구니 아이콘을 배치하기 위한 요소입니다.

Line 16, 17

```
<h1><a href=""><span class="hide">리베하얀</span></a></h1>
<a href="" class="cart"><span class="hide">장바구니</span></a>
```

페이지의 1번째 제목 역할을 하는 로고는 〈h1〉 요소로 표현하고 장바구니 아이콘은 〈a〉 요소로 표현합니다. 로고와 장바구니 아이콘은 CSS에서 배경 이미지로 처리하기 때문에 화면 낭독기 사용자가 인식할 수 있도록 자식인 〈span〉 요소에 hide 클래스를 부여하여 이미지를 설명하는 숨김 텍스트를 입력합니다.

Line 19, 27

```
<nav></nav>
```

[그림 7-5]의 ⑲번에 해당하는 코드로 메뉴에 해당하는 영역을 〈nav〉 요소로 표현합니다.

Line 20~26

```
<ul>
    <li class="on"><a href=""><span>리베추천</span></a></li>
    <li><a href=""><span>신상품</span></a></li>
    <li><a href=""><span>베스트</span></a></li>
    <li><a href=""><span>알뜰쇼핑</span></a></li>
    <li><a href=""><span>이벤트</span></a></li>
</ul>
```

각 페이지로 이동하는 링크를 모아놓은 리스트이므로 〈ul〉과 〈li〉 요소를 사용하고 on 클래스를 부여하여 활성화된 메뉴를 표시합니다. 각각의 〈li〉 요소에 자식으로 추가된 〈span〉 요소는 활성화된 메뉴의 밑줄 디자인을 표현하기 위한 코드입니다.

Line 29~31

```
<main>VISUAL</main>
```

[그림 7-5]의 ㉙번에 해당하는 임시로 배치한 콘텐츠 영역입니다.

CSS 코드 풀이

[그림 7-6] 상단 배치형 모바일 메뉴의 CSS 구조

[코드 7-2] 상단 배치형 모바일 메뉴 mobile1.css

```
01  html {font-size: 20px;}
02  body {font-size: 1rem;}
03
04  header .top {background: #5f0080; position: relative;}
05  header .top h1 {display: flex; height: 2.16rem;}
06  header .top h1 a {margin: auto; width: 2.7rem; height: 1.26rem; background:
    url(images/h1_logo4.png) no-repeat 0 0 / 100% auto;}
07  header .top .cart {position: absolute; right: 0; top: 0; width: 3.26rem; height:
    100%; background: url(images/ico_cart.png) no-repeat center / 1.06rem auto;}
08  header nav ul {display: flex; justify-content: space-around; border-bottom: 1px
    solid #c0bfbe;}
09  header nav ul li span {display: inline-block; position: relative; padding: 0
    .333rem; line-height: 2.08rem;}
10  header nav ul li.on span {font-weight: bold; color: #5f0080;}
11  header nav ul li.on span:after {content: ""; position: absolute; left: 0; bottom:
    0; width: 100%; height: .166rem; background: #5f0080;}
12  header nav ul a {display: block; font-size: .75rem; color: #5e5e5e; text-align:
    center;}
13
14  main {display: block; background: #ebebeb; font-size: 1.66rem; color: #000; text-
    align: center; line-height: 10rem;}
```

Line 01, 02

```
html {font-size: 20px;}
body {font-size: 1rem;}
```

font-size로 rem을 정의합니다. ⟨html⟩ 요소에는 기준값이 되는 20픽셀을 선언하고 ⟨body⟩ 요소에는 1rem을 선언합니다. 기준값을 정할 때는 픽셀을 rem으로 변환하는 식에서 나누기 결과가 소수점이 많이 나오지 않는 숫자로 정합니다.

Line 04, 07

```
header .top {background: #5f0080; position: relative;}
header .top .cart {position: absolute; right: 0; top: 0; width: 3.26rem; height: 100%; background: url(images/ico_cart.png) no-repeat center / 1.06rem auto;}
```

로고와 장바구니 아이콘이 있는 top 영역에 position 속성을 준 이유는 장바구니 아이콘의 위치를 잡기 위해서입니다. 모바일 기기는 해상도가 다양해서 가로 크기가 정해져 있지 않으므로 모바일 웹에서 요소를 배치할 때 position을 주로 사용합니다. 즉, relative인 top 영역을 기준으로 장바구니 아이콘을 오른쪽 위에 배치하고 아이콘의 크기를 지정하기 위해 position:absolute로 설정합니다.

Line 05, 06

```
header .top h1 {display: flex; height: 2.16rem;}
header .top h1 a {margin: auto; width: 2.7rem; height: 1.26rem; background: url(images/h1_logo4.png) no-repeat 0 0 / 100% auto;}
```

display를 flex로 설정함으로써 배경의 높이를 2.16rem으로 지정할 수 있고, ⟨a⟩ 요소의 배경 이미지로 표현된 로고를 margin으로 정렬할 수 있습니다. margin을 auto로 설정하면 수평과 수직으로 모두 가운데 정렬됩니다.

Line 08

```
header nav ul {display: flex; justify-content: space-around; border-bottom: 1px solid #c0bfbe;}
```

자식인 ⟨li⟩ 요소를 행으로 배치하기 위해 display:flex를 설정합니다. 주축을 정의하는 justify-content 속성의 값인 space-around는 [그림 7-7]처럼 ⟨li⟩ 요소를 양쪽으로 배치하면서 각 ⟨li⟩ 요소의 양쪽 여백을 모두 동일하게 제공하는 역할을 합니다. ⟨ul⟩ 요소의 아래에는 회색 선을 추가합니다.

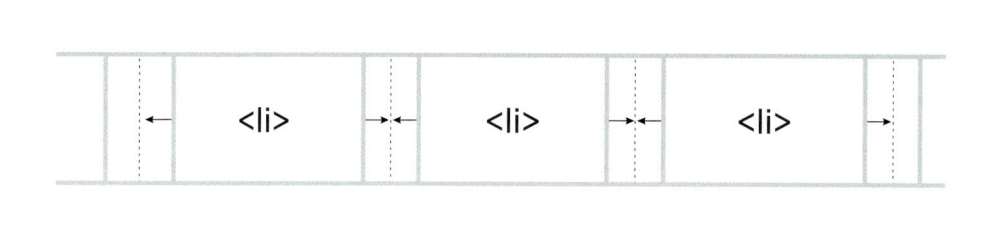

[그림 7-7] 요소를 양쪽으로 정렬하는 justify-content:space-around 속성

Line 09, 11

```
header nav ul li span {display: inline-block; position: relative; padding: 0
.333rem; line-height: 2.08rem;}
header nav ul li.on span:after {content: ""; position: absolute; left: 0;
bottom: 0; width: 100%; height: .166rem; background: #5f0080;}
```

활성화된 메뉴의 밑줄을 표현하기 위한 코드입니다. display:block 설정일 때 line-height로 줄 간격을 표현하면 해당 요소의 높이가 커지면서 텍스트가 수직으로 가운데 정렬되지만, inline 요소에서는 높이가 같이 커지지 않습니다. 따라서 텍스트 길이만큼 가로 크기도 생성되는 inline-block 속성을 사용하여 텍스트 길이만큼 밑줄의 길이도 늘어나게 합니다.

밑줄은 border로 그리지 않고 absolute로 표현하기 때문에 position:relative를 설정합니다. relative인 〈span〉 요소를 기준으로 :after 가상 선택자를 활용하여 밑줄을 만듭니다. 여기서는 width, height, background로 밑줄을 표현하였지만 border-top으로 표현해도 됩니다. 표현 방법에 정해진 답은 없으며 간단하고 짧은 코드를 사용하면 됩니다.

[그림 7-8]처럼 텍스트가 끝나는 지점과 밑줄이 끝나는 지점 간에 있는 20픽셀의 여백은 rem 단위로 환산한 값을 좌우에 padding으로 지정합니다.

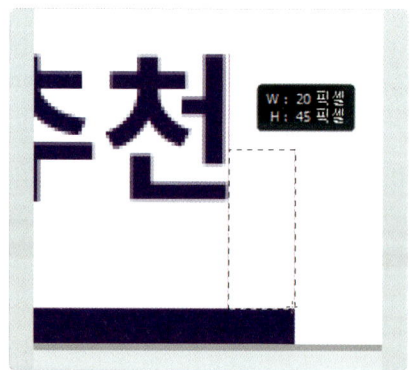

[그림 7-8] 밑줄 디자인의 가로 크기를 여백으로 조절

Line 14

```
main {display: block; background: #ebebeb; font-size: 1.66rem; color: #000;
text-align: center; line-height: 10rem;}
```

비주얼 영역을 임시로 표현한 코드입니다. <main> 요소는 IE에서 inline으로 표현되므로 display:block으로 재정의합니다.

화면 낭독기 결과

❶ 리베하얀 / 머리말 레벨1 / 배너 랜드마크
❷ 장바구니 / 링크
❸ 리베추천 / 링크 / 탐색 랜드마크
❹ 신상품 / 링크
❺ 베스트 / 링크
❻ 알뜰쇼핑 / 링크
❼ 이벤트 / 링크 / 엔드 탐색 / 엔드 배너
❽ VISUAL / 주요 랜드마크

[그림 7-9] 모바일 메뉴 예제 1을 화면 낭독기가 읽는 순서

 리베하얀의 한마디

웹사이트에서 모바일 웹으로 넘어오는 초기에는 웹퍼블리셔들이 픽셀과 % 단위를 간과하여 제대로 사용하지 못했습니다. 그러나 모바일에서 무엇보다 중요한 점은 UI가 여러 해상도에 따라 적절하게 표현되어야 하므로 각 단위의 특징을 파악해서 사용해야 합니다.

또한, 어떤 UI를 구현하고 나면 반드시 여러 기기에 맞게 화면의 크기를 늘리고 줄여보면서 크기에 따라 UI가 적절히 표현되는지 확인하는 것도 중요합니다. 이 점을 잘 기억하면서 다음 예제를 살펴봅시다.

7-2 하단 고정형 메뉴

하단 고정형 메뉴는 주로 네이티브 앱이나 하이브리드 앱에서 많이 볼 수 있는 UI입니다. [그림 7-10]과 같이 UI를 보면 메뉴가 하단에 위치하기 때문에 HTML 요소를 〈main〉 요소의 마지막 자식으로 배치하는 경우를 종종 볼 수 있습니다. 그런데 메뉴는 디자인상 화면 아래에 있을지라도 GNB 영역이므로 콘텐츠 목적에 맞게 〈header〉 영역에 포함되게 코딩해야 합니다.

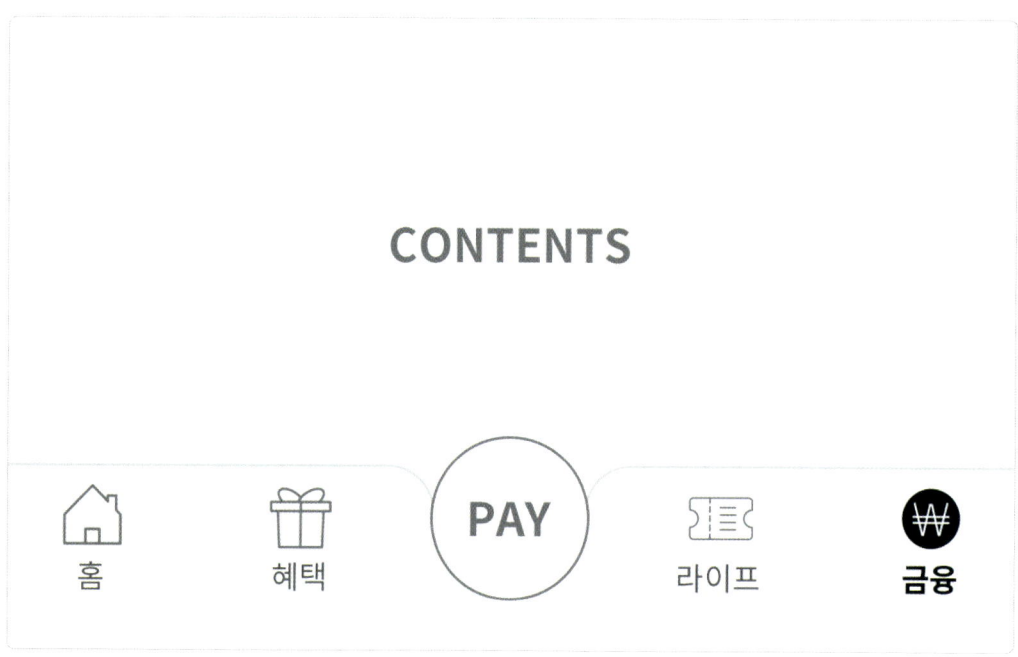

[그림 7-10] 하단 고정형 모바일 메뉴 디자인

HTML 코드 풀이

[코드 7-3] 하단 고정형 모바일 메뉴 mobile2.html

```
01  <!DOCTYPE html>
02  <html lang="ko">
03  <head>
04    <meta charset="UTF-8">
05    <meta name="viewport" content="width=device-width, initial-scale=1.0">
06    <meta http-equiv="X-UA-Compatible" content="ie=edge">
07    <title>하단 고정형 모바일 메뉴</title>
08    <link rel="stylesheet" href="default.css">
09    <link rel="stylesheet" href="mobile2.css">
10    <script src="js/jquery.js" charset="utf-8"></script>
11  </head>
```

```
12    <body>
13
14    <header>
15      <nav>
16        <ul>
17          <li><a href="">홈</a></li>
18          <li><a href="">혜택</a></li>
19          <li><a href="">PAY</a></li>
20          <li><a href="">라이프</a></li>
21          <li class="on"><a href="">금융</a></li>
22        </ul>
23      </nav>
24    </header>
25
26    </body>
27    </html>
```

Line 14, 15, 23, 24

```
<header>
  <nav></nav>
</header>
```

모바일 화면에서는 UI 배치가 비교적 자유로워서 코딩을 하기 전에 콘텐츠의 목적을 먼저 파악하는 것이 중요합니다. 이번 예제처럼 메뉴 UI가 화면 하단에 있다고 해서 단순히 보이는 순서대로 HTML 요소를 배치하면 접근성이 떨어질 수 있습니다.

> **한국형 웹 콘텐츠 접근성 지침 2.1 - 콘텐츠의 논리성**
> 콘텐츠의 선형 구조 유지: 웹 페이지를 구성하는 모든 콘텐츠는 사용자가 그 내용을 이해할 수 있도록 선형 구조로 작성되어야 한다.
> 내용, 표현 및 기능 분리: 브라우저 화면에 표시되는 콘텐츠의 순서는 웹 페이지에 수록된 콘텐츠의 선형 구조와 항상 같은 것은 아니다. 예를 들어 스타일 시트를 사용하면 웹 페이지를 구성하는 콘텐츠의 순서를 변경하지 않고도 화면에 표시되는 콘텐츠의 배치를 임의로 변경할 수 있다. 따라서 웹 페이지를 구성하는 콘텐츠의 나열 순서는 그 맥락을 이해할 수 있도록 논리적으로 구성해야 한다. 시각적으로 배치를 변경해야 하는 경우에도 콘텐츠의 선형 구조는 유지되어야 한다.

만약 GNB를 〈header〉 요소가 아닌 〈main〉 요소의 마지막 자식으로 배치했다고 가정해봅시다. 화면 낭독기 사용자는 모든 영역을 거친 뒤에야 비로소 GNB가 어디에 있는지 알게 될 것입니다. 따라서 메뉴에 해당하는 〈nav〉 요소는 〈header〉 요소 안에 배치합니다.

그리고 이번 예제처럼 〈header〉 요소에 메뉴가 한 개뿐인 디자인은 〈nav〉를 CSS에서 요소 선택자로 표현해도 되므로 〈nav〉 요소에 아무런 클래스를 부여하지 않았습니다.

CSS 코드 풀이

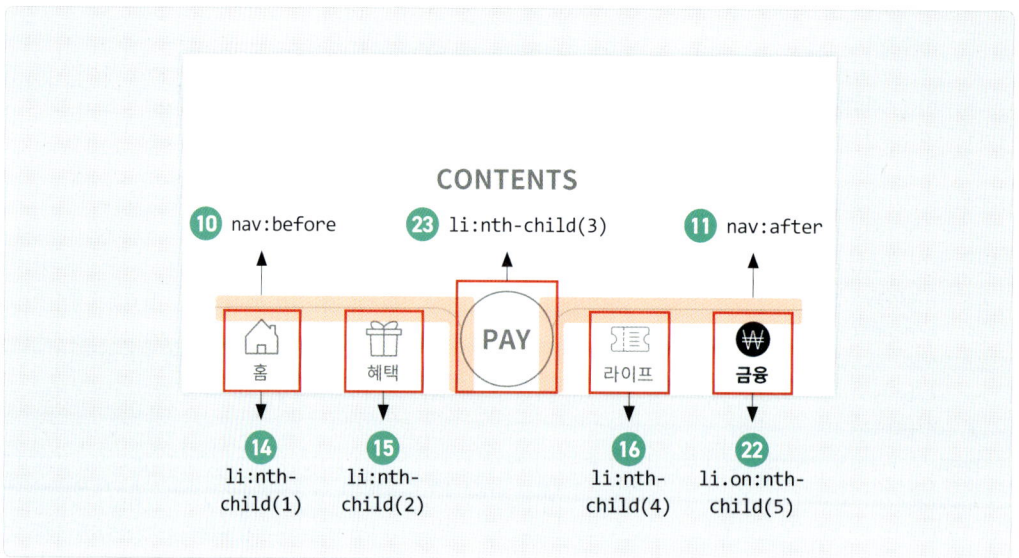

[그림 7-11] 하단 고정형 모바일 메뉴의 CSS 구조

[코드 7-4] 하단 고정형 모바일 메뉴   mobile2.css

```
01  html {font-size: 20px;}
02  body {font-size: 1rem;}
03
04  header {position: fixed; left: 0; right: 0; bottom: 0;}
05  header ul {display: flex; justify-content: space-around; align-items: flex-end;
      height: 2.5rem;}
06  header ul li:nth-child(3):after {content: ""; position: absolute; left: 50%;
      bottom: 0; z-index: 29; width: 2.85rem; height: 1.83rem; background: #fff;
      transform: translateX(-50%);}
07  header nav {position: relative;}
08  header nav:before,
09  header nav:after {content: ""; position: absolute; bottom: 0; width: calc(50% -
      1.35rem); height: 100%; border-top: 1px solid #e2e2e2;}
10  header nav:before {left: 0; border-right: 1px solid #e2e2e2; border-radius: 0
      .83rem 0 0;}
11  header nav:after {right: 0; border-left: 1px solid #e2e2e2; border-radius: .83rem 0 0 0;}
12  header nav li a {display: flex; flex-direction: column; justify-content: center;
      width: 2.5rem; height: 2.5rem; font-size: .55rem; color: #717171; text-align: center;}
13  header nav li a:before {content: ""; display: block; width: 100%; height: 1.05rem;
      background: no-repeat center / auto 100%;}
14  header nav li:nth-child(1) a:before {background-image: url(images/ico_dock1.png);}
15  header nav li:nth-child(2) a:before {background-image: url(images/ico_dock2.png);}
```

```
16    header nav li:nth-child(4) a:before {background-image: url(images/ico_dock3.png);}
17    header nav li:nth-child(5) a:before {background-image: url(images/ico_dock4.png);}
18    header nav li.on a {color: #282828; font-weight: bold;}
19    header nav li.on:nth-child(1) a:before {background-image: url(images/ico_dock1_on.png);}
20    header nav li.on:nth-child(2) a:before {background-image: url(images/ico_dock2_on.png);}
21    header nav li.on:nth-child(4) a:before {background-image: url(images/ico_dock3_on.png);}
22    header nav li.on:nth-child(5) a:before {background-image: url(images/ico_dock4_on.png);}
23    header nav li:nth-child(3) a {display: block; position: relative; z-index: 30;
      top: -0.2rem; margin: 0 auto; width: 2.85rem; height: 2.85rem; line-height:
      2.85rem; text-align: center; border: 2px solid #959595; border-radius: 100%;
      background: #fff; font-size: .8rem;}
24    header nav li:nth-child(3) a:before {display: none;}
```

Line 01, 02

```
html {font-size: 20px;}
body {font-size: 1rem;}
```

픽셀을 rem 단위로 변환하기 위한 설정이며 font-size 속성으로 정의합니다. 1rem이 20픽셀과 같다는 의미입니다.

Line 04

```
header {position: fixed; left: 0; right: 0; bottom: 0;}
```

⟨header⟩ 요소는 position:fixed로 설정하고 bottom을 0으로 지정하여 ⟨body⟩ 요소를 기준으로 화면 하단에 배치합니다. fixed는 브라우저 스크롤을 움직여도 ⟨header⟩ 요소가 화면에 고정되게 합니다.

Line 05

```
header ul {display: flex; justify-content: space-around; align-items: flex-end;
height: 2.5rem;}
```

display:flex로 자식인 ⟨li⟩ 요소를 행으로 배치하고 justify-content:space-around로 각 ⟨li⟩ 요소에 양쪽 여백을 똑같이 적용합니다.

align-items의 기본값은 flex-start로 정의되어 있습니다. 하지만 중앙에 배치된 [PAY] 메뉴는 다른 메뉴와 달리 큰 원 모양으로 디자인되어 있어 윗부분이 다른 메뉴보다 튀어나와 있습니다. 이런 디자인은 align-items를 flex-end로 정의하여 부모 요소인 ⟨ul⟩ 요소의 바닥 부분을 기준으로 정렬하면 원의 아랫부분이 잘리지 않습니다. 이 코드는 바로 작성하지 말고 [그림 7-12]와 같이 flex-start일 때 나타나는 현상을 확인해본 뒤에 align-items 속성을 추가하는 순서로 실습해 보기 바랍니다.

[그림 7-12] align-items:flex-start일 때

또한, [PAY] 메뉴로 인해 [그림 7-13]처럼 다른 메뉴들의 높이가 안 맞는 문제가 생기는데, align-items와 마찬가지로 문제점을 먼저 확인해보고 height를 추가하여 메뉴의 높이를 맞추도록 합시다.

[그림 7-13] <ul> 요소에 높이를 제공했을 때와 제공하지 않았을 때

Line 06

```
header ul li:nth-child(3):after {content: ""; position: absolute; left: 50%;
bottom: 0; z-index: 29; width: 2.85rem; height: 1.83rem; background: #fff;
transform: translateX(-50%);}
```

메뉴에서 곡선이 있는 테두리를 표현하면 [그림 7-14]의 왼쪽처럼 동그란 [PAY] 메뉴 아래까지 디자인에 필요하지 않은 나머지 선이 노출되는 문제가 발생합니다. 이를 해결하기 위해 3번째 <li> 요소에 :after 가상 선택자를 활용하여 흰색 사각형을 그립니다. 즉, 가운데 그림처럼 z축에 흰색 사각형을 그려 회색 선을 가립니다. 그리고 [PAY] 메뉴의 z축을 더 높게 설정하여 결과적으로 회색 선, 흰색 사각형, [PAY] 메뉴가 단계적으로 쌓이도록 처리합니다. 이때 흰색 사각형은 좌우에 있는 다른 메뉴의 아이콘이나 초점을 가리지 않는 크기로 표현합니다.

[그림 7-14] 곡선이 있는 디자인을 CSS로 표현했을 때 발생하는 문제를 처리하는 방법

Line 07~11

```
header nav {position: relative;}
header nav:before,
header nav:after {content: ""; position: absolute; bottom: 0; width: calc(50% - 1.35rem); height: 100%; border-top: 1px solid #e2e2e2;}
header nav:before {left: 0; border-right: 1px solid #e2e2e2; border-radius: 0 .83rem 0 0;}
header nav:after {right: 0; border-left: 1px solid #e2e2e2; border-radius: .83rem 0 0 0;}
```

메뉴 영역의 부모인 〈nav〉 요소에는 position:relative를 설정하여 [그림 7-11]의 ⑩, ⑪번에 있는 회색 선을 표현하기 위한 기준으로 삼습니다. 각각의 회색 선은 :before와 :after 선택자로 표현하는데, 두 회색 선은 비슷한 형태이므로 선택자를 쉼표로 구분하여 공통 속성을 함께 표현합니다.

만약 공통 속성을 묶어서 표현하지 않으면 아래의 정리되지 않은 코드처럼 같은 내용의 코드를 두 번이나 작성하게 됩니다. 중복되는 코드를 최대한 줄이기 위해서는 같은 속성이 적용되는 요소는 쉼표 구분자를 이용해 함께 작성하고, 다른 속성을 표현해야 하는 부분만 각각 선택자를 달리하여 작성합니다. CSS를 작성하면서 같은 코드를 계속 붙여넣고 있다는 느낌이 든다면 코드를 묶어서 표현할 수 있는 부분인지 생각해봐야 합니다.

```
01  /* 정리된 코드 */
02  header nav:before,
03  header nav:after {content: ""; position: absolute; bottom: 0; width: calc(50% - 1.35rem); height: 100%; border-top: 1px solid #e2e2e2;}
04  header nav:before {left: 0; border-right: 1px solid #e2e2e2; border-radius: 0 .83rem 0 0;}
05  header nav:after {right: 0; border-left: 1px solid #e2e2e2; border-radius: .83rem 0 0 0;}
06
07  /* 정리되지 않은 코드 */
08  header nav:before {content: ""; position: absolute; left: 0; bottom: 0; width: calc(50% - 1.35rem); height: 100%; border-top: 1px solid #e2e2e2; border-right: 1px solid #e2e2e2; border-radius: 0 .83rem 0 0;}
09  header nav:after {content: ""; position: absolute; right: 0; bottom: 0; width: calc(50% - 1.35rem); height: 100%; border-top: 1px solid #e2e2e2; border-left: 1px solid #e2e2e2; border-radius: .83rem 0 0 0;}
```

Line 10은 1시 방향의 모서리가 둥근 곡선을 표현한 코드이며, Line 11은 11시 방향의 모서리가 둥근 곡선을 표현한 코드입니다. 이처럼 의미 있는 콘텐츠가 아니면 가상 선택자를 활용합니다. 빈 요소를 HTML 코드에 삽입해서 표현해도 되지만, 개발자가 HTML 파일을 받았을 때 해당 요소를 삭제해 버리거나 다른 방향으로 사용하는 등 다양한 변수가 발생할 수 있으므로 되도록 가상 선택자를 이용한 CSS로 제어하는 것입니다.

Line 12

```
header nav li a {display: flex; flex-direction: column; justify-content: center;
width: 2.5rem; height: 2.5rem; font-size: .55rem; color: #717171; text-align:
center;}
```

가운데 [PAY] 메뉴를 제외한 나머지 메뉴의 아이콘과 텍스트를 display:flex로 정렬합니다. flex는 정렬 방향인 flex-direction의 기본값이 row이기 때문에 [그림 7-15]처럼 아이콘과 텍스트가 행으로 배치됩니다. 따라서 아이콘 밑에 텍스트를 배치하는 열 방향으로 바꾸기 위해 flex-direction 속성을 column으로 설정합니다.

justify-content는 주축 방향으로 아이콘과 텍스트를 중앙에 배치합니다. 여기서는 주축이 y축이지만 주축은 flex-direction에 따라 바뀔 수 있습니다.

[그림 7-15] display:flex의 기본 정렬 방향인 행으로 배치된 아이콘과 텍스트

Line 13

```
header nav li a:before {content: ""; display: block; width: 100%; height: 1.05rem;
background: no-repeat center / auto 100%;}
```

Line 08, 09처럼 메뉴 아이콘에 공통으로 적용되는 속성을 정리하여 한꺼번에 표현한 코드입니다. 만약 공통인 속성을 따로 표현하지 않으면 아래 정리되지 않은 코드처럼 중복된 내용을 4번이나 작성해야 해서 코드가 복잡하고 어지러워집니다.

```
01  /* 정리된 코드 */
02  header nav li a:before {content: ""; display: block; width: 100%; height: 1.05rem;
    background: no-repeat center / auto 100%;}
03  header nav li:nth-child(1) a:before {background-image: url(images/ico_dock1.png);}
04  header nav li:nth-child(2) a:before {background-image: url(images/ico_dock2.png);}
05  header nav li:nth-child(4) a:before {background-image: url(images/ico_dock3.png);}
06  header nav li:nth-child(5) a:before {background-image: url(images/ico_dock4.png);}
07
08  /* 정리되지 않은 코드 */
```

```
09  header nav li:nth-child(1) a:before {content: ""; display: block; width: 100%;
    height: 1.05rem; background: url(images/ico_dock1.png) no-repeat center / auto 100%;}
10  header nav li:nth-child(2) a:before {content: ""; display: block; width: 100%;
    height: 1.05rem; background: url(images/ico_dock2.png) no-repeat center / auto 100%;}
11  header nav li:nth-child(4) a:before {content: ""; display: block; width: 100%;
    height: 1.05rem; background: url(images/ico_dock3.png) no-repeat center / auto 100%;}
12  header nav li:nth-child(5) a:before {content: ""; display: block; width: 100%;
    height: 1.05rem; background: url(images/ico_dock4.png) no-repeat center / auto 100%;}
```

:after와 :before는 상황에 따라 적절하게 사용해야 하는데, 여기서 :after가 아닌 :before를 사용한 이유는 다음과 같습니다. [그림 7-16]의 왼쪽처럼 :after를 사용하면 텍스트 다음에 이미지가 표현됩니다. 이를 다시 오른쪽처럼 표현하려면 position이나 flex의 order 속성을 활용하는 등 코드를 추가해야 합니다. 하지만 :before를 사용하면 텍스트 이전에 이미지가 표현되므로 display:block 속성 하나로 손쉽게 아이콘과 텍스트를 디자인대로 배치할 수 있습니다.

[그림 7-16] 아이콘을 :after와 :before로 표현할 때의 차이

width와 height를 지정한 것은 각기 다른 이미지의 크기를 통일하기 위해서입니다. 각기 다른 아이콘의 크기를 어떻게 코딩해야 하나 고민된다면 아래 3가지 방법을 살펴봅시다.

1. 아이콘의 정확한 크기를 지정하는 방법
2. 아이콘을 모두 같은 크기로 슬라이스하는 방법
3. 아이콘의 한쪽 크기만 맞추는 방법

이 중에서 1번째 방법은 아이콘의 크기를 일일이 지정해야 해서 상당히 비효율적이므로 2, 3번째 방법을 추천합니다. 이번 코드에서는 3번째 방법을 활용하여 모든 아이콘의 높이를 똑같이 정의하고 가로 크기만 각각의 크기에 비례해서 커지도록 background-size를 auto 100%로 지정한 것입니다. 즉, auto는 가로 크기이고 100%는 지정한 height만큼의 높이입니다.

Line 14~17

```
header nav li:nth-child(1) a:before {background-image: url(images/ico_dock1.png);}
header nav li:nth-child(2) a:before {background-image: url(images/ico_dock2.png);}
header nav li:nth-child(4) a:before {background-image: url(images/ico_dock3.png);}
header nav li:nth-child(5) a:before {background-image: url(images/ico_dock4.png);}
```

이어서 각 메뉴의 아이콘 이미지를 넣는 코드입니다. 각각의 메뉴는 아이콘만 다르므로 공통된 속성은 Line 13에서 처리하고 여기서는 각각 다른 이미지의 경로만 지정하여 반복되는 코드를 줄인 형태입니다.

이때 각각의 아이콘을 클래스가 아닌 :nth-child로 표현한 이유는 메뉴가 자주 변하지 않을 거라는 확신이 있기 때문입니다. 콘텐츠에 변화가 있으면 UI가 틀어지지 않도록 :nth-child 선택자 역시 수정이 필요합니다. 그러므로 콘텐츠가 유동적인 형태라면 :nth-child보다는 클래스를 부여하는 방법을 사용합니다.

Line 18~22

```
header nav li.on a {color: #282828; font-weight: bold;}
header nav li.on:nth-child(1) a:before {background-image: url(images/ico_dock1_on.png);}
header nav li.on:nth-child(2) a:before {background-image: url(images/ico_dock2_on.png);}
header nav li.on:nth-child(4) a:before {background-image: url(images/ico_dock3_on.png);}
header nav li.on:nth-child(5) a:before {background-image: url(images/ico_dock4_on.png);}
```

활성화된 메뉴를 표현한 코드입니다. 메뉴가 활성화되었을 때 바뀌는 이미지는 background 속성이 아닌 background-image 속성으로 표현합니다. background 속성은 background-image, background-repeat, background-color, background-position, background-size 등 배경에 관련된 많은 속성을 포함합니다. 따라서 background 속성을 사용해 이미지를 삽입하면 이전에 작성한 배경에 관련된 모든 코드가 초기화될 수 있습니다.

즉, Line 13에서 설정한 배경에 관련된 속성을 상속받아 UI가 그대로 유지된 채로 아이콘의 이미지만 바꾸기 위해 background-image 속성을 사용합니다.

Line 23

```
header nav li:nth-child(3) a {display: block; position: relative; z-index: 30;
top: -0.2rem; margin: 0 auto; width: 2.85rem; height: 2.85rem; line-height:
2.85rem; text-align: center; border: 2px solid #959595; border-radius: 100%;
background: #fff; font-size: .8rem;}
```

[PAY] 메뉴를 꾸미는 코드입니다. inline 속성인 <a> 요소를 block 속성으로 바꾼 뒤 width, height를 지정하고 border-radius로 원을 표현합니다. position:relative는 원 모양이 다른 메뉴에 비해 위로 튀어나온 것을 표현하

려고 top 속성에 마이너스값을 주기 위해 설정합니다. 만약 absolute로 표현하면 다른 UI 레이아웃 배치에 영향을 끼치므로 `Line 05`에서 설정한 justify-content:space-around가 제대로 표현되지 않습니다.

원 모양을 최상위에 위치시키기 위해 z-index를 가장 높게 지정하는데, 바로 밑에 있는 z-index값은 29인 `Line 06`이며 그다음 밑에는 `Line 08, 09`가 위치합니다. 그리고 [그림 7-17]처럼 배경에 선이 비치지 않도록 [PAY] 메뉴의 배경을 흰색으로 지정합니다.

[그림 7-17] 배경색을 넣지 않으면 [PAY] 메뉴에 선이 비치는 모습

`Line 24`

```
  header nav li:nth-child(3) a:before {display: none;}
```

[PAY] 메뉴를 제외한 나머지 메뉴 아이콘을 꾸미기 위해 `Line 13`에서 ⟨a⟩ 요소의 :before 가상 선택자를 이용하였는데, [PAY] 메뉴가 이 코드에 영향을 받지 않도록 display:none으로 처리합니다.

화면 낭독기 결과

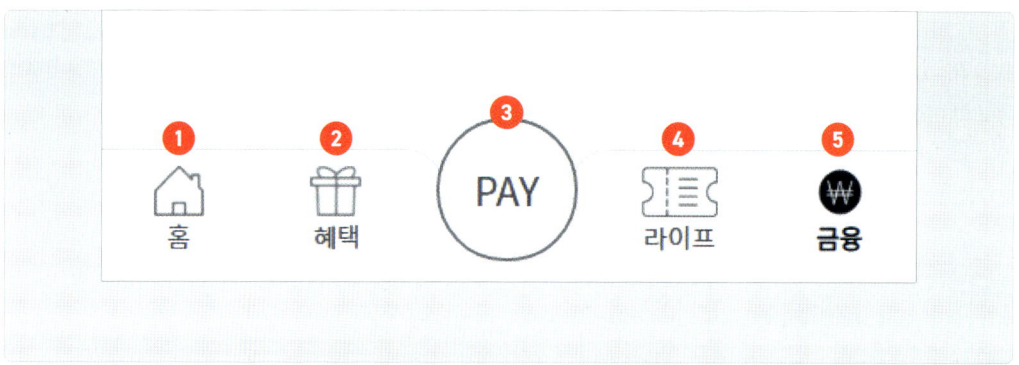

[그림 7-18] 모바일 메뉴 예제 2를 화면 낭독기가 읽는 순서

❶ 홈 / 탐색 랜드마크
❷ 혜택 / 링크
❸ PAY / 링크
❹ 라이프 / 링크
❺ 금융 / 링크 / 엔드 탐색

(:) 리베하얀의 한마디

이번 예제는 곡선 디자인 처리와 [PAY] 메뉴의 디자인을 표현하는 것이 핵심이었습니다. [PAY] 메뉴 버튼을 표현하기 위해 flex, position, 가상 요소 등을 이용하였는데 flex를 사용한 부분은 display:table 또는 display:table-cell로도 제작할 수 있다는 것을 참고하세요.

7-3 햄버거형 메뉴

모바일 웹을 제작할 때 가장 많이 볼 수 있는 형태의 UI입니다. 페이지에 메뉴를 노출하지 않고 일명 햄버거 메뉴라고 부르는 버튼을 클릭하면 레이어 팝업으로 메뉴가 펼쳐지는 디자인입니다.

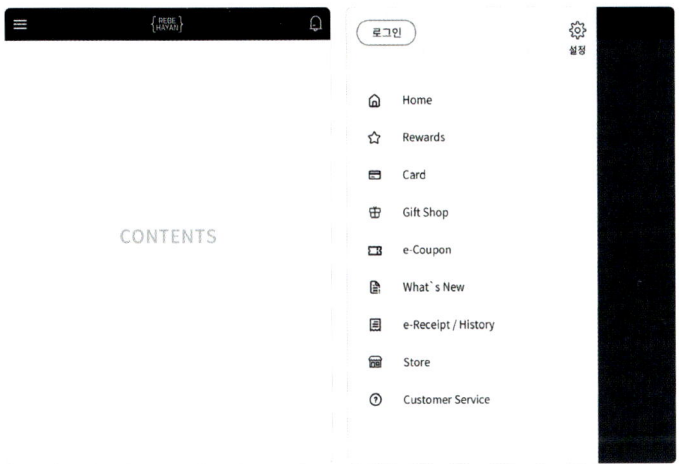

[그림 7-19] 전체 메뉴가 펼쳐지는 햄버거형 모바일 메뉴 디자인

HTML 코드 풀이

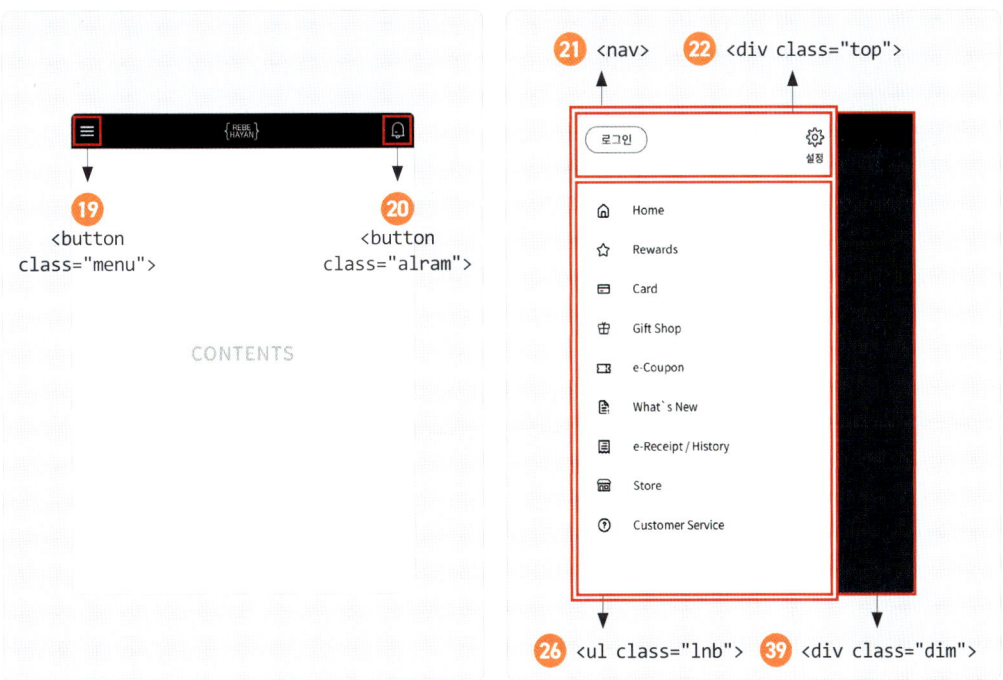

[그림 7-20] 햄버거형 모바일 메뉴의 HTML 구조

[코드 7-5] 햄버거형 모바일 메뉴   `mobile3.html`

```
01  <!DOCTYPE html>
02  <html lang="ko">
03  <head>
04    <meta charset="UTF-8">
05    <meta name="viewport" content="width=device-width, initial-scale=1.0">
06    <meta http-equiv="X-UA-Compatible" content="ie=edge">
07    <title>햄버거형 모바일 메뉴</title>
08    <link rel="stylesheet" href="default.css">
09    <link rel="stylesheet" href="mobile3.css">
10    <script src="js/jquery.js" charset="utf-8"></script>
11    <script src="js/mobile3.js" charset="utf-8"></script>
12    <!--[if !IE]><!-->
13    <script>if (/*@cc_on!@*/false) {document.documentElement.className+='ie10';}</script>
14    <!--<![endif]-->
15  </head>
16  <body>
17  <header>
18    <h1><a href=""><span class="hide">리베하얀</span></a></h1>
19    <button class="menu"><span class="hide">전체 메뉴</span></button>
20    <button class="alram"><span class="hide">알람</span></button>
21    <nav>
22      <div class="top">
23        <a href="" class="btn_login">로그인</a>
24        <a href="" class="btn_setting">설정</a>
25      </div>
26      <ul class="lnb">
27        <li class="ico1"><a href="">Home</a></li>
28        <li class="ico2"><a href="">Rewards</a></li>
29        <li class="ico3"><a href="">Card</a></li>
30        <li class="ico4"><a href="">Gift Shop</a></li>
31        <li class="ico5"><a href="">e-Coupon</a></li>
32        <li class="ico6"><a href="">What`s New</a></li>
33        <li class="ico7"><a href="">e-Receipt / History</a></li>
34        <li class="ico8"><a href="">Store</a></li>
35        <li class="ico9"><a href="">Customer Service</a></li>
36      </ul>
37    </nav>
38  </header>
39  <div class="dim"></div>
40  </body>
41  </html>
```

Line 12~14

```
<!--[if !IE]><!-->
<script>if (/*@cc_on!@*/false) {document.documentElement.className+='ie10';}</script>
<!--<![endif]-->
```

사용자가 IE 10으로 접속하면 〈body〉 요소에 ie10 클래스가 생성되도록 합니다. ie10 클래스를 상속받아 UI에 관련된 문제를 CSS로 처리합니다.

Line 19, 20

```
<button class="menu"><span class="hide">전체 메뉴</span></button>
<button class="alram"><span class="hide">알람</span></button>
```

각각 [그림 7-20]의 ⑲번과 ⑳번에 해당하는 코드입니다. 메뉴 아이콘은 메뉴를 펼치는 기능이 있으므로 〈button〉 요소로 코딩합니다. 이와 같은 디자인의 버튼을 햄버거 메뉴라고 부릅니다. 메뉴 버튼과 알람 버튼의 아이콘은 모두 배경 이미지로 표현하고 이미지의 의미를 전달하기 위해서 hide 클래스로 숨김 텍스트를 입력합니다.

Line 21, 37

```
<nav></nav>
```

햄버거 버튼을 누르면 나타나는 메뉴는 GNB의 역할을 하므로 〈header〉 요소에 포함하여 표현합니다.

Line 22~25

```
<div class="top">
  <a href="" class="btn_login">로그인</a>
  <a href="" class="btn_setting">설정</a>
</div>
```

[그림 7-20]의 ㉒번에 해당하는 코드입니다. 로그인과 설정 아이콘이 있는 top 영역을 GNB 영역과 배경색으로 구분하기 위해 〈div〉 요소로 감쌉니다.

Line 39

```
<div class="dim"></div>
```

dim 클래스가 부여된 〈div〉 요소는 [그림 7-20]의 ㊴번에 해당하는 불투명도가 있는 영역입니다. 딤드(dimmed) 처리는 팝업이 뜬 나머지 부분을 처리할 때 종종 사용하는 방법으로, 이 영역은 재사용될 수 있도록 〈body〉 요소의 마지막 자식으로 배치합니다. 이 요소는 팝업을 처리하기 위해 모든 페이지에 존재해야 합니다.

CSS 코드 풀이

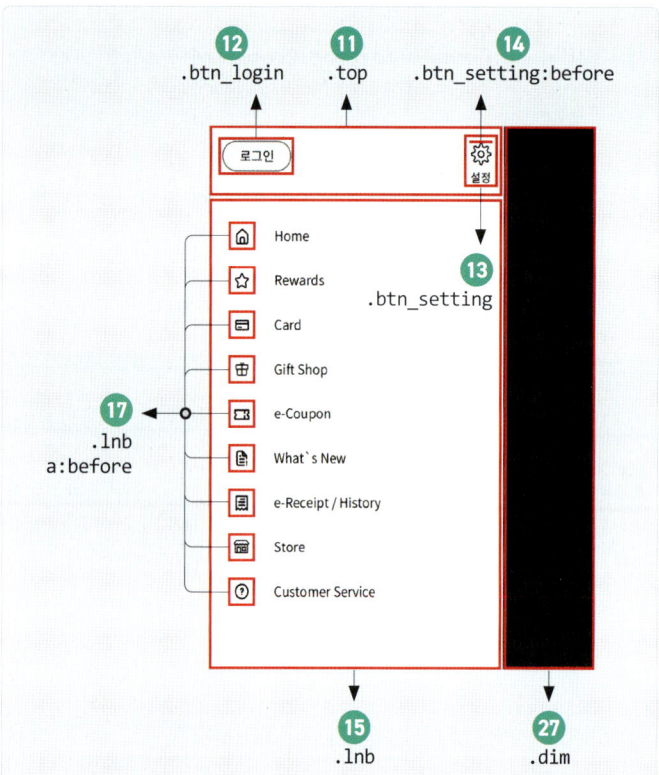

[그림 7-21] 햄버거형 모바일 메뉴의 CSS 구조

[코드 7-6] 햄버거형 모바일 메뉴　　　　　　　　　　　　　　　mobile3.css

```
01  html {font-size: 20px;}
02  body {font-size: 1rem;}
03
04  header {position: relative; background: #111;}
05  header h1 {display: flex; height: 1.66rem;}
06  header h1 a {display: block; margin: auto; width: 1.8rem; height: .833rem;
    background: url(images/h1_logo6.png) no-repeat center / 100% auto;}
07  header > button {position: absolute; top: 0; width: 1.66rem; height: 1.66rem;}
08  header .menu {left: 0; background: url(images/btn_nav.png) no-repeat center / auto .5rem;}
09  header .alram {right: 0; background: url(images/ico_alram.png) no-repeat center /
    auto .8rem;}
10  header nav {display: none; position: fixed; left: 0; top: 0; bottom: 0; z-index:
    101; width: 60%; background: #fff;}
11  header nav .top {display: flex; justify-content: space-between; align-items:
    flex-start; padding: .61rem .583rem 0; height: 3.133rem; box-sizing: border-box;
    background: #f5f5f5;}
```

```
12  header .btn_login {width: 3.15rem; line-height: 1.26rem; text-align: center;
    border-radius: 1.26rem; border: 1px solid #797979; background: #fff;}
13  header .btn_setting {font-size: .51rem; color: #000;}
14  header .btn_setting:before {content: ""; display: block; margin: 0 auto .3rem;
    width: .7rem; height: .58rem; background: url(images/ico_setting.png) no-repeat
    center / auto 100%;}
15  header .lnb {padding: .616rem 0 0; line-height: 1.916rem;}
16  header .lnb a {display: block; padding: 0 0 0 1.15rem; font-size: .583rem; color: #000;}
17  header .lnb a:before {content: ""; display: inline-block; margin: 0 1.16rem 0 0;
    width: .75rem; height: .75rem; background: no-repeat center / contain; vertical-
    align: middle;}
18  header .lnb .ico1 a:before {background-image: url(images/ico_nav1.png);}
19  header .lnb .ico2 a:before {background-image: url(images/ico_nav2.png);}
20  header .lnb .ico3 a:before {background-image: url(images/ico_nav3.png);}
21  header .lnb .ico4 a:before {background-image: url(images/ico_nav4.png);}
22  header .lnb .ico5 a:before {background-image: url(images/ico_nav5.png);}
23  header .lnb .ico6 a:before {background-image: url(images/ico_nav6.png);}
24  header .lnb .ico7 a:before {background-image: url(images/ico_nav7.png);}
25  header .lnb .ico8 a:before {background-image: url(images/ico_nav8.png);}
26  header .lnb .ico9 a:before {background-image: url(images/ico_nav9.png);}
27  .dim {display: none; position: fixed; left: 0; right: 0; top: 0; bottom: 0;
    z-index: 100; background: rgba(0,0,0,.5);}
28
29  .ie10 header nav .top {display: block;}
30  .ie10 header nav .top:after {content: ""; display: block; clear: both;}
31  .ie10 header nav .top a:first-child {float: left;}
32  .ie10 header nav .top a:last-child {float: right;}
```

Line 04

```
header {position: relative; background: #111;}
```

로고와 버튼이 들어가는 영역을 검은색 배경으로 표현하고, 양쪽 끝에 두 개의 버튼을 배치하기 위해 position: relative를 설정합니다.

Line 05, 06

```
header h1 {display: flex; height: 1.66rem;}
header h1 a {display: block; margin: auto; width: 1.8rem; height: .833rem;
background: url(images/h1_logo6.png) no-repeat center / 100% auto;}
```

block 속성인 〈h1〉 요소를 display:flex로 설정하여 〈a〉 요소를 수평과 수직으로 중앙에 배치합니다. 이때 수직으로 중앙에 배치하려면 높이가 필요하므로 height를 지정하고 〈a〉 요소에는 margin:auto를 설정합니다.

Line 07

```
header > button {position: absolute; top: 0; width: 1.66rem; height: 1.66rem;}
```

양쪽에 있는 버튼의 공통 속성을 표현한 코드입니다. 햄버거 버튼과 알람 버튼은 모두 〈header〉 요소를 기준으로 배치하는데, 배치되는 위치만 다를 뿐 top:0으로 고정되어 있습니다. 그리고 [그림 7-22]를 보면 서로 다른 두 버튼 이미지의 크기를 동일하게 정의하는데, 그 이유는 다음과 같습니다.

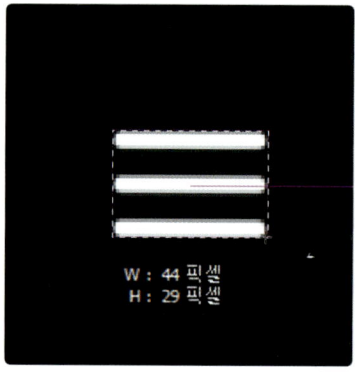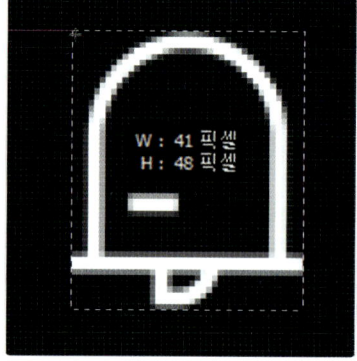

[그림 7-22] 포토샵에서 확인한 서로 다른 버튼 이미지의 크기

첫 번째는 접근성 때문입니다. '한국형 웹 콘텐츠 접근성 지침 2.1'에는 입력장치의 접근성을 위해 버튼의 대각선 길이를 6mm 이상으로 정의하고 있습니다. 이는 작은 모바일 화면에서도 손가락으로 충분히 터치할 수 있는 영역을 보장해야 한다는 의미입니다. 이에 따라 작은 크기의 아이콘을 똑같이 충분한 크기로 지정한 것입니다.

> **한국형 웹 콘텐츠 접근성 지침 2.1 - 입력장치 접근성**
>
> 컨트롤의 크기: 콘텐츠에 포함된 모든 컨트롤은 대각선 방향의 길이가 6.0mm 이상으로 제공하는 것이 바람직하다.
>
> 링크, 사용자 입력, 기타 컨트롤 등의 안쪽 여백: 링크, 사용자 입력 및 기타 컨트롤은 테두리 안쪽으로 1픽셀 이상의 여백을 두고 이곳에서는 위치 지정 도구의 조작에 반응하지 않도록 구현하는 것이 바람직하다.

두 번째는 아이콘을 일정한 패턴으로 표현하기 위해서입니다. 많은 양의 페이지를 제작할 때 각기 다른 크기의 아이콘을 하나하나 신경 쓰려면 많은 시간이 소요되기 때문에 아이콘의 크기를 조절하는 반복적인 작업을 최소화하고자 모두 같은 크기로 정의하는 것입니다.

Line 08, 09

```
header .menu {left: 0; background: url(images/btn_nav.png) no-repeat center / auto .5rem;}
header .alram {right: 0; background: url(images/ico_alram.png) no-repeat center
```

```
  / auto .8rem;}
```

두 버튼의 공통 속성을 Line 07에서 정의했다면 각 버튼의 다른 점은 각각 선택자로 표현합니다. 햄버거 버튼은 <header> 요소의 왼쪽에 배치하고 알람 버튼은 오른쪽에 배치합니다. 그리고 배경 이미지의 경로와 크기를 지정합니다.

Line 10

```
  header nav {display: none; position: fixed; left: 0; top: 0; bottom: 0; z-index:
  101; width: 60%; background: #fff;}
```

햄버거 메뉴를 클릭하면 나타나는 메뉴를 표현한 코드입니다. 모바일에서 메뉴는 화면 스크롤을 움직일 때도 고정되어야 합니다. 특히 햄버거 버튼을 눌렀을 때 나타나는 메뉴는 사용자가 내비게이션 제어에 집중할 수 있도록 브라우저에 스크롤이 생성되지 않아야 합니다. 이에 대한 자세한 설명은 jQuery 풀이에서 하겠습니다.

메뉴가 왼쪽에 붙어 있도록 left 속성을 주었고 height:100% 효과를 주기 위해서 top과 bottom을 0으로 줍니다. 메뉴 레이어는 최상위에 있어야 하므로 z-index를 여유 있게 설정합니다. 가끔 요소가 z축으로 올라오지 않아서 9999 같은 값을 주기도 하는데, position은 조상 부모 중 낮은 값이 있으면 반영되지 않을 수 있기 때문에 숫자가 엄청 크다고 해서 무조건 z축으로 올라가지는 않습니다.

가로 크기는 고정값이 아닌 60%로 설정합니다. 만약 rem으로 지정한다면 모바일 기기의 해상도에 따라 작거나 크게 보일 수 있습니다. 그러므로 특정한 값이 아니라 %로 지정하여 메뉴가 모든 화면에서 동일한 비율의 크기로 나타나도록 합니다.

Line 11

```
  header nav .top {display: flex; justify-content: space-between; align-items: flex-
  start; padding: .61rem .583rem 0; height: 3.133rem; box-sizing: border-box;
  background: #f5f5f5;}
```

펼쳐진 메뉴에서 top 클래스 영역을 표현한 코드입니다. 로그인 버튼과 설정 버튼을 좌우로 배치하기 위해서 flex를 사용합니다. 주축 정렬은 justify-content:space-between으로 양쪽에 배치하고 align-items 속성을 활용해 교차축인 수직으로 중앙에 배치합니다.

여백은 padding 속성으로 위쪽과 좌우에 주고, height가 padding 속성에 영향을 받으므로 값을 자동으로 계산하기 위해 box-sizing 속성을 줍니다.

Line 13, 14

```
  header .btn_setting {font-size: .51rem; color: #000;}
  header .btn_setting:before {content: ""; display: block; margin: 0 auto .3rem;
  width: .7rem; height: .58rem; background: url(images/ico_setting.png) no-repeat
  center / auto 100%;}
```

설정 버튼의 텍스트와 아이콘을 표현한 코드입니다. 아이콘은 텍스트 이전에 표현하기 위해 :before 선택자를 사용하고, block 속성으로 바꿔 텍스트를 아이콘 아래로 떨어뜨립니다. :before 영역이 block으로 설정되었기 때문에 아이콘을 수평으로 중앙에 배치하기 위해 margin:0 auto를 선언합니다.

Line 15

```
header .lnb {padding: .616rem 0 0; line-height: 1.916rem;}
```

lnb 클래스로 표현한 GNB 영역에 해당하는 코드입니다. GNB에는 간격을 표현해야 하는 부분이 top 영역과 첫 번째 메뉴명 사이 그리고 메뉴와 메뉴 사이, 이렇게 두 군데 있습니다. 이 간격을 표현하는 방법은 다양합니다. 그런데 [그림 7-23]의 ⓐ처럼 〈li〉 요소에 여백을 주는 방법은 클릭 범위를 넓힐 수 없어 접근성이 떨어지고, ⓑ처럼 〈a〉 요소 아래에 여백을 주는 방법은 메뉴와 메뉴 사이를 클릭했을 때 사용자가 원하지 않는 메뉴로 이동하게 될 확률이 커 사용성이 떨어집니다. 이러한 방법들은 하나의 요소에 한 가지 기능만 표현했기 때문에 원하는 디자인을 완전하게 표현할 수 없습니다.

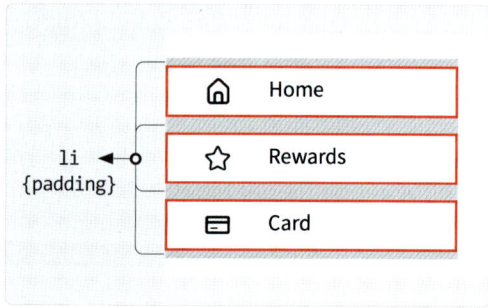
ⓐ 〈li〉 요소에 여백을 준 경우

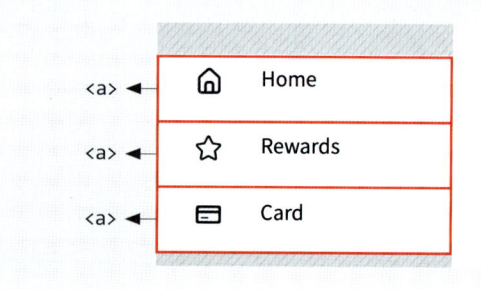
ⓑ 〈a〉 요소 아래에 여백을 준 경우

[그림 7-23] 간격을 설정하는 여러 가지 방법

접근성과 사용성을 모두 해결하기 위해서는 우선 top 영역과 메뉴 텍스트의 간격을 padding으로 따로 준 다음에 메뉴끼리의 간격은 줄 간격인 line-height로 설정하는 방법을 추천합니다. 그렇게 하면 메뉴명을 기준으로 위아래에 여백을 표현함과 동시에 클릭할 수 있는 범위도 커집니다. 〈a〉 요소의 위아래에 padding을 주는 방법도 있으나 line-height를 사용했을 때보다 디자인 산출물과 오차가 더 큽니다.

Line 16

```
header .lnb a {display: block; padding: 0 0 0 1.15rem; font-size: .583rem;
color: #000;}
```

모든 메뉴의 공통 속성을 표현한 코드입니다. display:block으로 설정하여 Line 15에서 클릭 범위를 넓히기 위해 지정한 줄 간격이 표현될 수 있도록 합니다. 왼쪽에 있는 여백은 메뉴 아이콘이 시작하는 위치를 조정하기 위한 것으로 margin은 링크 범위가 넓어지지 않기 때문에 padding을 사용합니다. 그 외에 텍스트의 크기와 색깔을 지정합니다.

Line 17

```
header .lnb a:before {content: ""; display: inline-block; margin: 0 1.16rem 0 0;
width: .75rem; height: .75rem; background: no-repeat center / contain;
vertical-align: middle;}
```

모든 메뉴 앞에 들어가는 아이콘의 공통 속성을 표현한 코드입니다. 아이콘은 텍스트와 같은 행에 배치하기 위해서 display:inline-block으로 설정하고, HTML 요소가 아닌 CSS에서 :before 가상 선택자에 배경 이미지로 표현합니다. vertical-align:middle은 아이콘과 텍스트의 수직 정렬을 맞추기 위한 코드입니다.

Line 18~26

```
header .lnb .ico1 a:before {background-image: url(images/ico_nav1.png);}
header .lnb .ico2 a:before {background-image: url(images/ico_nav2.png);}
header .lnb .ico3 a:before {background-image: url(images/ico_nav3.png);}
                                ...
header .lnb .ico9 a:before {background-image: url(images/ico_nav9.png);}
```

메뉴마다 다른 아이콘의 이미지를 삽입하는 코드입니다. background에 대한 공통 속성은 **Line 17**에 정의하고 이렇게 background-image 속성만 따로 표현한 이유는 코드의 양을 줄이고, background의 설정이 바뀌었을 때 9줄의 코드를 모두 수정하지 않고 단 한 번의 수정으로 모든 아이콘에 반영할 수 있는 장점이 있기 때문입니다.

Line 27

```
.dim {display: none; position: fixed; left: 0; right: 0; top: 0; bottom: 0;
z-index: 100; background: rgba(0,0,0,.5);}
```

HTML 풀이에서 언급한 딤드(dimmed)라는 UI입니다. 딤드는 팝업을 시각적으로 돋보이게 하고 팝업 외에 〈body〉에 있는 요소들을 클릭하지 못하게 합니다. 딤드 영역은 화면을 꽉 채워야 하므로 position:fixed 속성과 width:100%를 의미하는 left:0, right:0 그리고 height:100%를 의미하는 top:0, bottom:0을 줍니다. z-index는 펼쳐진 메뉴보다 1만큼 낮은 100으로 지정합니다. 배경색은 불투명도가 있는 검은색이므로 rgba로 표현하는데, opacity 속성을 사용해도 됩니다.

Line 29~32

```
.ie10 header nav .top {display: block;}
.ie10 header nav .top:after {content: ""; display: block; clear: both;}
.ie10 header nav .top a:first-child {float: left;}
.ie10 header nav .top a:last-child {float: right;}
```

[그림 7-24] IE 10에서 UI가 깨지는 현상

IE 10에서 접속했을 때 [그림 7-24]처럼 로그인 버튼과 설정 버튼의 UI가 틀어지는 현상을 해결하기 위한 코드입니다. display:flex로 인해 가로 크기가 제대로 표현되지 않는 것을 display:block으로 대체하고, justify-content:space-between은 float 속성으로 대체합니다. 그리고 float의 영향으로 높이가 없어지는 것을 복구하기 위해 clear:both를 선언합니다.

jQuery 코드 풀이

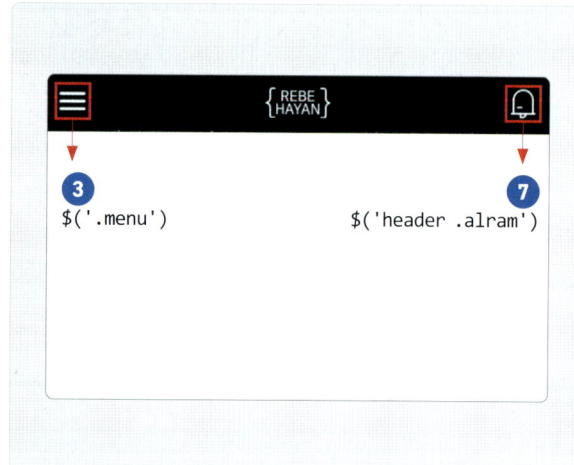
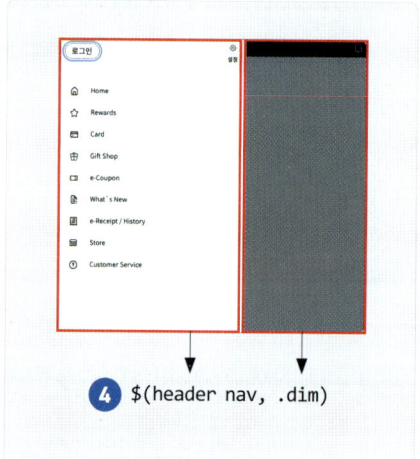

[그림 7-25] 햄버거형 모바일 메뉴의 jQuery 구조

[코드 7-7] 햄버거형 모바일 메뉴 — mobile3.js

```
01  $(document).ready(function(){
02
03    $('.menu').on('click', function(){
04      $('header nav, .dim').fadeIn();
05      $('header nav a:first').focus();
06    });
07    $('.dim, header .alram').on('click focus', function(){
08      $('header nav, .dim').fadeOut();
09    });
10    $('.lnb li:last a').on('blur', function(){
11      $('header nav, .dim').fadeOut(300);
```

```
12        $('.menu').focus();
13    });
14
15  });
```

Line 03~06

```
$('.menu').on('click', function(){
  $('header nav, .dim').fadeIn();
  $('header nav a:first').focus();
});
```

햄버거 메뉴를 클릭했을 때 실행되는 코드입니다. fadeIn( )은 불투명도인 opacity 속성의 값을 0에서 1로 바꿔 요소를 나타나게 하는 메서드로, 메뉴와 딤드 영역을 활성화합니다. $('header nav a:first')는 메뉴의 1번째 〈a〉 요소를 지정한 선택자이며 focus( ) 메서드로 1번째 메뉴에 키보드 초점이 자동으로 맞춰지도록 합니다.

focus( ) 메서드는 키보드 사용자를 위한 기능인데, 아래 '한국형 웹 콘텐츠 접근성 지침 2.1'을 보면 '조작이 불가능한 상태'라는 문구가 있습니다. 햄버거 버튼을 누른 후에 메뉴에 접근하지 못하면 조작이 불가능한 상태이며, 메뉴로 가기 위해 초점을 여러 번 이동시켜야 하는 어려움이 없도록 메뉴가 펼쳐지면 바로 1번째 메뉴에 초점을 맞춥니다.

> **한국형 웹 콘텐츠 접근성 지침 2.1 - 입력장치 접근성**
> 웹 페이지에서 제공하는 모든 기능을 키보드만으로 사용하는 경우에도 사용자 입력 간의 초점 이동은 적절한 순서를 따라야 하며, 이 과정에서 콘텐츠는 조작이 불가능한 상태가 되거나 갑작스러운 페이지의 전환 등이 일어나지 않아야 한다.

Line 07~09

```
$('.dim, header .alram').on('click focus', function(){
  $('header nav, .dim').fadeOut();
});
```

딤드 영역과 알람 버튼을 클릭하면 활성화된 메뉴를 숨기는 코드입니다. 선택자로 지정한 $('.dim, header .alram')인 딤드 또는 알람 영역에 click 또는 focus 이벤트가 발생하면, 즉 사용자가 화면을 터치하거나 키보드 초점이 진입하면 fadeOut( ) 메서드로 opacity 속성의 값이 1에서 0으로 바뀌어 display:none 상태가 됩니다.

이번 예제에서 메뉴를 숨기는 경우는 총 세 가지가 있습니다. 첫 번째는 딤드 영역을 마우스로 클릭할 때, 즉 dim 클래스에 click 이벤트가 발생한 경우입니다. 두 번째는 메뉴 영역에 초점이 진입했는데 이전 초점으로 이동하여 메뉴 영역을 벗어나 HTML 구조상 알람 아이콘으로 초점이 간 경우입니다. 이를 jQuery 선택자로 표현하면 $('header .alram')이며 alram 클래스에 focus 이벤트가 발생하면 메뉴를 숨깁니다. 세 번째는 마지막 메뉴에서 초점이 벗어날 때이며 이때는 Line 10~13의 코드가 실행됩니다.

Line 10~13

```
$('.lnb li:last a').on('blur', function(){
  $('header nav, .dim').fadeOut(300);
  $('.menu').focus();
});
```

바로 전 코드에서 설명한 메뉴를 숨기는 마지막 경우를 표현한 코드입니다. $('.lnb li:last a')는 메뉴의 마지막 〈li〉 요소의 자손인 〈a〉 요소를 선택하고, blur는 초점이 사라지는 이벤트입니다. 정리하면 키보드 초점이 마지막 메뉴에서 벗어났을 때 $('header nav, .dim')인 메뉴와 딤드 영역을 fadeOut(300)으로 0.3초간 서서히 사라지게 하고 햄버거 메뉴 버튼에 초점을 맞추는 코드입니다.

화면 낭독기 결과

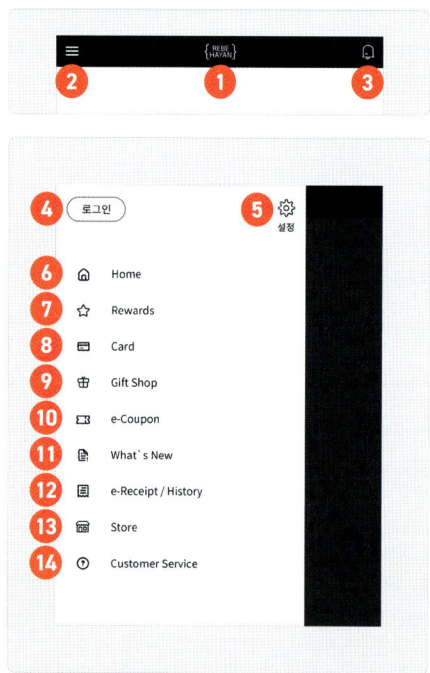

❶ 리베하얀 / 머리말 레벨1 / 링크 / 배너 랜드마크
❷ 전체 메뉴 / 버튼
❸ 알람 / 버튼
❹ 로그인 / 방문함 / 링크 / 탐색 랜드마크
❺ 설정 / 링크
❻ Home / 링크
❼ Rewards / 링크
❽ Card / 링크
❾ Gift Shop / 링크
❿ e-Coupon / 링크
⓫ What's New / 링크
⓬ e-Receipt 슬래시 History / 링크
⓭ Store / 링크
⓮ Customer Service / 링크 / 엔드 탐색 / 엔드 배너

[그림 7-26] 모바일 메뉴 예제 3을 화면 낭독기가 읽는 순서

> **리베하얀의 한마디**
>
> 서로 다른 크기의 아이콘 이미지를 추출할 때는 이미지 크기를 통일하는 것이 중요합니다. 만약 제각각의 크기로 이미지를 추출하면 CSS 코드의 양이 늘어날 뿐만 아니라 유지보수를 할 때도 매우 불편합니다.
>
> 한 페이지를 만들더라도 페이지가 추가될 것을 고려하여 재사용할 UI와 그렇지 않은 UI를 구분하여 표현하는 것 역시 중요하게 생각해야 할 점입니다. 모바일은 PC 환경처럼 여러 브라우저의 호환성을 맞추는 것이 아니라 운영체제의 종류와 버전에 따라 표현이 달라질 수 있다는 것을 기억하도록 합시다.

7-4 슬라이드형 메뉴

이번 슬라이드형 모바일 메뉴 예제에서는 슬라이드를 표현하는 여러 jQuery 플러그인 중 실무에서 많이 사용하는 'Swiper'를 사용합니다. 먼저 swiper 플러그인을 사용하는 방법을 알아보고 예제를 살펴보겠습니다.

swiper 플러그인은 IE 10 이상을 지원했지만 5 버전부터는 아예 IE를 지원하지 않습니다. 만약 IE를 지원하는 슬라이드 플러그인을 찾는다면 bxslider 또는 slick을 추천합니다. 이 책에서는 IE 10 이상에서 동작하는 슬라이드를 구현하기 위해 swiper의 예전 버전인 4.5.1 버전을 사용합니다.

swiper 플러그인 사용 방법

1. Swiper 웹사이트 접속하기

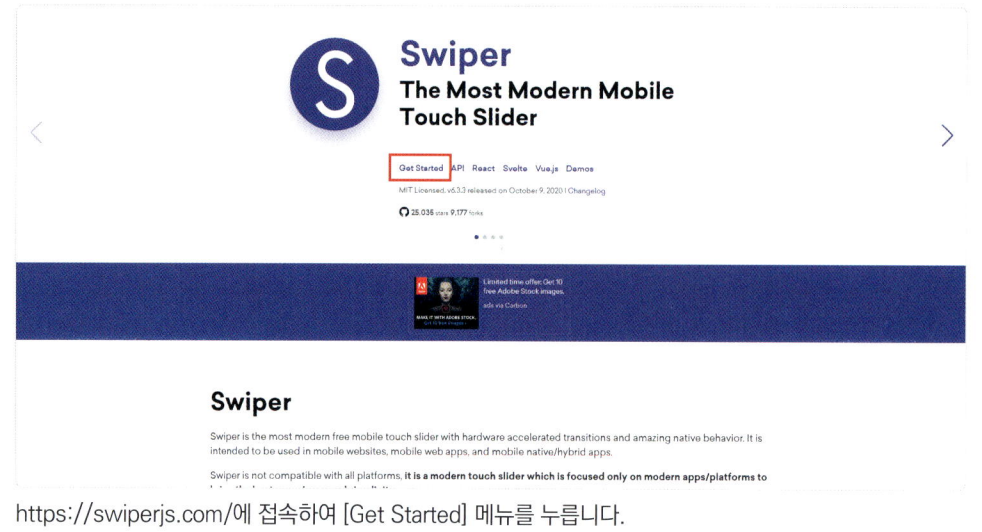

https://swiperjs.com/에 접속하여 [Get Started] 메뉴를 누릅니다.

2. CDN 코드 복사하기

swiper를 사용하기 위해서는 CSS와 JS 파일이 필요합니다. CSS와 JS 파일에는 각각 swiper-bundle과 swiper-bundle.min 두 가지 종류의 파일이 있습니다. 'min' 단어가 없는 파일은 줄 바꿈이 되어 있어 코드 구조를 파악할 수 있고, 'min' 단어가 있는 파일은 코드에서 줄 바꿈이나 공백을 없애 파일의 용량을 줄인 것입니다. 두 파일의 기능은 같으므로 우리는 코드의 구조를 살펴보기 위해 'min' 단어가 없는 파일을 복사하여 〈head〉 요소에 붙여넣겠습니다.

3. CDN 코드 붙여넣기

복사한 CSS 파일은 순서에 맞춰서 연결해야 합니다. 전체 요소의 기본 속성을 초기화하는 default.css 파일 다음에 swiper-bundle.css 파일을 연결하는데, 비단 swiper 플러그인뿐만 아니라 jQuery 플러그인에서 제공하는 모든 CSS 파일은 반드시 default.css 다음에 연결합니다. 그리고 해당 페이지의 전용 CSS 파일은 마지막에 넣습니다. 이처럼 선택자 우선순위 점수가 낮은 파일부터 높은 파일의 순서대로 연결하는 이유는 선택자가 충돌하는 것을 방지하기 위해서입니다.

JS 파일 또한 CSS 파일처럼 연결 순서가 있습니다. jQuery 플러그인을 사용하기 위해서는 jQuery 코어 파일이 가장 먼저 오고 그다음에 플러그인 파일, 마지막에는 적용한 플러그인을 수정하거나 활용하는 파일을 연결합니다.

4. swiper 플러그인의 HTML 파일 구조 확인

```html
<!-- Slider main container -->
<div class="swiper-container">
  <!-- Additional required wrapper -->
  <div class="swiper-wrapper">
    <!-- Slides -->
    <div class="swiper-slide">Slide 1</div>
    <div class="swiper-slide">Slide 2</div>
    <div class="swiper-slide">Slide 3</div>
    ...
  </div>
  <!-- If we need pagination -->
  <div class="swiper-pagination"></div>

  <!-- If we need navigation buttons -->
  <div class="swiper-button-prev"></div>
  <div class="swiper-button-next"></div>

  <!-- If we need scrollbar -->
  <div class="swiper-scrollbar"></div>
</div>
```

[Get Started] 페이지 중간쯤에 있는 'Add Swiper HTML Layout'을 보면 위와 같이 HTML 코드 구조를 확인할 수 있습니다. swiper 사이트에서 제공하는 HTML 코드를 모두 복사해서 적용해도 되지만, 필요한 기능만 골라서 사용하면 불필요한 코드를 정리할 수 있습니다. 그중에 기능과 상관없이 반드시 입력해야 하는 코드는 다음과 같습니다.

```html
<div class="swiper-container">
    <div class="swiper-wrapper">
        <div class="swiper-slide">Slide 1</div>
        <div class="swiper-slide">Slide 2</div>
        <div class="swiper-slide">Slide 3</div>
    </div>
</div>
```

구조를 보면 총 3 뎁스로 이루어진 형태입니다. 그렇다면 뎁스를 꼭 〈div〉 요소로 표현해야 할까? 물론 아닙니다. 슬라이드형 메뉴의 HTML 코드 풀이에서 나올 [코드 7-8]을 보면 〈div〉 요소가 아닌 〈nav〉, 〈ul〉, 〈li〉 요소로 표현하였습니다. 여기서 중요한 것은 HTML 요소가 아니라 클래스명입니다. 클래스명은 반드시 그대로 유지해야만 슬라이드가 정상적으로 작동합니다.

5. swiper 플러그인의 JS 파일 구조 확인

```
01   const swiper = new Swiper('.swiper-container', {
02     // Optional parameters
03     direction: 'vertical',
04     loop: true,
05
06     // If we need pagination
07     pagination: {
08       el: '.swiper-pagination',
09     },
10
11     // Navigation arrows
12     navigation: {
13       nextEl: '.swiper-button-next',
14       prevEl: '.swiper-button-prev',
15     },
16
17     // And if we need scrollbar
18     scrollbar: {
19       el: '.swiper-scrollbar',
20     },
21   });
```

Swiper 웹사이트에서 제공하는 jQuery 코드는 [Get Started]의 HTML 코드 아래에 있는 'Initialize Swiper'에서 확인할 수 있습니다. 여기서도 모든 코드가 필요한 것은 아니고 기능에 따라 필요한 부분만 사용하면 됩니다.

```
01   const swiper = new Swiper('.swiper-container', {
02     // 코드 추가하기
03   });
```

swiper 플러그인을 사용하기 위한 필수 코드는 이와 같으며, 필요한 기능에 따라 코드를 추가하면 됩니다. 여러 기능에 대한 자세한 설명은 Swiper 웹사이트의 [API]와 [Demos] 메뉴에서 참고할 수 있습니다. [API] 메뉴에서는 다양한 옵션을 살펴볼 수 있으며, 옵션은 대소문자를 구분합니다. 그리고 [Demos]에서는 옵션별로 실행 결과를 확인할 수 있습니다.

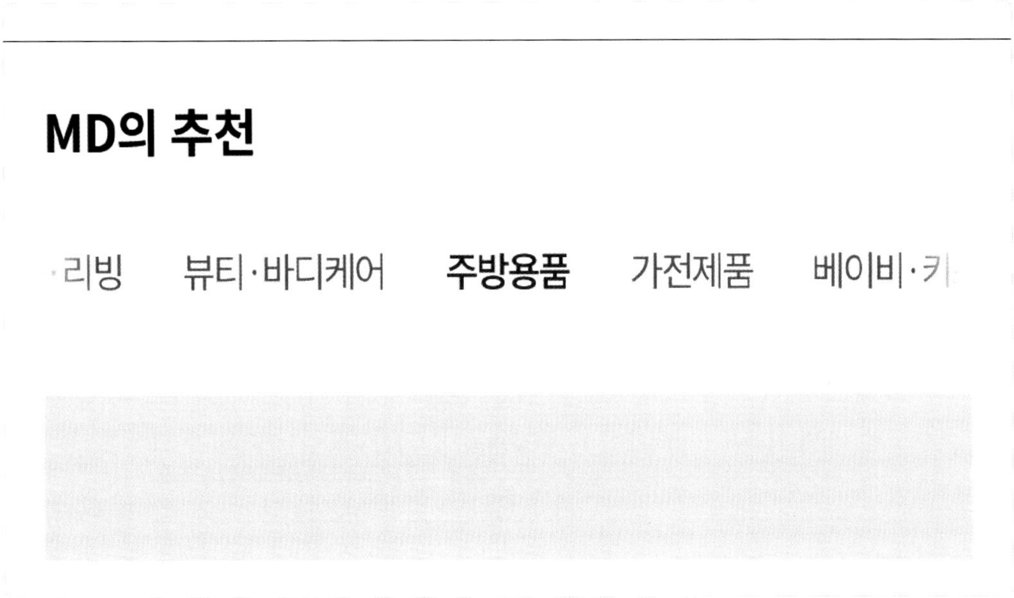

MD의 추천

리빙   뷰티·바디케어   **주방용품**   가전제품   베이비·키

[그림 7-27] 슬라이드형 모바일 메뉴 디자인

모바일 기기의 자그마한 화면에 많은 콘텐츠와 기능을 구현하기 위해서는 다양한 방법을 사용해야 합니다. 이번 예제에서는 개수가 많은 메뉴를 표현하기 위해 슬라이드 방식을 사용하였습니다.

HTML 코드 풀이

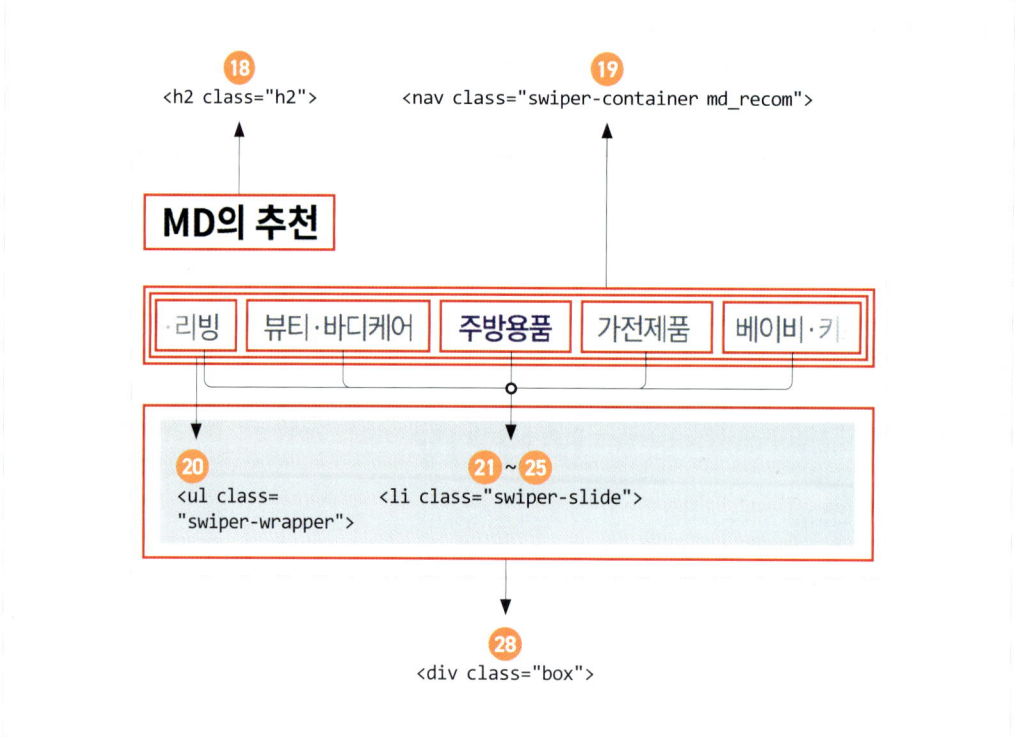

[그림 7-28] 슬라이드형 모바일 메뉴의 HTML 구조

[코드 7-8] 슬라이드형 모바일 메뉴　　　　　　　　　　　　　　　　　　mobile4.html

```
01  <!DOCTYPE html>
02  <html lang="ko">
03  <head>
04    <meta charset="UTF-8">
05    <meta name="viewport" content="width=device-width, initial-scale=1.0">
06    <meta http-equiv="X-UA-Compatible" content="ie=edge">
07    <title>슬라이드형 모바일 메뉴</title>
08    <link rel="stylesheet" href="default.css">
09    <link rel="stylesheet" href="https://unpkg.com/swiper/swiper-bundle.css">
10    <link rel="stylesheet" href="mobile4.css">
11    <script src="js/jquery.js" charset="utf-8"></script>
12    <script src="js/swiper.js"></script>
13    <script src="js/mobile4.js" charset="utf-8"></script>
14  </head>
15  <body>
16
```

```
17    <main>
18      <h2 class="h2">MD의 추천</h2>
19      <nav class="swiper-container md_recom">
20        <ul class="swiper-wrapper">
21          <li class="swiper-slide"><a href="">생활용품&middot;리빙</a></li>
22          <li class="swiper-slide"><a href="">뷰티&middot;바디케어</a></li>
23          <li class="swiper-slide"><a href="">주방용품</a></li>
24          <li class="swiper-slide"><a href="">가전제품</a></li>
25          <li class="swiper-slide"><a href="">베이비&middot;키즈</a></li>
26        </ul>
27      </nav>
28      <div class="box">contents</div>
29    </main>
30
31  </body>
32  </html>
```

Line 09

```
<link rel="stylesheet" href="https://unpkg.com/swiper/swiper-bundle.css">
```

swiper 슬라이드의 구조를 꾸미기 위한 CSS 파일이며 CDN 방식으로 연결합니다. CDN 방식은 인터넷이 연결된 환경에서만 실행됩니다.

Line 12

```
<script src="js/swiper.js"></script>
```

swiper 슬라이드를 구동하기 위한 JS 파일입니다. CSS 파일과 마찬가지로 CDN 방식으로 연결합니다.

Line 17, 29

```
<main></main>
```

이번 예제는 콘텐츠 중간에 삽입된 본문에 포함된 메뉴이므로 〈main〉 요소를 사용합니다. 탭 메뉴도 그랬듯이 메뉴라고 해서 무조건 〈header〉 요소 안에 포함되는 것은 아닙니다.

Line 19, 27

```
<nav class="swiper-container md_recom"></nav>
```

메뉴를 의미하는 랜드마크 요소인 〈nav〉 요소를 사용합니다. 이전에 swiper 플러그인 사용 방법 TIP에서 HTML

요소는 달라도 되지만 클래스명은 유지해야 한다고 했습니다. 클래스명을 바꿔도 되긴 하지만, 처음 jQuery 플러그인으로 슬라이드를 작업한다면 헷갈리지 않도록 그대로 유지해서 사용합니다.

swiper-container 클래스는 swiper를 실행하고 swiper의 기본 CSS 코드를 제어합니다. 그다음에 있는 md_recom 클래스는 실습 예제에 맞는 기능을 따로 jQuery로 제어하기 위해 만든 클래스입니다. swiper-container 클래스 외에 클래스를 추가로 만든 이유는 전에도 말했듯이 우리는 전체 콘텐츠 중에서 일부분만 실습하고 있는 것이므로 현재 페이지에 또 다른 슬라이드가 있을 거라는 가정을 하고 슬라이드 간의 충돌을 방지하기 위해서입니다.

모든 슬라이드에는 swiper-container 클래스가 존재하는데, 만약 같은 페이지에 슬라이드가 2개 이상 있다면 같은 선택자로 제어하게 되므로 다른 기능의 슬라이드를 표현할 때 기능이 충돌하는 문제가 생깁니다. 따라서 다중 클래스를 사용하여 swiper-container 클래스는 swiper의 기본 CSS를 제어하는 용도로 사용하고 md_recom 클래스는 해당 슬라이드의 기능에 맞는 CSS를 제어하는 용도로 사용합니다.

Line 20, 26

```html
<ul class="swiper-wrapper"></ul>
```

메뉴의 리스트를 표현하는 〈ul〉 요소에 부여된 swiper-wrapper 클래스는 swiper 슬라이드를 사용하기 위해 기본으로 제공해야 하는 클래스입니다. 따라서 이 클래스를 삭제하면 슬라이드가 작동하지 않습니다.

Line 21~25

```html
<li class="swiper-slide"><a href="">생활용품&middot;리빙</a></li>
<li class="swiper-slide"><a href="">뷰티&middot;바디케어</a></li>
<li class="swiper-slide"><a href="">주방용품</a></li>
<li class="swiper-slide"><a href="">가전제품</a></li>
<li class="swiper-slide"><a href="">베이비&middot;키즈</a></li>
```

swiper-slide 클래스는 각각의 메뉴를 슬라이드로 구성하기 위한 클래스입니다. 클래스명을 다르게 지정해도 되지만 별도의 작업을 추가로 해야 하므로 여기서는 변경하지 않고 그대로 사용합니다. swiper 슬라이드에서 swiper-slide 클래스는 하나의 슬라이드 항목을 의미합니다. 여기서 슬라이드 항목은 총 5개이며 만약 특정 메뉴만 CSS를 수정하고 싶다면 새로운 클래스를 만들어서 다중 클래스로 부여하면 됩니다.

TIP

클래스 네이밍

웹퍼블리셔마다 클래스명을 지정하는 방법이 다양해서 과거부터 각기 다른 클래스 네이밍을 통일시키고자 하는 다양한 시도가 있었습니다. 현재는 세계적으로 BEM(Block Element Modifier)이라는 방법론으로 CSS 선택자를 사용하고 있으며, 국내에서도 점점 BEM 방법론을 사용하는 추세입니다.
block은 독립적으로 의미가 있을 때 사용하며 header, list 등이 그럴습니다. element는 header title, list item처럼 block에 연결해서 세부 의미를 부여하는 역할을 합니다. modifier는 color black, fixed 등과 같이 수정된 디자인이나 기능을 표시합니다.

CSS 코드 풀이

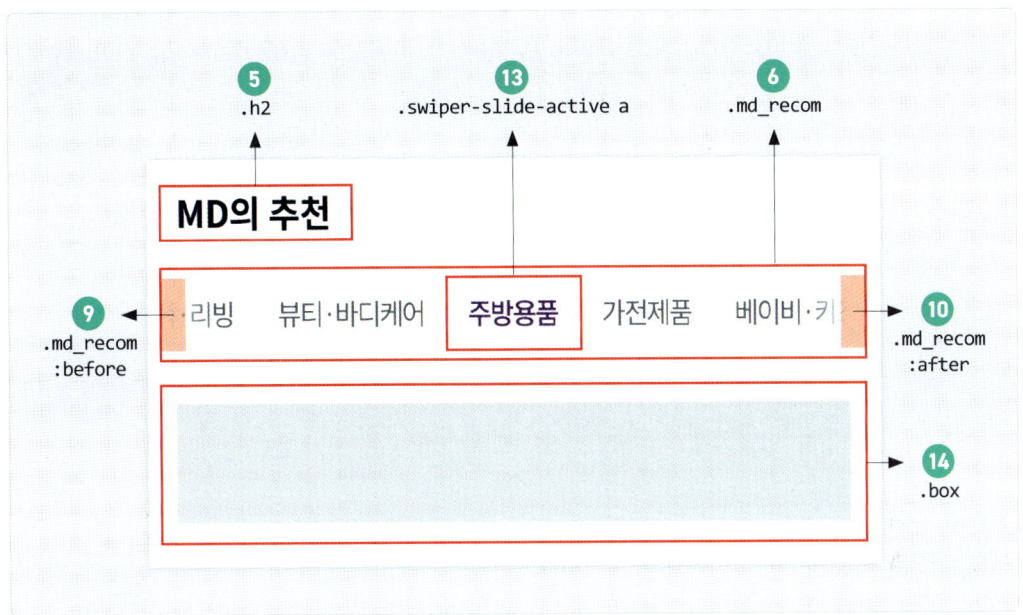

[그림 7-29] 슬라이드형 모바일 메뉴의 CSS 구조

[코드 7-9] 슬라이드형 모바일 메뉴 mobile4.css

```
01  html {font-size: 20px;}
02  body {font-size: 1rem;}
03
04  main {padding: 2rem .716rem;}
05  .h2 {padding: 0 0 .816rem; font-size: .833rem; color: #000; line-height: 1;}
06  .md_recom {display: block; border-top: 1px solid #f6f6f6; border-bottom: 1px solid #f6f6f6;}
07  .md_recom:before,
08  .md_recom:after {content: ""; position: absolute;  top: 0; bottom: 0; z-index: 10; width: 1.666rem;}
09  .md_recom:before {left: 0; background: linear-gradient(to right, rgba(255,255,255,1), rgba(255,255,255,0));}
10  .md_recom:after {right: 0; background: linear-gradient(to left, rgba(255,255,255,1), rgba(255,255,255,0));}
11  .md_recom a {display: block; text-align: center; font-size: .65rem; color: #666; line-height: 2.016rem; transition: color .5s;}
12  .md_recom a:focus,
13  .md_recom .swiper-slide-active a {color: #5d007e; font-weight: bold;}
14  .box {margin: .966rem 0 0; background: #e5e5e5; line-height: 10rem; text-align: center; text-transform: uppercase;}
```

Line 05

```
.h2 {padding: 0 0 .816rem; font-size: .833rem; color: #000; line-height: 1;}
```

[그림 7-29]의 ⑤번에 해당하는 제목 요소를 표현한 코드입니다. line-height를 1로 지정한 것은 줄 간격을 텍스트 크기의 100%로 맞추기 위해 줄 간격을 초기화한 것입니다. 그런데 줄 간격을 1로 지정하면 서로 다른 줄에 있는 텍스트끼리 딱 붙어버려 가독성이 떨어지므로 두 줄 이상의 콘텐츠에는 설정하지 않습니다.

Line 06

```
.md_recom {display: block; border-top: 1px solid #f6f6f6; border-bottom: 1px solid #f6f6f6;}
```

swiper 슬라이드를 형성하는 부모 요소이며 [그림 7-29]의 ⑥번을 표현한 코드입니다. 슬라이드 위아래에 선을 표현한 것이며, <nav> 요소는 IE에서 inline 요소로 인식하므로 display:block으로 설정합니다.

Line 07, 08

```
.md_recom:before,
.md_recom:after {content: ""; position: absolute; top: 0; bottom: 0; z-index: 10; width: 1.666rem;}
```

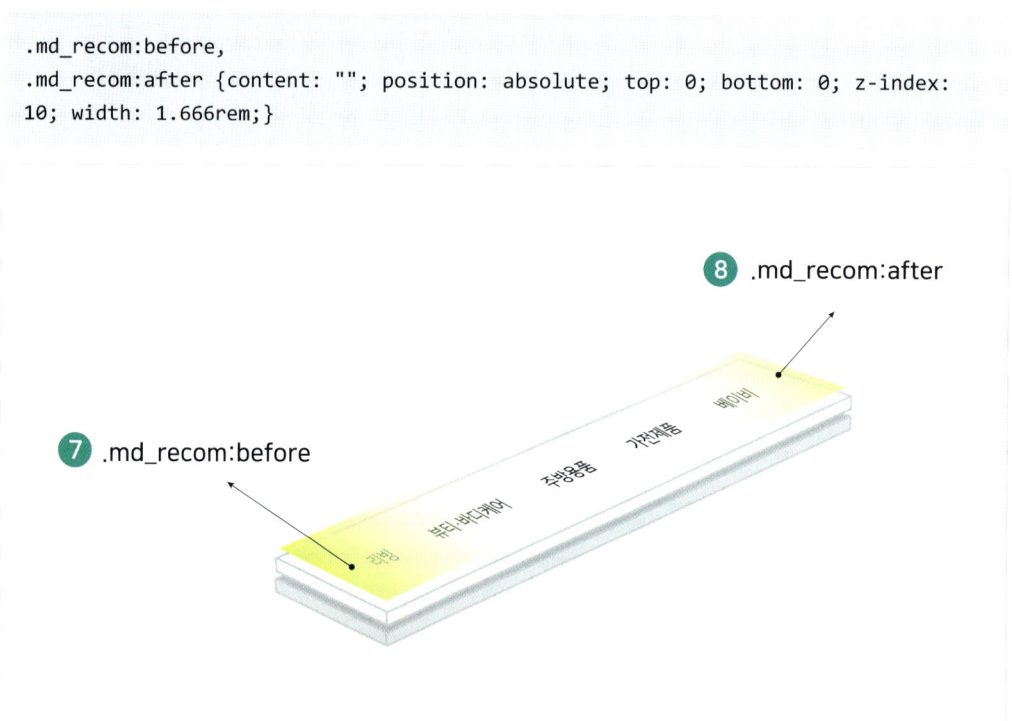

[그림 7-30] 슬라이드 양쪽 끝으로 갈수록 점점 투명해지는 그레이디언트 효과

두 가상 선택자에 그레이디언트 효과를 넣을 공통 속성을 모아놓은 코드입니다. 슬라이드 양쪽 끝을 보면 점점 흐려지는 것을 볼 수 있습니다. 이러한 효과를 주기 위해 [그림 7-30]과 같은 구조로 슬라이드 위에 그레이디언트 영역을 만드는데, position:absolute를 사용하여 z축으로 이동시켜 슬라이드 위에 뜨게 합니다. 그레이디언트 영역은

top과 bottom을 모두 0으로 지정하여 height:100%로 설정하고 가로 크기는 width로 설정합니다.

`Line 09, 10`

```
.md_recom:before {left: 0; background: linear-gradient(to right,
  rgba(255,255,255,1), rgba(255,255,255,0));}
.md_recom:after {right: 0; background: linear-gradient(to left,
  rgba(255,255,255,1), rgba(255,255,255,0));}
```

슬라이드 맨 왼쪽의 그레이디언트는 :before 선택자를 left 속성으로 배치하고 background 속성의 linear-gradient를 사용하여 오른쪽으로 갈수록 흰색의 불투명도를 점점 없앱니다. 반대로 슬라이드 맨 오른쪽의 그레이디언트는 :after 선택자를 right 속성으로 배치하고 background 속성에서 왼쪽으로 갈수록 흰색의 불투명도를 점점 없애서 결국 양 끝으로 갈수록 메뉴명이 희미해지는 효과를 줍니다.

`Line 12, 13`

```
.md_recom a:focus,
.md_recom .swiper-slide-active a {color: #5d007e; font-weight: bold;}
```

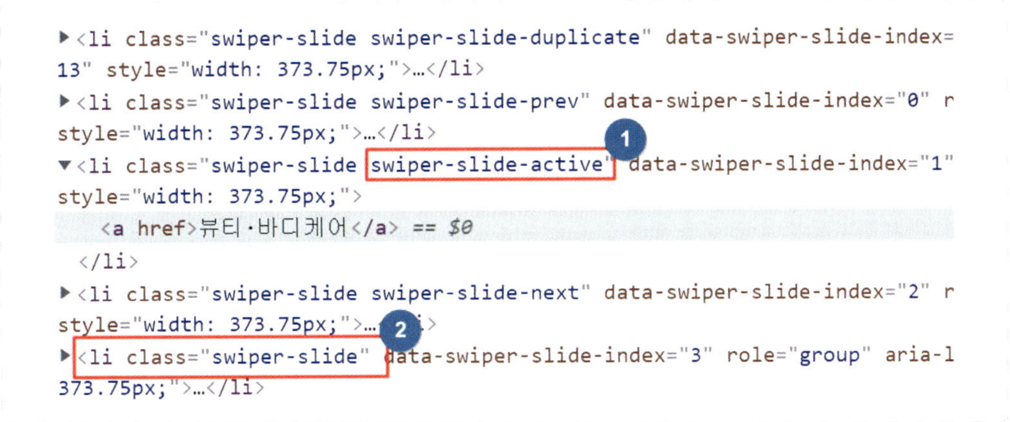

[그림 7-31] 크롬 브라우저에서 개발자 도구로 확인한 HTML 구조

[그림 7-31]은 크롬 브라우저의 개발자 도구에서 확인할 수 있는 웹 페이지의 HTML 코드입니다. 그림에서 ①번과 ②번을 비교해 보면 슬라이드를 구성하고 있는 swiper-slide 클래스에 다중 클래스로 swiper-slide-active 클래스가 존재하는 요소가 있고, 다중 클래스가 존재하지 않는 요소도 있습니다.

swiper-slide-active 클래스는 활성화된 슬라이드에 자동으로 생성되어 사용자가 슬라이드를 움직일 때마다 현재 위치를 표시합니다. 이러한 특징을 이용하여 swiper-slide-active 클래스를 선택자로 지정한 뒤 키보드 초점이 진입했을 때와 활성화된 메뉴의 디자인을 표현할 수 있습니다.

swiper 슬라이드를 사용할 때 코드에 자동으로 생성되는 클래스의 종류

swiper 슬라이드뿐만 아니라 다양한 jQuery 플러그인을 사용하다 보면 내가 작성하지 않은 코드가 자동으로 생성되는 경우가 많이 있습니다. [그림 7-31]에서 볼 수 있는 또 다른 클래스들을 살펴봅시다.

swiper-slide-duplicate: siwper 플러그인에서 자동으로 생성한 복제된 슬라이드입니다.
swiper-slide-prev: 활성화된 슬라이드의 이전 슬라이드를 표시하는 클래스입니다.
swiper-slide-next: 활성화된 슬라이드의 다음 슬라이드를 표시하는 클래스입니다.

이처럼 플러그인에서 제공하는 클래스를 선택자로 사용하여 CSS를 작성하면 비활성화된 슬라이드 메뉴를 꾸미는 등 다양한 디자인을 만들 수 있습니다.

jQuery 코드 풀이

[코드 7-10] 슬라이드형 모바일 메뉴 — mobile4.js

```
01    $(document).ready(function(){
02      const swiper = new Swiper('.md_recom', {
03        slidesPerView:4,
04        centeredSlides: true,
05        loop:true
06      });
07    });
```

Line 02, 06

```
const swiper = new Swiper('.md_recom', { });
```

swiper 슬라이드를 실행하기 위한 최소한의 스크립트 구조입니다. Swiper 객체를 md_recom 클래스에 생성하여 md_recom 클래스의 자식들이 슬라이드로 동작하게 하고 이를 변수 swiper에 담습니다. 변수 swiper의 이름은 바꿔도 되지만 변수에 생성하는 Swiper 객체는 그대로 사용해야 합니다. 객체 이름을 수정하면 슬라이드가 실행되지 않습니다.

Line 03~05

```
slidesPerView:4,
centeredSlides: true,
loop:true
```

swiper 슬라이드에서 제공하는 다양한 슬라이드의 옵션을 설정하는 부분입니다. slidesPerView는 슬라이드에 한 번에 보이는 메뉴의 개수를 설정하는 옵션입니다. 여기서는 4개로 설정했는데, [그림 7-29]를 보면 5개의 메뉴가 보입니다. 이는 5개 중에서 처음과 마지막 메뉴가 50%만 보이므로, 두 영역을 합쳐서 1개의 슬라이드로 계산하여 표현된 것입니다.

centeredSlides는 슬라이드의 시작 위치를 가운데로 설정하는 옵션입니다. 아무런 설정을 하지 않으면 기본값인 false로 적용되어 활성화된 메뉴가 슬라이드 왼쪽에 배치됩니다. 값을 true로 설정하면 활성화된 메뉴가 슬라이드 가운데에 배치됩니다.

loop는 슬라이드가 양쪽 끝에 도달했을 때 슬라이드를 어떻게 처리할 것인지를 정하는 옵션입니다. loop 옵션을 true로 하면 loop 본연의 뜻 그대로 끊임없이 반복해서 슬라이드가 돌아가고 기본값인 false로 설정하면 처음과 마지막 슬라이드에서는 더이상 움직이지 않습니다.

화면 낭독기 결과

[그림 7-32] 모바일 메뉴 예제 4를 화면 낭독기가 읽는 순서

❶ MD의 추천 / 머리말 레벨1 / 주요 랜드마크
❷ 가전제품 / 링크
❸ 베이비 중간점 키즈 / 링크
❹ 생활용품 중간점 리빙 / 링크
❺ 뷰티 중간점 바디케어 / 링크
❻ 주방용품 / 링크

 리베하얀의 한마디

슬라이드를 활용한 메뉴는 다양한 디자인이 있는데, 이번 예제에서 소개한 swiper 슬라이드 외에도 실무에서 대표적으로 사용하는 슬라이드 라이브러리는 slick이나 bxslider 등이 있습니다. 라이브러리별로 사용 방법이 다르므로 각 사이트의 레퍼런스와 데모 페이지를 참고하여 제작해보길 권합니다. 여러 라이브러리를 활용하는 능력을 기르고 jQuery로 부족한 부분은 CSS로 보완하여 웹사이트의 완성도를 높일 수 있도록 합시다.

8장

반응형 메뉴

반응형 웹을 제작하기 전에 알아야 할 사항

1. 반응 구간

우리는 지금까지 PC와 모바일 각각에서 웹사이트 메뉴 디자인을 살펴보았습니다. 이제 반응형 웹이란 무엇인지 알아보겠습니다. 반응형이란 웹사이트를 PC부터 작은 모바일 기기까지 모든 화면 크기에 대응하여 제작하는 방식입니다. 해상도에 따라 CSS 디자인을 크게 PC, 태블릿, 모바일 디자인으로 구분하여 하나의 HTML 파일에 최소 3개의 CSS 파일을 작성합니다.

반응형 웹은 기획 단계에서 해상도에 따른 UI 반응 구간을 정합니다. 보통 2~3단계로 구분하는데, 해상도에 대해 더욱 민감하게 반응하려면 5~6단계 이상의 디자인 산출물이 나올 수도 있습니다. 반응 구간을 2~3단계로 정하면, 모바일에서 태블릿으로 디자인이 변형될 때와 태블릿에서 PC 버전으로 UI가 변형될 때를 기준으로 구분합니다.

각 구간을 나누는 해상도의 기준은 새로운 기기들이 출시될 때마다 달라질 수 있으며, 모든 기기의 해상도에 맞출 수는 없으므로 가장 많이 사용되는 기기의 해상도를 기준으로 반응형 단계를 설정합니다.

다음에 나오는 그림은 전 세계에서 출시된 대표 기기들의 해상도 정보를 모아놓은 사이트(https//www.mydevice.io/)에서 확인할 수 있는 정보입니다. 우리는 여기에 나오는 정보를 기초로 하여 반응형의 기준을 정해보겠습니다.

name	phys. width	phys. height	CSS width	CSS height	pixel ratio	phys. ppi	CSS ppi
Blackberry Passport	1440	1440	504	504	3	453	274
Microsoft Lumia 1520	1080	1920	432	768	2.5	367	240
Apple iPhone 12 Pro Max	1284	2778	428	926	3	458	288
Apple iPhone 11 Pro Max, XS Max	1242	2688	414	896	3	458	288
Apple iPhone 11, XR	828	1792	414	896	2	326	192
Apple iPhone 6+, 6S+, 7+, 8+	1080	1920	414	736	3	401	288

[그림 8-1] 스마트폰 가로 크기의 내림차순 리스트

[그림 8-1]은 스마트폰 중에서 가로 크기가 가장 큰 기기를 기준으로 정렬한 모습입니다. Blackberry Passport라는 기기의 가로 크기 해상도가 504픽셀인 것을 알 수 있습니다. 그렇다면 스마트폰의 가장 큰 가로 크기는 504픽셀임을 기억해두고, 이번에는 [그림 8-2]에서 태블릿의 해상도를 보겠습니다.

name	phys. width	phys. height	CSS width	CSS height	pixel ratio	phys. ppi	CSS ppi
Apple iPad Pro	2048	2732	1024	1366	2	265	192
Microsoft Surface Pro 3	1440	2160	1024	1440	1.5 / 1.4	216	144
Samsung Galaxy Tab 3 10"	800	1280	800	1280	1	149	96
...							
Samsung Galaxy Tab 2 (7")	600	1024	600	1024	1	170	96
Asus Nexus 7 (v2)	1080	1920	600	960	2	323	192
LG G Pad 8.3	1200	1920	600	960	2	273	192
Amazon Kindle Fire	600	1024	600	1024	1	167	96
Blackberry Playbook	600	1024	600	1024	1	169	96
Amazon Kindle Fire HD 7	800	1280	480	800	1.5	216	144

[그림 8-2] 태블릿 가로 크기의 내림차순 리스트

태블릿 중 Apple iPad Pro의 해상도가 1024픽셀로 가장 크고 가장 작은 해상도는 480픽셀의 Amazon Kindle Fire HD 7입니다. 이보다 우리에게 좀 더 익숙한 기기는 LG G Pad 8.3과 Samsung Galaxy Tab 2 (7")인데, 각각 가로 크기가 600픽셀입니다.

앞서 말했듯이 모든 스마트 기기에 대응하기는 어려우므로 어느 정도 타협점이 필요합니다. 따라서 우리는 Amazon Kindle Fire HD 7을 제외하고 스마트폰과 태블릿의 해상도를 구분하는 기준을 다음 코드와 같이 정의할 것입니다.

```
01  <link rel="stylesheet" href="web.css">
02  <link rel="stylesheet" media="(min-width:600px) and (max-width:1024px)"
        href="tablet.css">
03  <link rel="stylesheet" media="(min-width:0px) and (max-width:599px)" href="
        mobile.css">
```

스마트폰에서 가장 큰 가로 크기는 504픽셀이고 태블릿에서 가장 작은 크기는 600픽셀이므로 599픽셀까지를 스마트폰 해상도로 지정하였습니다. 태블릿 구간은 600픽셀부터 가장 큰 가로 크기인 1024픽셀까지로 정의했는데, 웹사이트를 제작할 때는 최소 해상도를 1200픽셀로 잡기 때문에 태블릿 구간은 1024픽셀까지가 아니라 아래 코드와 같이 600~1199픽셀로 정의합니다.

```
01  <link rel="stylesheet" href="web.css">
02  <link rel="stylesheet" media="(min-width:600px) and (max-width:1199px)"
        href="tablet.css">
03  <link rel="stylesheet" media="(min-width:0px) and (max-width:599px)" href="
        mobile.css">
```

이처럼 반응형 사이트를 제작할 때 중요한 것은 미디어 쿼리의 기준입니다. 여기서는 이 책을 집필하는 시점에서 존재하는 모바일 기기의 해상도를 보고 기준을 정했지만, 작업을 시작하기 전에는 항상 출시된 기기들의 해상도를 먼저 확인한 뒤 기준을 잡아야 합니다. 기준에 따라 정의한 미디어 쿼리의 반응 구간을 정리하면 다음과 같습니다.

* **스마트폰 UI 구간:** 0~599픽셀
* **태블릿 UI 구간:** 600~1199픽셀
* **PC 웹 UI 구간:** 1200픽셀 이상

구간마다 다른 CSS는 큰 해상도에서 작은 해상도 순으로 작업하는 것을 권장합니다. 즉, PC 버전의 웹사이트를 먼저 구현하고 태블릿 그리고 스마트폰 순서로 제작합니다.

그리고 PC 버전을 코딩하기 전에는 페이지의 해상도별 디자인 산출물을 먼저 확인해야 합니다. 반응형 웹은 하나의 동일한 HTML 구조를 이용해 각 해상도 구간에 대응하는 UI를 구현하므로 특정 해상도에서 예상치 못한 UI 변형이 일어나지 않도록 사전에 HTML 구조를 분석하는 일이 필요합니다.

2. 미디어 쿼리와 CSS 상속

```
01   <link rel="stylesheet" href="web.css">
02   <link rel="stylesheet" media="(min-width:600px) and (max-width:1199px)"
     href="tablet.css">
03   <link rel="stylesheet" media="(min-width:0px) and (max-width:599px)" href="
     mobile.css">
```

위 코드는 앞에서처럼 미디어 쿼리를 linked 방식으로 사용한 코드입니다. linked 방식으로 미디어 쿼리를 사용할 때 일어나는 CSS 상속에 대해 알아보기 위해 코드를 한 줄씩 살펴보겠습니다. **Line 01**은 웹 전용 CSS로 media 속성이 없으므로 모든 해상도에 적용됩니다. 따라서 **Line 02**의 태블릿 전용 CSS와 **Line 03**의 스마트폰 전용 CSS는 모두 **Line 01**의 웹 전용 CSS의 상속을 받습니다. 하지만 태블릿 전용 CSS와 스마트폰 CSS는 서로 영향을 주고받지 않습니다. 정리하면 media 속성에 서로 다른 해상도 범위를 지정한 CSS 파일끼리는 상속이 일어나지 않으며, media 속성이 없는 CSS 파일은 다른 CSS 파일에 상속을 일으킬 수 있습니다.

3. CSS 초기화

반응형 웹을 만들 때는 해상도에 따라 다른 UI를 표현하기 위해 다른 구간에서 상속받는 CSS를 초기화해야 하는 경우가 있습니다. 가령 block 요소를 왼쪽에 배치하기 위해 PC 버전에서 적용한 float:left를 모바일 버전에서는 열 방향으로 배치하기 위해 float를 해제해야 하는 경우를 예로 들 수 있습니다.

다음 표는 반응형 웹에서 자주 사용하는 주요 CSS 속성의 기본값을 모아놓은 것으로, 차후에 반응형을 작업할 때 참고하기 바랍니다. 참고로 initial 속성은 IE에서 지원하지 않기 때문에 명시하지 않았습니다.

CSS 속성	기본값
position	static
float	none
flex:1	flex:none
justify-content	flex-start
align-items	flex-start
width	auto
height	auto
overflow	visible

[표 8-1] 주요 CSS 속성의 기본값

이제 우리가 실습해 볼 반응형 메뉴의 종류는 다음과 같습니다.

유형 1. GNB의 디자인이 바뀌는 메뉴
유형 2. 검색창의 디자인이 바뀌는 메뉴
유형 3. 메가 메뉴의 디자인이 바뀌는 메뉴

▶ 예제 파일 다운로드: https://github.com/rebehayan/book

8-1 GNB의 디자인이 바뀌는 메뉴

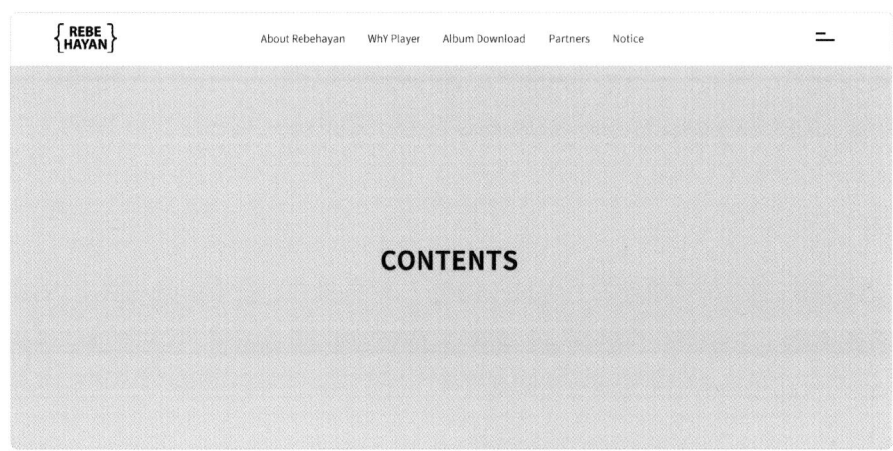

ⓐ PC 버전의 기본 GNB 메뉴

ⓑ 모바일 버전의 햄버거 메뉴

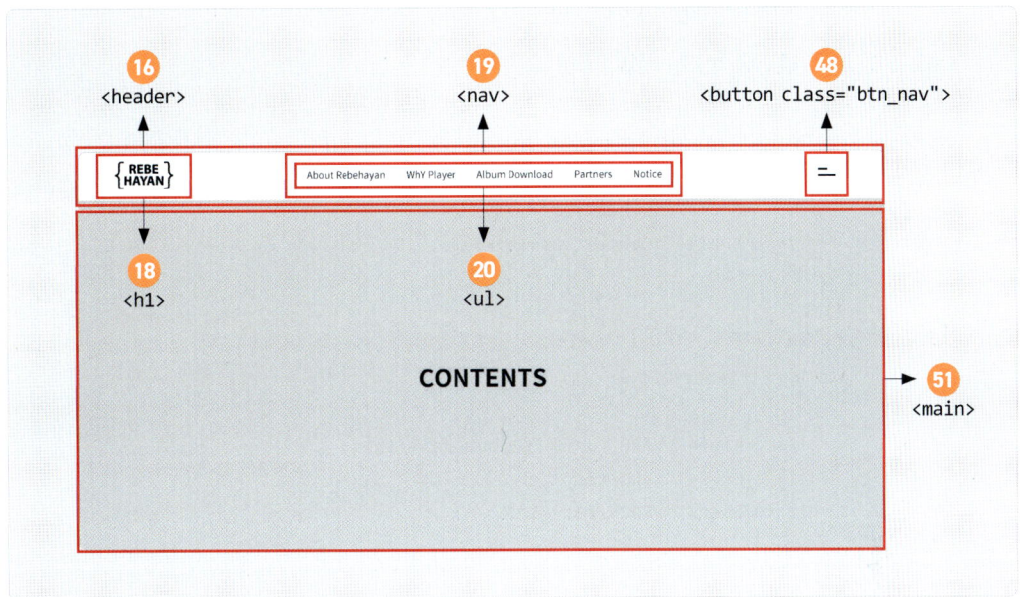

[그림 8-3] GNB의 디자인이 바뀌는 메뉴 디자인

HTML 코드 풀이

[그림 8-4] GNB의 디자인의 바뀌는 메뉴의 HTML 구조

[코드 8-1] GNB의 디자인이 바뀌는 메뉴   respon1.html

```
01  <!DOCTYPE html>
02  <html lang="ko">
03  <head>
04    <meta charset="UTF-8">
05    <meta name="viewport" content="width=device-width, initial-scale=1.0">
06    <meta http-equiv="X-UA-Compatible" content="ie=edge">
07    <title>GNB의 디자인이 바뀌는 메뉴</title>
08    <link rel="stylesheet" href="default.css">
09    <link rel="stylesheet" href="respon1.css">
10    <link rel="stylesheet" media="(min-width:0px) and (max-width:720px)" href="respon1_mobile.css">
11    <script src="js/jquery.js" charset="utf-8"></script>
12    <script src="js/respon1.js" charset="utf-8"></script>
13  </head>
14  <body>
15
```

```html
<header>
  <div>
    <h1><a href=""><span class="hide">리베하얀</span></a></h1>
    <nav>
      <ul>
        <li>
          <a href="">About Rebehayan</a>
          <ul>
            <li><a href="">Rebehayan</a></li>
            <li><a href="">Contact us</a></li>
          </ul>
        </li>
        <li>
          <a href="">WhY Player</a>
          <ul>
            <li><a href="">APP for WhY Album</a></li>
            <li><a href="">Function</a></li>
            <li><a href="">FAQs</a></li>
          </ul>
        </li>
        <li><a href="">Album Download</a></li>
        <li><a href="">Partners</a></li>
        <li>
          <a href="">Notice</a>
          <ul>
            <li><a href="">Notice</a></li>
            <li><a href="">Event</a></li>
          </ul>
        </li>
      </ul>
      <button class="close"><span class="hide">메뉴 닫기</span></button>
    </nav>
    <button class="btn_nav"><span class="hide">전체 메뉴</span></button>
  </div>
</header>
<main>
  CONTENTS
</main>
<div class="dim"></div>

</body>
</html>
```

Line 08~10

```
<link rel="stylesheet" href="default.css">
<link rel="stylesheet" href="respon1.css">
<link rel="stylesheet" media="(min-width:0px) and (max-width:720px)"
href="respon1_mobile.css">
```

요소가 가지고 있는 기본 특성을 초기화하는 default.css 파일을 가장 먼저 연결하는데, 그 이유는 선택자 우선순위 점수가 가장 낮은 요소로만 선택자가 이루어져 있기 때문입니다. 다음으로 별도의 미디어 쿼리가 없는 PC 버전의 CSS 파일을 연결합니다. 마지막으로 연결한 모바일 버전을 꾸미는 CSS 파일은 media 속성으로 0~720픽셀의 해상도를 설정하여 스마트폰과 태블릿을 아울러 표현합니다.

Line 16, 17, 49, 50

```
<header>
   <div></div>
</header>
```

[그림 8-4]의 ⑯번에 해당하는 헤더 영역을 표현하는 코드입니다. 로고, GNB, 전체 메뉴 버튼을 CSS로 **〈header〉** 요소 영역의 중앙에 배치하기 위해 **〈div〉** 요소로 표현합니다.

Line 20~45

```
<ul>
   <li><a href="">About Rebehayan</a>
      <ul>
         <li><a href="">Rebehayan</a></li>
         <li><a href="">Contact us</a></li>
      </ul>
   </li>
   <li><a href="">WhY Player</a>
      <ul>
         <li><a href="">APP for WhY Album</a></li>
         <li><a href="">Function</a></li>
         <li><a href="">FAQs</a></li>
      </ul>
   </li>
   <li><a href="">Album Download</a></li>
   <li><a href="">Partners</a></li>
   <li><a href="">Notice</a>
      <ul>
         <li><a href="">Notice</a></li>
         <li><a href="">Event</a></li>
      </ul>
   </li>
</ul>
```

<li>의 자식으로 있는 <ul> 요소는 GNB의 하위 메뉴를 표현한 것으로, PC 버전에서는 보이지 않지만 모바일에서 표현되는 메뉴 구조이므로 코드를 미리 작성해 놓습니다. 모바일 버전에서만 필요한 HTML 요소는 jQuery를 이용하여 생성할 수도 있지만, 제작 시에 공수가 많이 들어가고 유지보수 시에도 불편합니다. 따라서 일단 HTML 파일에 필요한 요소를 모두 생성하고 CSS로 숨김 처리한 뒤에 필요할 때만 해당 CSS 파일에서 요소를 활성화하는 방법을 사용합니다.

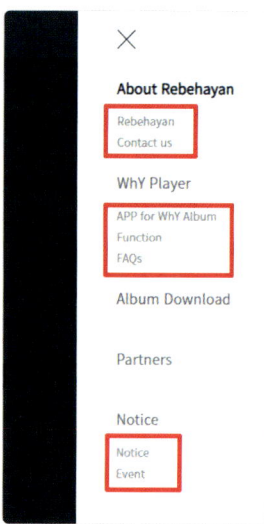

[그림 8-5] 모바일 버전에서만 보이는 GNB의 하위 메뉴

Line 46, 48

```
<button class="close"><span class="hide">메뉴 닫기</span></button>
<button class="btn_nav"><span class="hide">전체 메뉴</span></button>
```

햄버거 메뉴를 닫는 버튼은 GNB의 하위 메뉴와 마찬가지로 PC 버전에서는 표현되지 않지만 모바일 버전에서 필요하므로 HTML 파일에 미리 코딩해 둡니다. 햄버거 버튼은 전체 메뉴를 한눈에 보기 위한 역할로 PC와 모바일에 모두 있지만, PC 버전까지 고려하면 코드가 많이 길어지기 때문에 예제에서는 기능을 넣지 않고 버튼만 배치해 놓았습니다.

Line 54

```
<div class="dim"></div>
```

메뉴 및 팝업의 배경으로 활용되는 딤드 영역은 사용되는 개수만큼 HTML 요소로 구성하는 것이 아니라 보통 <body> 요소의 마지막 자식으로 1개만 배치합니다. 이렇게 배치하면 어떤 요소에도 포함되지 않아 CSS 영향을 받지 않고 표현할 수 있습니다.

CSS 코드 풀이

PC 버전

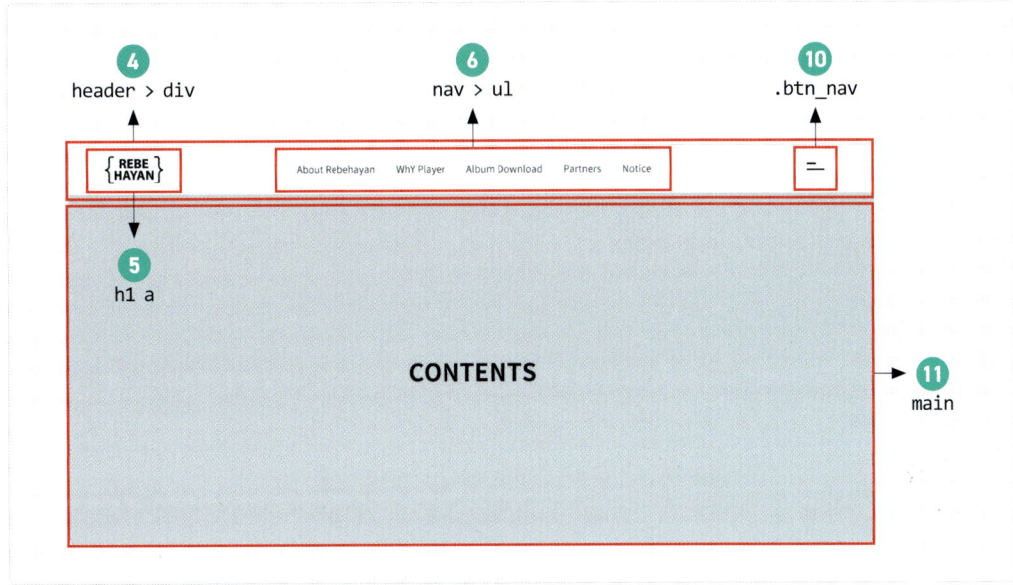

[그림 8-6] GNB의 디자인이 바뀌는 메뉴의 PC 버전 CSS 구조

[코드 8-2] GNB의 디자인이 바뀌는 메뉴 `respon1.css`

```css
01  html {font-size: 20px;}
02  body {font-size: 1rem;}
03
04  header > div {display: flex; justify-content: space-between; margin: 0 auto;
    width: 62rem;}
05  header h1 a {display: block; width: 5rem; height: 4rem; background: url(images/h1_
    logo7.png) no-repeat center}
06  header nav > ul {display: flex;}
07  header nav > ul > li > a {display: block; padding: 0 .95rem; line-height: 4rem;
    font-size: .8rem; color: #111;}
08  header nav > ul ul {display: none;}
09  header nav .close {display: none;}
10  header .btn_nav {width: 4rem; height: 4rem; background: url(images/btn_nav2.png)
    no-repeat center;}
11  main {display: block; background: #d5d5d5; text-align: center; line-height: 30rem;
    font-size: 2rem; color: #000; font-weight: bold;}
12  .dim {display: none; position: fixed; left: 0; right: 0; top: 0; bottom: 0;
    background: rgba(0,0,0,.8);}
```

Line 01, 02

```
html {font-size: 20px;}
body {font-size: 1rem;}
```

PC 버전의 웹사이트만 제작한다면 픽셀을 rem으로 환산해서 제작할 필요는 없지만, 반응형 웹을 제작한다면 rem으로 변환해서 제작하는 것을 권장합니다. 그 이유는 반응형 웹의 특성상 UI가 바뀔 때 CSS 상속이 일어나 PC 버전에서의 픽셀 단위를 모바일 버전에서 rem으로 일일이 바꿔야 하는데, 이는 매우 번거로운 작업이기 때문입니다.

참고로 반응형은 PC 버전에서 사용하는 해상도가 높은 이미지를 모바일에서 그대로 크기만 줄여서 사용하므로 픽셀 밀도는 특별히 지정하지 않아도 큰 문제는 없습니다. 특히 이 책에서는 메뉴를 주로 다루기 때문에 이미지가 많지 않으므로 픽셀 밀도는 1을 기준으로 작업합니다.

Line 04

```
header > div {display: flex; justify-content: space-between; margin: 0 auto; width: 62rem;}
```

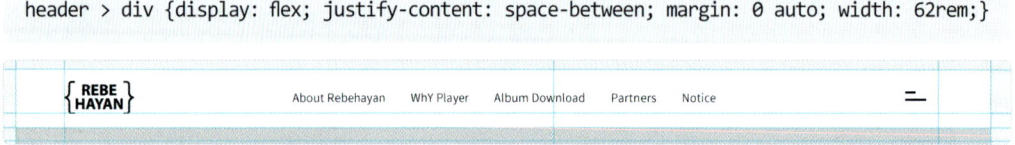

[그림 8-7] 헤더 영역에서 양쪽으로 정렬된 UI

[그림 8-7]을 보면 로고는 가이드라인 왼쪽에, 햄버거 메뉴는 오른쪽에 붙어있습니다. 그리고 가운데에 GNB가 있습니다. justify-content:space-between을 사용하면 주축을 기준으로 자식 요소를 양쪽으로 정렬할 수 있으며 이러한 flex 레이아웃은 display:flex가 설정되어 있어야만 적용됩니다.

양쪽 정렬된 로고, GNB, 햄버거 메뉴를 브라우저의 중앙에 배치하기 위해서 margin:0 auto를 선언합니다. margin:0 auto를 적용할 때 반드시 있어야 하는 width는 로고 왼쪽과 전체 메뉴 버튼 오른쪽까지 1240픽셀, 즉 62rem으로 지정합니다. 오른쪽에 있는 전체 메뉴 버튼 영역을 가이드라인에 딱 붙이지 않고 여유 있게 만든 이유는 버튼의 클릭 범위를 넓혀 사용성을 높이기 위해서입니다.

Line 06

```
header nav > ul {display: flex;}
```

GNB에서 각 메뉴를 감싸고 있는 block 속성의 〈li〉 요소를 행으로 배치하기 위해 inline-block 설정, float 설정, flex 설정 중 가장 간편한 방법인 display:flex를 활용합니다.

Line 08, 09

```
header nav > ul ul {display: none;}
header nav .close {display: none;}
```

모바일에서만 사용하는 하위 메뉴와 메뉴 닫기 버튼이 PC 화면에서는 보이지 않도록 숨깁니다.

Line 10

```
header .btn_nav {width: 4rem; height: 4rem; background: url(images/btn_nav2.png)
no-repeat center;}
```

햄버거 메뉴 버튼을 표현한 코드입니다. 버튼을 정사각형으로 만들면 가로와 세로 크기를 계산하기 편하고, 배경 이미지를 삽입한 후에 배치할 때 값을 center로만 지정하면 가운데 정렬되어 불필요한 계산을 하지 않아도 되는 장점이 있습니다.

Line 12

```
.dim {display: none; position: fixed; left: 0; right: 0; top: 0; bottom: 0;
background: rgba(0,0,0,.8);}
```

딤드 영역은 사용자가 스크롤을 제어해도 위치가 고정되어 있어야 하므로 position:fixed를 줍니다. width:100%와 height:100%로 설정하고 배경색은 rgba로 불투명도를 제공합니다. 불투명도는 배경색을 indexcolor로 제공한 뒤 opacity 속성으로 제어해도 됩니다.

모바일 버전

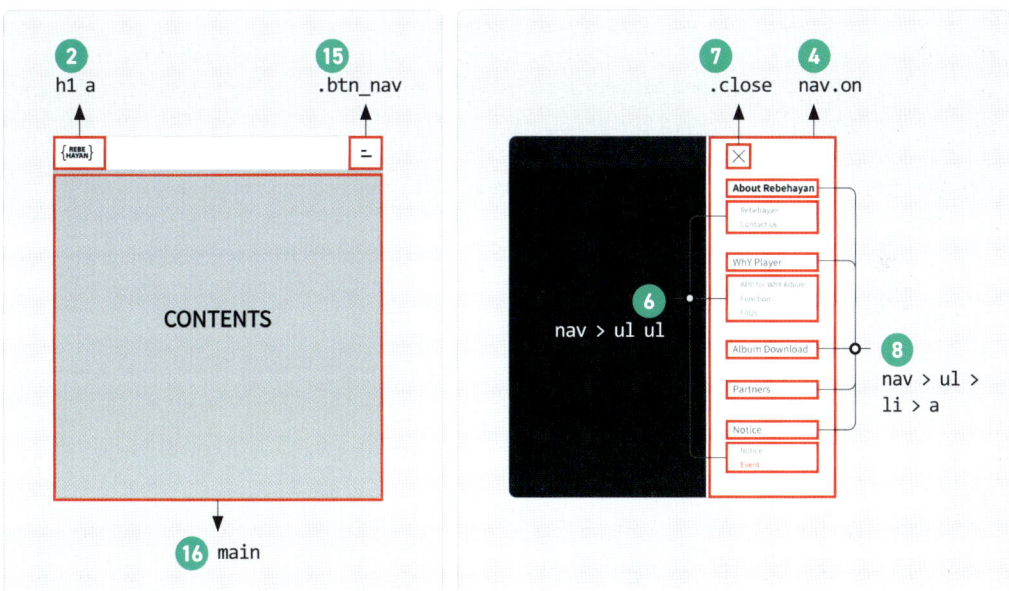

[그림 8-8] GNB의 디자인이 바뀌는 메뉴의 모바일 버전 CSS 구조

반응형 웹을 제작하기 전에 알아야 할 사항에서 설명했듯이 CSS 작업 시에는 몇 가지 유의할 점이 있습니다. 미디어 쿼리로 호출한 CSS 파일과 그렇지 않은 CSS 파일 간의 선택자 충돌이 일어나는 상속에 관한 점입니다. 선택자가 같다면 마지막에 표현된 CSS 선택자의 우선순위가 더 높습니다. 즉, PC 버전 CSS 파일을 먼저 연결하고 점점 크기가 작은 모바일 기기에 해당하는 CSS 파일을 순차적으로 연결해야 하는 이유입니다.

또 한 가지는 중복된 CSS 표현이 되도록 없어야 하는 점입니다. PC 버전에서 2rem인 텍스트 크기를 모바일에서도 그대로 유지한다면 모바일은 PC 버전의 CSS를 상속받으므로 아무런 제어를 하지 않아도 동일하게 표현됩니다. 이렇듯 모바일 버전 CSS를 작성할 때는 상속을 고려해서 PC 버전과 비교하여 변경되는 값이나 추가되는 속성만 제어합니다.

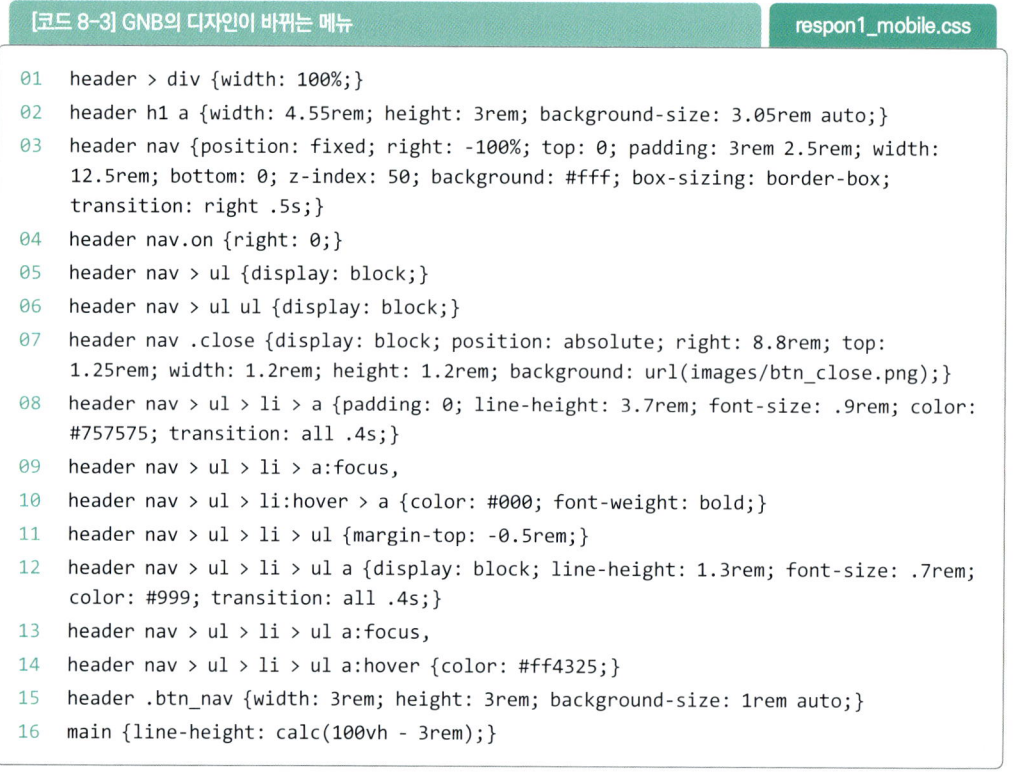

Line 01

```
header > div {width: 100%;}
```

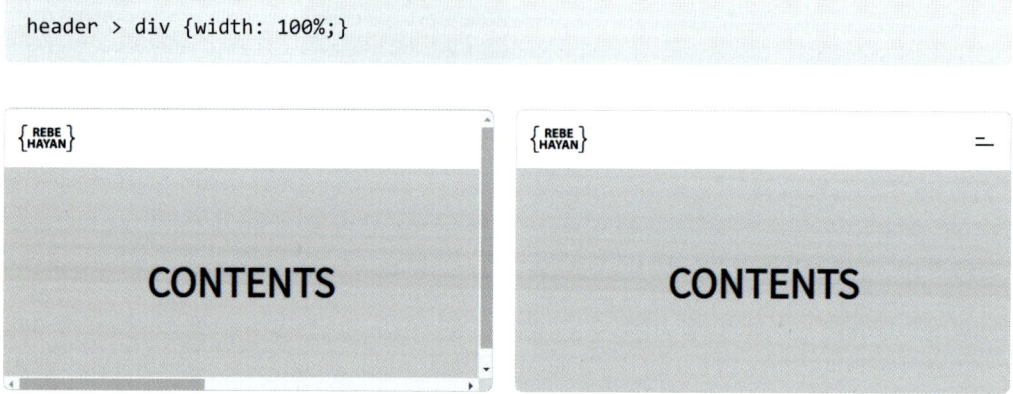

[그림 8-9] 모바일 버전에서 width:100% 설정을 하지 않으면 스크롤이 생기는 모습

[그림 8-9]를 비교해보면 왼쪽에는 스크롤이 있고 오른쪽에는 스크롤이 없다는 차이점이 있습니다. PC 버전에서는 모니터 해상도 중 작은 해상도에 맞춰 표현하는 것이 보편적이나 모바일 버전에서는 기기마다 레이아웃이 화면에 가득 차게 표현되어야 합니다. 그러므로 모바일에서 레이아웃을 표현할 때는 일일이 크기를 지정할 필요 없이 가로 크기를 100%로 설정하여 자동으로 다양한 해상도에 맞게 UI가 표현되도록 합니다.

PC 버전의 CSS와 비교해보면 로고와 햄버거 메뉴는 모바일에서도 여전히 양쪽에 배치하는 디자인이므로 flex 레이아웃이 상속되도록 하고, 가로 크기를 100%로 설정한 모바일에서 요소를 중앙에 배치하는 margin:0 auto는 상속되어도 의미가 없으므로 margin을 따로 초기화하지 않고 그대로 둡니다. 즉, [그림 8-10]처럼 PC 버전의 CSS에서 값을 변경한 width를 제외하고는 모두 모바일 버전에 상속됩니다.

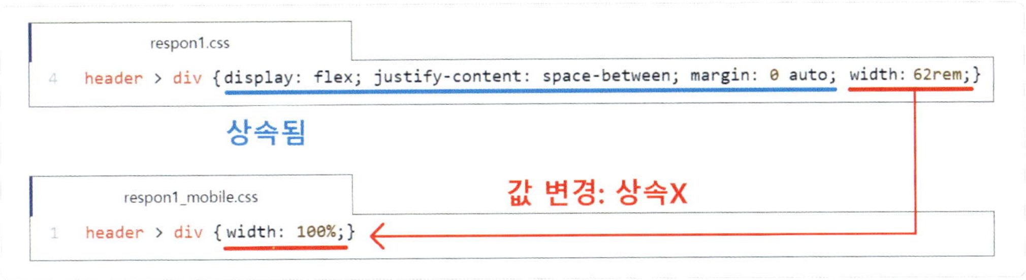

```
respon1.css
4    header > div {display: flex; justify-content: space-between; margin: 0 auto; width: 62rem;}
```
상속됨

```
respon1_mobile.css
1    header > div {width: 100%;}
```
값 변경: 상속X

[그림 8-10] PC 버전과 모바일 버전 CSS의 상속 관계

Line 02

```
header h1 a {width: 4.55rem; height: 3rem; background-size: 3.05rem auto;}
```

모바일에서 로고의 크기가 PC 버전 CSS에서 설정한 값을 그대로 상속받으면 너무 크게 표현됩니다. 따라서 배경 이미지의 크기를 조금 작게 재설정하고, background-size 속성으로 배경 이미지 크기를 모바일 크기에 맞게 지정합니다. 이번 코드도 역시 변경할 속성만 작성합니다.

Line 03

```
header nav {position: fixed; right: -100%; top: 0; padding: 3rem 2.5rem; width: 12.5rem; bottom: 0; z-index: 50; background: #fff; box-sizing: border-box; transition: right .5s;}
```

모바일 버전의 GNB 영역으로 PC 버전에서 가장 크게 변화하는 디자인입니다. 햄버거 버튼을 클릭해야 보이는 영역이므로 right:-100%로 〈nav〉 요소의 가로 크기만큼 오른쪽으로 이동시켜 화면에 노출되지 않게 합니다. 이때 right 속성이 다른 콘텐츠에 영향을 주지 않도록 position 속성을 사용하는데, 활성화된 메뉴는 사용자가 화면을 움직이는 것에 상관없이 제자리에 있어야 하므로 fixed로 설정합니다.

padding 속성으로 준 위쪽 여백은 닫기 버튼 영역까지 포함한 여백입니다. HTML 구조상 닫기 버튼인 〈button〉 요소를 메뉴 리스트인 〈ul〉 요소 다음에 작성해서 메뉴가 닫기 버튼보다 먼저 표현되기 때문에 닫기 버튼 영역까지 고려하여 여백을 준 것입니다.

z-index는 50으로 지정하는데, z-index는 무조건 숫자가 높다고 해서 잘 표현되는 것은 아니므로 값을 계획적으로 지정해야 합니다. 보통 예상하지 못한 팝업 등 z축으로 표현해야 하는 콘텐츠가 추가로 들어갈 수 있는 자리를 확보하기 위해서 20~50단위로 끊어서 표현합니다.

box-sizing:border-box는 top과 bottom 그리고 padding 속성이 모두 적용되어 높이가 100%를 넘는 것을 화면에 맞추기 위해서 설정합니다. 마지막으로 transition 속성에는 right 속성이 0.5초 동안 애니메이션 효과가 나타나도록 설정합니다.

Line 04

```
header nav.on {right: 0;}
```

Line 03의 transition 속성과 연결되는 코드로 〈nav〉 요소 선택자에 on 클래스가 붙으면 right 속성이 -100%에서 0이 되어 메뉴가 오른쪽에서 왼쪽으로 나타나는 애니메이션이 표현됩니다. 이처럼 애니메이션은 jQuery에서 addClass( ) 메서드로 처리하기도 하고 가상 선택자로 처리할 수도 있습니다.

Line 05

```
header nav > ul {display: block;}
```

PC 버전에서 GNB는 행으로 배치된 디자인이고, 모바일 버전에서는 열로 배치된 디자인입니다. PC 버전에서 〈li〉 요소를 행으로 배치하기 위해 display:flex로 표현한 것을 모바일에서는 block을 주어 초기화합니다. 만약 flex를 유지한 상태로 열로 배치하려면 flex-direction:column으로 표현하면 됩니다.

Line 06

```
header nav > ul ul {display: block;}
```

PC 버전에서는 표현되지 않아서 display:none으로 처리한 2 뎁스 메뉴를 모바일 버전에서 표현하기 위해 display:block으로 설정합니다.

Line 07

```
header nav .close {display: block; position: absolute; right: 8.8rem; top:
1.25rem; width: 1.2rem; height: 1.2rem; background: url(images/btn_close.png);}
```

메뉴 닫기 버튼을 표현한 코드입니다. Line 03에서 잠깐 설명했지만, HTML 코드에서 닫기 버튼은 메뉴 리스트 다음에 표현되었는데 디자인상으로는 메뉴 리스트보다 먼저 표현해야 하므로 position 속성을 이용합니다. absolute의 기준은 〈body〉 요소이며 right와 top 속성으로 위치를 정합니다.

Line 08

```
header nav > ul > li > a {padding: 0; line-height: 3.7rem; font-size: .9rem;
color: #757575; transition: all .4s;}
```

respon1.css
7 header nav > ul > li > a
   {display: block; padding: 0 .95rem; line-height: 4rem; font-size: .8rem; color: #111;}

상속됨   값 변경: 상속X

respon1_mobile.css
8 header nav > ul > li > a
   {padding: 0; line-height: 3.7rem; font-size: .9rem; color: #757575; transition: all .4s;}

추가한 값

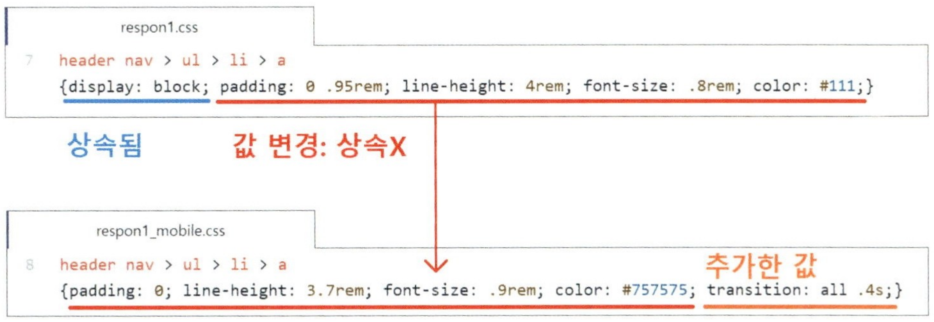

[그림 8-11] PC 버전과 모바일 버전 CSS의 상속 관계2

1 뎁스 메뉴의 디자인을 표현한 코드입니다. 위의 그림처럼 PC 버전의 CSS와 비교하여 모바일에서 상속할 부분을 결정하고, 상속되지 않아야 하는 부분은 값을 변경합니다. 그리고 모바일에서만 필요한 CSS를 추가합니다.

상속할 부분인 display:block은 모바일 버전에서 값을 변경하지 않고 그 외 상속하지 않는 부분은 모두 값을 변경합니다. PC 버전에서는 메뉴가 행으로 배치되어 좌우에 여백을 주었지만, 모바일 디자인에서는 메뉴가 열로 배치되므로 좌우가 아닌 위아래 여백이 있으면 됩니다. 그래서 padding은 0으로 초기화하고 위아래 여백은 line-height로 조정합니다. 모바일에서만 필요한 애니메이션은 transition 속성으로 추가합니다.

Line 11

```
header nav > ul > li > ul {margin-top: -0.5rem;}
```

1 뎁스와 2 뎁스의 간격을 표현한 코드입니다. margin-top 속성의 값을 마이너스로 지정하면 해당 요소가 원래 영역보다 위로 올라갑니다. 그렇다면 왜 굳이 마이너스로 margin을 주었을까? 1 뎁스의 〈a〉 요소 크기로 간격을 조절해도 되지 않을까?

[그림 8-12] 〈a〉와 〈ul〉 요소의 간격(왼쪽)과 〈a〉와 〈a〉 요소의 간격(오른쪽)

[그림 8-12]를 보면 왼쪽은 1 뎁스 메뉴와 2 뎁스 메뉴 간의 간격이고, 오른쪽은 하위 메뉴가 없는 메뉴끼리의 간격입니다. 이 두 간격을 ⟨a⟩ 요소의 크기로만 조절한다고 가정하면 1 뎁스 메뉴와 2 뎁스 메뉴와의 간격을 제대로 표현하기 위해서는 각 요소에 클래스를 부여해야 합니다. 그런데 만약 서비스 운영 중에 하위 메뉴가 사라지거나 하위 메뉴가 없는 메뉴가 추가된다면 그때마다 클래스를 부여해야 합니다. 이처럼 나중에 변경될 수 있는 여지가 있는 메뉴에 적용하기에는 매우 번거로운 일이 될 수 있습니다. 따라서 2 뎁스 메뉴의 부모인 ⟨ul⟩ 요소를 선택자로 지정하고 margin-top 속성을 이용해 아래 그림처럼 간격을 따로 표현하는 것입니다.

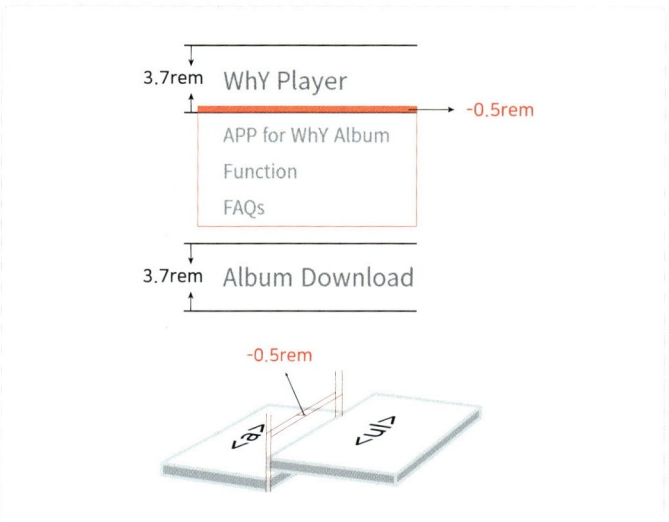

[그림 8-13] ⟨ul⟩ 요소에 margin을 마이너스로 설정하여 간격을 주는 이유

Line 12~14

```
header nav > ul > li > ul a {display: block; line-height: 1.3rem; font-size: .7rem; color: #999; transition: all .4s;}
header nav > ul > li > ul a:focus,
header nav > ul > li > ul a:hover {color: #ff4325;}
```

2 뎁스의 링크를 꾸미는 코드로, 링크 간격을 표현하는 line-height 속성을 적용하기 위해 가로 크기를 기본으로 100% 차지하는 display:block으로 설정합니다. 키보드로 접근하거나 화면을 터치하면 발생하는 효과는 transition 속성으로 설정합니다.

Line 15

```
header .btn_nav {width: 3rem; height: 3rem; background-size: 1rem auto;}
```

PC 버전보다 작아진 햄버거 버튼의 크기를 줄이고 배경 이미지 크기인 background-size 속성으로 한 번 더 크기를 조절합니다. background 속성을 사용하면 PC 버전에서 정의한 background값을 그대로 다시 작성해야 하기 때문에 background-size 속성으로 변경되는 부분만 정의합니다.

Line 16

```
main {line-height: calc(100vh - 3rem);}
```

임시로 표현한 〈main〉 요소 콘텐츠입니다. calc( ) 함수는 calculator인 계산기를 의미하며 100vh는 기기의 화면 크기만큼 100% 높이라는 의미입니다. 여기서 〈header〉 요소의 높이인 3rem을 뺀 값을 계산하여 높이로 지정합니다. 즉, 메인 콘텐츠 영역은 〈header〉 요소의 크기를 제외한 나머지 영역에 꽉 차게 표현합니다.

jQuery 코드 풀이

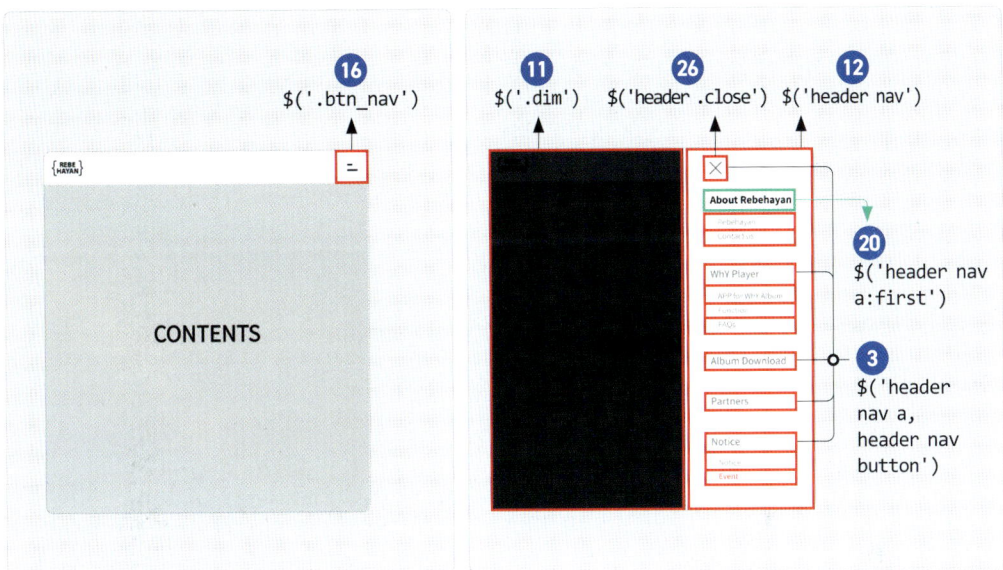

[그림 8-14] GNB의 디자인이 바뀌는 메뉴의 jQuery 구조

[코드 8-4] GNB의 디자인이 바뀌는 메뉴   respon1.js

```
01  $(document).ready(function(){
02
03    var select_attr = $('header nav a, header nav button');
04
05    $(window).on('resize load', function(){
06      var width = $(window).width();
07      if (width < 721){
08        attrs();
09      } else{
10        removeAttrs();
11        $('.dim').fadeOut();
12        $('header nav').removeClass('on');
```

```
13        }
14      });
15
16      $('.btn_nav').on('click', function(){
17        var width = $(window).width();
18        if (width < 721){
19          $('header nav').addClass('on');
20          $('header nav a:first').focus();
21          $('.dim').fadeIn();
22          removeAttrs();
23        }
24      });
25
26      $('header .close').on('click', function(){
27        $(this).parent().removeClass('on');
28        $('.dim').fadeOut();
29        attrs();
30      });
31
32      function attrs(){
33        select_attr.attr({
34          'aria-hidden': 'true',
35          'tabindex': '-1'
36        });
37      }
38
39      function removeAttrs(){
40        select_attr.removeAttr('aria-hidden').removeAttr('tabindex');
41      }
42
43    });
```

Line 03

```
var select_attr = $('header nav a, header nav button');
```

[그림 8-14]의 ③번에 해당하는 선택자 'header nav a'와 'header nav button'을 변수 select_attr에 담습니다. 이렇게 선택자를 변수로 지정하는 이유는 해당 선택자를 사용할 때마다 긴 코드 대신 간단한 단어를 선택자로 활용할 수 있기 때문입니다.

Line 05, 14

```
$(window).on('resize load', function(){ });
```

반응형 웹을 스크립트로 구현하는 경우는 다양합니다. 버튼에 초점이 있거나 클릭할 때, 브라우저 크기를 줄이거나 늘릴 때 웹인지 모바일인지에 따라 다르게 동작하거나 해상도에 따라 다른 기능을 실행하도록 구현하기도 합니다. 여기서는 브라우저 크기를 조절(resize)하거나 특정 해상도에서 접근했을 때 실행하는 코드를 정의합니다.

Line 06~08

```
var width = $(window).width();
if (width < 721){
  attrs();
}
```

사용자가 특정 해상도에서 접근하거나 브라우저 크기를 조절할 때마다 화면의 가로 크기를 변수 width에 저장합니다. 그리고 이 값이 721픽셀보다 작을 때 즉, 모바일일 때 **Line 32**에서 정의한 attrs( ) 함수를 호출합니다.

Line 09~13

```
else{
  removeAttrs();
  $('.dim').fadeOut();
  $('header nav').removeClass('on');
}
```

가로 크기가 721보다 큰 경우인 PC 버전일 때 **Line 39**에서 정의한 removeAttrs( ) 함수를 호출하고 $('.dim').fadeOut( )으로 딤드 영역을 사라지게 하며 $('header nav').removeClass('on')으로 **〈nav〉** 요소에 on 클래스를 제거합니다.

사용자가 모바일 해상도 영역일 때 메뉴를 활성화해놓은 상태에서 브라우저 크기를 PC 영역만큼 늘려도 해당 코드가 실행됩니다. 만약 모바일에서 PC 버전으로 디자인이 변형될 때 on 클래스가 그대로 유지되면 PC 버전에서는 아무런 변화가 없는 것처럼 보이지만, PC 버전에서 다시 모바일 버전으로 브라우저 크기를 조절하면 메뉴가 사라진 상태가 아닌 활성화된 상태로 보입니다. 따라서 on 클래스를 제거하여 모바일 메뉴를 비활성화합니다.

Line 16~18, 23, 24

```
$('.btn_nav').on('click', function(){
  var width = $(window).width();
  if (width < 721){ }
});
```

햄버거 메뉴 버튼을 클릭했을 때 PC인지 모바일인지에 따라 다르게 동작하는 코드를 정의합니다. 햄버거 버튼을 클릭하면 Line 06과 마찬가지로 화면의 가로 크기를 구해 변수 width에 저장합니다. 그리고 변수 width의 값이 721픽셀보다 작을 경우, 즉 모바일일 때 조건문을 실행합니다.

Line 19

```
$('header nav').addClass('on');
```

해상도가 721픽셀보다 작은 기기에서 접근했을 때 $('header nav')인 메뉴에 addClass('on')으로 on 클래스를 추가합니다. on 클래스가 추가되면 right:-100%에서 right:0으로 바뀌면서 transition 속성에 의해 메뉴가 오른쪽에서 왼쪽으로 슬라이드 되는 애니메이션으로 나타납니다.

Line 20

```
$('header nav a:first').focus();
```

키보드 사용자를 위하여 모바일 메뉴가 활성화되면 1번째 메뉴에 초점이 가도록 하는 코드입니다. 키보드로 초점을 이동하는 경우에는 메뉴 다음에 오는 햄버거 버튼의 HTML 마크업 순서 때문에 메뉴에 바로 진입하지 못하고 메뉴가 아닌 〈main〉 요소인 본문으로 향하게 됩니다. 그러면 사용자는 메뉴 버튼을 눌렀음에도 불구하고 메뉴로 이동하지 못하는 문제가 발생합니다. 따라서 햄버거 메뉴를 누르면 자동으로 메뉴의 1번째 링크에 초점이 맞춰지도록 합니다.

> **한국형 웹 콘텐츠 접근성 지침 2.1 - 입력장치 접근성**
> 초점 이동 순서 유지: 사용자가 키보드를 이용하여 초점을 이동하는 경우 이동 순서가 관례를 벗어나면 사용자에게 혼란을 주기 때문에 초점 이동 순서는 사용자가 예측하는 이동 순서와 일치하여야 한다. 바람직한 방법은 기존의 관례를 따르도록 콘텐츠를 제공하는 것이다. 관례와 달리 초점 이동 순서를 결정해야 하는 경우에는 사용자 입력 간의 이동 순서가 논리적이 되도록 구현해야 한다. 예를 들어, 사용자 아이디, 비밀번호를 입력하는 입력 창과 로그인 버튼 간의 초점 이동 순서는 사용자 아이디, 비밀번호, 로그인 버튼의 순서이어야 한다.

Line 21

```
$('.dim').fadeIn();
```

모바일 메뉴가 활성화되면 딤도 함께 활성화되는 코드로, 영역이 서서히 나타나도록 fadeIn( ) 메서드를 사용합니다.

Line 22

```
removeAttrs();
```

Line 39에서 정의한 함수를 호출합니다. 함수에 대한 자세한 설명은 Line 39에서 하겠습니다.

Line 26~30

```
$('header .close').on('click', function(){
  $(this).parent().removeClass('on');
  $('.dim').fadeOut();
  attrs();
});
```

모바일 메뉴에서 닫기 버튼을 클릭했을 때 실행되는 코드입니다. 닫기 버튼은 모바일 버전에서만 나타나는 버튼이므로 따로 조건문을 사용하지 않아도 됩니다.

$(this)는 닫기 버튼인 $('header .close')를 말하며 parent( )는 닫기 버튼의 부모 요소인 〈nav〉 요소입니다. 이 〈nav〉 요소에 removeClass('on')으로 on 클래스를 제거합니다. on 클래스를 제거하면 CSS에서 설정한 right:-100%가 실행되면서 활성화된 메뉴가 오른쪽으로 슬라이드 되면서 사라집니다. $('.dim').fadeOut( )은 딤드 영역이 서서히 사라지게 합니다. 그리고 Line 32에서 정의한 attrs( ) 함수를 호출합니다.

Line 32~37

```
function attrs(){
  select_attr.attr({
    'aria-hidden': 'true',
    'tabindex': '-1'
  });
}
```

attrs( )라는 함수를 정의합니다. 〈nav〉 요소의 자손인 〈a〉와 〈button〉 요소가 저장된 변수 select_attr에 attr( ) 메서드로 속성을 추가합니다. 추가된 속성을 살펴보면, WAI-ARIA 기술인 aria-hidden:true는 화면 낭독기가 해당 요소를 읽지 못하도록 하는 코드입니다. 모바일에서 메뉴가 열리고 닫힐 때 애니메이션이 적용되어 있는데, 이는 화면 낭독기 사용자에게는 불필요한 효과입니다. 만약 display:none으로 설정하면 화면 낭독기 사용자가 접근하지 못하겠지만, 애니메이션 표현을 할 수 없게 되므로 aria-hidden 속성을 사용하는 것입니다. 그리고 tabindex:-1은 키보드 초점이 진입할 수 없게 하는 코드로, aria-hidden을 사용한 것과 마찬가지의 이유로 키보드 사용자가 접근할 수 없게 합니다.

즉, 추가된 두 가지 속성은 right 속성에 적용된 애니메이션은 화면 낭독기와 키보드 사용자에게는 접근성이 떨어지는 기능이므로 화면 낭독기와 키보드 초점을 막아 애니메이션이 적용되지 않도록 하는 속성입니다.

Line 39~41

```
function removeAttrs(){
   select_attr.removeAttr('aria-hidden').removeAttr('tabindex');
}
```

〈nav〉 요소의 자손인 〈a〉와 〈button〉 요소, 즉 변수 select_attr에 removeAttr( ) 메서드로 aria-hidden 속성과 tabindex 속성을 제거하는 기능을 removeAttrs( )라는 함수로 정의합니다.

이 함수는 모바일 버전에서 PC 버전으로 화면 크기가 조절되거나 모바일 버전에서 메뉴가 활성화되었을 때 호출되는데, 〈a〉 요소와 〈button〉 요소를 화면 낭독기와 키보드 초점이 접근할 수 있도록 aria-hidden 속성과 tabindex 속성을 제거합니다.

화면 낭독기 결과

PC 버전

[그림 8-15] 반응형 메뉴 예제 1의 PC 버전을 화면 낭독기가 읽는 순서

- ❶ 헤딩 레벨1 / 링크 / 리베하얀
- ❷ 내비게이션 랜드마크 / 목록 항목 수 5개 / 링크 / About Rebehayan
- ❸ 링크 / WhY Player
- ❹ 링크 / Album Download
- ❺ 링크 / Partners
- ❻ 링크 / Notice
- ❼ 목록 끝 / 버튼 / 전체 메뉴

📱 모바일 버전

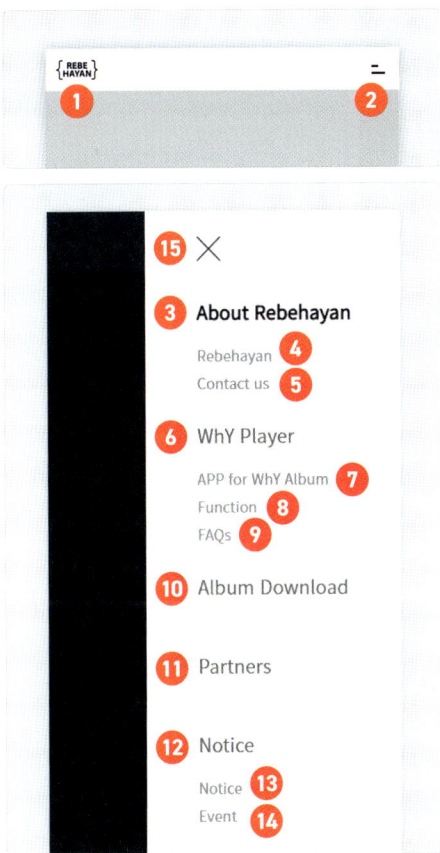

1. 리베하얀 / 머리말 레벨1 / 링크 / 배너 랜드마크
2. 전체메뉴 / 버튼 / 엔드 배너
3. About Rebehayan / 링크 / 탐색 랜드마크
4. Rebehayan / 링크
5. Contact us / 링크
6. WhY Player / 링크
7. APP for WhY Album / 링크
8. Function / 링크
9. FAQs / 링크
10. Album Download / 링크
11. Partners / 링크
12. Notice / 링크
13. Notice / 링크
14. Event / 링크
15. 메뉴 닫기 / 버튼

[그림 8-16] 반응형 메뉴 예제 1의 모바일 버전을 화면 낭독기가 읽는 순서

리베하얀의 한마디

반응형 웹 기술이 등장한 초기에는 PC 버전과 모바일 버전 UI를 각각 제작한 뒤 display로 교차하여 적용하는 방식이었습니다. 이러한 방식은 여러 개의 소스를 각자 해당하는 곳에 끼워 넣는 적응형 기술이라고 할 수 있지 반응형 웹의 본래 목적인 하나의 소스로 UI가 반응하게 하는 기술이 아닙니다.

반응형 웹은 되도록 하나의 HTML 파일로 작업하지만, 반응이 급격하게 달라지는 UI라면 CSS를 무리하게 사용하기보다는 HTML 파일을 나누어 작업하기도 합니다. 그러나 디자이너와 충분히 상의하고 반응의 정도를 타협하여 하나의 HTML 파일로 작업하는 것이 가장 좋은 방법입니다.

8-2 검색창의 디자인이 바뀌는 메뉴

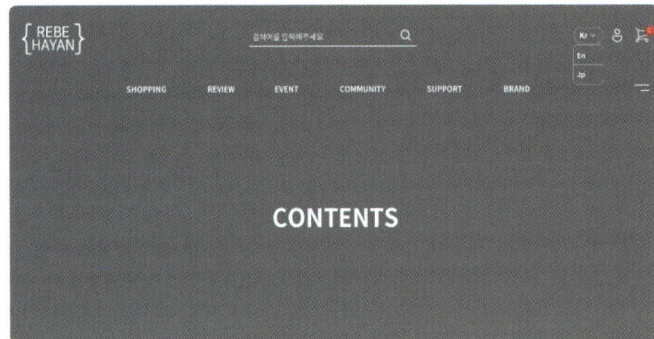
ⓐ PC 버전

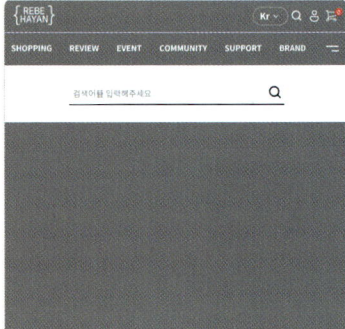
ⓑ 모바일 버전

[그림 8-17] 검색창의 디자인이 바뀌는 메뉴 디자인

HTML 코드 풀이

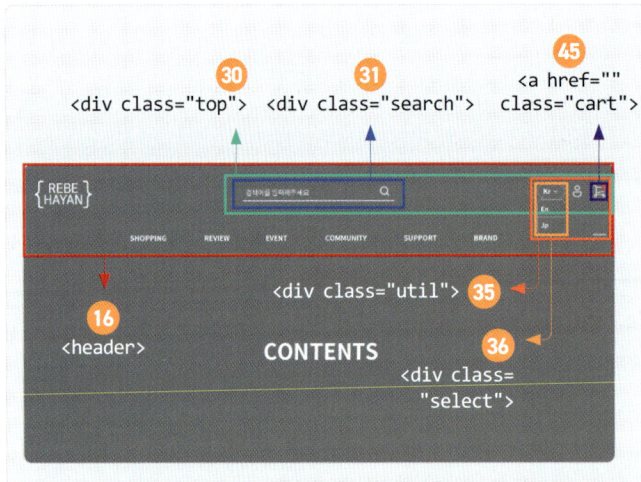
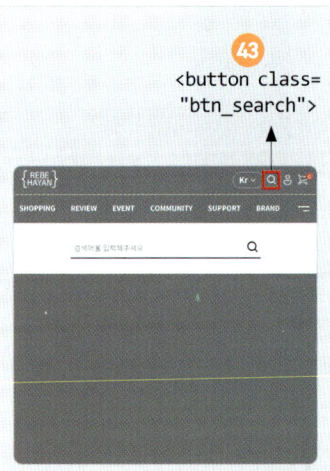

[그림 8-18] 검색창의 디자인이 바뀌는 메뉴의 HTML 구조

[코드 8-5] 검색창의 디자인이 바뀌는 메뉴 · respon2.html

```
01  <!DOCTYPE html>
02  <html lang="ko">
03  <head>
04    <meta charset="UTF-8">
05    <meta name="viewport" content="width=device-width, initial-scale=1.0">
06    <meta http-equiv="X-UA-Compatible" content="ie=edge">
07    <title>검색창의 디자인이 바뀌는 메뉴</title>
```

```
08    <link rel="stylesheet" href="default.css">
09    <link rel="stylesheet" href="respon2.css">
10    <link rel="stylesheet" media="(min-width:0px) and (max-width:720px)" href="respon2_mobile.css">
11    <script src="js/jquery.js" charset="utf-8"></script>
12    <script src="js/respon2.js" charset="utf-8"></script>
13  </head>
14  <body>
15
16  <header>
17    <h1><a href=""><span class="hide">리베하얀</span></a></h1>
18    <h2 class="hide">메뉴</h2>
19    <nav>
20      <ul>
21        <li><a href="">SHOPPING</a></li>
22        <li><a href="">REVIEW</a></li>
23        <li><a href="">EVENT</a></li>
24        <li><a href="">COMMUNITY</a></li>
25        <li><a href="">SUPPORT</a></li>
26        <li><a href="">BRAND</a></li>
27      </ul>
28      <button class="nav"><span class="hide">전체 메뉴</span></button>
29    </nav>
30    <div class="top">
31      <div class="search">
32        <input type="search" title="검색어 입력" placeholder="검색어를 입력해주세요">
33        <button><span class="hide">검색</span></button>
34      </div>
35      <div class="util">
36        <div class="select">
37          <button>Kr</button>
38          <ul>
39            <li><a href="">En</a></li>
40            <li><a href="">Jp</a></li>
41          </ul>
42        </div>
43        <button class="btn_search"><span class="hide">검색</span></button>
44        <a href="" class="my"><span class="hide">마이페이지</span></a>
45        <a href="" class="cart"><span class="hide">장바구니</span><span class="num">0</span></a>
46      </div>
47    </div>
48  </header>
49  <main>CONTENT</main>
50
51  </body>
52  </html>
```

Line 08~10

```html
<link rel="stylesheet" href="default.css">
<link rel="stylesheet" href="respon2.css">
<link rel="stylesheet" media="(min-width:0px) and (max-width:720px)" href="respon2_mobile.css">
```

요소의 기본 특성을 초기화하는 CSS 파일을 가장 먼저 연결하고 PC 버전의 디자인을 표현하는 CSS 파일을 별도의 미디어 쿼리 없이 연결합니다. 모바일 버전의 화면을 표현하는 CSS 파일은 마지막에 연결하며 media 속성으로 0~720픽셀 구간을 모바일 기기의 해상도로 설정합니다.

Line 30, 47

```html
<div class="top"></div>
```

[그림 8-18]의 ㉚번에 해당하는 코드로 검색과 유틸리티 영역을 포함하는 부모 요소입니다.

Line 31~34

```html
<div class="search">
  <input type="search" title="검색어 입력" placeholder="검색어를 입력해주세요">
  <button><span class="hide">검색</span></button>
</div>
```

[그림 8-18]의 ㉛번에 해당하는 검색 영역을 표현한 코드입니다. search 클래스가 부여된 〈div〉 요소로 〈input〉과 〈button〉 요소를 감싸줍니다.

검색어를 입력하는 요소는 〈input〉 요소를 사용하고 type을 search로 제공함으로써 검색어를 입력하기 편하게 모바일에서 키보드를 호출합니다. placeholder 속성은 검색창에 미리 텍스트를 작성해놓아 사용자에게 해당 입력 폼이 검색창이라는 목적을 시각적으로 표시합니다. 그리고 접근성을 위해 title 속성으로 해당 요소의 목적을 설명합니다.

Line 36~42

```html
<div class="select">
  <button>Kr</button>
  <ul>
    <li><a href="">En</a></li>
    <li><a href="">Jp</a></li>
  </ul>
</div>
```

[그림 8-18]의 ㊱번인 다국어를 선택하는 select 영역입니다. select 클래스로 영역을 표현하고, [Kr] 버튼을 누르면 리스트가 나타나는 기능을 하므로 〈button〉 요소를 사용합니다. 각 다국어 리스트는 〈ul〉과 〈li〉 요소로 표현합니다.

Line 43

```
<button class="btn_search"><span class="hide">검색</span></button>
```

[그림 8-18]의 ㊸번에 해당하는 코드입니다. 모바일 버전에서 표현되는 검색 버튼으로 PC 버전에서는 표현되지 않습니다. 모바일에서 해당 버튼을 누르면 검색 팝업이 뜹니다.

Line 45

```
<a href="" class="cart"><span class="hide">장바구니</span><span class="num">0</span></a>
```

장바구니 아이콘을 표현한 코드입니다. ⟨span⟩ 요소로 장바구니에 든 상품의 개수를 표시하며, ⟨span⟩ 요소에 부여한 num 클래스로 CSS를 제어합니다.

CSS 코드 풀이

PC 버전

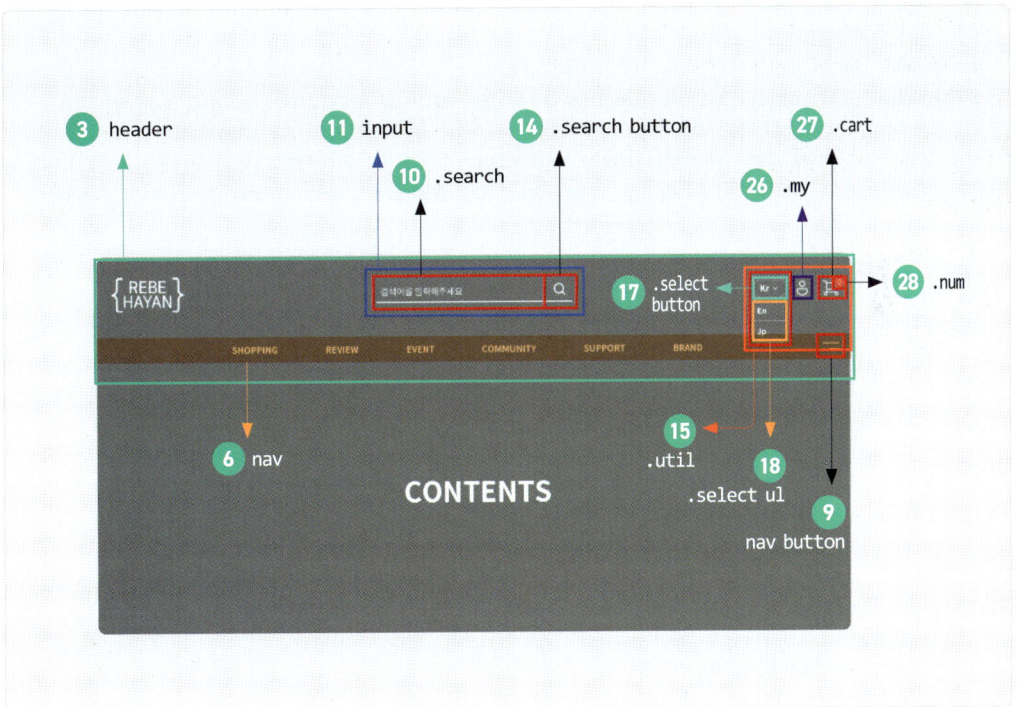

[그림 8-19] 검색창의 디자인이 바뀌는 메뉴의 PC 버전 CSS 구조

[코드 8-6] 검색창의 디자인이 바뀌는 메뉴 `respon2.css`

```css
01  html {font-size: 20px;}
02  body {font-size: 1rem;}
03  header {position: absolute; left: 0; right: 0; top: 0; padding: 6.6rem 0 0;}
04  header h1 {position: absolute; left: 1.35rem; top: 1.75rem;}
05  header h1 a {display: block; width: 6.65rem; height: 3.1rem; background: url(images/h1_logo8.png) no-repeat center;}
06  header nav {position: relative;}
07  header nav ul {display: flex; justify-content: center;}
08  header nav ul li a {display: block; padding: 0 4.4rem; line-height: 3.4rem; font-size: .8rem; color: #fff; font-weight: bold;}
09  header nav button {position: absolute; right: 0; top: 0; width: 3.4rem; height: 3.4rem; background: url(images/btn_nav3.png) no-repeat center;}
10  header .search {position: absolute; left: 50%; top: 1.95rem; transform: translateX(-50%); font-size: 0;}
11  header .search input {width: 15.7rem; height: 2.2rem; background: none; border: none; border-bottom: 2px solid #fff; font-size: .8rem; color: #fff; text-indent: .4rem;}
12  header .search ::placeholder {font-size: .8rem; color: #fff;}
13  header .search :-ms-input-placeholder {font-size: .8rem; color: #fff;}
14  header .search button {width: 2.2rem; height: 2.2rem; background: url(images/btn_search2.png) no-repeat center; border-bottom: 2px solid #fff;}
15  header .util {display: flex; align-items: center; position: absolute; right: .6rem; top: 1.95rem;}
16  header .util .select {position: relative;}
17  header .util .select button {padding: 0 .65rem; min-width: 3.2rem; height: 1.6rem; border: 1px solid #bdbdbd; border-radius: 3.2rem; background: url(images/bu_arrow_down2.png) no-repeat right .85rem center; font-size: .8rem; color: #fff; text-align: left;}
18  header .util .select ul {display: none; position: absolute; left: 0; right: 0; top: 1.8rem;}
19  header .util .select ul li {margin: -1px 0 0;}
20  header .util .select ul li:first-child a {border-radius: .5rem .5rem 0 0;}
21  header .util .select ul li:last-child a {border-radius: 0 0 .5rem .5rem;}
22  header .util .select ul a {display: block; padding: .4rem; border: 1px solid #bdbdbd; color: #fff; line-height: 1rem;}
23  header .util .btn_search {display: none; width: 1.6rem; height: 1.6rem; background: url(images/btn_search2.png) no-repeat center / .9rem auto;}
24  header .util .my,
25  header .util .cart {display: inline-block; margin: 0 0 0 .4rem; width: 2.2rem; height: 2.2rem; background: no-repeat center;}
26  header .util .my {background-image: url(images/ico_member2.png);}
27  header .util .cart {position: relative; background-image: url(images/ico_cart2.png);}
28  header .util .cart .num {position: absolute; right: -0.15rem; top: 0; width: 1rem; background: #e9463f; border-radius: 100%; text-align: center; line-height: 1rem; font-size: .6rem; color: #fff;}
29  main {display: block; background: #7f7f7f; line-height: 100vh; text-align: center; font-size: 2.5rem; color: #fff; font-weight: bold;}
```

Line 03

```
header {position: absolute; left: 0; right: 0; top: 0; padding: 6.6rem 0 0;}
```

이번 예제는 <main> 요소가 화면 전체를 차지하고 헤더 영역에 로고와 유틸리티 영역이 양쪽에 배치되어 있으며 GNB 영역만 아래쪽에 배치된 디자인입니다. 메인 콘텐츠 영역 위에 헤더 영역을 표현하기 위해 float나 flex 레이아웃을 사용해도 되지만 여기서는 position:absolute를 이용해 z축으로 이동시킵니다. 참고로 [그림 8-20]처럼 GNB를 제외한 나머지 영역도 모두 absolute로 배치합니다. padding으로는 헤더 영역의 아래쪽에 있는 GNB와의 간격을 설정합니다.

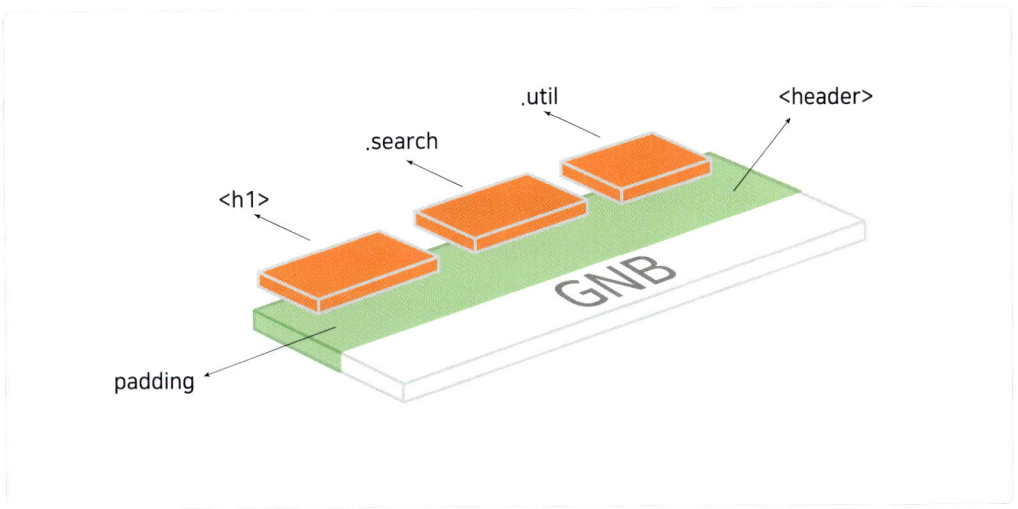

[그림 8-20] <header> 요소의 위쪽 여백과 absolute 배치 구조

Line 09

```
header nav button {position: absolute; right: 0; top: 0; width: 3.4rem; height:
3.4rem; background: url(images/btn_nav3.png) no-repeat center;}
```

햄버거 메뉴를 표현한 코드입니다. 브라우저 오른쪽에 배치하기 위해 position:absolute로 설정하고 right와 top 속성으로 위치를 잡습니다. top의 기준은 부모인 position:relative로 설정한 <nav> 요소입니다.

배경 이미지를 표현하기 위해 가로와 세로 크기를 지정하는데, 실제 버튼 아이콘의 크기보다 크게 지정합니다. 이는 버튼의 클릭 범위가 넓어져 접근성 및 사용성이 높아지고, 이미지를 손쉽게 표현할 수 있다는 장점이 있습니다. 만약 아이콘 크기 그대로 버튼을 표현하면 버튼의 위치를 잡기 위해 오른쪽과 위쪽에서 얼마나 떨어져야 하는지와 이미지의 가로, 세로 크기를 모두 알아야 합니다. 하지만 크기를 임의로 좀 더 크게 지정하면 right와 top의 수치를 계산하지 않고도 버튼 디자인을 빠르게 표현할 수 있습니다.

Line 10

```
header .search {position: absolute; left: 50%; top: 1.95rem; transform: translateX(-50%); font-size: 0;}
```

[그림 8-19]의 ⑩번인 검색 영역을 표현한 코드입니다. position:absolute로 설정하고 left:50%와 translateX(-50%)로 수평으로 중앙에 배치합니다.

[그림 8-21] 〈input〉 요소와 〈button〉 요소 사이의 공백

그리고 위 그림을 보면 알 수 있듯이 inline 요소 또는 inline-block 요소를 HTML에서 줄 바꿈 하여 코딩하면 요소와 요소 사이에 공백이 생깁니다. 이는 부모 요소인 search 클래스에 font-size:0을 설정하여 해결합니다.

Line 11

```
header .search input {width: 15.7rem; height: 2.2rem; background: none; border: none; border-bottom: 2px solid #fff; font-size: .8rem; color: #fff; text-indent: .4rem;}
```

검색어를 입력하는 폼인 〈input〉 요소를 표현한 코드입니다. 검색창에 뒤에 있는 비주얼 배경이 보이도록 기본 배경색인 흰색을 background:none으로 제거하고, border:none으로 기본 테두리도 제거합니다. 아래에만 선이 있는 디자인을 표현하기 위해 border-bottom 속성을 이용하고, 검색어를 입력할 때 글자가 시작하는 부분을 text-indent 속성으로 왼쪽에서 조금 떨어뜨립니다.

Line 12, 13

```
header .search ::placeholder {font-size: .8rem; color: #fff;}
header .search :-ms-input-placeholder {font-size: .8rem; color: #fff;}
```

〈input〉 요소의 placeholder 속성을 디자인합니다. placeholder는 IE를 제외한 브라우저에 적용되기 때문에 IE도 포함하기 위해 -ms-input-placeholder 선택자를 추가합니다.

Line 14

```
header .search button {width: 2.2rem; height: 2.2rem; background: url(images/btn_search2.png) no-repeat center; border-bottom: 2px solid #fff;}
```

검색 버튼을 표현한 코드입니다. 버튼 크기는 〈input〉 요소의 높이와 똑같이 지정하고 〈input〉 요소 아래에 있는 선과 이어진 것처럼 보이게 하려고 버튼 요소에도 같은 형태로 선을 그립니다. 높이와 선을 함께 표현한 〈button〉 요소에는 box-sizing:border-box를 선언해야 하지만 〈button〉 요소에는 이 값이 기본으로 정의되어 있으므로 따로 box-sizing 속성을 추가하지 않아도 됩니다.

Line 15

```
header .util {display: flex; align-items: center; position: absolute; right: .6rem; top: 1.95rem;}
```

유틸리티 메뉴를 감싸는 요소입니다. position:absolute를 설정하여 z축으로 이동시키고 display:flex와 align-items 속성으로 교차축인 수직으로 자식 요소를 모두 중앙에 배치합니다.

Line 16

```
header .util .select {position: relative;}
```

다국어를 선택하는 버튼의 부모 요소입니다. 버튼을 클릭했을 때 펼쳐지는 〈ul〉 요소의 기준 좌표로 삼기 위해 relative를 설정합니다.

Line 17

```
header .util .select button {padding: 0 .65rem; min-width: 3.2rem; height: 1.6rem; border: 1px solid #bdbdbd; border-radius: 3.2rem; background: url(images/bu_arrow_down2.png) no-repeat right .85rem center; font-size: .8rem; color: #fff; text-align: left;}
```

다국어 선택 버튼입니다. 최소 가로 크기인 min-width와 좌우에 여백으로 padding을 주어 텍스트의 길이가 달라도 버튼의 크기가 유동적으로 변하게 합니다. 그리고 〈button〉 요소 특성상 line-height로 줄 간격을 설정하지 않아도 height만으로 텍스트는 수직으로 가운데 정렬됩니다.

버튼의 오른쪽에 있는 화살표 아이콘은 배경 이미지로 삽입하는데, background값 중 right .85rem은 배경 이미지를 오른쪽에서 85rem만큼 떨어뜨려 배치한다는 표현입니다.

Line 18

```
header .util .select ul {display: none; position: absolute; left: 0; right: 0; top: 1.8rem;}
```

다국어 선택 버튼을 클릭했을 때 나타나는 리스트입니다. select 클래스를 기준으로 position:absolute 배치하고 top 속성으로 버튼과 간격을 떨어뜨립니다. display:none으로 화면에 노출되지 않다가 버튼을 클릭했을 때 리스트가 보이도록 jQuery에서 코딩합니다.

Line 19

```
header .util .select ul li {margin: -1px 0 0;}
```

다국어 리스트 사이의 선이 2픽셀로 표현되는 것을 margin 속성에 마이너스로 값을 주어 선을 겹쳐서 1픽셀로 표현합니다.

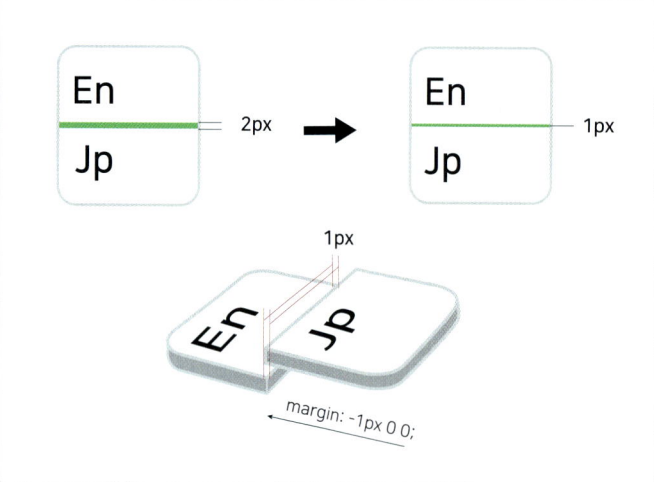

[그림 8-22] margin을 이용한 선 겹치기

Line 20, 21

```
header .util .select ul li:first-child a {border-radius: .5rem .5rem 0 0;}
header .util .select ul li:last-child a {border-radius: 0 0 .5rem .5rem;}
```

⟨ul⟩ 요소의 모서리를 둥글게 표현하기 위한 코드입니다. 첫 ⟨li⟩ 요소와 마지막 ⟨li⟩ 요소의 자식인 ⟨a⟩ 요소를 각각 선택합니다. 첫 ⟨li⟩ 요소의 자식인 ⟨a⟩ 요소는 상단 모서리를 둥글게 하고 마지막 ⟨li⟩ 요소의 자식인 ⟨a⟩ 요소는 하단 모서리를 둥글게 합니다.

둥근 모서리를 표현하는 방법은 선을 표현하는 방식에 따라 달라집니다. 여기서처럼 처음과 마지막 ⟨li⟩ 요소에 표현해도 되고, 만약 ⟨ul⟩ 요소에 직접 표현하려면 ⟨ul⟩ 요소에 border를 주고 CSS를 li ~ li {border-top: 1px solid #bdbdbd;}로 작성한 뒤 ⟨ul⟩ 요소에 border-radius를 선언해도 됩니다. 이때 border-radius 속성은 border 속성이 있는 요소에만 표현이 되므로 ⟨a⟩ 요소에 border 속성을 주고 ⟨ul⟩ 요소에 border-radius를 주는 것은 둥근 모서리가 적용되지 않습니다.

Line 22

```
header .util .select ul a {display: block; padding: .4rem; border: 1px solid
#bdbdbd; color: #fff; line-height: 1rem;}
```

리스트 안의 각 <a> 요소를 표현한 코드입니다. inline 속성인 <a> 요소는 여백과 요소의 크기를 조절할 수 없으므로 display:block을 주어 가로가 100%가 되도록 하고 padding으로 클릭 범위를 넓힙니다. 그리고 테두리와 줄 간격을 설정합니다.

Line 23

```
header .util .btn_search {display: none; width: 1.6rem; height: 1.6rem;
background: url(images/btn_search2.png) no-repeat center / .9rem auto;}
```

모바일일 때 나타나는 검색 버튼으로 모바일 버전에서만 보여야 하므로 display:none을 기본으로 설정합니다. 배경 이미지는 원래 이미지의 크기보다 크게 지정하는데, 유틸리티에 있는 각 버튼의 높이와 같게 지정하여 같은 위치에 정렬되도록 합니다.

background 속성값 중 배경의 크기인 background-size는 .9rem auto와 같이 한 줄로 표현할 수 있으며 배경의 크기를 조절하는 값을 넣기 위해서는 반드시 top, left, center 등의 background-position을 동반해야 합니다.

Line 24~27

```
header .util .my,
header .util .cart {display: inline-block; margin: 0 0 0 .4rem; width: 2.2rem;
height: 2.2rem; background: no-repeat center;}
header .util .my {background-image: url(images/ico_member2.png);}
header .util .cart {position: relative; background-image: url(images/ico_cart2.png);}
```

마이페이지와 장바구니 두 아이콘에 공통으로 적용되는 부분인 inline-block으로 설정한 부분은 함께 묶어서 표현합니다. inline-block은 <a> 요소의 크기를 조절하고 행으로 배치하기 위한 설정입니다.

두 버튼의 다른 점인 배경 이미지의 경로는 각각 표현합니다. 그리고 장바구니에만 있는 relative는 장바구니에 표시되는 숫자 영역의 기준을 잡기 위한 코드입니다.

Line 28

```
header .util .cart .num {position: absolute; right: -0.15rem; top: 0; width:
1rem; background: #e9463f; border-radius: 100%; text-align: center; line-height:
1rem; font-size: .6rem; color: #fff;}
```

장바구니 버튼에 표시되는 숫자를 표현하는 코드로, 장바구니 영역을 기준으로 z축에 배치하기 위해 absolute를 설정합니다. 숫자 영역은 장바구니 아이콘 영역에서 오른쪽 밖으로 벗어나기 때문에 right 속성으로 위치를 조절합니다. 그 외에 동그라미와 텍스트를 꾸미는 속성을 표현합니다.

모바일 버전

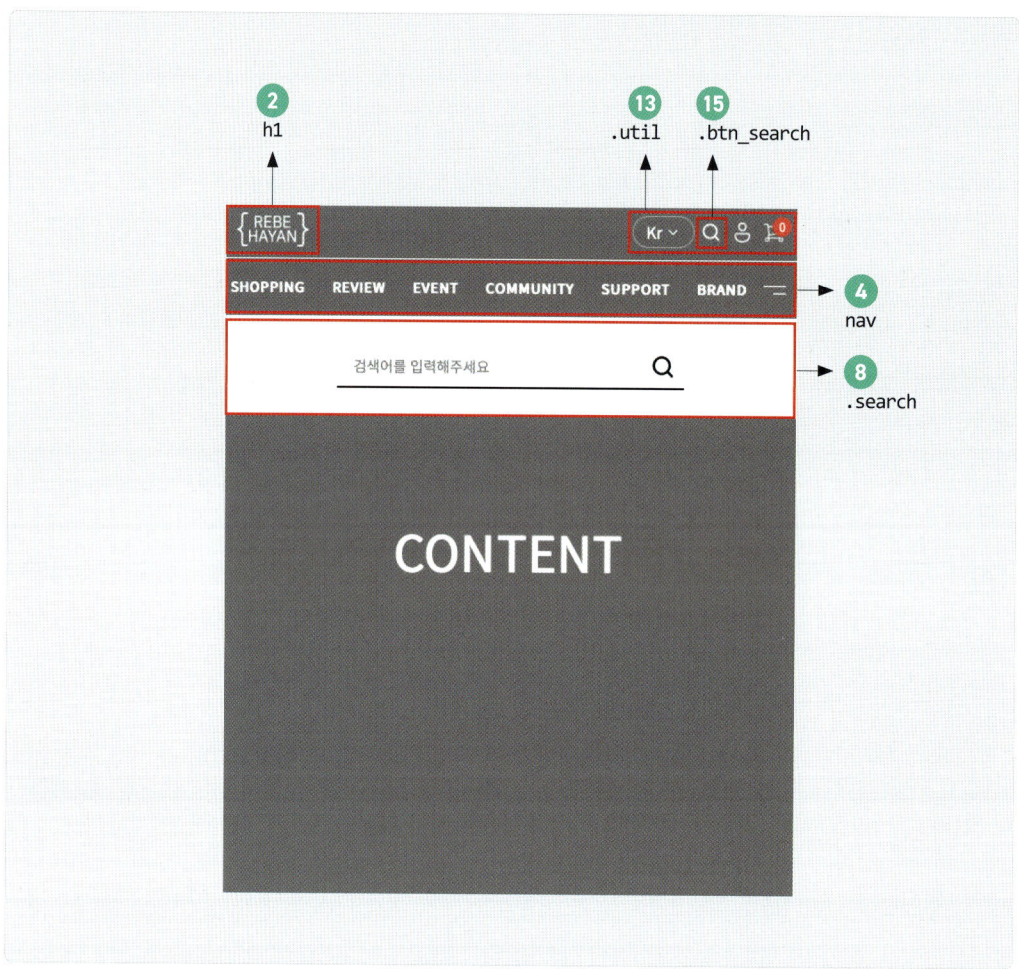

[그림 8-23] 검색창의 디자인이 바뀌는 메뉴의 모바일 버전 CSS 구조

[코드 8-7] 검색창의 디자인이 바뀌는 메뉴 — respon2_mobile.css

```
01  header {padding: 2.8rem 0 0;}
02  header h1 {left: .85rem; top: 0;}
03  header h1 a {width: 3.75rem; height: 2.8rem; background-size: 100% auto;}
04  header nav {padding: 0 2.85rem 0 0; border-top: 1px solid #fff;}
05  header nav ul {justify-content: space-between;}
06  header nav ul li a {padding: 0; line-height: 2.85rem; font-size: .7rem;}
07  header nav button {width: 2.85rem; height: 2.85rem; background-size: 1.15rem auto;}
```

```
08   header .search {display: none; justify-content: center; align-items: center;
     left: 0; right: 0; top: 5.7rem; height: 5rem; background: #fff; transform:
     translateX(0);}
09   header .search.on {display: flex;}
10   header .search input {border-bottom: 2px solid #000; font-size: .75rem; color: #898989;}
11   header .search ::-webkit-input-placeholder {font-size: .75rem; color: #898989;}
12   header .search button {background-image: url(images/btn_search3.png); border-
     color: #000;}
13   header .util {right: .7rem; top: 0; height: 2.8rem;}
14   header .util .select ul {background: #7f7f7f; border-radius: .5rem;}
15   header .util .btn_search {display: inline-block;}
16   header .util .my,
17   header .util .cart {margin: 0; width: 1.6rem; height: 1.6rem;}
18   header .util .my {background-size: .8rem auto;}
19   header .util .cart {background-size: 1rem auto;}
20
21   @media (min-width:0) and (max-width:450px){
22     header nav {padding: 0 1.7rem 0 0;}
23     header nav ul li a {font-size: .5rem; line-height: 1.5rem}
24     header nav button {width: 1.5rem; height: 1.5rem; background-size: 1rem auto;}
25     header .search {top: 4.5rem;}
26   }
```

Line 01~03

```
header {padding: 2.8rem 0 0;}
header h1 {left: .85rem; top: 0;}
header h1 a {width: 3.75rem; height: 2.8rem; background-size: 100% auto;}
```

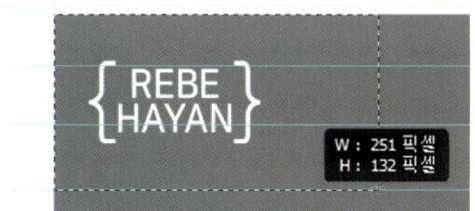 

[그림 8-24] 모바일 버전에서 달라지는 〈header〉 요소의 위 여백, 〈h1〉 요소의 위치, 〈a〉 요소의 크기

모바일 버전의 〈header〉 요소는 PC 버전의 CSS를 모두 상속하되 PC 버전보다 〈header〉 요소의 위 여백이 작으므로 여백 부분만 작성합니다. 〈h1〉 요소는 위치만 변하므로 left와 top 속성의 값을 바꿉니다. 그리고 로고의 크기는 〈a〉 요소의 width와 height 속성에 변화를 줍니다. 이때 로고 이미지는 요소의 가로 크기를 100% 차지하게 하고 세로 크기는 auto로 설정함으로써 가로 크기에 비례하여 조절되도록 합니다.

Line 04

```
header nav {padding: 0 2.85rem 0 0; border-top: 1px solid #fff;}
```

[그림 8-23]의 ④번인 〈nav〉 요소가 모바일 버전에서 크게 달라진 점은 GNB 영역 위에 흰색 선이 있다는 점입니다. GNB와 햄버거 버튼을 포함하는 〈nav〉 요소의 위쪽에 이 선을 표현하고, padding으로 햄버거 메뉴 영역을 확보합니다.

Line 05

```
header nav ul {justify-content: space-between;}
```

PC 버전에서 GNB는 전체 영역에서 수평으로 중앙에 배치하기 위해 justify-content 속성을 center로 선언했는데, 모바일 버전에서는 GNB 영역이 협소해서 양쪽으로 메뉴를 정렬하기 위해 space-between으로 변경합니다.

Line 06

```
header nav ul li a {padding: 0; line-height: 2.85rem; font-size: .7rem;}
```

GNB의 링크를 표현한 코드입니다. PC 버전에 존재했던 좌우 여백을 그대로 두면 낮은 해상도의 기기에서 영역이 초과하는 현상이 발생하여 스크롤이 생기므로 여백을 0으로 초기화합니다.

Line 07

```
header nav button {width: 2.85rem; height: 2.85rem; background-size: 1.15rem auto;}
```

모바일 버전에서 햄버거 메뉴는 크기가 작아지므로 버튼과 배경 이미지의 크기를 조절합니다.

Line 08, 09

```
header .search {display: none; justify-content: center; align-items: center;
left: 0; right: 0; top: 5.7rem; height: 5rem; background: #fff; transform:
translateX(0);}
header .search.on {display: flex;}
```

[그림 8-23]의 ⑧번인 검색창 영역입니다. PC 버전에서 검색창은 검색어를 바로 입력할 수 있게 노출된 상태인데 모바일 버전에서는 검색 버튼을 눌러야만 검색창이 활성화됩니다. 따라서 우선 display:none으로 처리하고 검색 버튼을 눌렀을 때 on 클래스가 부여되면서 flex 레이아웃으로 검색창이 뜨게 합니다.

flex 레이아웃에서 justify-content와 align-items를 사용하여 자식인 〈input〉과 〈button〉 요소를 중앙에 배치하는데, PC 버전에서 요소를 중앙에 배치하기 위해 설정한 left:50%와 translateX(-50%)는 상속되지 않도록 0으로 초기화합니다.

Line 10~12

```
header .search input {border-bottom: 2px solid #000; font-size: .75rem; color: #898989;}
header .search ::-webkit-input-placeholder {font-size: .75rem; color: #898989;}
header .search button {background-image: url(images/btn_search3.png);
border-color: #000;}
```

PC 버전과 다른 각 요소의 디자인을 표현합니다. 검색어를 입력하는 〈input〉 요소는 선 색과 텍스트의 크기 및 색을 바꾸고, placeholder 속성은 텍스트 크기와 색, 검색 버튼은 아이콘 이미지와 선 색을 변경합니다.

Line 13

```
header .util {right: .7rem; top: 0; height: 2.8rem;}
```

유틸리티 메뉴의 위치를 수정하고 전체 높이를 지정합니다. 그리고 PC 버전 코드에 있는 align-items를 상속받아 높이 2.8rem 영역에서 자식 요소를 수직으로 중앙에 배치합니다.

Line 14

```
header .util .select ul {background: #7f7f7f; border-radius: .5rem;}
```

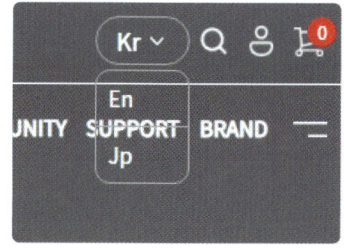 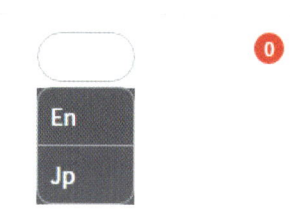

[그림 8-25] 배경색이 없어 글자가 겹쳐 보이는 현상   [그림 8-26] 둥근 모서리 바깥 부분까지 배경색이 표현되는 현상

PC 버전에서 다국어 리스트인 〈ul〉 요소는 배경색을 주지 않으면 [그림 8-25]처럼 GNB와 글자가 서로 겹치므로 배경색을 줍니다. 그런데 [그림 8-26]을 보면 모서리를 둥글게 하는 border-radius 속성은 〈a〉 요소에 설정된 속성이어서 배경색까지 둥글게 표현되지 않으므로 〈ul〉 요소에 다시 border-radius를 설정합니다.

참고로 [그림 8-26]은 [그림 8-25]와 같은 화면으로, 〈ul〉 요소의 border-radius를 확인하기 위해 배경색을 임시로 흰색으로 바꾼 모습입니다.

Line 15

```
header .util .btn_search {display: inline-block;}
```

PC 버전에서는 숨겨놨던 검색 버튼을 모바일 버전에서 활성화하고 행으로 배치하기 위해 inline-block으로 설정합니다.

Line 16~19

```
header .util .my,
header .util .cart {margin: 0; width: 1.6rem; height: 1.6rem;}
header .util .my {background-size: .8rem auto;}
header .util .cart {background-size: 1rem auto;}
```

마이페이지, 장바구니 아이콘의 여백을 없애고 크기를 재설정합니다. 그리고 각 아이콘의 배경 크기도 조절합니다.

Line 21~26

```
@media (min-width:0) and (max-width:450px){
  header nav {padding: 0 1.7rem 0 0;}
  header nav ul li a {font-size: .5rem; line-height: 1.5rem}
  header nav button {width: 1.5rem; height: 1.5rem; background-size: 1rem auto;}
  header .search {top: 4.5rem;}
}
```

우리는 디자인이 반응하는 구간을 정할 때 PC와 모바일 버전 두 단계로 나누었지만 모바일 기기 중에서도 아주 작은 해상도에서는 [그림 8-27]과 같이 또 다른 결과가 나올 수 있습니다. 이처럼 특정 해상도에서 특정 영역만 일부 변경할 때는 CSS를 linked 방식으로 따로 작성하지 않고 CSS 파일 안에서 미디어 쿼리를 활용합니다.

[그림 8-27] 450픽셀 이하 화면에서의 UI

[그림 8-28] 미디어 쿼리를 활용해 보완한 UI

여기서는 메뉴 간격과 버튼의 크기, 위치 등을 조정하여 [그림 8-28]처럼 해상도가 특히 낮은 기기의 사용자에게도 최소한의 사용성을 제공합니다.

jQuery 풀이

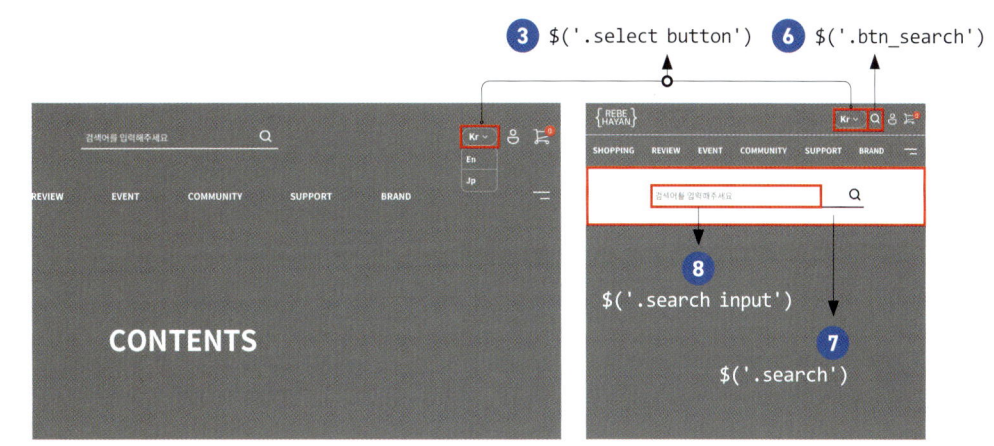

[그림 8-29] 검색창의 디자인이 바뀌는 메뉴의 jQuery 구조

[코드 8-8] 검색창의 디자인이 바뀌는 메뉴　　　　　　　　　　　　　　respon2.js

```
01  $(document).ready(function(){
02
03    $('.select button').on('click', function(){
04      $(this).next('ul').stop().slideToggle(300);
05    });
06    $('.btn_search').on('click', function(){
07      $('.search').toggleClass('on');
08      $('.search input').focus();
09    });
10    $('header .search input').on('keydown', function(e){
11      var keyCode = e.keyCode
12      if(keyCode == 9){
13        if(e.shiftKey){
14          search_focus();
15        }
16      }
17    });
18    $('header .search button').on('keydown', function(e){
19      var keyCode = e.keyCode
20      if(keyCode == 9){
21        search_focus();
22      }
23    });
24
25    function search_focus(){
```

```
26        $('header .util .btn_search').focus();
27        $('.search').removeClass('on');
28      }
29
30    });
```

Line 03~05

```
$('.select button').on('click', function(){
  $(this).next('ul').stop().slideToggle(300);
});
```

선택자 $('.select button')은 [그림 8-29]의 ③번인 다국어 사이트 기능의 〈button〉 요소이며, 사용자가 클릭(터치)했을 경우 다음에 설명하는 기능을 실행합니다. next('ul')로 〈button〉 요소의 다음 형제인 〈ul〉 요소를 선택하고 slideToggle(300)으로 슬라이드 토글 기능을 0.3초 동안 실행합니다. 이때 stop( ) 메서드는 버튼을 반복해서 클릭할 때 애니메이션이 필요 이상으로 실행되는 것을 방지합니다.

Line 06~09

```
$('.btn_search').on('click', function(){
  $('.search').toggleClass('on');
  $('.search input').focus();
});
```

[그림 8-29]의 ⑥번 기능인 모바일 버전에서 검색 버튼을 클릭하면 검색창을 활성화하는 코드입니다. $('.search') 선택자는 검색창 영역이며 검색 버튼을 클릭하는 것에 따라 on 클래스를 토글하여 검색창을 활성화하거나 비활성화합니다.

$('.search input').focus( )는 접근성과 연관이 있습니다. 만약 이 코드가 없다면 [그림 8-30]의 ⓐ처럼 초점 이동 순서가 검색 버튼 다음에 검색창으로 가지 않고 마크업 순서대로인 마이페이지 버튼으로 이동하는데, 이는 초점 이동 오류에 해당합니다.

ⓐ 마크업 순서대로 진행

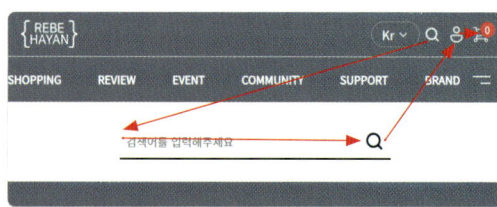
ⓑ 변경한 순서대로 진행

[그림 8-30] 초점 이동 방향

따라서 키보드 사용자가 검색 기능을 원활하게 사용할 수 있도록 검색 버튼을 누르면 ⓑ처럼 검색창으로 초점이 이동하도록 합니다.

Line 10~17

```
$('header .search input').on('keydown', function(e){
  var keyCode = e.keyCode
  if(keyCode == 9){
    if(e.shiftKey){
      search_focus();
    }
  }
});
```

이번 코드는 방금 설명한 내용과 연관이 있는데, 검색창에서 키보드 초점이 벗어나면 검색창을 사라지게 하는 코드입니다. 검색창에서 초점이 벗어나는 경우는 〈input〉 요소에서 이전 탭으로 이동하거나 〈button〉 요소에서 다음 탭으로 이동하는 두 가지 경우가 있습니다.

우선 위의 코드는 〈input〉 요소에서 [Shift]+[Tab]을 눌러 이전 탭으로 이동할 경우에 검색창이 닫히면서 검색 버튼 이전에 있는 다국어 선택 버튼으로 이동하는 코드입니다. keydown 이벤트는 사용자가 키보드에서 특정 키를 누를 때 발생하는 이벤트로 변수 keyCode에 사용자가 누른 키의 코드를 저장합니다. 키 코드가 9인 [Tab] 키를 누르고 [Shift] 키를 같이 누르면 search_focus( ) 함수가 실행됩니다.

Line 18~23

```
$('header .search button').on('keydown', function(e){
  var keyCode = e.keyCode
  if(keyCode == 9){
    search_focus();
  }
});
```

이번에는 검색창 영역에서 벗어나 다음 요소로 초점을 이동하는 코드입니다. 검색 버튼인 〈button〉 요소에서 키 코드가 9인 [Tab] 키를 눌렀을 때 함수 search_focus( )가 실행됩니다.

Line 25~28

```
function search_focus(){
  $('header .util .btn_search').focus();
  $('.search').removeClass('on');
}
```

$('header .util .btn_search')는 돋보기 버튼을 의미하며 focus( )는 키보드 초점을 이동시킨다는 의미입니다. 초점이 〈input〉 요소에 있을 때 [Shift]+[Tab] 키를 누르면 돋보기 버튼 이전에 있는 다국어 선택 버튼으로 이동하고, 초점이 〈button〉 요소에 있을 때 [Tab] 키를 누르면 마이페이지 버튼으로 초점이 이동합니다. $('.search').removeClass('on')은 검색창이 닫히도록 on 클래스를 제거합니다.

화면 낭독기 결과

PC 버전

[그림 8-31] 반응형 메뉴 예제 2의 PC 버전을 화면 낭독기가 읽는 순서

① 헤딩 레벨 1 / 링크 / 리베하얀
② 헤딩 레벨 2 / 메뉴
③ 내비게이션 랜드마크 / 목록 항목 수 6개 / 방문함 / 링크 / SHOPPING
④ 링크 / REVIEW
⑤ 링크 / EVENT
⑥ 링크 / COMMUNITY
⑦ 링크 / SUPPORT
⑧ 링크 / BRAND
⑨ 목록 끝 / 버튼 / 전체 메뉴
⑩ 검색어를 입력해주세요 / 편집창
⑪ 버튼 / 검색
⑫ 버튼 / Kr
⑬ 링크 / 마이페이지
⑭ 링크 / 장바구니

📱 모바일 버전

 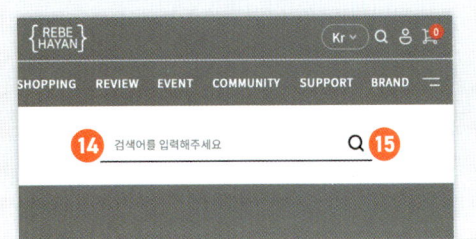

[그림 8-32] 반응형 메뉴 예제 2의 모바일 버전을 화면 낭독기가 읽는 순서

- ❶ 리베하얀 / 머리말 레벨1 / 링크 / 배너 랜드마크
- ❷ 메뉴 / 머리말 레벨 2
- ❸ SHOPPING / 링크 / 탐색 랜드마크
- ❹ REVIEW / 링크
- ❺ EVENT / 링크
- ❻ COMMUNITY / 링크
- ❼ SUPPORT / 링크
- ❽ BRAND / 링크
- ❾ 전체 메뉴 / 버튼 / 엔드 탐색
- ❿ KR / 버튼
- ⓫ 검색 / 버튼
- ⓬ 마이페이지 / 링크
- ⓭ 장바구니 / 링크 / 엔드 배너
- ⓮ 검색어 입력 / 검색어를 입력해주세요
- ⓯ 검색 / 버튼

(} 리베하얀의 한마디

반응형 웹을 처음 만들 때는 UI가 반응하는 모든 부분을 CSS 코드로 표현하려고 할 수도 있습니다. 이번 예제로 예를 들어보면 PC 버전과 모바일 버전에서 좌우 간격이 다르다고 버전마다 여백을 다른 값으로 설정하려는 것처럼 말입니다.

반응형 웹을 잘 다루는 방법은 해상도별로 UI가 바뀐다고 해서 CSS를 각각 제어하는 것이 아니라 PC 버전의 CSS만으로도 모바일 버전까지 포함할 수 있도록 제작하는 것입니다. 코딩에는 공식과 답이 정해져 있을 때도 있지만 이번 예제처럼 유연하게 대처해야 할 때도 있다는 것을 기억해둡시다.

8-3 메가 메뉴의 디자인이 바뀌는 메뉴

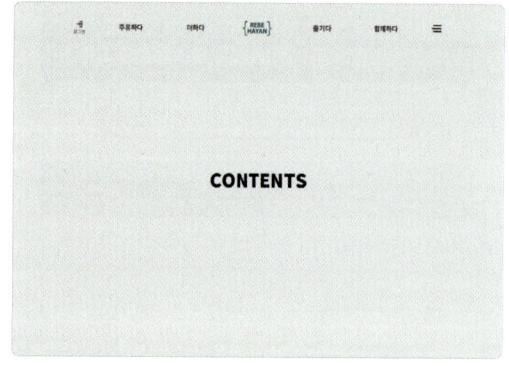

ⓐ PC 버전

ⓑ 모바일 버전

[그림 8-33] 메가 메뉴의 디자인이 바뀌는 메뉴 디자인

HTML 코드 풀이

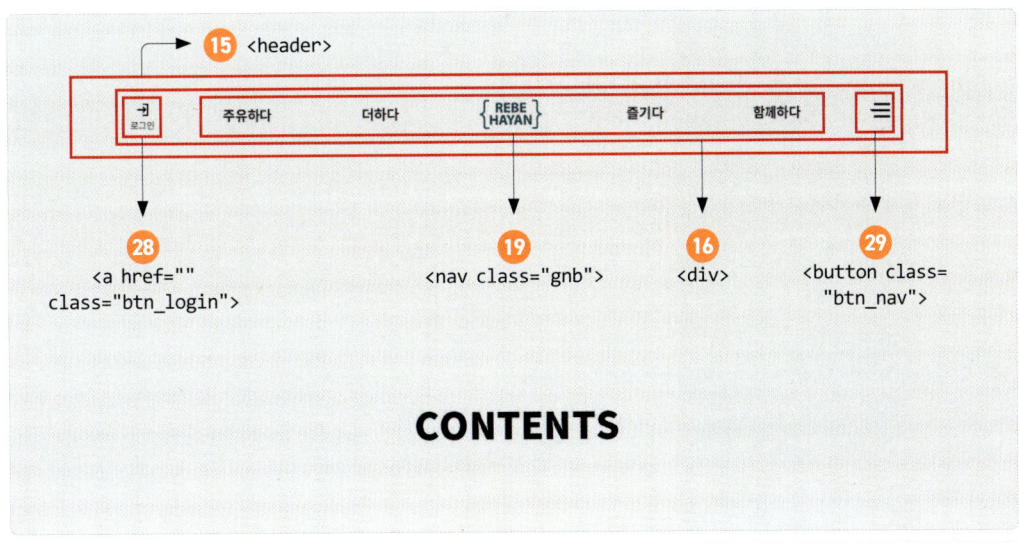

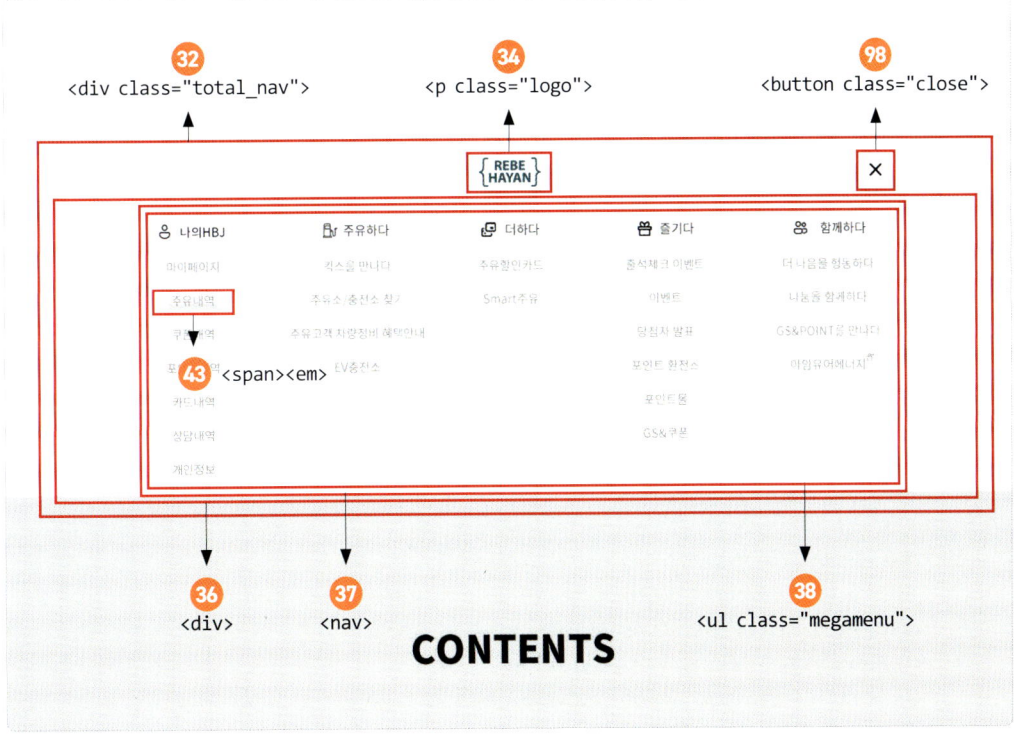

ⓐ PC 버전

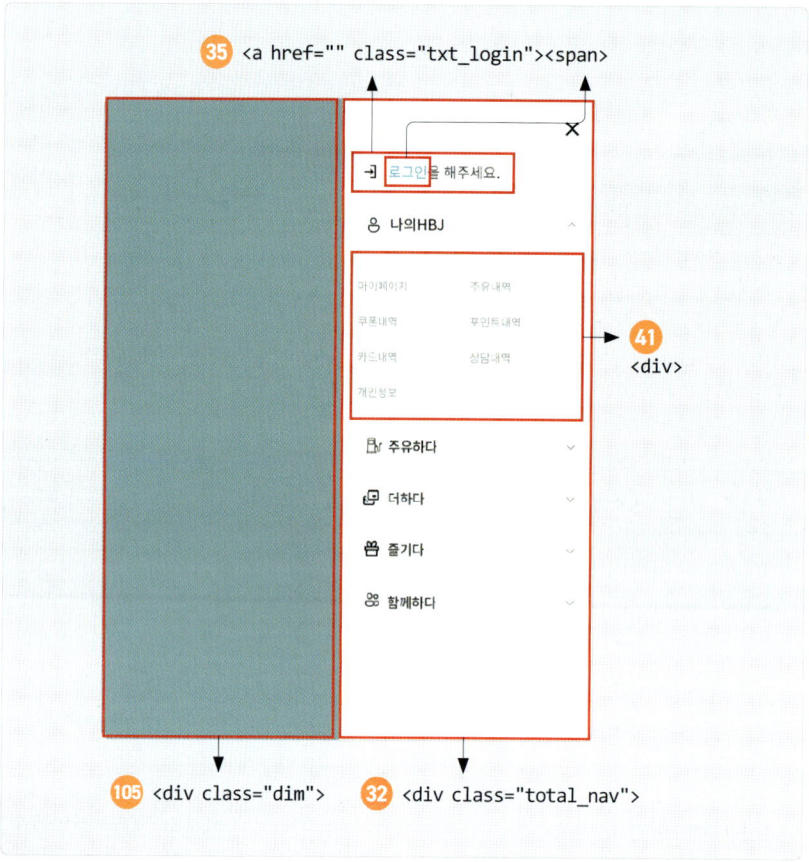

ⓑ 모바일 버전

[그림 8-34] 메가 메뉴의 디자인이 바뀌는 메뉴의 HTML 구조

[코드 8-9] 메가 메뉴의 디자인이 바뀌는 메뉴   respon3.html

```
01  <!DOCTYPE html>
02  <html lang="ko">
03  <head>
04    <meta charset="UTF-8">
05    <meta name="viewport" content="width=device-width, initial-scale=1.0">
06    <meta http-equiv="X-UA-Compatible" content="ie=edge">
07    <title>메가 메뉴의 디자인이 바뀌는 메뉴</title>
08    <link rel="stylesheet" href="default.css">
09    <link rel="stylesheet" href="respon3.css">
10    <link rel="stylesheet" media="(min-width:0px) and (max-width:720px)"
      href="respon3_mobile.css">
11    <script src="js/jquery.js" charset="utf-8"></script>
12    <script src="js/respon3.js" charset="utf-8"></script>
13  </head>
```

```html
14  <body>
15  <header>
16    <div>
17      <h1><a href=""><span class="hide">리베하얀</span></a></h1>
18      <h2 class="hide">메뉴</h2>
19      <nav class="gnb">
20        <ul>
21          <li><a href="">주유하다</a></li>
22          <li><a href="">더하다</a></li>
23          <li aria-hidden="true" tabindex="-1"></li>
24          <li><a href="">즐기다</a></li>
25          <li><a href="">함께하다</a></li>
26        </ul>
27      </nav>
28      <a href="" class="btn_login">로그인</a>
29      <button class="btn_nav"><span class="hide">전체 메뉴</span></button>
30    </div>
31  </header>
32  <div class="total_nav">
33    <h2 class="hide">전체 메뉴</h2>
34    <p class="logo"><span class="hide">리베하얀</span></p>
35    <a href="" class="txt_login"><span>로그인</span>을 해주세요.</a>
36    <div>
37      <nav>
38        <ul class="megamenu">
39          <li class="gnb1">
40            <a href="">나의HBJ</a>
41            <div>
42              <ul>
43                <li><a href=""><span><em>마이페이지</em></span></a></li>
44                <li><a href=""><span><em>주유내역</em></span></a></li>
45                <li><a href=""><span><em>쿠폰내역</em></span></a></li>
46                <li><a href=""><span><em>포인트내역</em></span></a></li>
47                <li><a href=""><span><em>카드내역</em></span></a></li>
48                <li><a href=""><span><em>상담내역</em></span></a></li>
49                <li><a href=""><span><em>개인정보</em></span></a></li>
50              </ul>
51            </div>
52          </li>
53          <li class="gnb2">
54            <a href="">주유하다</a>
55            <div>
56              <ul>
57                <li><a href=""><span><em>HBJ를 만나다</em></span></a></li>
58                <li><a href=""><span><em>주유소/충전소 찾기</em></span></a></li>
```

```
59            <li><a href=""><span><em>주유고객 차량정비 혜택안내</em></span></a></li>
60            <li><a href=""><span><em>EV충전소</em></span></a></li>
61          </ul>
62        </div>
63      </li>
64      <li class="gnb3">
65        <a href="">더하다</a>
66        <div>
67          <ul>
68            <li><a href=""><span><em>주유할인카드</em></span></a></li>
69            <li><a href=""><span><em>Smart주유</em></span></a></li>
70          </ul>
71        </div>
72      </li>
73      <li class="gnb4">
74        <a href="">즐기다</a>
75        <div>
76          <ul>
77            <li><a href=""><span><em>출석체크 이벤트</em></span></a></li>
78            <li><a href=""><span><em>이벤트</em></span></a></li>
79            <li><a href=""><span><em>당첨자 발표</em></span></a></li>
80            <li><a href=""><span><em>포인트 환전소</em></span></a></li>
81            <li><a href=""><span><em>포인트몰</em></span></a></li>
82            <li><a href=""><span><em>WHY&amp;쿠폰</em></span></a></li>
83          </ul>
84        </div>
85      </li>
86      <li class="gnb5">
87        <a href="">함께하다</a>
88        <div>
89          <ul>
90            <li><a href=""><span><em>더 나음을 행동하다</em></span></a></li>
91            <li><a href=""><span><em>나눔을 함께하다</em></span></a></li>
92            <li><a href=""><span><em>WHY&amp;POINT를 만나다</em></span></a></li>
93            <li><a href="" target="_blank"><span>아임유어에너지</em></span></a></li>
94          </ul>
95        </div>
96      </li>
97    </ul>
98    <button class="close"><span class="hide">전체 메뉴 닫기</span></button>
99   </nav>
100  </div>
101 </div>
102 <main>
103   CONTENTS
```

```
104    </main>
105    <div class="dim"></div>
106
107    </body>
108    </html>
```

Line 20~26

```
<ul>
   <li><a href="">주유하다</a></li>
   <li><a href="">더하다</a></li>
   <li aria-hidden="true" tabindex="-1"></li>
   <li><a href="">즐기다</a></li>
   <li><a href="">함께하다</a></li>
</ul>
```

〈ul〉과 〈li〉로 표현한 메뉴 리스트입니다. 여기서 **Line 23**을 보면 다른 리스트와 다르게 〈a〉 요소가 없고 〈li〉 요소에 2가지 속성이 있습니다. aria-hidden 속성을 true로 설정하면 화면 낭독기가 해당 요소를 인식할 수 없게 하고, tabindex 속성을 -1로 설정하면 해당 요소에 키보드로 접근할 수 없게 합니다. 그렇다면 왜 3번째 〈li〉에만 이렇게 접근성에 관한 속성을 제공했을까?

그 이유는 아래 그림에서 메뉴 배치를 보면 알 수 있습니다. 로고가 메뉴 가운데에 오는 배치를 CSS로 표현하기는 어렵지만, HTML 구조를 이용하면 쉽게 배치할 수 있습니다. GNB 영역에 5개의 메뉴가 있는 것처럼 〈li〉 요소를 5개 작성하고 GNB 영역의 크기를 똑같이 n분의 1로 나눕니다. 그리고 세 번째 〈li〉 요소에는 aria-hidden과 tabindex 속성을 사용하여 사용자가 인식하지 못하게 하고, 그 자리에는 대신에 〈h1〉 요소를 배치하는 것입니다.

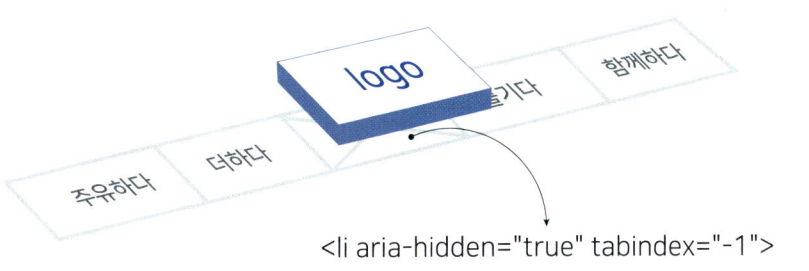

[그림 8-35] 3번째 〈li〉 요소 자리에 로고를 표현하는 방법

Line 28, 29

```
<a href="" class="btn_login">로그인</a>
<button class="btn_nav"><span class="hide">전체 메뉴</span></button>
```

로그인과 햄버거 메뉴 버튼을 표현한 코드입니다. 로그인 아이콘은 위치상으로는 맨 왼쪽에 있지만 콘텐츠 제목과 메뉴 다음에 나오는 유틸리티 메뉴에 해당하는 요소이므로 접근성과 사용성을 모두 고려하여 HTML을 구성합니다. 즉, 콘텐츠 제목과 메뉴 다음에 로그인과 햄버거 버튼을 표현합니다.

Line 32, 101

```
<div class="total_nav"></div>
```

[그림 8-34] ⓐ와 ⓑ의 ㉜번을 표현한 코드입니다. PC와 모바일 버전에서 메가 메뉴를 표현하기 위해 조상 부모 역할을 하는 total_nav 클래스가 부여된 〈div〉 요소입니다.

Line 33

```
<h2 class="hide">전체 메뉴</h2>
```

이번 예제는 GNB와 메가 메뉴가 모두 있는 디자인입니다. 메가 메뉴는 사이트맵처럼 모든 페이지의 구조를 한눈에 파악하여 원하는 페이지로 바로 이동할 수 있는 장점이 있습니다. 이러한 메가 메뉴의 시작을 콘텐츠 제목으로 알리는 코드입니다.

Line 34

```
<p class="logo"><span class="hide">리베하얀</span></p>
```

PC 버전에서 전체 메뉴를 활성화했을 때 나타나는 [그림 8-34] ⓐ의 ㉞번에 해당하는 로고입니다. 로고는 원래 1번째 제목인 〈h1〉 요소지만 여기서는 〈p〉 요소로 코딩합니다. 메가 메뉴에 있는 로고는 제목의 역할이 아닌 단순히 디자인을 꾸미는 용도로 이미지를 넣은 것이기 때문입니다.

Line 35

```
<a href="" class="txt_login"><span>로그인</span>을 해주세요.</a>
```

[그림 8-34] ⓑ의 ㉟번에 해당하는 코드로 모바일 버전에서 전체 메뉴를 활성화했을 때 보이는 로그인으로 이동하는 링크 텍스트입니다. '로그인' 텍스트를 〈span〉 요소로 감싼 것은 텍스트를 다른 색으로 표현하기 위해서입니다.

Line 36, 100

```
<div></div>
```

[그림 8-34] ⓐ의 ㊱번에 해당하는 영역으로 PC 버전에서 가로로 긴 회색 선을 표현하기 위한 요소입니다.

Line 38~97

```
<ul class="megamenu">
  <li class="gnb1">
    <a href="">나의HBJ</a>
    <div>
      <ul>
        <li><a href=""><span><em>마이페이지</em></span></a></li>
        <li><a href=""><span><em>주유내역</em></span></a></li>
        <li><a href=""><span><em>쿠폰내역</em></span></a></li>
        <li><a href=""><span><em>포인트내역</em></span></a></li>
        <li><a href=""><span><em>카드내역</em></span></a></li>
        <li><a href=""><span><em>상담내역</em></span></a></li>
        <li><a href=""><span><em>개인정보</em></span></a></li>
      </ul>
    </div>
  </li>
                        ...
  <li class="gnb5">
    <a href="">함께하다</a>
    <div>
      <ul>
        <li><a href=""><span><em>더 나음을 행동하다</em></span></a></li>
        <li><a href=""><span><em>나눔을 함께하다</em></span></a></li>
        <li><a href=""><span><em>WHY&amp;POINT를 만나다</em></span></a></li>
        <li><a href="" target="_blank"><span>아임유어에너지</span></a></li>
      </ul>
    </div>
  </li>
</ul>
```

전체 메뉴를 보여주는 메가 메뉴의 리스트입니다. 메가 메뉴는 아이콘이 있는 1 뎁스 메뉴를 기준으로 메뉴별로 하위 메뉴가 있습니다. 메가 메뉴를 CSS로 제어하기 위해 조상 부모인 〈ul〉 요소에 megamenu 클래스를 정의하고, 1 뎁스 메뉴마다 있는 아이콘은 각 1 뎁스의 〈li〉 요소에 gnb '숫자' 클래스로 표현합니다.

2 뎁스 메뉴를 표현할 때 <li> 요소 자식에 <ul> 요소가 바로 나오지 않고 <div> 요소로 감싸 표현한 것은 [그림 8-34] ❺의 ㊶번을 표현하기 위해서입니다. 메가 메뉴는 모바일 버전에서 1 뎁스 메뉴만 활성화되어 있고 2 뎁스 메뉴는 모두 비활성화 상태입니다. 이를 jQuery로 표현하기 위해 <div> 요소로 한 번 더 묶는 것입니다.

2 뎁스 메뉴를 나타내는 코드는 각각 <a> 요소의 자손으로 <span> 요소와 <em> 요소를 사용한 것을 볼 수 있습니다. <a> 요소는 클릭 범위를 넓히기 위한 요소이고 <span> 요소는 PC 버전에서 2 뎁스 메뉴에 마우스 커서를 올렸을 때 나타나는 밑줄 디자인을 표현하기 위한 요소입니다. <em> 요소는 이 밑줄 디자인이 나타날 때 다음 그림처럼 밑줄이 텍스트를 덮어버리는 것을 방지하기 위해 사용됩니다.

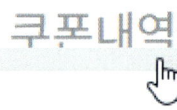

[그림 8-36] 2 뎁스 메뉴에 마우스 커서를 올렸을 때 밑줄이 텍스트를 덮는 모습

참고로 `Line 93`의 <a> 요소에 있는 target="_blank"는 <a> 요소를 클릭했을 때 사이트를 새 탭으로 여는 속성입니다.

CSS 코드 풀이

PC 버전

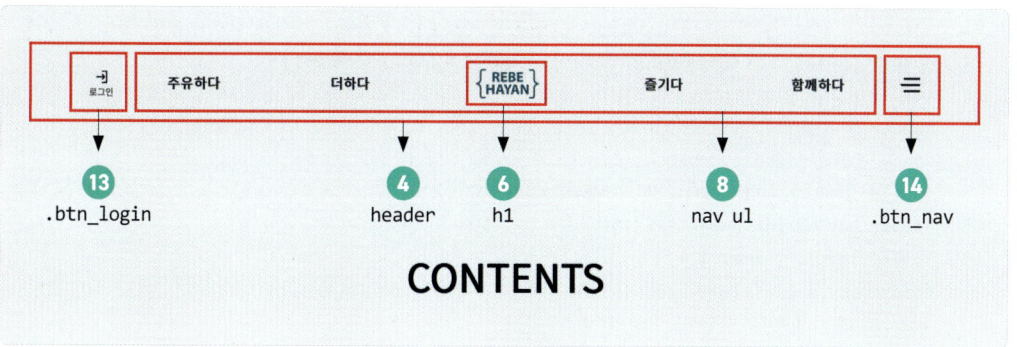

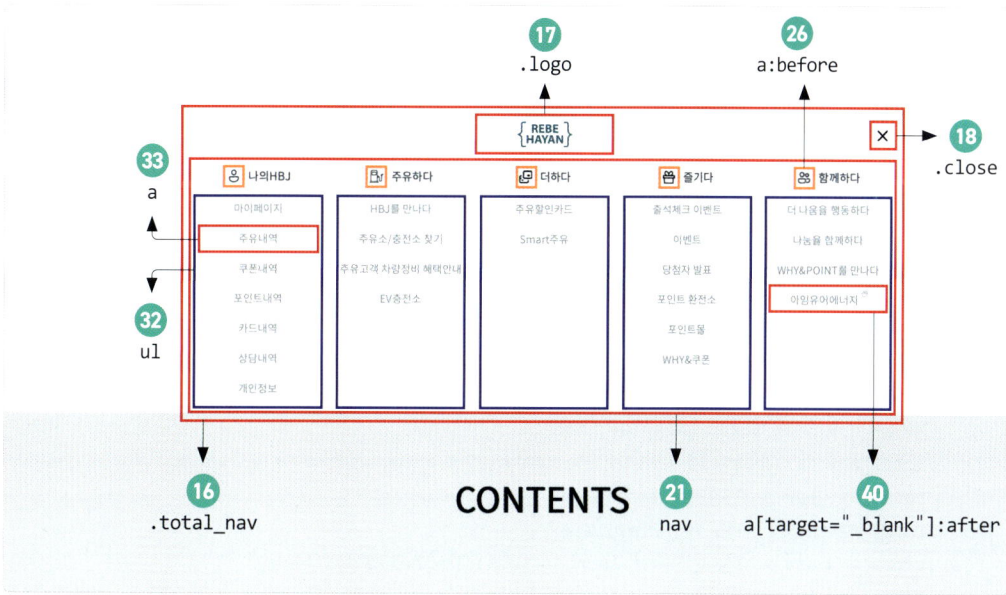

[그림 8-37] 메가 메뉴의 디자인이 바뀌는 메뉴의 PC 버전 CSS 구조

[코드 8-10] 메가 메뉴의 디자인이 바뀌는 메뉴   respon3.css

```css
01  html {font-size: 20px;}
02  body {font-size: 1rem;}
03
04  header {position: absolute; left: 0; right: 0; top: 2.3rem;}
05  header > div {position: relative; margin: 0 auto; padding: 0 2.05rem; width: 52rem;}
06  header h1 {position: absolute; left: 50%; top: 0; transform: translateX(-50%);}
07  header h1 a {display: block; width: 4.2rem; height: 2.05rem; background: url(images/h1_logo9.png) no-repeat center;}
08  header nav ul {display: flex;}
09  header nav li {flex: 1;}
10  header nav a {display: block; line-height: 2.05rem; font-size: .9rem; color: #333; text-align: center; font-weight: bold;}
11  header .btn_nav,
12  header .btn_login {position: absolute; top: 0; width: 2.05rem; height: 2.05rem; line-height: 1; text-align: center;}
13  header .btn_login {left: 0; font-size: .6rem; color: #333;}
14  header .btn_nav {right: 0; background: url(images/btn_nav4.png) no-repeat center;}
15  header .btn_login:before {content: ""; display: block; margin: 0 auto; width: 1.35rem; height: 1.35rem; background: url(images/ico_login.png) no-repeat center;}
16  .total_nav {display: none; position: absolute; left: 0; right: 0; top: 0; z-index: 101; padding: 2.25rem 0 0; background: #fff;}
17  .total_nav .logo {margin: 0 auto .7rem; width: 4.2rem; height: 2.05rem; background: url(images/h1_logo9.png) no-repeat center;}
18  .total_nav .close {position: absolute; right: 0; top: -3.5rem; width: 2.05rem; height: 2.05rem; background: url(images/btn_close2.png) no-repeat center;}
19  .total_nav > div {padding: .75rem 0; border-top: 1px solid #ebebeb;}
20  .total_nav .txt_login {display: none;}
21  .total_nav nav {position: relative; margin: 0 auto; width: 53.85rem;}
22  .total_nav nav > ul {display: flex;}
23  .total_nav nav > ul > li {flex: 1;}
24  .total_nav nav > ul > li ~ li {border-left: 1px solid #ebebeb;}
25  .total_nav nav > ul > li > a {display: block; text-align: center; font-size: .85rem; color: #333; line-height: 1.2rem;}
26  .total_nav nav > ul > li > a:before {content: ""; display: inline-block; margin: 0 .5rem 0 0; width: 1.2rem; height: 1.2rem; background: no-repeat center; vertical-align: -0.25rem;}
27  .total_nav nav > ul > li.gnb1 > a:before {background-image: url(images/ico_nav10.png)}
28  .total_nav nav > ul > li.gnb2 > a:before {background-image: url(images/ico_nav11.png)}
29  .total_nav nav > ul > li.gnb3 > a:before {background-image: url(images/ico_nav12.png)}
30  .total_nav nav > ul > li.gnb4 > a:before {background-image: url(images/ico_nav13.png)}
31  .total_nav nav > ul > li.gnb5 > a:before {background-image: url(images/ico_nav14.png)}
32  .total_nav nav > ul > li ul {padding: .65rem 0 0;}
33  .total_nav nav > ul > li ul a {display: block; text-align: center; font-size: .8rem; color: #a2a2a2; line-height: 2.2rem; font-weight: normal;}
34  .total_nav nav > ul > li ul a span {position: relative; padding: 0 .2rem;}
```

```
35    .total_nav nav > ul > li ul a span em {position: relative; z-index: 2;}
36    .total_nav nav > ul > li ul a span:after {content: ""; position: absolute; left: 0;
      width: 0; bottom: -1px; border-bottom: .4rem solid #e5e5e5; z-index: 1; transition:
      width .5s;}
37    .total_nav nav > ul > li ul a:focus span:after,
38    .total_nav nav > ul > li ul a:hover span:after {width: 100%;}
39    main {display: block; background: #e5e5e5; line-height: 100vh; text-align: center;
      font-size: 2.5rem; color: #000; font-weight: bold;}
40    .total_nav a[target="_blank"]:after {content: ""; display: inline-block; margin:
      -0.2rem 0 0; width: .5rem; height: 1rem; background: url(images/ico_blank.png) no-
      repeat right 0;}
41    .dim {display: none; position: fixed; left: 0; right: 0; top: 0; bottom: 0; z-index:
      100; background: rgba(19,105,114,.5);}
42    body.hidden {overflow: hidden;}
```

Line 04

```
header {position: absolute; left: 0; right: 0; top: 2.3rem;}
```

〈header〉 요소를 배치하는 코드입니다. 본문 콘텐츠를 가리고 있는 〈header〉 요소를 position:absolute로 설정하여 z축으로 이동시킵니다.

Line 05

```
header > div {position: relative; margin: 0 auto; padding: 0 2.05rem; width:
52rem;}
```

〈header〉 요소에 콘텐츠를 수평으로 가운데 배치하기 위해 가로 크기와 margin:0 auto를 제공합니다. 가로 크기는 로그인 아이콘이 시작하는 부분부터 햄버거 버튼의 맨 오른쪽 부분까지의 거리를 계산한 값입니다. padding으로 준 좌우 여백은 [그림 8-38]처럼 로그인 아이콘과 햄버거 버튼의 영역을 확보합니다.

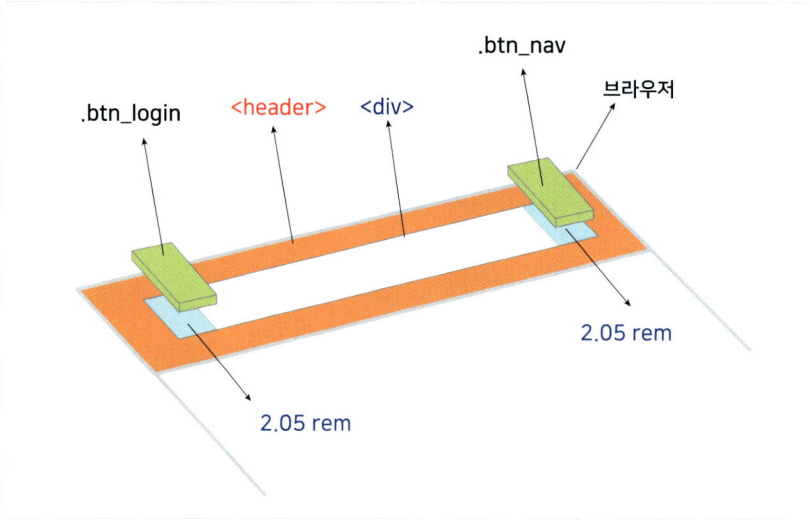

[그림 8-38] ⟨header⟩와 ⟨div⟩ 요소의 배치

Line 06

```
header h1 {position: absolute; left: 50%; top: 0; transform: translateX(-50%);}
```

로고를 배치하는 코드입니다. 로고가 다른 UI에 영향을 주지 않도록 position:absolute로 설정합니다. left:50%와 transform:translateX(-50%)를 함께 사용하여 수평으로 중앙에 배치하는데, left:50%만 제공하면 로고의 왼쪽을 기준으로 배치되기 때문에 로고 크기의 반만큼을 왼쪽으로 더 이동합니다.

Line 08, 09

```
header nav ul {display: flex;}
header nav li {flex: 1;}
```

[그림 8-37]의 ⑧번에 해당하는 코드로 ⟨ul⟩ 요소의 자식인 ⟨li⟩ 요소를 행으로 배치하기 위해 display:flex를 설정하고, flex:1로 ⟨li⟩ 요소의 개수만큼 부모인 ⟨ul⟩ 요소의 가로 크기를 n분의 1로 나누어 갖습니다.

Line 11, 12

```
header .btn_nav,
header .btn_login {position: absolute; top: 0; width: 2.05rem; height: 2.05rem;
line-height: 1; text-align: center;}
```

[그림 8-37]의 ⑬번과 ⑭번에 해당하는 로그인 아이콘과 햄버거 버튼의 공통 속성을 표현한 코드입니다. 모두 position:absolute로 설정하여 ⟨div⟩ 요소를 기준으로 z축에 배치하고 크기를 똑같이 지정합니다. line-height를 1로 지정한 것은 '로그인' 텍스트와 아이콘 간의 간격을 좁히기 위한 코드입니다.

Line 13, 14

```
header .btn_login {left: 0; font-size: .6rem; color: #333;}
header .btn_nav {right: 0; background: url(images/btn_nav4.png) no-repeat center;}
```

로그인 버튼은 화면 왼쪽에 배치하고 '로그인' 텍스트의 크기와 색을 표현합니다. 햄버거 버튼은 오른쪽에 배치하고 배경 이미지를 넣습니다.

Line 15

```
header .btn_login:before {content: ""; display: block; margin: 0 auto; width:
1.35rem; height: 1.35rem; background: url(images/ico_login.png) no-repeat center;}
```

로그인 아이콘을 표현한 코드입니다. 햄버거 버튼처럼 〈a〉 요소에 배경 이미지로 삽입해도 되지만, 여기서는 :before 선택자로 배경 이미지를 삽입합니다. :before 선택자를 사용하면 '로그인' 텍스트 앞에 이미지가 삽입되는데, 텍스트를 아래로 떨어뜨리기 위해 content 속성을 block 속성으로 바꿉니다.

Line 16

```
.total_nav {display: none; position: absolute; left: 0; right: 0; top: 0;
z-index: 101; padding: 2.25rem 0 0; background: #fff;}
```

[그림 8-37]의 ⑯번에 해당하는 코드로 메가 메뉴의 조상 부모 역할을 하는 요소를 표현한 코드입니다. 메가 메뉴는 햄버거 메뉴를 클릭해야만 활성화되므로 display:none으로 설정합니다.

메가 메뉴는 브라우저에 꽉 차 있는 형태로 GNB보다 z축 방향으로 더 높게 표현해야 하므로 position:absolute와 z-index:101을 설정합니다. 로고와 브라우저의 간격은 padding을 사용하고 흰색 배경으로 〈header〉 영역을 모두 가립니다.

Line 17

```
.total_nav .logo {margin: 0 auto .7rem; width: 4.2rem; height: 2.05rem;
background: url(images/h1_logo9.png) no-repeat center;}
```

메가 메뉴 영역에 있는 로고입니다. block 속성인 〈p〉 요소로 표현된 로고는 margin:0 auto .7rem으로 중앙에 배치하고 메뉴를 구분하는 선과 간격을 주기 위해 아래에 여백을 지정합니다.

Line 18

```
.total_nav .close {position: absolute; right: 0; top: -3.5rem; width: 2.05rem;
height: 2.05rem; background: url(images/btn_close2.png) no-repeat center;}
```

메가 메뉴의 닫기 버튼을 표현한 코드입니다. HTML 마크업 순서상 전체 메뉴 리스트의 다음 요소로 표현되었기 때문에 닫기 버튼을 메뉴의 오른쪽 위에 배치하려면 position:absolute를 설정해야 합니다. absolute의 좌표 기준은 Line 21에서 설정하는 <nav> 요소의 relative입니다. 이때 <nav> 요소를 기준으로 삼으면 [그림 8-39]처럼 디자인과는 다르게 <nav> 요소의 영역 안에 닫기 버튼이 배치됩니다. 따라서 <nav> 요소의 영역을 벗어나 닫기 버튼을 배치하기 위해서 top의 값을 마이너스로 지정합니다.

[그림 8-39] 닫기 버튼이 배치되는 <nav> 영역

Line 21

```
.total_nav nav {position: relative; margin: 0 auto; width: 53.85rem;}
```

[그림 8-37]의 ㉑번에 해당하는 코드로 닫기 버튼의 좌표 기준을 정의하기 위해 position:relative를 설정합니다. 메가 메뉴의 부모 요소를 중앙에 배치하기 위해 가로 크기를 지정하고 margin:0 auto로 표현합니다.

Line 24

```
.total_nav nav > ul > li ~ li {border-left: 1px solid #ebebeb;}
```

<li> 요소에 세로 선을 표현한 코드입니다. 형제 선택자로 <li> 요소의 형제를 모두 선택하고 해당 요소의 왼쪽에 선을 표현합니다. 이때 <table> 요소처럼 모든 요소의 높이가 형제 요소 중에서 가장 큰 높이에 맞춰지는 flex 레이아웃에 의해 <li> 요소에 높이를 제공하지 않아도 모두 같은 길이로 선이 그려집니다. 즉, 가장 높이가 큰 [나의HBJ] 메뉴의 높이에 맞춰 다른 <li> 요소도 그 높이만큼 선이 그려집니다.

Line 25

```
.total_nav nav > ul > li > a {display: block; text-align: center; font-size:
.85rem; color: #333; line-height: 1.2rem;}
```

1 뎁스 메뉴의 링크인 〈a〉 요소를 정의한 코드입니다. 〈a〉 요소의 가로 크기를 부모인 〈li〉 요소만큼 100% 채우기 위해서 display:block으로 정의합니다. 가로 크기가 100%로 설정된 〈a〉 요소는 text-align:center와 line-height로 텍스트를 가운데 정렬합니다.

Line 26~31

```
.total_nav nav > ul > li > a:before {content: ""; display: inline-block; margin:
0 .5rem 0 0; width: 1.2rem; height: 1.2rem; background: no-repeat center;
vertical-align: -0.25rem;}
.total_nav nav > ul > li.gnb1 > a:before {background-image: url(images/ico_
nav10.png)}
.total_nav nav > ul > li.gnb2 > a:before {background-image: url(images/ico_
nav11.png)}
.total_nav nav > ul > li.gnb3 > a:before {background-image: url(images/ico_
nav12.png)}
.total_nav nav > ul > li.gnb4 > a:before {background-image: url(images/ico_
nav13.png)}
.total_nav nav > ul > li.gnb5 > a:before {background-image: url(images/ico_
nav14.png)}
```

[그림 8-37]의 ㉖번인 1 뎁스 메뉴의 〈a〉 요소에 아이콘을 표현한 코드입니다. 먼저 모든 아이콘에 공통으로 적용되는 속성을 살펴보겠습니다. 아이콘이 텍스트 이전에 오도록 :before 선택자를 사용하고 아이콘과 텍스트를 행으로 배치하면서 아이콘의 크기를 지정하기 위해 inline 속성인 content 속성을 inline-block으로 바꿉니다.

margin 속성으로 아이콘과 텍스트의 간격을 주고, 아이콘의 크기와 배경 이미지에 대한 속성을 정의합니다. 그리고 [그림 8-40]처럼 아이콘과 텍스트가 y축으로 틀어지지 않도록 vertical-align 속성을 사용하여 정렬합니다.

[그림 8-40] 아이콘 이미지와 텍스트의 정렬이 맞지 않는 현상

각 메뉴의 아이콘 이미지는 클래스 선택자를 활용하여 배경 이미지를 삽입합니다. 공통으로 적용한 background 속성은 background-image 속성을 포함하지만, 다음 라인에 선언된 선택자의 우선순위가 높으므로 background-image가 표현됩니다.

Line 34

```
.total_nav nav > ul > li ul a span {position: relative; padding: 0 .2rem;}
```

이번 코드는 PC 버전에서 메가 메뉴의 2 뎁스 메뉴에 마우스나 키보드로 접근했을 때 밑줄이 생기는 애니메이션을 표현한 코드입니다. ⟨span⟩ 요소에 설정한 position:relative는 Line 36에서 ⟨span⟩ 요소에 :after 선택자로 밑줄을 표현하기 위한 absolute의 기준 좌표입니다.

inline 속성인 ⟨span⟩ 요소는 가로 크기가 자식의 크기와 같아지는 특징을 이용하여 텍스트 길이에 맞춰 :after 선택자로 밑줄이 생기는 효과를 만듭니다. 이때 padding을 좌우에 지정하여 아래 그림처럼 밑줄이 텍스트보다 여유 있게 그어지도록 합니다.

[그림 8-41] 텍스트와 좌우 여백까지 포함해 그려지는 밑줄 디자인

Line 35, 36

```
.total_nav nav > ul > li ul a span em {position: relative; z-index: 2;}
.total_nav nav > ul > li ul a span:after {content: ""; position: absolute; left: 0; width: 0; bottom: -1px; border-bottom: .4rem solid #e5e5e5; z-index: 1; transition: width .5s;}
```

밑줄은 가상 선택자인 :after로 표현합니다. absolute로 선을 배치하므로 :before와 :after 선택자 중 어떤 것을 사용해도 됩니다. absolute의 기준은 Line 34에서 position:relative를 설정한 부모 요소인 ⟨span⟩ 요소입니다.

참고로 밑줄이 가로 크기를 100%만큼 차지하게 그려진다고 해서 left:0과 right:0을 선언하면 안 됩니다. 이는 width:100%의 역할을 할 뿐이지 애니메이션 효과를 내지는 못합니다. 애니메이션을 표현하려면 left:0만 설정하고 width 속성으로 제어합니다. 링크에 마우스를 올리거나 키보드 초점으로 진입하기 전까지는 밑줄이 보이지 않아야 하므로 width를 0으로 지정하고, bottom 속성으로 밑줄을 텍스트 조금 아래로 조정합니다.

position:absolute로 인해 기본으로 z축 설정이 되어 z-index를 주지 않아도 되지만 z-index를 지정하고 Line 35에서 텍스트에 해당하는 ⟨em⟩ 요소에는 z-index:2를 지정하여 [그림 8-42]처럼 밑줄이 텍스트를 가리지 않도록 처리합니다. 밑줄은 transition 속성으로 width에 대한 속성이 0.5초 동안 애니메이션 되도록 설정합니다.

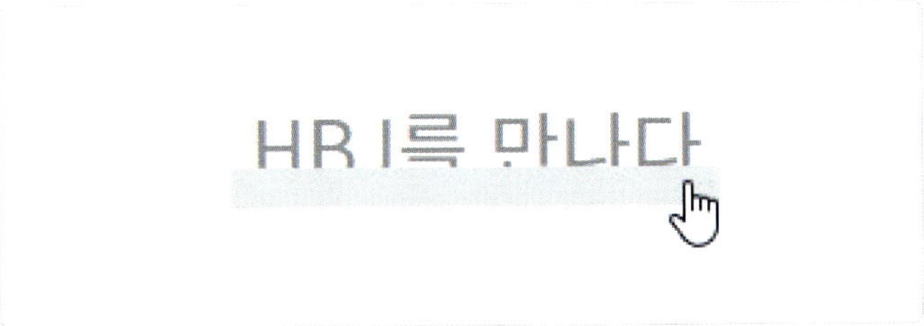

[그림 8-42] z-index로 텍스트와 밑줄의 순서를 정해야 하는 이유

Line 37, 38

```
.total_nav nav > ul > li ul a:focus span:after,
.total_nav nav > ul > li ul a:hover span:after {width: 100%;}
```

:focus와 :hover 가상 선택자로 키보드 초점이 진입했을 때와 마우스 커서를 링크에 올렸을 때 표현되는 밑줄에 대한 애니메이션을 표현합니다. 〈span〉 요소의 :after 선택자의 width가 0에서 100%로 진행되면서 애니메이션이 실행됩니다.

Line 40

```
.total_nav a[target="_blank"]:after {content: ""; display: inline-block; margin:
-0.2rem 0 0; width: .5rem; height: 1rem; background: url(images/ico_blank.png)
no-repeat right 0;}
```

[그림 8-37]의 ㊵번에 해당하는 코드입니다. a[target="_blank"]는 속성값 선택자로 〈a〉 요소에 target 속성이 _blank로 설정된 경우를 의미하는 선택자입니다. _blank는 링크를 새 창으로 여는 값인데, 링크가 새 창으로 열린다는 것을 아이콘으로 표현합니다.

링크에 새 창으로 여는 기능이 있을 때마다 아이콘을 자동으로 표시하기 위해 속성값 선택자를 이용하고, 아이콘이 텍스트 다음에 위치하므로 :after 가상 선택자를 사용합니다. margin을 마이너스로 준 것은 모바일 버전에서 새 창 아이콘이 있는 메뉴를 다른 메뉴의 높이와 맞추기 위해서입니다.

Line 42

```
body.hidden {overflow: hidden;}
```

PC 버전에서 메가 메뉴가 활성화되었을 때 브라우저에 스크롤이 생기지 않도록 〈body〉 요소에 부여된 hidden 클래스에 overflow:hidden을 선언합니다. 해당 기능은 jQuery에서 제어합니다.

모바일 버전

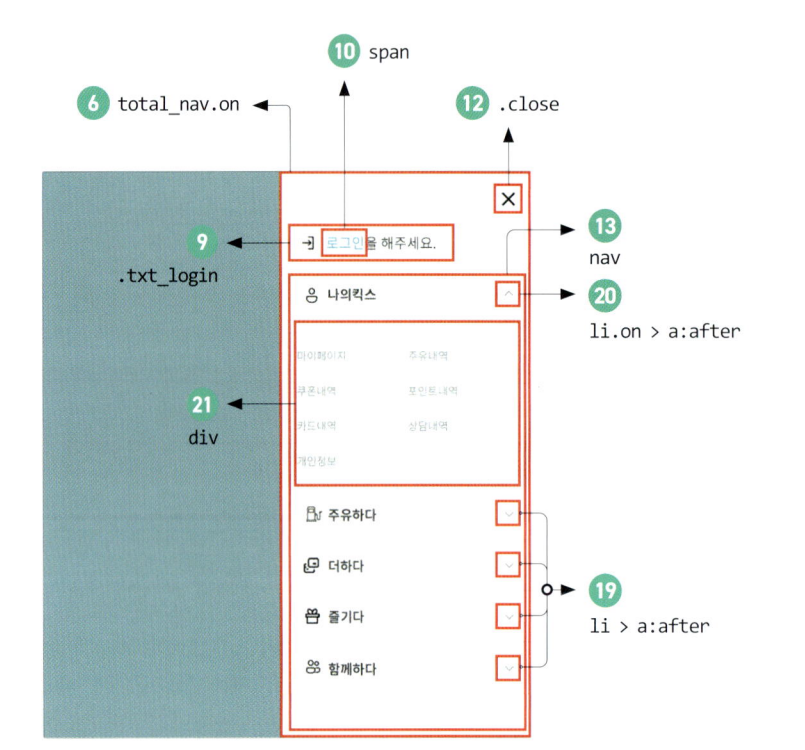

[그림 8-43] 메가 메뉴의 디자인이 바뀌는 메뉴의 모바일 버전 CSS 구조

[코드 8-11] 메가 메뉴의 디자인이 바뀌는 메뉴   respon3_mobile.css

```css
01  body {overflow-x: hidden;}
02  header {top: 1.9rem;}
03  header > div {padding: 0 .7rem; width: 100%; box-sizing: border-box;}
04  header nav {display: none;}
05  .total_nav {overflow: auto; left: inherit; right: -100%; bottom: 0; padding: 2.9rem 0 0; width: 15.95rem;}
06  .total_nav.on {display: block;}
07  .total_nav .logo {display: none;}
08  .total_nav > div {padding: 0; border-top: none;}
09  .total_nav .txt_login {display: inline-block; font-size: .9rem; color: #333; line-height: 3.05rem; text-indent: 1.45rem;}
10  .total_nav .txt_login span {color: #01b4d0;}
11  .total_nav .txt_login:before {content: url(images/ico_login.png); margin: 0 .85rem 0 0;}
12  .total_nav .close {right: .4rem; top: .7rem;}
13  .total_nav nav {position: static; width: 100%;}
```

14	`.total_nav nav > ul {display: block; border-top: 1px solid #ebebeb;}`
15	`.total_nav nav > ul > li {border-bottom: 1px solid #ebebeb;}`
16	`.total_nav nav > ul > li ~ li {border-left: none;}`
17	`.total_nav nav > ul > li > a {position: relative; text-align: left; line-height: 3.1rem;}`
18	`.total_nav nav > ul > li > a:before {margin: 0 .5rem 0 1.5rem;}`
19	`.total_nav nav > ul > li > a:after {content: url(images/ico_arrow_down2.png); position: absolute; right: 1.1rem; top: 50%; transform: translateY(-50%) rotate(180deg); font-size: 0; line-height: 1; transition: transform .4s;}`
20	`.total_nav nav > ul > li.on > a:after {transform: translateY(-50%) rotate(0deg);}`
21	`.total_nav nav > ul > li > div {display: none;}`
22	`.total_nav nav > ul > li ul {display: flex; flex-wrap: wrap; padding: 1.15rem 0; border-top: 1px solid #ebebeb; background: #f7f8f9;}`
23	`.total_nav nav > ul > li ul li {width: 50%;}`
24	`.total_nav nav > ul > li ul a {padding: .7rem 0 .7rem 1.15rem; line-height: 1.3; text-align: left; font-size: .7rem;}`
25	`.total_nav nav > ul > li ul a span {padding: 0;}`
26	`.total_nav nav > ul > li ul a span:after {display: none;}`
27	`body.hidden {overflow: hidden;}`

Line 01

```
body {overflow-x: hidden;}
```

overflow-x:hidden으로 〈body〉 요소에 다른 요소가 가로 크기를 초과할 경우 스크롤을 생기게 하지 않고 해당 요소를 가립니다. 즉, **Line 05**에서 right:-100%로 지정한 GNB 영역이 모바일에서 [그림 8-44]처럼 브라우저 오른쪽 밖으로 생성되어 가로 스크롤이 생기는 것을 방지합니다.

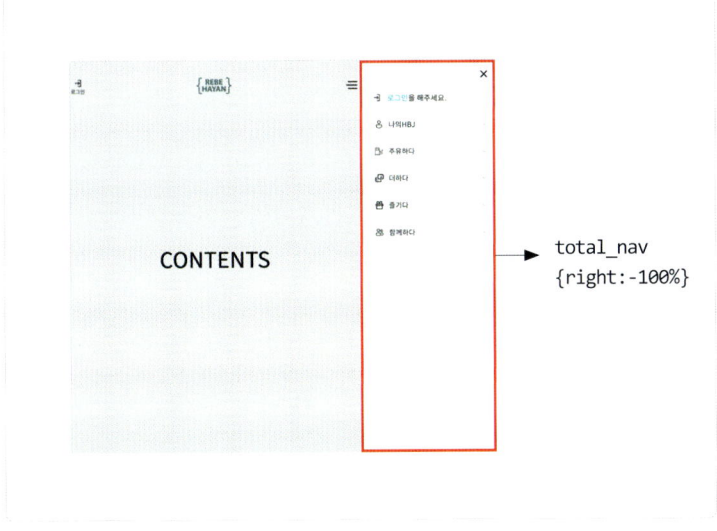

[그림 8-44] 모바일 버전에서 GNB 영역이 브라우저 밖으로 표현된 모습

Line 03

```
header > div {padding: 0 .7rem; width: 100%; box-sizing: border-box;}
```

헤더 영역은 PC 버전에서는 중앙에 배치했는데 모바일 버전은 기기마다 화면에 꽉 차게 표현해야 하므로 width:100%로 지정합니다. 로그인 아이콘과 햄버거 버튼의 공간을 확보하기 위한 padding을 변경하고, 100%로 지정한 가로 크기에서 rem으로 지정한 padding 수치를 계산할 수 없으므로 box-sizing:border-box를 선언합니다.

Line 04

```
header nav {display: none;}
```

PC 버전의 GNB 영역은 모바일 버전에서 사용되지 않는 영역이므로 display:none으로 처리합니다. 모바일 버전의 GNB는 PC 버전의 메가 메뉴 영역을 활용합니다.

Line 05

```
.total_nav {overflow: auto; left: inherit; right: -100%; bottom: 0; padding: 2.9rem 0 0; width: 15.95rem;}
```

햄버거 버튼을 클릭했을 때 나타나는 GNB 영역입니다. 햄버거 메뉴를 클릭하지 않는 한 노출되지 않기 때문에 display:none은 그대로 상속하고, [그림 8-45]처럼 메뉴가 세로로 길어지면 메뉴 자체에 스크롤이 생기도록 overflow:auto를 설정합니다.

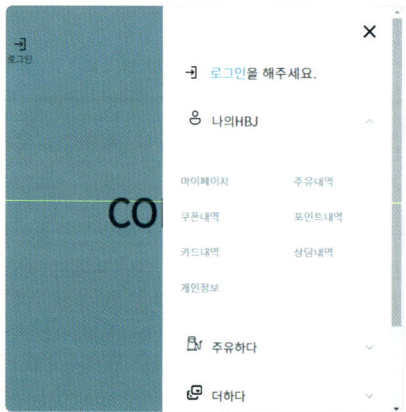

[그림 8-45] 메뉴의 내용이 길어지면 생기는 세로 스크롤

PC 버전에서 메가 메뉴는 가로 크기를 100%로 표현했지만 모바일 메뉴에선 특정 크기로 표현되므로 left와 right를 재설정해야 합니다. 오른쪽에 붙어있는 메뉴를 표현하기 위해 left:inherit로 설정하는데, inherit는 속성의 값을 기본값으로 초기화할 때 사용합니다. 햄버거 메뉴 버튼을 클릭하지 않았을 때는 메뉴가 보이지 않도록 화면의 오른쪽 밖으로 배치하는 right:-100%를 설정합니다.

메뉴의 너비는 width 속성으로 지정합니다. 높이는 PC 버전의 top:0을 상속받고 bottom:0을 추가하여 100%를 차지하도록 합니다. padding으로는 닫기 버튼의 영역을 확보합니다.

Line 06, 07

```
.total_nav.on {display: block;}
.total_nav .logo {display: none;}
```

햄버거 메뉴 버튼을 클릭했을 때 메뉴를 활성화하고, 모바일 버전에서 표현되지 않는 로고는 display:none으로 처리합니다.

Line 08

```
.total_nav > div {padding: 0; border-top: none;}
```

PC 버전에서 지정한 메가 메뉴의 여백과 로고와 메뉴 사이에 있는 선은 모바일 버전에서 필요 없으므로 초기화합니다.

Line 09~11

```
.total_nav .txt_login {display: inline-block; font-size: .9rem; color: #333;
line-height: 3.05rem; text-indent: 1.45rem;}
.total_nav .txt_login span {color: #01b4d0;}
.total_nav .txt_login:before {content: url(images/ico_login.png); margin: 0
.85rem 0 0;}
```

[그림 8-43]의 ⑨, ⑩번에 해당하는 코드로 로그인 페이지로 이동하는 링크입니다. '로그인을 해주세요.' 문구는 PC 버전에는 없는 디자인이므로 display:none으로 처리했지만, 모바일 버전에서는 표현하기 위해 display:inline-block으로 설정합니다.

text-indent는 들여쓰기를 표현하는 속성입니다. line-height는 텍스트를 기준으로 위아래가 똑같은 공간을 차지한다는 점을 이용하여 [그림 8-46]처럼 텍스트의 줄 간격을 유추해내어 지정합니다. 디자인 산출물에 줄 간격이 지정되어 있더라도 산출물에 표현된 줄 간격은 CSS 코드처럼 다른 요소에 영향을 주는 것까지 고려한 값이 아니므로 이렇게 종종 값을 직접 유추하기도 합니다.

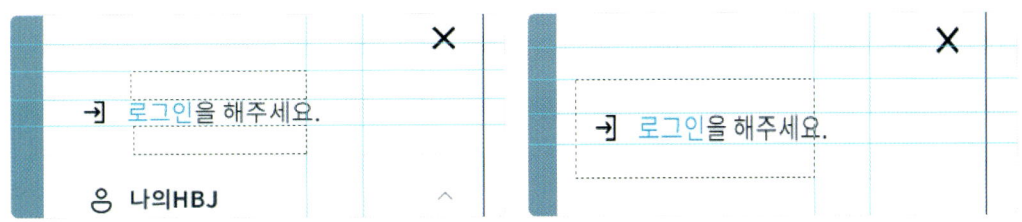

[그림 8-46] 텍스트와 메뉴의 간격으로 유추해내는 line-height 값

그리고 '로그인' 텍스트를 다른 색으로 표현하기 위해 〈span〉 요소에 색을 지정하고 :before 선택자로 아이콘을 표현합니다.

Line 12

```
.total_nav .close {right: .4rem; top: .7rem;}
```

메뉴 닫기 버튼을 표현한 코드로, z축으로 이동하는 코드와 버튼의 크기 및 배경 이미지는 그대로 상속하고 right, top 속성으로 위치만 변경합니다.

Line 13

```
.total_nav nav {position: static; width: 100%;}
```

메가 메뉴의 메뉴 리스트를 모바일 버전으로 표현하려면 메뉴 영역의 가운데 배치를 해제하고 가로 크기는 total_nav 클래스와 같게 표현해야 합니다. 따라서 가로 크기를 100%로 설정합니다. position:static은 닫기 버튼의 좌표 기준을 현재 선택자인 〈nav〉 요소 대신 total_nav 클래스로 변경하기 위한 설정입니다.

Line 14, 15

```
.total_nav nav > ul {display: block; border-top: 1px solid #ebebeb;}
.total_nav nav > ul > li {border-bottom: 1px solid #ebebeb;}
```

행으로 배치했던 1 뎁스 메뉴를 열 배치로 바꾸기 위해 PC 버전에서 설정한 display:flex를 display:block으로 재정의합니다. 그리고 메뉴 위아래에 있는 선을 표현하기 위해 〈ul〉 요소의 위쪽에 선을 주고 맨 아래에 있는 선은 〈li〉 요소에 표현합니다.

〈li〉 요소는 부모인 〈ul〉 요소가 display:block으로 바뀌었으므로 flex:1을 상속받아도 속성이 적용되지는 않습니다.

Line 16

```
.total_nav nav > ul > li ~ li {border-left: none;}
```

PC 버전의 메가 메뉴에서 왼쪽에 표시되었던 선을 모바일 버전에서는 존재하지 않으므로 border-left를 none으로 없앱니다.

Line 17

```
.total_nav nav > ul > li > a {position: relative; text-align: left; line-height: 3.1rem;}
```

1 뎁스 메뉴의 링크를 표현한 코드입니다. PC 버전과 다른 점은 텍스트를 왼쪽에 정렬하고 메뉴의 높이가 커짐에 따라 line-height를 더 큰 값으로 변경합니다. position:relative는 1 뎁스 메뉴 오른쪽에 있는 아래 화살표를 표현하기 위한 설정입니다.

Line 18

```
.total_nav nav > ul > li > a:before {margin: 0 .5rem 0 1.5rem;}
```

[그림 8-47] PC 버전 CSS를 상속받아 아이콘이 왼쪽에 붙어 버리는 현상

1 뎁스 메뉴의 아이콘을 표현한 코드입니다. 대부분 PC 버전과 모바일 버전 모두 동일하게 디자인되지만 여기서는 모바일 버전에서 1 뎁스 메뉴를 왼쪽으로 정렬하면서 아이콘이 [그림 8-47]처럼 왼쪽에 붙어 버립니다. 이를 디자인대로 떨어뜨려 표현하기 위해서 margin 속성을 왼쪽에 추가합니다.

Line 19, 20

```
.total_nav nav > ul > li > a:after {content: url(images/ico_arrow_down2.png);
position: absolute; right: 1.1rem; top: 50%; transform: translateY(-50%)
rotate(180deg); font-size: 0; line-height: 1; transition: transform .4s;}
.total_nav nav > ul > li.on > a:after {transform: translateY(-50%)
rotate(0deg);}
```

1 뎁스 메뉴 오른쪽에 있는 아래 화살표 아이콘을 표현한 코드입니다. :after 가상 선택자를 사용하여 content 속성에 바로 아이콘을 삽입합니다. content 속성의 값인 url에 이미지를 표현하는 것은 〈img〉 요소를 사용하는 것과 유사한 방식으로, width와 height로 크기 조절은 할 수 없습니다. 화살표 이미지는 position:absolute로 z축에 배치한 뒤 right 속성으로 오른쪽에 위치를 잡습니다. absolute의 기준은 부모인 〈a〉 요소입니다.

원래 이미지가 위로 향하는 화살표이기 때문에 transform에 rotate를 사용하여 180도 뒤집습니다. font-size와 line-height로는 아이콘의 여백을 없앱니다. 사용자가 1 뎁스 메뉴를 클릭하면 아래 화살표가 위를 향하도록 이미지를 다시 180도 뒤집어야 하므로 rotate를 0으로 지정합니다. 이렇게 메뉴를 클릭할 때마다 화살표가 뒤집히는 애니메이션은 transition 속성으로 표현합니다.

Line 21

```
.total_nav nav > ul > li > div {display: none;}
```

모바일 메뉴에만 있는 2 뎁스 메뉴를 감싸고 있는 〈div〉 요소입니다. 사용자가 1 뎁스 메뉴를 선택함에 따라 해당하는 2 뎁스 메뉴를 jQuery에서 활성화하거나 비활성화할 때 사용됩니다.

Line 22

```
.total_nav nav > ul > li ul {display: flex; flex-wrap: wrap; padding: 1.15rem 0;
border-top: 1px solid #ebebeb; background: #f7f8f9;}
```

PC 버전에서 1 뎁스 메뉴와의 간격만 지정한 2 뎁스 메뉴의 〈ul〉 요소를 모바일 버전에서는 회색으로 배경색을 지정하고 자식인 〈li〉 요소를 2단으로 배치합니다. 2 뎁스 메뉴를 2단으로 배치하기 위해 사용한 flex 레이아웃은 flex-wrap 속성을 따로 설정하지 않으면 기본값인 no-wrap이 적용되어 [그림 8-48]의 ⓐ처럼 자식 요소가 다음 행으로 떨어지지 않고 한 행에 모두 배치됩니다. 따라서 ⓑ처럼 행을 아래로 떨어뜨리기 위해 wrap으로 설정합니다.

ⓐ no-wrap일 때   ⓑ wrap일 때

[그림 8-48] flex-wrap 속성에 따른 〈li〉 요소의 배치

1 뎁스 메뉴와의 간격은 padding으로 변경하고, border-top 속성으로 위쪽에 선을 그려 2 뎁스 메뉴가 활성화되었을 때 1 뎁스와 구분하는 선이 보이도록 합니다.

Line 23

```
.total_nav nav > ul > li ul li {width: 50%;}
```

flex-wrap:wrap으로 설정한 〈li〉 요소에 width:50%를 지정함으로써 한 행에 2개의 〈li〉 요소만 배치하여 2단으로 표현합니다.

Line 24

```
.total_nav nav > ul > li ul a {padding: .7rem 0 .7rem 1.15rem; line-height: 1.3;
text-align: left; font-size: .7rem;}
```

2 뎁스 메뉴의 링크를 표현한 코드입니다. 메뉴끼리 간격과 줄 간격을 padding과 line-height로 표현하고, PC 버전에서 가운데 정렬시켰던 메뉴 텍스트는 왼쪽 정렬로 변경합니다.

Line 25, 26

```
.total_nav nav > ul > li ul a span {padding: 0;}
.total_nav nav > ul > li ul a span:after {display: none;}
```

PC 버전에서 2 뎁스 메뉴에 마우스 커서를 올렸을 때 생기는 밑줄 디자인을 없앱니다.

Line 27

```
body.hidden {overflow: hidden;}
```

jQuery에서 다루는 코드로 모바일 버전에서 GNB가 활성화되었을 때 화면 전체에 나타나는 윈도 스크롤이 생기지 않도록 합니다. 즉, 메뉴가 많아지거나 2 뎁스 내용이 활성화되어 메뉴에 스크롤이 생기면 원활한 스크롤 제어를 위해 메뉴 영역에만 스크롤이 생기고 윈도 스크롤은 생성되지 않게 합니다.

jQuery 코드 풀이

ⓐ PC 버전

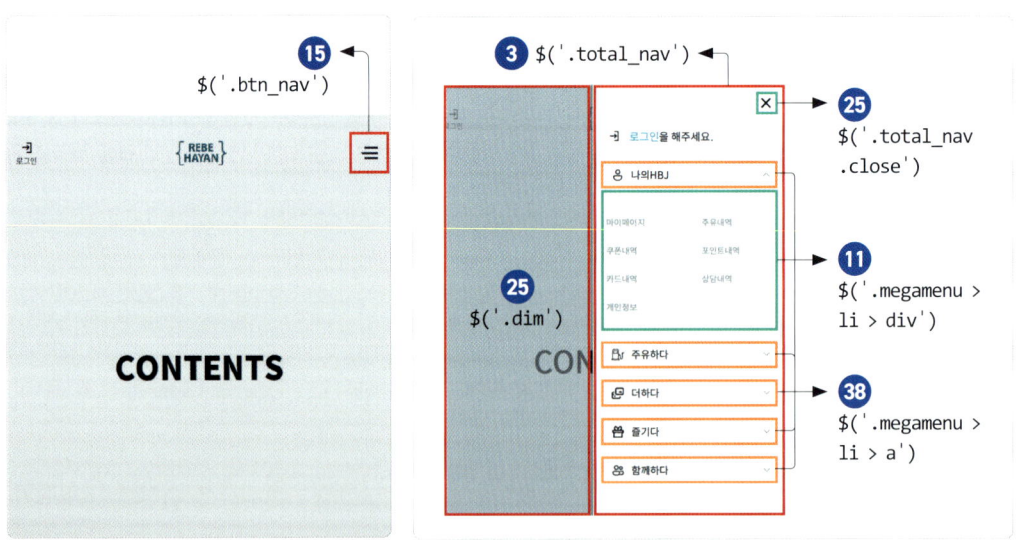

ⓑ 모바일 버전

[그림 8-49] 메가 메뉴의 디자인이 바뀌는 메뉴의 jQuery 구조

[코드 8-12] 메가 메뉴의 디자인이 바뀌는 메뉴　　respon3.js

```js
01  $(document).ready(function(){
02
03    var nav = $('.total_nav');
04
05    $(window).on('resize load', function(){
06      var width = $(window).width();
07      if(width < 721){
08        mobile_hide();
09        nav.removeAttr('style');
10      } else{
11        $('.megamenu > li > div').removeAttr('style');
12      }
13    });
14
15    $('.btn_nav').on('click', function(){
16      var width = $(window).width();
17
18      if(width < 721){
19        mobile_show();
20      } else{
21        nav.slideDown();
22      }
23    });
24
25    $('.total_nav .close, .dim').on('click', function(){
26      var width = $(window).width();
27
28      if(width < 721){
29        mobile_hide();
30        nav.animate({
31          right:-100 + '%'
32        }, 400);
33      } else{
34        nav.slideUp();
35      }
36    });
37
38    $('.megamenu > li > a').on('click', function(){
39      var width = $(window).width();
40
41      if(width < 721){
42        $(this).next().slideToggle();
43        $(this).parent().toggleClass('on');
```

```
44          $(this).parent().siblings().removeClass('on');
45          $(this).parent().siblings().children('div').slideUp();
46          return false;
47        }
48      });
49
50      function mobile_show(){
51        nav.addClass('on');
52        nav.animate({
53          right:0
54        });
55        $('.dim').fadeIn();
56        $('body').addClass('hidden');
57      }
58
59      function mobile_hide(){
60        setTimeout(function(){
61          nav.removeClass('on');
62        }, 400);
63        $('.dim').fadeOut();
64        $('body').removeClass('hidden');
65      }
66
67    });
```

Line 03

```
var nav = $('.total_nav');
```

PC와 모바일 버전에서 모두 햄버거 버튼을 눌렀을 때 나타나는 전체 메뉴 영역인 선택자 $('.total_nav')를 변수 nav로 정의합니다.

Line 05, 13

```
$(window).on('resize load', function(){ });
```

사용자가 브라우저의 크기를 조절하거나 특정 해상도로 접근했을 때 실행되는 코드입니다. 브라우저의 크기는 resize 이벤트로 처리하며 특정 해상도 접근은 load 이벤트와 **Line 07**에서 조건문을 이용해 구별합니다.

Line 06

```
var width = $(window).width();
```

사용자가 접근한 브라우저의 해상도 정보를 받아와 변수 width로 정의합니다. $(window)는 브라우저를 말하며 width( ) 메서드는 브라우저의 가로 크기입니다.

Line 07~09

```
if(width < 721){
  mobile_hide();
  nav.removeAttr('style');
}
```

우리가 앞에서 정의한 모바일과 PC 버전을 구별하는 720픽셀과 사용자의 해상도를 비교하는 조건문입니다. 변수 width에 저장된 해상도가 721픽셀보다 작으면, 즉 모바일로 접근하면 if문을 실행합니다. if문에서는 **Line 59**에서 정의한 mobile_hide( ) 함수를 실행하고 removeAttr( ) 메서드로 변수 nav의 style 속성을 제거합니다.

style 속성을 제거하는 이유는 **Line 52**와 관련이 있는데, 햄버거 메뉴 버튼을 클릭했을 때 메뉴가 슬라이드로 나타나도록 animate( ) 메서드를 사용하면 해당 속성이 [그림 8-50]처럼 HTML 요소에 style 속성으로 표현되기 때문입니다.

```html
▶<header>…</header>
▼<div class="total_nav on" style="right: 0px;">
    <h2 class="hide">전체메뉴</h2>
```

[그림 8-50] jQuery에서 animate( ) 메서드를 사용했을 때 inline-style로 표현되는 속성

사용자가 모바일 버전에서 햄버거 메뉴를 펼친 상태로 브라우저 크기를 늘리면 total_nav 클래스에 추가된 style 속성을 제거해야만 모바일 메뉴가 PC 메뉴로 정상적으로 바뀔 수 있습니다. 따라서 해당 속성을 상속하지 않도록 removeAttr( ) 메서드로 style 속성을 제거합니다.

Line 10~12

```
else{
  $('.megamenu > li > div').removeAttr('style');
}
```

if문을 성립하지 않는 조건으로, PC 버전일 때 $('.megamenu > li > div') 선택자인 2 뎁스 메뉴의 조상 부모 요소에 removeAttr( ) 메서드로 style 속성을 제거합니다.

만약 사용자가 모바일 화면에서 2 뎁스 메뉴를 펼친 상태로 브라우저 크기를 늘린 뒤 다시 브라우저를 모바일 크기로 줄이고 메뉴를 활성화한다면 이전에 펼쳤던 2 뎁스 메뉴가 펼쳐진 상태로 활성화됩니다. 햄버거 메뉴를 펼쳤을 때 의도하지 않은 메뉴가 활성화되어 있으면 안 되므로 사용자가 PC 버전으로 접근하면 모바일 메뉴의 기능을 초기화하는 것입니다.

Line 15~23

```javascript
$('.btn_nav').on('click', function(){
  var width = $(window).width();

  if(width < 721){
    mobile_show();
  } else{
    nav.slideDown();
  }
});
```

햄버거 메뉴 버튼을 클릭했을 경우 실행되는 코드입니다. 사용자 해상도 크기를 저장한 변수 width가 721픽셀보다 작으면 **Line 50**에서 정의한 mobile_show( ) 함수를 실행합니다. 사용자 해상도가 721픽셀보다 크면 변수 nav, 즉 PC 버전의 메가 메뉴를 slideDown( ) 메서드가 슬라이드로 나타나게 합니다.

Line 25~36

```javascript
$('.total_nav .close, .dim').on('click', function(){
  var width = $(window).width();

  if(width < 721){
    mobile_hide();
    nav.animate({
      right:-100 + '%'
    }, 400);
  } else{
    nav.slideUp();
  }
});
```

PC와 모바일에서 메뉴의 닫기 버튼을 클릭하거나 딤드 영역을 클릭했을 때 다음을 실행합니다. 사용자 브라우저의 해상도를 저장한 변수 width가 721픽셀보다 작을 때는 모바일 버전의 메뉴를 숨기는 기능인 mobile_hide( ) 함수를 실행합니다. 그리고 변수 nav에 animate( ) 메서드로 right 속성을 -100%로 설정하여 애니메이션 효과를 줍니다. -100은 픽셀값이므로 %를 문자열로 더해 -100%라는 값이 적용되도록 합니다. 숫자 400은 0.4초를 뜻하며 애니메이션이 실행되는 시간입니다.

정리하면 모바일 버전에서 total_nav 클래스가 부여된 〈div〉 요소에 inline style 문법으로 right:-100%라는 CSS가 삽입되며, 이 효과로 메뉴가 오른쪽으로 슬라이드 되어 사라집니다.

브라우저 해상도 크기가 721픽셀보다 클 때는 사용자가 메가 메뉴의 닫기 버튼을 클릭하면 slideUp( ) 메서드를 활용하여 메가 메뉴가 슬라이드로 사라지게 합니다.

Line 38, 48

```
$('.megamenu > li > a').on('click', function(){ });
```

사용자가 1 뎁스 메뉴를 클릭했을 때 실행되는 코드를 정의합니다.

Line 41~47

```
if(width < 721){
  $(this).next().slideToggle();
  $(this).parent().toggleClass('on');
  $(this).parent().siblings().removeClass('on');
  $(this).parent().siblings().children('div').slideUp();
  return false;
}
```

1 뎁스 메뉴를 클릭했을 때 브라우저의 해상도 크기가 저장된 변수 width와 숫자 721을 비교하여 721픽셀보다 크기가 작을 때, 다음 코드들을 실행합니다.

2행에서 $(this)는 1 뎁스 메뉴인 〈a〉 요소를 의미하며 next( ) 메서드로 〈a〉 요소의 인접 형제인 〈div〉 요소를 선택하여 slideToggle( ) 메서드로 해당 〈div〉 요소를 슬라이드로 나타나거나 사라지게 합니다. 즉, 모바일 메뉴에서 1 뎁스 메뉴를 클릭했을 때 2 뎁스 메뉴를 감싸는 〈div〉 요소를 슬라이드로 나타나게 하고 1 뎁스 메뉴를 다시 누르면 슬라이드로 사라지게 합니다.

3행은 1 뎁스 메뉴인 〈a〉 요소에서 parent( ) 메서드로 부모인 〈li〉 요소를 선택하고 toggleClass('on') 메서드로 〈li〉 요소에 on 클래스를 부여하거나 제거합니다. 즉, 모바일 버전의 1 뎁스 메뉴를 클릭하면 부모 요소인 〈li〉 요소에 on 클래스를 부여하고 이미 클릭된 요소라면 on 클래스를 제거합니다. 여기서 on 클래스의 유무에 따라 화살표 아이콘의 방향이 애니메이션으로 바뀝니다.

4행은 1 뎁스 메뉴인 〈a〉 요소에서 parent( ) 메서드로 부모 요소인 〈li〉 요소를 선택하고 siblings( ) 메서드로 해당 〈li〉 요소를 제외한 나머지 형제 〈li〉 요소를 선택하여 removeClass('on')으로 on 클래스를 제거합니다. 이 코드는 사용자가 어떤 1 뎁스 메뉴를 클릭하여 2 뎁스 메뉴가 활성화되면 이전에 클릭하여 활성화된 다른 메뉴의 2 뎁스는 접힘과 동시에 화살표 아이콘이 아래를 향하도록 합니다. siblings( ) 메서드를 사용하면 이처럼 사용자가 선택한 메뉴가 아닌 나머지 메뉴를 제어하기가 편리합니다.

5행은 바로 전 코드와 유사한 역할을 하는데, 사용자가 어떤 메뉴를 클릭하고 또 다른 메뉴를 클릭했을 때 이미 활성화된 〈div〉 요소를 slideUp( ) 메서드로 슬라이드 되면서 사라지게 합니다.

마지막 6행은 return문입니다. 페이지를 이동하는 특징이 있는 〈a〉 요소의 href 속성에 아무런 값을 넣지 않으면 이동할 페이지가 없어 해당 페이지가 새로고침만 됩니다. 모바일 메뉴에서 1 뎁스 메뉴인 〈a〉 요소는 페이지 이동이 아닌 하위 메뉴를 여닫는 용도이기 때문에 본래의 기능을 제거하기 위해 return false를 선언합니다.

Line 50~57

```
function mobile_show(){
  nav.addClass('on');
  nav.animate({
    right:0
  });
  $('.dim').fadeIn();
  $('body').addClass('hidden');
}
```

Line 19에서 호출했던 코드로 모바일 메뉴의 기능을 표현한 함수입니다. 함수 이름은 mobile_show( )로 정의합니다. 함수의 기능은 다음과 같습니다.

변수 nav에 on 클래스를 부여하여 모바일의 GNB 영역을 display:none에서 block으로 바꿉니다. 이렇게 메뉴가 활성화될 때 변수 nav에 right 속성이 -100%에서 0으로 바뀌면서 슬라이드 애니메이션 효과를 줍니다.

모바일 버전의 메뉴가 활성화될 때 딤드 영역 역시 dim 클래스에 fadeIn( ) 메서드로 서서히 나타나는 효과를 주고, 〈body〉 요소에 hidden 클래스를 추가하여 CSS에서 작성한 overflow:hidden 코드로 인해 윈도 스크롤이 생성되지 않게 합니다.

Line 59~65

```
function mobile_hide(){
  setTimeout(function(){
    nav.removeClass('on');
  }, 400);
  $('.dim').fadeOut();
  $('body').removeClass('hidden');
}
```

Line 08, 29에서 호출된 함수입니다. 모바일 메뉴가 비활성화될 때의 기능을 함수명 mobile_hide( )로 정의합니다.

모바일 메뉴에서 닫기 버튼을 클릭하여 메뉴가 오른쪽으로 사라질 때 animate( ) 메서드로 right 속성을 제어하여 슬라이드 효과를 줍니다. 그런데 이렇게 하면 메뉴 UI만 화면에서 보이지 않을 뿐 여전히 HTML 요소는 화면 낭독기가 인식할 수 있습니다. 따라서 화면 낭독이나 키보드 초점이 접근할 수 없도록 애니메이션 이후에 메뉴를 display:none으로 처리해야 합니다. right 애니메이션을 **Line 32**에서 0.4초로 정의하였으므로 setTimeout( )을 이용해 0.4초 뒤 변수 nav에 on 클래스를 제거하여 display:none으로 처리합니다.

이렇게 모바일 버전에서 메뉴가 사라질 때 딤드 영역도 fadeOut( ) 메서드로 서서히 사라지게 하고, 〈body〉 요소에 hidden 클래스를 제거하여 윈도 스크롤이 작동하게 합니다.

화면 낭독기 결과

PC 버전

[그림 8-51] 반응형 메뉴 예제 3의 PC 버전을 화면 낭독기가 읽는 순서

❶ 헤딩 레벨1 / 링크 / 리베하얀
❷ 내비게이션 랜드마크 / 목록 항목 수 4개 / 주유하다 / 링크
❸ 더하다 / 링크
❹ 즐기다 / 링크
❺ 함께하다 / 링크
❻ 로그인 / 링크
❼ 전체 메뉴 / 버튼
❽ 헤딩 레벨2 / 전체 메뉴
❾ 리베하얀
❿ 내비게이션 랜드마크 / 목록 항목 수 5개 / 링크 / 나의HBJ
⓫ 목록 항목 수 7개 / 마이페이지 / 링크
⓬ 주유내역 / 링크
    ...
⓭ 아임유어에너지 / 링크
⓮ 전체 메뉴 닫기 / 버튼

8장. 반응형 메뉴 333

📱 모바일 버전

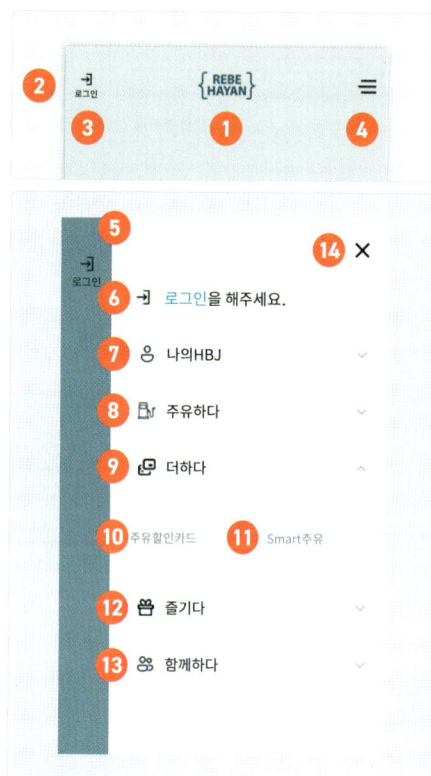

❶ 리베하얀 / 머리말 레벨1 / 링크 / 배너 랜드마크
❷ 메뉴 / 머리말 레벨2
❸ 로그인 / 링크
❹ 전체 메뉴 / 버튼 / 엔드 배너
❺ 전체 메뉴 / 머리말 레벨2
❻ 로그인을 해주세요 / 링크
❼ 나의HBJ / 링크 / 탐색 랜드마크
❽ 주유하다 / 링크
❾ 더하다 / 링크
❿ 주유할인카드 / 링크
⓫ Smart 주유 / 링크
⓬ 즐기다 / 링크
⓭ 함께하다 / 링크
⓮ 전체 메뉴 닫기 / 버튼 / 엔드 탐색

[그림 8-52] 반응형 메뉴 예제 3의 모바일 버전을 화면 낭독기가 읽는 순서

리베하얀의 한마디

이번 예제의 특징은 해상도에 따라 메뉴의 구조는 변하지 않으면서 메뉴가 활성화되는 방식에 차이를 주고, 2 뎁스 이상의 메뉴는 숨겨서 표현한 점입니다. 반응형 웹이 초기에는 해상도별 HTML 파일을 각각 만들어 교차해서 보여주는 방식이었다고 했는데, 이번 예제는 반응형 웹의 본래 목적인 하나의 HTML 파일로 다양한 해상도를 지원하는 방식을 잘 보여주었습니다.

이처럼 반응형 웹은 코딩을 시작하기 전에 해상도가 작아짐에 따라 CSS를 어떻게 표현할지 충분히 고려해서 계획한 뒤에 HTML 구조를 작성해야 합니다.

이 책을 마무리하며

'웹퍼블리셔'라는 직업이 생겨난 지는 그리 오래되지 않았습니다. 웹퍼블리싱은 다른 프로그래밍보다 어렵지 않게 느껴져 진입 장벽이 낮고, 최신 기술을 눈에 보이는 화면에 적용할 수 있다는 점 때문에 인기가 높습니다. 그래서 처음 취업을 준비하거나 이직을 하기 위해 웹퍼블리싱 기술을 배우려는 사람들이 많이 늘었습니다. 하지만 썩 괜찮은 웹퍼블리셔가 되는 것은 절대 만만치 않으며 각고의 노력이 필요한 일입니다.

또한, 빠르게 변화하는 웹퍼블리싱 기술과는 달리 사용자의 환경은 그 속도를 맞춰가지 못하고 있습니다. 모두가 크롬 브라우저를 사용한다면 최신 기술을 적용하는 데 있어서 큰 문제가 없겠지만 IE 9 등 호환이 까다로운 브라우저의 사용자도 많이 있습니다. 그리고 하루가 멀다하고 최신 모바일 기기가 출시되고 있지만 오랫동안 같은 스마트폰이나 태블릿을 쓰는 사용자도 많습니다. 이렇게 우리는 웹퍼블리싱을 할 때 사용자층이 두터운 기존 환경과 최신 환경을 모두 고려해야 합니다. 이것은 웹퍼블리셔가 풀어나가야 할 숙제임과 동시에 임무라고 할 수 있습니다.

그리고 웹퍼블리셔는 사용자의 나이, 장애 여부에 상관없이 모두가 콘텐츠를 원활하게 이용할 수 있도록 웹 페이지에 충분한 정보와 사용성을 제공해야 합니다. 모든 사용자를 만족시키는 작업은 매우 힘들지만 가장 편리한 UI를 구현할 수 있도록 기술을 갈고닦는 과정이 무엇보다 필요합니다. 부디 이 책을 통해 혼자서는 적용하기 어려웠던 개념을 명쾌하게 이해하고 웹퍼블리셔로서 한 단계 나아가기를 바랍니다.

이 책에서는 메뉴에 관련된 UI를 다루었는데, 앞으로 UI별로 실무에 바로 적용할 수 있는 기술과 노하우가 담긴 책을 이어서 집필할 예정이니 많은 기대와 응원을 부탁드립니다. 이 책을 집필할 수 있게 계기를 마련해준 유튜브 '리베하얀' 채널의 구독자분들과 유튜브 채널 운영에 도움을 준 멤버들에게 깊은 감사의 마음을 전합니다. 그리고 하범준, 김혜일, 향코치, 한성영, 지훈, WHY와 더불어 세상에서 가장 사랑하는 가족들에게도 감사의 말을 남깁니다.